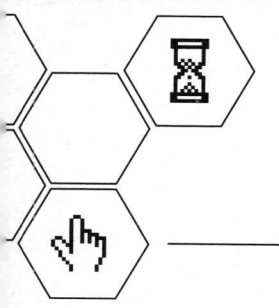

新质生产力

发展新动能

NEW
QUALITY PRODUCTIVE
FORCES
NEW GROWTH DRIVERS

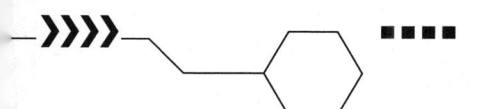

洪银兴 高培勇 等 著

江苏人民出版社

图书在版编目(CIP)数据

新质生产力：发展新动能 / 洪银兴等著. —南京：江苏人民出版社，2024.2(2024.3重印)
ISBN 978-7-214-29039-7

Ⅰ.①新… Ⅱ.①洪… Ⅲ.①生产力－发展－研究－中国 Ⅳ.①F120.2

中国国家版本馆 CIP 数据核字(2024)第 036258 号

书　　　名	新质生产力：发展新动能
著　　　者	洪银兴　高培勇　等
责 任 编 辑	强　薇　汪思琪　陈　颖
特 约 编 辑	王暮涵
装 帧 设 计	赵春明
责 任 监 制	王　娟
出 版 发 行	江苏人民出版社
地　　　址	南京市湖南路 1 号 A 楼,邮编:210009
照　　　排	江苏凤凰制版有限公司
印　　　刷	江苏凤凰新华印务集团有限公司
开　　　本	652 毫米×960 毫米　1/16
印　　　张	28.25　插页 2
字　　　数	356 千字
版　　　次	2024 年 2 月第 1 版
印　　　次	2024 年 3 月第 2 次印刷
标 准 书 号	ISBN 978-7-214-29039-7
定　　　价	88.00 元

(江苏人民出版社图书凡印装错误可向承印厂调换)

目 录

导言　新质生产力及其培育和发展 // 001

新动能

一、关于发展新质生产力的基本认识和相关考量 // 021

二、再造先进制造系统，加快形成新质生产力 // 027

三、以连接为核心，发展数字新质生产力 // 046

四、数字新质生产力推动经济高质量发展的逻辑与路径 // 055

五、深化数字技术创新与应用，加快形成新质生产力 // 075

新模式

一、新质生产力与中国式现代化新动能 // 081

二、以发展新质生产力推动高质量发展 // 104

三、ESG理念下管理创新对新质生产力的促进意义 // 122

四、以新质生产力推动中国式现代化 // 135

五、新时代民营经济新质生产力及高质量发展的战略机遇 // 150

六、企业家精神与新质生产力 // 166

新产业

一、新质生产力下产业发展的方向、战略与部署 // 201

二、以推进新型工业化加速塑造新质生产力// 245

三、以产业创新为支撑,加快发展新质生产力// 254

四、新质生产力与产业高质量发展// 263

五、新质生产力与数实融合// 279

六、发展新质生产力的基础条件研究// 288

七、数智赋能加快形成数字农业新质生产力// 300

八、创新驱动推进江苏新质生产力// 322

新科技

一、基于复杂网络的中国企业互联式创新// 333

二、以人工智能为代表的新质生产力对社会的影响分析// 369

三、区域现代化与国家科技创新体系的探索// 377

四、中国数字经济发展指数测算// 387

五、江苏数字化指数评价研究// 421

六、大数据"管运"机制推动数字新质生产力发展// 437

后记// 445

导言　新质生产力及其培育和发展

2023年9月习近平总书记在黑龙江考察时提出,要以科技创新引领产业全面振兴。整合科技创新资源,引领发展战略性新兴产业和未来产业,加快形成新质生产力。他同时还要求:"积极培育新能源、新材料、先进制造、电子信息等战略性新兴产业,积极培育未来产业,加快形成新质生产力,增强发展新动能。"[①]新质生产力概念是习近平总书记首创。新质生产力概念的提出不仅是重大的理论创新,而且对中国式现代化的航向有重要的指导意义。2023年12月召开的中央经济工作会议明确提出,要以科技创新推动产业创新,特别是以颠覆性技术和前沿技术催生新产业、新模式、新动能,发展新质生产力。2024年1月习近平总书记在中共中央政治局第十一次集体学习时强调,发展新质生产力是推动高质量发展的内在要求和重要着力点,必须继续做好创新这篇大文章,推动新质生产力加快发展。研究新质生产力主要涉及三点:一是新质生产力的内涵及当前的突出表现;二是如何根据新质生产力的内涵发展新质生产力;三是生产关系如何适应新质生产力发展。

(一) 新质生产力是先进生产力的新水准、新质态

既然新质生产力是新概念,那么就需要对其内涵和发展路径进

[①] 《习近平主持召开新时代推动东北全面振兴座谈会强调:牢牢把握东北的重要使命 奋力谱写东北全面振兴新篇章》,《人民日报》2023年9月10日。

行深入研究。马克思主义的一个重要原理是生产关系一定要适合生产力性质。生产力性质指的不是制度性质，而是发展水准的性质。因为生产关系才涉及制度性质。习近平总书记指出："新质生产力是创新起主导作用，摆脱传统经济增长方式、生产力发展路径，具有高科技、高效能、高质量特征，符合新发展理念的先进生产力质态。"[1]显然，新质生产力指的是生产力的新水准、新质态，是生产力水准的质变，反映高质量发展的要求。习近平总书记提出的新质生产力是对马克思的生产力理论的守正和创新，也是生产力理论的重大突破。

新质生产力的定义不能泛化。对生产力本身有质和量的评价，与投入要素的质和量相关。马克思认为，决定劳动生产力的因素包括"工人的平均熟练程度，科学的发展水平和它在工艺上应用的程度，生产过程的社会结合，生产资料的规模和效能，以及自然条件"[2]。其中，科学的发展水平及其应用越来越成为决定性因素，成为第一生产力。新质生产力就反映这个生产力要素质的提升。需要指出的是，不是所有的科技创新都能称为新质生产力。只是产生量变的科技创新还不是新质生产力，只有能够产生质变的科技创新才能称为新质生产力。

在生产力、生产关系及生产方式中，生产力是推动社会进步最活跃、最革命的要素。就是说，生产力水准（即质）不是静止的、一成不变的，而是不断地产生新质生产力。生产力由量变到质变就产生新质生产力。在中国式现代化中，只有不断发展新质生产力才能走在前并占领制高点。

生产力性质和质态有新旧的区别。每个经济时代的新质生产力的"新"都有时代特征。发展新质生产力从一定意义上说是新旧动能

---

[1] 《习近平在中共中央政治局第十一次集体学习时强调：加快发展新质生产力 扎实推进高质量发展》，《人民日报》2024年2月2日。

[2] [德]马克思：《资本论》（第1卷），人民出版社2004年版，第53页。

导言　新质生产力及其培育和发展

的转换。现阶段各国、各地区的经济竞争实际上是新质生产力水平的竞争。根据马克思的生产力理论,一方面,要适应生产力最活跃最革命的特点,发展生产力需要紧跟新质生产力发展。另一方面,要考虑到每个发展阶段的新质生产力在作用还没有充分发挥时是不会自动退出的,新质生产力有迭代升级的要求。就是说,在每个阶段对该时代的新质生产力需要有更为广泛的应用,尤其是扩大其应用场景,使其活力得到充分释放;同时,需要依靠科技和产业创新培植下一代新质生产力,促进科技和产业不断升级。这是在现代化中走在前的可靠保证。

根据习近平总书记关于新质生产力的重要论述,以及生产力发展的客观趋势,在宏观上新质生产力主要表现为新科技、新产业和新能源,以及促使这三个方面融合发展的数字经济。

1. 新科技

科技是第一生产力,是推动经济社会发展的主要力量。科技创新能够催生新产业、新模式、新动能,是发展新质生产力的核心要素。习近平总书记在参加十四届全国人大一次会议江苏代表团审议时强调:"在激烈的国际竞争中,我们要开辟发展新领域新赛道、塑造发展新动能新优势,从根本上说,还是要依靠科技创新。"[①]

科技的生产力作用不仅仅在于产业的科技含量,更重要的是由量变到质变所反映的新科技的质态,即具有革命性的科技创新。世界范围内的几次科技和产业革命都产生了新的生产力,每个时期都是新科技推动生产力产生质的飞跃的,只有产生质变的科技创新才能称为新质生产力。因此,成为新质生产力的是新科技的生产力作用。新科技的生产力基础是科技的革命性突破。这种突破反映为每个经济时代的新动能。第一次产业革命产生的热力,第二次产业革

[①]《习近平在参加江苏代表团审议时强调:牢牢把握高质量发展这个首要任务》,《人民日报》2023年3月6日。

003

命产生的电力，第三次产业革命产生的网力，以及当前正在推进的数字经济产生的算力，都是特定时代发展的新动能。

作为新质生产力的新科技属于国际前沿的科技，尤其是颠覆性科技。发展新质生产力，关键是研发并整合好科技创新资源发展新科技。发展并应用新科技就是培育和发展新质生产力。科技进步日新月异。发展新质生产力特别需要发展国际最新科技。不仅要跟踪，更要与发达国家并跑，并且在重要领域领跑。为此，特别需要关注世界科技发展的新趋势。麦肯锡公司提出的2023年最被关注的科技趋势包括：人工智能革命，如应用型人工智能等；构建数字未来，如下一代软件开发等；计算和连接的前沿，如先进连接技术、云以及边缘计算、量子技术等；尖端工程技术，如未来出行、未来生物工程、太空技术等；可持续发展，如电气化和可再生能源、其他气候相关的技术等。中国科协发布2023年重大科学问题、工程技术难题和产业技术问题，人工智能、新能源、高性能材料、生命科学等领域重大问题受到关注。所有这些重大科学技术问题不仅要受到关注，更要有所突破。

基于新科技对新质生产力的动能作用，必须加强科技创新特别是原创性、颠覆性科技创新，加快实现高水平科技自立自强，打好关键核心技术攻坚战，使原创性、颠覆性科技创新成果竞相涌现，培育发展新质生产力的新动能。

2. 新产业

新质生产力发展依托新科技，落脚点在新产业。这就是习近平总书记所指出的："要及时将科技创新成果应用到具体产业和产业链上，改造提升传统产业，培育壮大新兴产业，布局建设未来产业，完善现代化产业体系。"①

---

① 《习近平在中共中央政治局第十一次集体学习时强调：加快发展新质生产力　扎实推进高质量发展》，《人民日报》2024年2月2日。

马克思指出，区分经济时代，不在于生产什么，而在于怎样生产，使用什么生产工具。生产方式和生产工具反映一定经济时代的科技及其应用水平。这就是说，每个时代的新质生产力体现在生产工具的突破性改进及广泛应用上，如前几次科技和产业革命中产生的蒸汽机、电动机等。现阶段的新质生产力提供的是数字化平台和智能化工具，如智能手机、互联网平台、云计算、机器人、无人机等。采用这些新生产方式和工具的产业就成为新质生产力的载体。2023年7月，习近平总书记在江苏考察时强调："要加强科技创新和产业创新对接，加强以企业为主导的产学研深度融合，提高科技成果转化和产业化水平，不断以新技术培育新产业、引领产业升级。"[①]

根据波特的竞争力理论，国家和地区竞争力表现为产业竞争力。现代竞争力是以产业为度量单位的。这就是说，进入新发展阶段，尽管生产工具仍然在一定程度上反映生产力性质，但更多的是以科技创新为依托的产业创新决定并反映生产力的质的提升。战略性新兴产业的水准及其所占比重反映社会生产力性质是旧还是新。

一般是先有科技革命后有产业革命。过去科技革命与产业革命在时间上会有较长的间隔期。也就是说，从科技革命的产生到产业上的相应变革，一般需要经过数十年。但现在，产业革命几乎与科技革命同时进行，新科技直接转化为新产业。由于科技日新月异，新产业的生命周期也明显缩短。这意味着发展新质生产力，不仅需要科技创新与产业创新融合，发展战略性新兴产业；还需要根据科技发展的新趋势，加强应用基础研究和前沿研究，超前研究未来科技，提前布局未来产业。

---

① 《习近平在江苏考察时强调：在推进中国式现代化中走在前做示范 谱写"强富美高"新江苏现代化建设新篇章》，《人民日报》2023年7月8日。

3. 新能源

人与自然和谐共生不是不要发展，而是要建立在绿色发展基础之上。这就是习近平总书记指出的："绿色发展是高质量发展的底色，新质生产力本身就是绿色生产力。"①新质生产力包含了新能源和新材料。

对几次产业革命也有从能源角度区分的。已有的工业革命历程被称为"化石能源的时代"。化石能源至今仍然是各个产业的能源基础，但已经属于旧质生产力。说它是旧质生产力，如里夫金所说，原因主要有三点：一是进入 21 世纪，石油和其他化石能源日渐枯竭；二是靠化石燃料驱动的技术已陈旧落后，以化石能源为基础的整个产业结构运转乏力；三是使用化石能源的工业活动造成的碳排放破坏了地球和气候生态系统，并危及人类健康。这就提出了寻求新能源的能源革命的要求。这就是"互联网技术和可再生能源将结合起来，为第三次工业革命创造强大的基础，第三次工业革命将改变世界"②。从一定意义上说，新能源是新产业的一个重要部分。

习近平总书记已经明确宣示了我国碳达峰碳中和的时间表。"双碳"目标下的新能源发展和利用本身就属于新质生产力，会带动科技和产业的革命性变化。党的二十大报告指出，要"协同推进降碳、减污、扩绿、增长"。扩绿和增长协同推进的关键在于科技进步，基础是发展绿色技术创造的新质生产力。由此催生以新能源（绿色能源）为基础的新科技和工业革命。当然，在以化石能源为基础的能源结构阶段采用的节能减排的新科技也应该归于新质生产力。

---

① 《习近平在中共中央政治局第十一次集体学习时强调：加快发展新质生产力　扎实推进高质量发展》，《人民日报》2024 年 2 月 2 日。
② ［美］杰里米·里夫金：《第三次工业革命：新经济模式如何改变世界》，张体伟、孙豫宁译，中信出版社 2012 年版，前言 XXIV。

4. 数字经济

数字经济可以说是当前阶段新质生产力的综合质态,新科技、新产业、新能源都离不开数字经济。数字经济是数字化的信息和知识成为关键生产要素,以现代信息网络为重要载体,将有效利用信息通信技术作为提升效率和优化经济结构的重要动力的广泛经济活动。当前世界范围内,数字经济正在成为国际经济和科技竞争的新赛道。因此习近平总书记指出:"综合判断,发展数字经济意义重大,是把握新一轮科技革命和产业变革新机遇的战略选择。"[①]

当前数字经济之所以成为新质生产力的代表,主要是因为其包含了三个全新的要素:一是数据成为关键的生产要素;二是算力成为继热力、电力、网力之后的新动力;三是算法成为现代科技的新方法。这三个方面赋能各个产业就是新质生产力效应。按此特点,算力越是强大,算法越是先进,数字技术越是尖端,数字平台规模越大,应用越是广泛,数字经济的新质生产力作用就越大。现在依托数字经济的新质生产力正越来越多地体现在云技术、大数据、新一代互联网、物联网、人工智能等前沿尖端技术领域。数字产业为产业结构整体升级提供新质生产力。

现在数字经济的新质生产力作用还有很大的上升空间,无论是数字产业化还是产业数字化都需要充分利用其新质生产力的成果。由此提出数字经济迭代升级的要求。所谓迭代,就是既有现代的,又有新一代的。强调现代的数字经济,就是要求当前数字经济的应用范围和场景进一步扩大。尤其是充分利用现代数字技术,在一些领先领域如5G技术上持续保持优势,在一些瓶颈和"卡脖子"领域如芯片、光刻机、操作系统、机器人等方面取得突破。强调新一代的数字经济,就是需要进一步推动数字化升级,培育新的生产力。通过增强

---

① 习近平:《不断做强做优做大我国数字经济》,《求是》2022年第2期。

算力、优化算法,通过培育新一代信息技术和发展新一代信息产业(如6G),努力在新一代互联网、云技术、大数据、物联网、人工智能等尖端技术领域进入国际前沿。同时,促进数字产业随着新一代信息技术的进步而不断升级,提供更为广泛的应用场景。

(二) 建设现代化产业体系是发展新质生产力的落脚点

新产业是新质生产力的落脚点。党的二十大提出建设现代化产业体系的要求。人们一般是从三次产业结构视角研究产业体系。习近平总书记关于新质生产力概念及其内涵的重要论述,实际上赋予了现代化产业体系以新内涵。现代化产业体系指的是未来产业与战略性新兴产业、主导产业、支柱产业依次递进的体系。这也是中国式现代化所要建设的现代化产业体系的核心内容。其先导是战略性新兴产业和未来产业。

根据现代化产业体系的新内涵,不仅需要在新科技上取得新突破,而且需要提高科技成果转化和产业化水平,不断以新科技培育新产业、引领产业升级。习近平总书记指出:"当今世界,新科技革命和全球产业变革正在孕育兴起,新技术突破加速带动产业变革,对世界经济结构和竞争格局产生了重大影响。"[1]一些重要科学问题和关键核心技术的革命性突破,带动了关键技术交叉融合、群体跃进。新科技作为新质生产力,关键作用在于产生新技术、新产业。发展新质生产力的现实途径是科技创新和产业创新在深度融合中发展新兴产业和未来产业;也就是科技创新的最新成果直接产生战略性新兴产业和未来产业,并逐步成为主导产业。这是培育发展新动能、培育新质生产力的方向。根据习近平总书记关于新质生产力的重要论述,以新科技为依托建设现代化产业体系主要涉及以下方面:

---

[1] 《习近平关于科技创新论述摘编》,中央文献出版社2016年版,第75页。

1. 产业基础数字化、智能化

习近平总书记要求,打好产业基础高级化、产业链现代化的攻坚战。高级化的产业基础是新质生产力提供的。前几次产业革命提供的产业基础分别是机械化、电气化和信息化。当前新科技和产业革命提供的产业基础是数字化和智能化,关键技术有人工智能、云计算、量子通信、智能和绿色等。其路径就是习近平总书记要求的:"要把握数字化、网络化、智能化方向,推动制造业、服务业、农业等产业数字化,利用互联网新技术对传统产业进行全方位、全链条的改造,提高全要素生产率,发挥数字技术对经济发展的放大、叠加、倍增作用。"[1]

产业数字化实际上是新质生产力赋能各个产业,着力点是数字经济与实体经济深度融合,首先是与产业深度融合,使各个产业得到数字化改造,促进利用最新数字技术创新产业。其次是与企业深度融合,促进企业运营数字化。就如某个制造业企业家所说的,核心业务全在网上,管理都靠软件,产品都能智能化。最后是与技术创新深度融合,加快技术的数字化、智能化转型,尤其是攻克前沿性的人工智能和云技术、工业互联网等数字技术,并扩大其应用场景。

产业基础高级化不仅是指产业高端化,对传统产业升级也有重要意义。传统产业面广量大。传统产业不等于低端产业,但其产业基础不升级就要被淘汰。这里需要准确界定"传统产业"的含义。所谓传统产业是指满足传统需求的产业,绝不是指停留在传统技术基础上的产业。2023年中央经济工作会议明确提出,广泛应用数智技术、绿色技术,加快传统产业转型升级。传统产业只有对其产业基础进行数字化智能化升级,才能成为新质生产力产业载体的重要组成部分。

---

[1] 习近平:《不断做强做优做大我国数字经济》,《求是》2022年第2期。

产业基础高级化对数字化、智能化的新基础设施和通用技术提出了强烈需求。当年，全社会通过互联网平台建设跨入了数字经济的大门。今天，同样需要加快建设与新质生产力互联互通的基础设施（如云技术、区块链等），以新基建打开未来科技和产业发展的新大门，并支撑新质生产力发展。

2. 培育战略性新兴产业和未来产业

新质生产力催生的战略性新兴产业，是新兴科技和新兴产业的深度融合，既代表着科技创新的方向，也代表着产业发展的方向。面对新科技和产业革命的挑战，各个国家都采取了积极的应对措施，如美国的再工业化实质上也是适应新质生产力要求发展战略性新兴产业和未来产业。我国迈上了现代化建设的新征程，需要抓住新科技和产业革命的新机遇，同发达国家在发展战略性新兴产业上并跑，并且要站上世界科技和产业的制高点。

习近平总书记在多次重要讲话中明确指出，具有新质生产力意义的战略性新兴产业涉及四个趋势：一是移动互联网、智能终端、大数据、云计算、高端芯片等新一代信息技术发展将带动众多产业变革和创新；二是围绕新能源、气候变化、空间、海洋开发的技术创新更加密集；三是绿色经济、低碳技术等新兴产业蓬勃兴起；四是生命科学、生物技术带动形成庞大的健康、现代农业、生物能源、生物制造、环保等产业。[1] 习近平总书记在新时代推动东北全面振兴座谈会上强调："积极培育新能源、新材料、先进制造、电子信息等战略性新兴产业。"[2] 2023年中央经济工作会议明确要求打造生物制造、商业航天、低空经济等若干战略性新兴产业。

---

[1] 参见《习近平关于科技创新论述摘编》，中央文献出版社2016年版，第75页。
[2] 《习近平主持召开新时代推动东北全面振兴座谈会上强调：牢牢把握东北的重要使命 奋力谱写东北全面振兴新篇章》，《人民日报》2023年9月10日。

新科技和产业革命融合的直接影响和重要特征是,产业生命周期缩短。今天还是战略性新兴产业,明天就可能不新了。由此提出超前布局和培育未来产业的迫切性。未来产业处于产业生命周期的早期,或者说是萌芽期。它是新兴产业的早期形态,随着技术的成熟、扩散,在未来的某个时期会成为对经济具有较强带动作用的主导产业。因此,超前部署和培育未来产业作为培育和发展新质生产力的重要抓手,能够促进产业的转型升级,逐步使未来产业成为战略性新兴产业,进一步成为主导产业,从而使现代化产业体系不断升级。

根据国际专业机构的预测,未来产业主要涉及四个方面:一是以人工智能、量子信息、未来网络与通信、物联网、区块链为代表的新一代信息技术产业。在人工智能领域,专用智能走向通用智能,场景创新成为驱动人工智能创新的重要方式。二是生物技术产业。以基因编辑、脑科学、合成生物学、再生医学等为代表的生命科学领域孕育着新的变革,生物技术与信息深度融合已成必然,精准医疗、智慧医疗等成为发展热点。三是绿色低碳产业。作为全球未来能源的氢能、储能、太阳能、核能和其他低碳能源的开发利用,结合智能电网等技术,正在改变能源结构。四是战略空间产业。深空、深海、深地等战略空间科技与产业发展逐步走向"整体统一"的地球系统时代。世界各主要经济体虽然没有使用新质生产力概念,但均在对数字技术创新发展以及由此可能推动的产业变革进行超前布局。如美国制定出台《关键与新兴技术国家战略》,德国提出以"工业 4.0"为核心的数字技术领域攻关,欧盟发布《2030 数字罗盘》,日本聚焦"超智能社会",等等。我国 2023 年中央经济工作会议要求开辟量子、生命科学等未来产业新赛道。

（三）适应新质生产力的生产关系

习近平总书记强调，生产关系必须与生产力发展要求相适应。发展新质生产力，必须进一步全面深化改革，形成与之相适应的新型生产关系。根据生产关系一定要适合生产力性质的马克思主义原理，适应新质生产力的生产关系应是激励发展新质生产力的体制机制新模式。这种新模式突出建设人才高地，集聚高端创新人才，促进各类创新要素进入发展新质生产力新赛道。

国际经济竞争甚至综合国力竞争，说到底就是创新能力的竞争。习近平总书记指出："谁牵住了科技创新这个牛鼻子，谁走好了科技创新这步先手棋，谁就能占领先机、赢得优势。"[1]由上述新质生产力内涵所知，起主导作用的创新是指科技和产业相融合的创新。而人才是创新的第一要素，也是发展新质生产力的第一要素。国际竞争中的比较优势不再是劳动力要素，而是创新人才要素。这就是习近平总书记所说的："综合国力归根到底是人才竞争。哪个国家拥有人才上的优势，哪个国家最后就会拥有实力上的优势。"[2]因此，培育和发展新质生产力的关键在于，集聚创新人才、建设人才高地。这就是党的二十大提出的，加快建设世界重要人才中心和创新高地，着力形成人才国际竞争的比较优势。

1. 科技企业家对发展新质生产力的引领作用

发展新质生产力所要集聚的高端创新人才，既涉及高端科技人才，也涉及高素质劳动力。这里需要特别突出科技企业家的作用。不是所有企业都能成为创新主体，一个企业能否成为创新主体，关键在于企业中是否有创新的组织者。这个组织者就是企业家，尤其是

---

[1] 习近平：《当好全国改革开放排头兵　不断提高城市核心竞争力》，《人民日报》2014年5月25日。
[2]《习近平关于科技创新论述摘编》，中央文献出版社2016年版，第107页。

科技企业家。对企业家的创新素质和职能,从熊彼特开始,经济学家们早有一系列的界定和论述。熊彼特把生产要素新组合的实现称为"企业",把职能是实现新组合的人们称为"企业家"。根据熊彼特的定义,经营者只有在从事创新活动时才能成为企业家。"每一个人只有当他实际上'实现新组合'时才是一个企业家;一旦当他建立起他的企业以后,也就是当他安定下来经营这个企业,就像其他的人经营他们的企业一样的时候,他就失去了这种资格。这自然是一条规则。"[1]创新有风险,厌恶风险就不会有创新。因此企业家的创新精神就被归结为敢于承担风险的精神。就是说,企业家不但不厌恶风险,而且敢冒风险、勇于开拓、不断创新。这是企业家的基本素质。

根据新质生产力要求,对科技企业家来说,只具备创新精神还是不够的。科技企业家不只是主要的投资者,更是孵化新技术的引导者。在科技创新中,科技企业家还需要具有创新的思维。一方面,科技企业家要具有企业家的创新素质,敢冒风险,能够洞察市场需求,以市场为导向;另一方面,科技企业家要具有科学家的素质,能够洞察科学新发现的科学价值,了解创新成果的先进性,也就是敏锐地发现并引领新质生产力的发展趋势。就像比尔·盖茨、乔布斯引领了以互联网为代表的新质生产力,马斯克引领了以空间技术为代表的新质生产力,蒂姆·库克引领了以人工智能为代表的新质生产力;我国的任正非引领了以新一代信息产业为代表的新质生产力。显然,发展新质生产力,关键就在于培育和造就大批科技企业家,促使引领科技企业的科学家和企业家,既有敢于创新的企业家精神,又有现代科技的视野。

由于当今发展的新质生产力是科技和产业创新的融合,科技企

---

[1] [美]约瑟夫·熊彼特:《经济发展理论——对于利润、资本、信贷、利息和经济周期的考察》,何畏、易家详等译,商务印书馆1990年版,第87页。

业家还需要具有围绕创新组合生产要素（创新要素）尤其是协调产学研各方的能力。只有这样，才能使创新得以成功。对企业的技术创新与大学的知识创新两大创新系统进行集成，对多个主体进入的新技术孵化活动进行组织协调，是科技企业家的基本职能。科技企业家既要对科学新发现孵化新技术进行引导，又要利用市场对技术创新进行引导。科技企业家的这种引导实际上是主动连接市场和科技创新的过程。成功的科技企业家既能为孵化的新技术导向，又能为消费者导向。由此开发的技术和产品一般都有良好的市场前景。在科技企业家引导和创造消费者需求与科技创新结合进行的模式中，科技创新和市场导向直接互动，就不存在传统的市场导向的创新模式中所要经历的"试错"阶段，因而可以加快创新的过程，减少创新的风险。概括来说，科技企业家的创新活动突出表现在三个方面：一是由于企业家的组织和协调，形成产学研各个创新主体之间的交互作用。科技企业家所推动的企业创新的动力不只是竞争，更是合作，尤其是进入其创新链的各个主体间的合作。二是企业从孵化新技术阶段就进入的创新过程具有不确定性、协同性和连续性的特点。科技企业家的组织职能就在于不间断地引导创新并根据最终的市场目标及时调整创新方向，直至开发出品质更高、成本更低的产品进入市场并取得财务回报。三是各类创新人才的集聚和培育很大程度上依靠科技企业家的引领作用。人尽其才是对人才的最大吸引力。

基于上述科技企业家在发展新质生产力中发挥的重要作用，党中央提出了集聚并培育科技企业家的要求。根据党的二十大关于"弘扬企业家精神，加快建设世界一流企业"的要求，培育科技企业家，不仅需要相应的制度建设，还需要有效的激励；既要促使企业家具有科学家的视野，又要促使从事科技创业的科学家具有企业家的创新精神和经营能力。

2. 建立科技和产业融合的创新高地

对人才产生吸引力，物质待遇固然重要，但更为重要的是人才有用武之地和宽松的自由探索环境。人才高地依托创新高地。人才高地、产业高地、创新高地三者相辅相成。一个地区产业越高端，吸引到的人才越高端。这就是说，创新高地必然能够成为人才高地，原因是创新高地能够为高端科技人才提供用武之地。

根据发展新质生产力的需要，所要建设的创新高地既不是单纯的科技创新的高地，也不是单纯的产业创新的高地，而是科技和产业融合的创新高地。尤其要建立关键核心技术的创新高地，主要涉及关键共性技术、前沿引领技术、现代工程技术、颠覆性技术创新。

建设创新高地没有先发地区和后发地区之分，先发地区和后发地区在发展新质生产力上处于同一起跑线。正如贵州能够成为国内大数据产业的高地，后发地区可以在建设创新高地上实现弯道超车。

根据新质生产力的前沿性特征，所要建立的新质生产力创新高地有如下特征：

第一，突出开放式。根据习近平总书记关于中国式现代化建设要处理好对外开放与科技自立自强的关系的重要论述，建设创新高地要立足于自立自强，提高自主创新能力，但不能忽视吸收全球先进技术和管理经验。在直接引进国外先进技术遇阻的情况下，吸引国际创新资源（尤其是创新人才）进行开放式创新，共同研发有自主知识产权的新产业技术，是较为可靠的途径。构建开放创新生态涉及创新的对内对外开放，不仅要求大学和企业的相互开放，还要求研究型大学的基础性研究和研发机构孵化新技术的对外开放。其重要生态就是对标高标准国际经贸规则的制度型开放，尤其是实施严格的知识产权保护制度。

第二，突出高水平基础研究。新质生产力依托的新科技基本上源于基础研究成果。从事基础研究的研究型大学和科研机构是培育和发展新质生产力的基地，其高水平基础研究需要得到政府的支持和企业的超前投资。对大学来说，其基础研究的创新要以培育新质生产力为导向，以创新未来产业技术为导向。

第三，突出产学研协同创新。未来产业既要有处于国际前沿的技术，又要在未来有市场价值。大学与企业共建高新技术研究院，在所形成的产学研协同创新平台上知识创新主体与技术创新主体互动合作，可以使创新的技术和产业既进入前沿，又有市场价值。从这一意义上说，产学研协同创新平台本身就是新质生产力的创新高地。

第四，升级各类科技园、产业园。各类科技园、产业园是发展新质生产力的重要载体。这里集聚了各类创新资源，有条件在迭代升级中成为培植新质生产力的高地。正像新产业的生命周期缩短一样，已有的科技园、产业园集聚的科技企业的生命周期也在缩短，其升级要求更为迫切。美国的硅谷曾经为发展以信息化为代表的新质生产力作出了开创性贡献。我们注意到，2023年10月23日，拜登政府通过美国商务部经济发展管理局（EDA）宣布在全美范围内指定31个区域技术中心，以启动技术中心（Tech Hubs）计划的第一阶段。技术中心计划将为美国打造关键技术生态系统，使其在未来10年内成为全球领导者。这31个技术中心分布在全美32个州，重点关注8个领域，包括3个自主系统技术中心、2个量子技术中心、6个生物技术中心、5个精准医疗技术中心、5个清洁能源技术中心、2个关键矿物技术中心、4个半导体制造技术中心和4个材料制造技术中心。这些中心实际上是培育新一代新质生产力的科技园、产业园。这对我国建设以新科技、新产业、新能源为代表的新质生产力高地是挑战，更是启发。基于科技园、产业园培植新质生产力的功能，其迭代升级的路径可以考虑把代表旧质生产力的项目和产业逐步移出，做强新质生产力项目和产业，吸引下一代新质生产力项目和产业入园。当然也可以直接发展体现新一代新质生产力的新的科技园和产业园。

3. 构建创新未来产业的生态

未来产业是发展新质生产力的方向，需要超前部署；同时，未来产业的研发存在高度的不确定性和风险，需要相应的生态以激励未来产业创新。与此相应的生态主要涉及以下方面：

第一，发展新质生产力基础在教育。技术日新月异，教育不但不能落后，还要与技术赛跑。如果说已有的科技在很大程度上能替代简单劳动的岗位，那么人工智能将会在很大程度上替代复杂劳动的岗位。因此，一方面科技创新人员的知识要不断更新。为了适应新质生产力需要，高等和职业教育的专业、学科内容需要超前布局。例如，近期美国多所研究型大学要求各个学科都要针对人工智能等新科技进行学科建设，就是为培育新质生产力教育先行。另一方面通过终身教育克服数字鸿沟之类的新科技鸿沟，促使劳动者适应新质生产力的发展，不断提升就业能力，培育适应新质生产力的劳动力大军。

第二，建立全国统一人才大市场。促进各类先进优质生产要素向发展新质生产力顺畅流动。各类高端人才的集聚是一个地区发展新质生产力的重要条件。高科技人口密度决定一个地区的新质生产力密度。一个地区集聚人才的环境非常重要，如城市化水平是吸引人才的重要条件，基本公共服务尤其是教育医疗水平的提升将促进高层次人才引进，所在单位的科研条件及自由探索的环境对吸引高端人才也非常重要。

第三，建立产、学、研、金深度融合的创新平台和机制。首先，未来产业的核心技术来源于基础研究成果，因此需要高度重视研究型大学的基础研究及其成果转化，促进新科技向新产业的转化。其次，未来产业一般是创新型小微企业首先开创的，因此需要重视创新型小微企业的产业创新，尤其需要为科技型小微企业的创新创业提供风险投资。再次，创新性产业需要足够的风险投资，因此需要发展和完善科创板之类的资本市场和其他各类风险投资市场,使创新未来产业的投资进出顺畅。最后,创新未来产业由于不确定,往往会犯错,要允许犯错,只有不断尝试才可能成功,因此需要建立产业创新的容错纠错机制,营造鼓励创新、宽容失败的良好氛围。

(南京大学洪银兴)

新动能

一、关于发展新质生产力的基本认识和相关考量

2023年9月,习近平总书记在哈尔滨主持召开新时代推动东北全面振兴座谈会,正式提出了"新质生产力"这一全新概念。此前的7月,习近平总书记在江苏考察时也曾强调,提高科技成果转化和产业化水平,不断以新技术培育新产业、引领产业升级。

(一)一个基本认识:推动经济运行持续回升向好、实现高质量发展的重要引擎

深入学习习近平总书记围绕新质生产力的重要论述,并且同当下经济恢复进程的新特点新要求结合起来,可以得到一个基本认识:推动经济运行持续回升向好、实现高质量发展的重要引擎,在于发展新质生产力。

自2023年起,以疫情防控平稳转段为转折点,中国经济步入了疫后恢复轨道。其后波浪式发展、曲折式前进的经济恢复进程一再提醒我们,当下的疫后经济恢复并非以往周期性波动中的经济恢复,其严峻复杂程度远高于以往。这是一个需要耐心、实打实把一件件事办好的过程。

如果说从高速增长阶段转向高质量发展阶段叠加国内外发展环境的深刻复杂变化,使得塑造发展新动能新优势的重要性日益凸显,那么,面对当前经济运行呈现的一系列新的困难挑战,经济恢复进程必须同塑造新动能新优势结合起来,以新动能新优势的塑造为经济恢复和高质量发展构建新竞争力和持久动力。

作为有别于传统生产力的新型生产力,新质生产力的起点是"新",关键在"质",落脚于生产力。新质生产力的"新"源自科技创新,以科技创新为引擎和内生动力,体现了数字经济时代的新要求,代表着未来生产力的发展方向,是生产力要素呈现全新质态的生产力。

当下的经济恢复进程也好,进入高质量发展阶段的中国经济运行也罢,其态势和成效,均在很大程度上取决于能否尽快破解我国在关键领域的"卡脖子"困境,能否通过整合科技创新资源引领发展战略性新兴产业和未来产业,加快形成科技创新起主导作用、数字时代更具融合性且更体现新内涵的新质生产力。从这个意义上讲,新质生产力契合高质量发展的要求。将加快形成新质生产力作为塑造发展新动能新优势的重要引擎,对于推动经济运行持续回升向好、实现高质量发展,具有特别重要的意义。

可以认为,当下的经济恢复进程并非一般意义的经济恢复进程。其目标,绝非简单地回到疫情之前,而是一场将塑造发展新动能新优势与经济恢复进程融为一体、在经济恢复中构建新竞争力和持久动力的全新探索,一场围绕加快形成新质生产力、赋予高质量发展新动能的全新探索。

也可以认为,新质生产力不仅为东北地区全面振兴提供了解决方案,而且指明了我国高质量发展的着力点和着重点。把发展新质生产力作为推动经济运行持续回升向好、实现高质量发展的重要引擎,围绕塑造发展新动能新优势展开积极探索,是当下以及未来一个时期摆在我们面前的一个十分重大的任务。

(二) 相关考量之一:把战略基点放在经营主体身上

发展新质生产力牵动经济社会发展全局,事关现实生活中的每一个自然人、每一个法人。如果说力量终归有大小之分,身份终归有主角、配角之别,那么,充当开路先锋的行为主体是哪一类?

2023年2月7日,习近平总书记在学习贯彻党的二十大精神研讨班开班式上的重要讲话中强调,要进一步引导经营主体强信心、稳定社会预期,努力实现经济运行整体好转。这为我们找准发展新质生产力的战略基点指明了方向。

什么是经营主体?按照2021年4月14日通过、2022年3月1日起施行的《中华人民共和国市场主体登记管理条例》的解释,经营主体就是以企业、个体工商户和农民专业合作社为代表的各类市场主体。具体包括公司、非公司企业法人及其分支机构,个人独资企业、合伙企业及其分支机构,农民专业合作社(联合社)及其分支机构,个体工商户,外国公司分支机构,法律、行政法规规定的其他市场主体。

经营主体既包括法人,也包括自然人和非法人组织,覆盖了在中华人民共和国境内参与GDP创造的所有经济单元以及国民经济的"主动脉"和"毛细血管"。可以发现,"经营主体"实系"我国经济发展根基"的代名词。迄今我国拥有的经营主体已经高达1.81亿户,他们深谙市场规律、熟悉市场运作,既是我国经济活动的主要参与者,又是技术进步的主要推动者。经营主体实为我国经济发展的基本动力源。

经济发展的根基既然在于经营主体,发展新质生产力,当然首先要推动经营主体进行科技创新,培育战略性新兴产业和未来产业。经济发展的动力既然在于经营主体,推动经济运行持续回升向好和高质量发展,当然首先要推动经营主体运行持续回升向好和高质量发展。只要经营主体能够在当前的各种冲击、压力面前挺住,只要能够帮助经营主体把暂时的难关渡过去,只要经营主体能够展现活力,真正把创新作为第一动力,进而带动科技创新、创造新的社会财富,我国经济运行就能重归正常轨道,推动经济运行整体好转、实现全面建设社会主义现代化国家开局之年的经济发展目标也就有了充分的保障和足够的支撑。

换言之,在当下的中国,发展新质生产力最可依靠的力量、最为重要的力量,就是经营主体,非经营主体莫属。经营主体是发展新质生产力进而推动经济持续回升向好、实现高质量发展的主力军。

所以,围绕发展新质生产力必须有的一个极为重要的考量是,我们要把发展新质生产力的战略基点放在经营主体身上,确保所有的对策、举措首先聚焦于经营主体。一方面,要以有效调动起经营主体的积极性、主动性和创造性为主线,着眼于从经营主体这个根上"浇水施肥",紧盯经营主体实施改革、出台政策,围绕激发经营主体动力和活力持续发力。另一方面,要坚持以经营主体为重心,围着经营主体关切而转,奔着满足经营主体需求而去,实打实帮助经营主体解决困难和问题,以推动经营主体发展新质生产力的努力,为推动经济运行持续回升向好、实现高质量发展打下坚实基础。

(三)相关考量之二:牵好"强信心""稳预期"这个"牛鼻子"

发展新质生产力当然面临着一系列困难挑战。如果说矛盾有主要矛盾和次要矛盾之分、矛盾的主要方面和次要方面之别,那么,本着牵"牛鼻子"的原则,其中的主要矛盾和矛盾的主要方面是什么?

2023 年 2 月 7 日,习近平总书记在学习贯彻党的二十大精神研讨班开班式上的重要讲话中,围绕推动经济运行整体好转的目标,强调了强信心、稳定社会预期的极端重要性。2022 年年末举行的中央经济工作会议上习近平总书记也明确指出:"需要从战略全局出发,抓主要矛盾,从改善社会心理预期、提升发展信心入手,抓住重大关键环节,纲举目张做好工作。"[①] 这为我们抓住主要矛盾、牵好发展新质生产力的"牛鼻子"指明了方向。

[①] 习近平:《当前经济工作的几个重大问题》,《求是》2023 年第 4 期。

毋庸置疑，2021年中央经济工作会议首次提出的"需求收缩、供给冲击、预期转弱三重压力"仍然是我们当下面临的主要困难挑战。不过，随着经济恢复进程呈现出"波浪式发展、曲折式前进"的特征，"三重压力"的影响也在变化。其中，一个越来越凸显的基本事实是，三者之间并非简单的平行关系。在当下的中国，最基本、最重要、最具牵"牛鼻子"意义的压力，在于预期转弱——因预期转弱而不能或不敢如以往那般消费，因预期转弱而不能或不敢如以往那般投资，从而需求趋向于收缩、供给遭遇了冲击。在某种意义上说，这是一轮主要导引于预期转弱的需求收缩、供给冲击。

"三重压力"之间所呈现的这一内在逻辑告诉我们，"强信心""稳预期"既是实现加快经济恢复进程、推动经济运行持续回升向好目标的"牛鼻子"，也是发展新质生产力的"牛鼻子"。只有居民和企业的信心增强了，预期稳定了，消费需求和投资需求不足的矛盾和问题才可随之减轻，塑造发展新动能新优势面临的矛盾和问题才可随之化解，发展新质生产力也才可拥有充分的动力和源泉。习近平总书记关于进一步引导经营主体强信心、稳定社会预期的重要指示精神，所强调的其实就是这样一个道理。

所以，围绕发展新质生产力必须有的另一个极为重要的考量是，我们要牵好"强信心""稳预期"这个发展新质生产力的"牛鼻子"，把"强信心""稳预期"作为塑造发展新动能新优势的当务之急来抓。一方面，要全面准确宣传党中央对经济形势的重大判断，阐释好完整准确全面贯彻新发展理念、加快构建新发展格局、着力推动高质量发展的部署要求，把我国经济韧性强、潜力大、活力足的基本面展示好，把政策效果持续显现、经济运行持续回升向好的基本态势展示好。另一方面，要立足于"两个结合"特别是"第二个结合"，把关于中国经济发展的独特的历史、独特的文化、独特的国情说清楚、讲明白，把植根于中华民族血脉深处的独有特质、独有禀赋和独特价值体系说清楚、讲明白,从中找寻支撑中国经济行稳致远的独特基因,为发展新质生产力、推动经济运行持续回升向好注入稳定性和强大信心。

(中国社会科学院 高培勇)

二、再造先进制造系统，加快形成新质生产力

2023年9月，习近平总书记在黑龙江考察调研期间首次提出"新质生产力"这一新概念，强调"整合科技创新资源，引领发展战略性新兴产业和未来产业，加快形成新质生产力"[1]。在人类经济社会的不同发展阶段，对应着不同质态的生产力。[2] 新质生产力的提出具有鲜明的时代背景，是基于对国内外发展条件与环境变迁的认知、适应与主动引领。从国内发展需要来看，我国正处于新一轮科技革命和产业变革与加快转变发展方式的历史性交汇点，供需两侧均面临新挑战，只有打破依靠传统要素驱动经济增长的路径依赖，才能掌握竞争和发展主动权。从复杂的国际情境来看，大国博弈带来深刻的世界政治经济格局调整，部分国家出现"脱钩断链"倾向、关键技术"卡脖子"问题带来的发展痛点凸显等，从增加发展主动性、自主性、安全性等多维度提出了新挑战。新质生产力的提出，是主动契合时代特征的战略选择，进一步明确了发展导向：实体经济是根基，实现先进制造的系统化再造是关键。

（一）新质生产力的核心是先进制造

新质生产力的形成，关键在于形成并有效发挥先进制造的引领

---

[1] 《习近平在黑龙江考察时强调：牢牢把握在国家发展大局中的战略定位 奋力开创黑龙江高质量发展新局面》，《人民日报》2023年9月9日。
[2] 参见刘志彪、凌永辉、孙瑞东《新质生产力下产业发展方向与战略——以江苏为例》，《南京社会科学》2023年第11期。

作用。以先进制造业为主体的工业仍是支撑中国经济实现持续稳定的中高速增长的重要动力。[①] 其中,新能源、新材料、电子信息等产业具有一定基础性产业功能,在相当程度上是作为制造业发展的投入品。先进制造业是综合体现"新质生产力"(最终产品)的部门,也是承载新发展动能的关键载体。

1. 新质生产力的内涵是动态的、发展的

生产力是马克思主义政治经济学的一个基本范畴,呈现人与自然之间的关系。把握新质生产力的内涵,必须具有自觉性、多维性、发展性视角,以全面、准确地了解其科学含义。关于新质生产力,学界的注意力较多集中在"新""质"上。如张占斌教授认为,"新质生产力中的'新',指的是新技术、新模式、新产业、新领域、新动能;新质生产力中的'质',指的是物质、质量、本质、品质"[②]。简新华教授认为,新质生产力是指"新的高水平的现代化生产力,即新类型、新结构、高技术水平、高质量、高效率、可持续的生产力,也就是以前没有的新的生产力的种类和结构,相比传统生产力而言其技术水平更高、质量更好、效率更高、更可持续"[③]。朱克力教授认为,"战略性新兴产业、未来产业,是构建现代化产业体系的关键,是生成和发展新质生产力的主阵地"[④]。综合来看,对新质生产力概念的理解,既包含投入(要素)层面,也包含产出层面的复杂的、持续的系统变化;新质生产力本质上是科技创新驱动实现的高质量生产力。从某种意义上来说,新质生产力不仅仅是目标、结果,也是新一轮发展过程的持续推进。

[①] 参见程恩富、宋宪萍《全球经济新格局与中国新型工业化》,《政治经济学评论》2023年第5期。
[②] 张占斌:《加快形成新质生产力与推动东北全面振兴》,《团结报》2023年10月19日。
[③] 简新华:《新质生产力是实现中国式现代化和高质量发展的重要基础》,《光明日报》2023年10月17日。
[④] 朱克力:《新型工业化"新"定位》,《经济观察报》2023年10月24日。

2. 新质生产力必定也应该具象在先进制造上

实体经济是我国经济发展的根基,[1]制造业是实体经济的核心和主体。制造业高端化发展不足是制约高质量发展的关键短板。新质生产力是科学技术在产业中应用的现实体现。制造业是科技力量起决定性作用的载体,不断塑造发展新动能新优势。新质生产力的本质,是依靠科技创新实现对传统生产力的系统化再造。也就是说,没有传统型产业,只有传统技术。经济系统的各个部门之间,经由复杂的产业关联网络构成相互依赖、相互影响的巨型系统,只有真正实现系统提升才具有持续生命力。新质生产力的形成,"新"的增量式内涵主要体现为新科学技术主导的产业升级,是其主导性、引领性功能的发挥。数字生产力可以赋能工业生产力以形成新质生产力,[2]应由工业化时代制造业发展模式向数字经济时代制造业发展模式转变,形成要素集成、生产过程集成、流通过程集成等多链式集成网络。

传统生产力以传统制造为核心,综合表现为生产能力与生产效率的提升,无论是主导要素层面还是生产方式层面,都表现出特定的发展阶段特征。传统生产力对资本、劳动力等要素积累与组合方式等依赖性较高,也是驱动我国前一轮发展的主要动力。从某种意义上来说,困扰我国经济发展的"卡脖子"难题,实质是"卡"在先进制造上。中国制造业发展在规模、结构方面已取得巨大成就,但在高精度、高效率的先进制造技术方面,与发达国家仍存在较大差距。以芯片制造为例,我国芯片应用市场规模最大、增速最快,但自主生产能力不足,尤其在高端芯片领域问题尤为突出,进口依赖率超过90%,核心芯片和高频射频器件的设计和制造仍依赖进口,在部分国家限

---

[1] 参见裴长洪、倪江飞《把发展经济着力点放在实体经济上的理论与方法》,《经济学动态》2023年第9期。
[2] 参见任保平《以产业数字化和数字产业化协同发展推进新型工业化》,《改革》2023年第11期。

制高端芯片对我国出口的形势下,相关产业发展面临诸多不确定性。新阶段我国与先发国家间技术距离缩小,乃至并行、赶超,与领先国家间的竞合关系格局发生重大调整,由垂直分工向水平竞争转变[1],抑制与反抑制成为常态,内生、自主创新成为关键突破与唯一选择。发动机、机床、变速箱、液晶显示器等高端领域的许多核心零部件对提升制造业核心竞争力至关重要,但我国目前对外依赖程度较高,自主研发和生产能力有待提升。新质生产力尤其强调关键核心技术的自主性突破,强调产业链供应链的现代化水平,强调传统生产力改造能力建设。

3. 未来产业的抢先布局是先进制造水平的长期保障

在全球科技革命与产业变革加速演进的背景下,我国科技实力正在从量的积累迈向质的飞跃,从点的突破迈向系统能力提升。未来产业代表新一轮科技革命和产业变革方向,对未来经济社会发展具备重大引领和变革作用。

从国内来看,国家"十四五"规划和 2035 年远景目标纲要中提出"在类脑智能、量子信息、基因技术、未来网络、深海空天开发、氢能与储能等前沿科技和产业变革领域,组织实施未来产业孵化与加速计划,谋划布局一批未来产业",各地也先后提出各自的未来产业发展布局(如表 1 所示),初步形成主导方向明确、细分领域有差异的未来产业发展空间格局。江苏省政府出台的《关于加快培育发展未来产业的指导意见》提出,到 2025 年,建设 10 个未来产业(技术)研究院、未来技术学院、未来产业科技园等平台载体,引育 50 个未来产业领军人才(团队),涌现一批具有核心竞争力的关键技术、应用场景和重点

---

[1] 参见 P. A. Samuelson, "Where Ricardo and Mill Rebut and Confirm Arguments of Mainstream Economists Supporting Globalization", *Journal of Economic Perspectives*, 18 (3), 2004, pp. 135 – 146。

企业,重点领域、关键产业实现从小到大、从无到有。南京、苏州率先建设未来产业先导区,加快培育第三代半导体、未来网络、氢能、新型储能、细胞和基因技术等 10 个成长型未来产业,谋划布局量子科技、深海深地空天等一批前沿性未来产业,初步形成"10＋X"未来产业体系。

表 1　我国各地未来产业发展布局情况

区域	未来产业发展布局
国家	在类脑智能、量子信息、基因技术、未来网络、深海空天开发、氢能与储能等前沿科技和产业变革领域,组织实施未来产业孵化与加速计划,谋划布局一批未来产业。
上海	未来健康(脑机接口、生物安全、合成生物、基因和细胞治疗)、未来智能(智能计算、通用 AI、扩展现实、量子科技、6G 技术)、未来能源(先进核能、新型储能)、未来空间(深海探采、空天利用)、未来材料(高端膜材料、高性能复合材料、非硅基芯材料)。
江苏	加快培育第三代半导体、未来网络、氢能、新型储能、细胞和基因技术、合成生物、通用智能、虚拟现实、前沿新材料、零碳负碳(碳捕集利用及封存)等 10 个成长型未来产业,谋划布局量子科技、深海深地空天、类人机器人、先进核能等一批前沿性未来产业。
浙江	优先发展未来网络、元宇宙、空天信息、仿生机器人、合成生物、未来医疗、氢能与储能、前沿新材料、柔性电子等 9 个快速成长的未来产业;探索发展量子信息、脑科学与类脑智能、深地深海、可控核聚变及核技术应用、低成本碳捕集利用与封存、智能仿生与超材料等 6 个潜力巨大的未来产业。
北京	面向未来信息、未来健康、未来制造、未来能源、未来材料、未来空间等六大领域,打造未来产业策源高地。
湖北	前瞻布局一批未来产业:量子信息、下一代网络、精准医疗、脑科学与类脑研究、液态金属等。

续表

区域	未来产业发展布局
广东	重点发展未来电子信息、未来智能装备、未来生命健康、未来材料、未来绿色低碳等五大未来产业集群与21个突破点。
福建	聚焦数字经济、海洋经济、绿色经济、文旅经济以及重点产业领域。
深圳	未来产业重点发展方向：合成生物、区块链、细胞与基因、空天技术、脑科学与类脑智能、深地深海、可见光通信与光计算、量子信息。

资料来源：根据各政府网站资料整理。

从全球实践来看，人工智能、量子信息、未来网络等未来产业已成为全球科技竞争的新焦点，也构成影响未来世界格局演变的重要动力。2019年美国发布《美国将主导未来产业》，提出充分发挥独特的研发生态系统优势，重点发展量子信息科学（QIS）、人工智能（AI）、先进通信网络/5G、先进制造和生物技术等领域，以及支撑未来产业发展的未来计算生态系统和未来产业发展实现的远程车辆自动驾驶技术。德国自提出"工业4.0"战略以来，相继出台《高技术战略2025》《国家工业战略2030》，重点围绕智能制造、基础科研、人工智能、清洁能源、数字化转型、数字基础设施建设等方面对未来产业作出战略部署。日本以"社会5.0"为愿景，2016年首次提出建立将网络空间和物理空间高度融合、以人工智能技术为基础、经济发展与解决社会问题并重的、以人为中心的"超智慧社会"。[1]

综合来看，在抢先布局未来产业上，国际上的主要经济体已达成共识，但源于未来产业技术的通用性、跨界融合性及高度不确定性等特征，对于未来的技术迸发点、产业技术涌现点及终端产品形态乃至

---

[1] 参见方晓霞、余晓、叶智程《未来产业：世界主要发达国家的战略布局及对我国的启示》，《发展研究》2023年第2期。

产业化路径等均处于探索期,成为决定未来全球创新格局与影响发展格局重构的重要力量。

(二) 先进制造业发展需要重构区域资源观

不同的时代,生产力具有不同的生长点,[①]即主要依靠某一种要素。当代,科学技术决定了生产力发展的方向、规模和速度、质量或水平,不仅是指科学技术本身的水平,还包括科学技术扩展到生产力其他要素上的效率与程度,实质是科学技术转化、移植能力的体现,这也是其在经济系统中根植性的决定性因素。由此,各类资源或要素的相对价值,应在科学技术生成、转化过程中的作用与功能视角下加以重构,实质上是不同生产要素组合方式连续发生突破性变化的过程。不同区域、城市的资源禀赋格局亦将重塑,进而对其在全国乃至世界创新版图、产业网络中的节点功能与定位产生直接影响。

1. 先进制造业发展需要新型资源观的要素支撑

先进制造的先进性的实现,关键在于"从 0 到 1"的创新支撑,这对高素质资源、颠覆性基础研究等提出更高要求。新质生产力对初级要素的依赖性降低,但对高素质人才等高级生产要素依赖性增强。互联网、区块链、大数据、云计算、人工智能等新技术不断涌现,以数据和算力为关键生产要素,推动生产方式快速转变,"技术—经济"范式面临深刻变革。其中未来产业往往具有原创性、颠覆性及高度不确定性等显著特征,在未来产业发展格局演进中引领经济社会发生重大变革,成为长期发展的重要部分。从关键性技术的自主性方面来看,江苏在关键零部件、核心原材料、高端仪器设备、工业基础软件等重点环节受制于人的局面仍未得到根本性扭转,直接制约着产业

---

① 参见杨耕《东方的崛起:关于中国式现代化的哲学反思》,北京师范大学出版社、北京出版社 2015 年版,第 171 页。

链供应链韧性，先进制造业的发展根基有待进一步夯实。先进制造业或高端制造业应是实现科技自立、自主的产业，牢牢把握发展的主动权与控制力，对要素支撑提出更高要求。在经济发展的不同阶段、创新过程的不同环节，对资源的本质规定性存在差异，由有形主导到有形无形并重、从静态资源禀赋到动态融合资源、从资源规模到资源匹配度等思考逻辑的转变，实质是对区域资源整合能力提出了更高要求。

先进制造的融合性发展需求，对资源匹配度提出更高要求。研究发现，发达国家产品的最终价格中，制造环节增值占比往往不到40%，服务环节增值约占60%。但制造是决定性环节与关键落脚点，是服务环节价值实现的载体，而制造业与服务业的融合发展程度显著影响着制造业发展的质量与水平。生产性服务业不仅可以通过专业化分工为制造业提供高效率的基础性产品和服务支持，还将人力资本、知识技术等高级要素嵌入制造业的各个生产环节。[1] 数字经济是与工业经济不同的经济形态，数字技术的赋能具有深度融合特征，将重构物理世界的要素、产业、经济格局；这一过程日益呈现出非线性、涌现性等复杂系统特征，亟须匹配治理模式和理念的创造性发展。因此，产业发展生态环境的塑造，需要高度重视数字革命、人工智能等与工业技术的深度融合[2]，助力颠覆式创新及其产业化过程。在数字经济时代，先进制造业分工与传统生产力条件下的技术分工也显著不同，在新型基础设施的支撑下，"行业门槛""行业技术壁垒"呈现弱化、边缘化现象，运用大数据、物联网等的资源整合能力构筑的新比较优势成为决定竞争格局的关键。

---

[1] 参见于斌斌、孙波约《优化生产性服务业资源配置》，《中国社会科学报》2023年2月22日。
[2] 参见金碚《提升制造业竞争力要有新思路》，《经济日报》2023年3月14日。

先进制造的整体性发展需求,对区域资源整合能力提出更高要求。国家或区域生产力总是在现有基础上不断实现新的跃迁。先进制造业是加快建设现代化产业体系的核心基石,但先进制造业不是特指部分产业,而应是基于整体制造业提出的发展导向。不可否认的是,一方面,江苏制造业发展中依旧存在深层次的结构性问题,总体上仍处于全球价值链的中低端;另一方面,外部环境冲击和挑战持续增强,江苏产业体系的完整性、供应链的韧性仍面临着较大的挑战,产业结构总体上偏重、偏散、偏传统的状况尚未发生根本性扭转,产业基础能力相对薄弱问题仍比较突出。这是推动制造业高质量发展难以回避的现实约束。因此,整合科技创新资源是新发展阶段制造业高质量发展、形成新质生产力的前提条件。新型资源观从系统角度更加强调动态化、体系化、高质量化,强调资源识别的新视角、资源运用的新方式、资源评估体系的系统性重构,具有十分重要的实践价值与紧迫性。

2. 数字化、智能化技术为新型资源架构创造了条件

数字化、智能化领域呈现加速的颠覆式创新特征,不仅创造新型生产要素——数据要素,也引致生产组织形态、边界与结构产生深度重构,将推动新一轮全球资源配置方式的重组。知识技术、数据等高级生产要素的作用日益凸显,其组合模式与传统劳动力等要素不同,其空间流动方式与动力机制与传统要素相比也存在显著差异。数字技术与制造业的融合程度是新一轮国际竞争中的关键变量。同时,新外部环境下存量资源的整合能力、智能优化能力成为关键。在一系列复杂因素的综合作用下,全球经济发展可能进入收缩型、慢增长区间,各类资源的稀缺性及空间不均衡性更加凸显,存量调整将是主导较长时期全球资源流动与配置的基调。关键性资源的国际争夺与限制也日趋激烈,国家、区域对资源尤其是科技创新资源的整合能力、集成化运用水平成为主导新一轮竞争格局的核心力量。因此,不

断提升的数字化、智能化发展能力与水平,为资源整合、集成提供了保障。

3. 新型资源观需要高水平开放思维

习近平总书记强调:"要不断扩大高水平对外开放,深度参与全球产业分工和合作,用好国内国际两种资源,拓展中国式现代化的发展空间。"[1]如何在国内外新形势、新开放格局中提升先进制造能力与水平,是重大时代命题。制造业优势面临转型与重塑,高水平开放型资源观是必要条件。从科技本身来看,科学技术发展日趋复杂化、协同化,科学世界网络面临部分国家的"人为干预""小院高墙"等阻碍,但开放式发展的必要性、不可逆性毋庸置疑。从科技成果产业化来说,单个企业、组织离不开全球协作网络体系;它们已高度嵌入这一复杂网络系统,虽有可能因不同因素冲击面临发展阻碍,但这一影响往往是暂时的、短期的、局部性的。国家、区域和企业需要做的是在开放思维导向下思考应对之策,而非重回封闭状态,也难以回到封闭状态。因此,在存量调整逻辑的主导下的如何根据新的发展需求匹配合适的创新资源,扩大高水平对外开放,让各类先进优质生产要素向发展新质生产力顺畅流动,从而持续实现增量式创新产出及生产方式变革,是探寻新质生产力形成路径的关键性前提。

(三) 先进制造业需要新发展范式

前一轮产业发展过程中形成的高效范式正在逐渐趋于失效,已难以支撑我国经济的庞大体量和高速发展,也难以适应新一轮经济全球化格局重构。未来产业发展对前沿技术的突破性、颠覆性创新的需求,以及发展的不确定性特质,内在地要求重构产业发展范式,

---

[1]《习近平在学习贯彻党的二十大精神研讨班开班式上发表重要讲话强调:正确理解和大力推进中国式现代化》,《人民日报》2023年2月8日。

以推动先进制造业、现代产业体系的加快形成与发展。

1. 技术创新范式

经济发展新阶段面临新挑战、新需求,技术范式加速演化,发展动力面临重大变化。技术研究能力与技术应用能力加速融合是实现动力转换的关键。这一问题既有一般性,也有不同于一般意义上讨论的特定性。从一般性角度来说,关于"技术范式到底是什么"尚未形成清晰的内涵和外延界定,可能主要源于产业概念界定的动态性、多样性,也源于缺乏相对稳定的制度框架。一方面,创新型经济具有高度复杂性、不确定性,对政府干预式发展模式提出了挑战;而另一方面,基础研究、共性关键技术等领域因其外部效应,具有典型的公共品性质,离不开政府的有效作为,这已得到相关研究的证实。[1][2]

从技术经济范式匹配性角度来说,新发展阶段的目标定位发生了战略性转换,面对全面建成社会主义现代化强国的战略安排和目标任务,自主性、引领性导向要求技术范式必须实现从引入型、应用型转向自主型、原创型、颠覆型。一是引领思维主导。改革开放以来的"跟随为主,引领为辅"的技术创新范式,缺乏引领性意识和思维,已难以有效回应新阶段经济社会发展需求,因此需要颠覆式创新思维。新一轮科技革命带来的通用人工智能、生命科学、新能源等前沿技术将深刻重构制造业技术创新范式,因此必须牢固树立引领性思维,抓住创新主动性、自主权,这是积极主动应对挑战、把握机遇的前提。与传统产业不同,未来的产业发展内部差异显著,在技术路线多元化、大规模试错范式主导下,选择主动权往往掌握在创新主体手

---

[1] 参见 Park Taeyoung, Ji Llyong, "Evidence of Latecomers' Catch-up in CoPS Industries: A Systematic Review", *Technology Analysis & Strategic Management*, 32(8), 2020, pp. 968 – 983.
[2] 参见贺俊《新兴技术产业赶超中的政府作用:产业政策研究的新视角》,《中国社会科学》2022 年第 11 期。

中。二是加速扩散思维。供给侧尤其是技术供给侧方面将作出大规模的调整：一方面解决增量的技术创新供给升级；另一方面是推动成本降低，使原本高成本的服务少数人或者少数机构的新产品、新技术和新服务能够快速、大规模应用到社会中去，全面提升经济发展质量与水平。三是分布式合作思维。新发展阶段，虽缺少对标的发达国家或地区，难以模仿与借鉴其发展路径，但信息的有限性与不对称性得到数字技术的有效弥补，跨界创新的可能性与效率日益增加。远程办公、虚拟社交、在线会议等数字手段改变了传统研发合作、知识交流以及技术应用培训的组织模式，正重塑产业技术创新的路径。全球大量开源科学平台的相继涌现与用户量的快速增长，加速了各国开放式科学研发合作的时空拓展。

2. 产业协作范式

新兴技术产业发展范式可分为大规模试错和一致行动两种模式。[1] 产业发展过程是一个集体学习过程，[2]包含个体与集体层面的共性行为特征。中国工业化进程处于从工业化后期向后工业化转变阶段，[3]需要综合考虑国家、区域产业布局各方面的平衡。一是在稳住存量且实现可持续增长的基础上，不断深入探索增量创新。需要注意的是，往往是增量提升到了一定能级再支持存量，甚至可以转化成新的存量，从而实现高速发展和高质量发展。二是未来产业发展"投入—产出"关系显著不同于现有产业关联模式，耦合关系发生转变。工业经济时代以基于投入产出形成的上下游产业链为主，数字经济时代则以基于横向、复杂协作的产业网络为主，其协作范式取决

---

[1] 参见黄群慧、贺俊《赶超后期的产业发展模式与产业政策范式》，《经济学动态》2023年第8期。
[2] 参见 J. E. Stiglitz, "Industrial Policy, Learning, and Development", *WIDER Working Paper Series*, 2015。
[3] 黄群慧：《新发展格局的理论逻辑、战略内涵与政策体系——基于经济现代化的视角》，《经济研究》2021年第4期。

于高度动态性、交叉关联性、跨界性等交互行为,具有相当的不确定性与难预测性,产业边界日益模糊化,也是融合化发展程度不断提升的过程。

3. 空间范式

数字经济时代,产业发展特征对区位选择具有明显的导向性,需要具备以下特征:一是高度开放。先进制造业涉及的领域与前沿技术高度相关,这就要求深度嵌入全球创新网络,尤其是全球创新和产业技术发展网络中的枢纽,从而有能力集成高端创新要素,培育出新的引领性产业技术并高效扩散到产业中去。二是持续创新环境。要具备良好的创新生态,激励多元化创新主体保持创新热情,多举措降低门槛和成本,尤其是大力支持原创性、颠覆性探索。三是高效协同。对于科技创业者而言,不仅需要政、产、学、研、资、创要素齐备,更为重要的是实现高效的多要素系统协同,不断完善匹配科技企业全生命周期发展的营商环境。

因此,数字经济时代产业发展模式需要重构,突破工业经济思维模式的惯性。

(四)系统化推进江苏先进制造业发展的新思路

由于发展特征的本质规定性,先进制造业的发展不同于传统制造业,需要从标准、动力、要素与生态等多方面重塑发展路径。先进制造业发展技术路线、方向等具有高度的不确定性与多可能性,带有确定性的政策设计可能难以匹配其发展的内在需求,提供激励创新、试错探索的产业发展生态尤为重要,需要由干预市场型制度设计向提供市场友好型制度转型。[①]

[①] 参见黄群慧、贺俊《赶超后期的产业发展模式与产业政策范式》,《经济学动态》2023年第8期。

1. 构建以先进制造为核心的新质生产力评价标准

生产力评价是有效的"指挥棒",对资源、要素流动方向、组合方式选择等产生重要影响,也是有为政府作用发挥的有力工具。衡量传统生产力的指标评价体系难以充分反映新质生产力发展水平,需要构建以先进制造为核心的新质生产力评价标准体系,形成对新质生产力有力的、科学的导向作用。由此,新质生产力评价标准应能综合体现先进制造的本质特征,能反映智能化数字化水平、对传统生产力的改造程度等。用好评价标准这个"指挥棒",构建先进性、融合性、整体性、安全性等多维评价系统,需要注意,在相关衡量指标的选择上要兼顾数量型与质量型、规模与结构型、动态调整型(全生命周期)"新标准"。

2. 健全以原始创新能力提升为导向的科技创新"举省体制"

发挥战略科技力量的主导作用。聚焦打造重大科技基础设施集群、高水平实验室建设集群和国家级产业创新平台集群,加快培育战略科技力量。以打造世界级科技创新策源高地等为目标,突出前瞻性、战略性需求导向,把握科技发展趋势和国家战略需求,坚持目标导向和自由探索"两条腿走路",持之以恒加强基础研究,努力创造更多"从 0 到 1"的原创性成果。以关键共性技术、前沿引领技术、现代工程技术、颠覆性技术突破为导向,优化资源配置和布局结构,实现关键核心技术自主可控。要用好集中力量办大事的制度优势与超大规模市场优势,健全新型"举省体制",打赢关键核心技术攻坚战。今后参与国际竞争及在竞争基础上形成新型国际分工,原有的跟随、被动式创新模式已无法适应新发展阶段的需要,须由追随向并行、引领阶段转换,自主可控创新的战略价值更加凸显,需要更多重大的、突破性的源头型创新。而这些必须建立在基础研究取得创新成果且创新成果快速转化的基础上。自主创新更加依赖于基础研究的发展,而基础研究需要政府资金投入予以支持。加速"从 0 到 1"的创新进发,江苏既要积极参与全国有组织创新的"举国体制",也要聚焦原始性创新全力构筑基于自身要素的科创"举省体制"。不同类型产业成长过程中,资源需求、组合方式、技术创新模式及其成果转化路径等都存在异质性,亟须有组织创新与市场激励下的自发创新过程同时有效发挥作用,促成新技术、新模式、新产业乃至新业态"自发"生成,以形成可持续、具有根植性、有生命力的先进制造业。

动态塑造创新体系。现代技术的复杂性对创新系统提出了更高要求。在关键技术创新领域,政府不能缺位,而要更好地发挥有为政府的作用。完善关键核心技术创新的"举省体制",持续提升产业链供应链自主可控能力。争取尽快在核心技术领域取得突破,取得一批重大标志性科技创新成果。依据江苏的科学研究水平和资源条件,有能力争取建立国家综合性科学中心。建议进一步整合建设以苏州实验室、紫金山实验室、太湖实验室等一批重大创新平台,高水平研究型大学及一批领军型科技企业等为代表的战略性科技力量。培育价值链链主企业,重点遴选已有能力在国际市场与中国国内市场建立价值链的企业,在现有单项冠军企业与培育企业的基础上,将在价值链中逼近链主位置的企业吸收进来,分市分层次建立核心企业培育库。另外,强化链条融合与集群发展。通过政策调整和资源重新配置,着力推动创新链、产业链、供应链的深度融合;着力推动先进制造业集群发展,统筹战略性新兴产业、高新技术产业和传统制造业之间的关系,全面提升六大国家级先进制造业集群的竞争优势。

需要注意的是,支撑公共性研发机构运转的制度结构往往是十分复杂的,只有具有动态适应特征,才能匹配处于持续变化中的发展情境,这对政府决策水平与能力提出了更高要求。政策制定与实施是多因素复杂交互的过程,内在要求各类相关政策具有集成性,以应对技术与市场的高度不确定性、高度动态性。实质上,不同政策实施耦合作用发挥的"合成性影响"在很大程度上决定了政策的有效性，这既是重要的理论问题，也是实践中讨论政府干预行为特征与边界的重要方面。

3. 匹配先进制造发展需求的育才体系

加快形成与先进制造业发展需求相适应的人才结构。优化长效激励机制，为人才成长和发展提供宽松环境和广阔空间，为科研人员"减负松绑"，进一步激发其创新创造活力。先进制造业的发展能力取决于区域高素质要素的集成化利用能力。江苏科教资源丰富，新一轮发展中最大的优势在人才，尤其是高素质人力资本，要真正发挥人才优势，深入实施"人才强省"战略，将现有优势转换成驱动先进制造业发展的新比较优势，进一步完善"顶尖人才—领军人才—青年人才"梯度培育体系。聚焦科技自立自强、聚焦高质量基础科学问题，培养集聚一批站在世界科技前沿、占领科技制高点的顶尖科学家，提供专班服务，量身创设、按需建设新型研发机构或定制式实验室。以攻克制约产业发展的关键共性、基础底层等"卡脖子"技术为目标，建立科研特区、特殊资金、特别项目等"卡脖子"关键核心技术攻关人才特殊调配机制，贯通产业、科技、人才项目评价支持，鼓励支持一批具有探索精神和发展潜力的高端科研人才。聚焦制造强省建设，以应用基础研究为牵引，大力实施卓越工程师教育培养行动，遴选培育一批具有突出技术创新能力、善于解决复杂问题的青年工程师人才，持续推进省博士后专项支持资金，鼓励设站单位与国外一流科研机构开展联合培养。

进一步深化改革，实现人才禀赋优势向技术创新优势的转变。一是创建产业集聚和科创平台。大力创建施展才干的事业平台，塑造促进人才进一步成长和发展的空间。二是深化改革，建立符合行业特点的分配制度，提升整体薪资水平。高校和科研院所的各类人才进行的是知识创造价值的劳动，是创造性的劳动，不能简单地将其与公务人员、其他事业单位人员直接比较,必须制定符合其行业性质和劳动特点的收入分配政策,充分调动各类人才的积极性、主动性和创造性。通过深化收入分配制度改革,使江苏成为最能吸引人才的高地。针对过去困扰科研人员的各个难题,改革和创新科研经费使用和管理方式,赋予科研人员更多自主权,让经费为创新活动服务。三是超前布局人才供给侧改革,以解决"卡脖子"关键核心技术为重点,赢得人才引领发展的战略主动。

4. 系统化完善先进制造产业发展生态

现代产业发展日益呈现出技术上的复杂性、发展中的交叉性与外部性特征,与之相适应的政府治理系统调整过程,是技术与经济范式协同建构的过程。[①] 制造与服务日益融合,服务对产业发展尤其是对制造业数字化、网络化、智能化转型的支撑促进作用更趋凸显,服务已成为制造企业维护竞争优势的核心环节。生产性服务业,是与制造业直接相关的配套服务业,发源和根植于制造业。有研究表明,生产性服务业发展程度提高1%,制造业效率可提升39.6%。推动产业链、供应链、价值链协同,打造完整的产业生态系统。促进不同产业之间的融合与创新,增强产业经济的内在联系和外在协同。数字生产力可以赋能工业生产力以形成新质生产力,[②]充分释放"智改数转"的放大、叠加、倍增效应。未来产业发展具有极强的不确定性,但其对信息基础设施的需求是相对确定的,完善的、高层次的、高水平运作的新型基础设施支撑系统是加速生成未来产业的"硬件系统"。须进一步加强新一代移动通信、人工智能、算力网络、卫星互联网、工业互联网等新型基础设施建设,加快形成新型基础设施网络化支撑

[①] 参见程恩富、宋宪萍《全球经济新格局与中国新型工业化》,《政治经济学评论》2023年第5期。
[②] 参见任保平、李培伟《以数字经济和实体经济深度融合推进新型工业化》,《东北财经大学学报》2023年第6期。

系统。

区域创新系统是典型的复杂巨系统，内部联结模式的社会化特征和系统要素之间的紧密互动，促成竞合机制及学习机制的动态演化，不断重构区域合作架构。要实现制造业系统整体发展质量提升，需要进一步织密区域一体化创新网络。构建集"原创思想—技术开发—产品中试—市场推广"于一体的全链条式、集成化创新体系，通过创新要素集成优势，有效缩短"科学发现—发明—产业化"时间，破除"单点突破式创新"产生的"技术孤岛"现象，打通研究和应用之间的"最后一公里"，打破"基础研究—技术研发—成果转化"的线性思维下形成的相对固化的分工模式，由渐次跟进向同时并进转变，形成多学科交叉、多元性主体互动的集成化思维导向下的开放式创新模式。

进一步强化市场充分激发新兴技术产业的活力，[①]着力营造创新主体多元共生、创新要素多维聚变、创新服务多链融合的一流创新生态，为高水平创新主体、未来企业孕育与生成创造优良环境。在前沿技术产业化过程中，技术路线、主要用途、领先企业都可能出现新的变化，因此，鼓励试错、包容失败的社会氛围具有重要作用，开放生态尤为重要。各地方政府为营造良好的未来产业发展环境推出了系列政策，如上海推出"开源计划""雨林计划"等六大计划，通过试点示范、政府采购、开放合作等，为未来产业努力创造更多应用场景；广东深圳推动科技金融深度融合，引导社会资本投资，为未来产业发展注入更多金融活水。

需要注意的是，先进制造产业发展立足于长期性、先导性、不确定性、高度专业性，对其的评价标准、支持政策等都应从这一根本特

[①] 参见贺俊《制度逻辑、竞争位势与政府干预：美国产业政策的分解与合成》，《国际经济评论》2023年第4期。

征出发,忌短期化、数量化、分散化与同构化,不能一哄而上造成有限资源的低效配置,从而需要协同化推进;同时又要保持充分的政策弹性,为自由探索的"意外突破"创造足够空间。因此,迫切需要基于资源、组织形式、结果等多维度、多层次分类施策,从某种意义上来说,"僵化""老化"的政策支持比"无为"带来的发展约束更大,需要深入、系统、科学的政策设计与评估、反馈。与此同时,先进制造业发展必然伴随"创造性破坏"与重建过程,引致经济、社会等多系统变化叠加,往往面临"两难"困境,也需要政府做好"兜底"工作。另外,产业发展不是孤立进行的,需要其他产业的支撑,单靠政府力量难以支撑整个体系的发展,必须充分发挥市场机制的决定性作用,通过不断试错应对新兴产业领域的高度不确定性。因此,时机、方式选择、强度把握至关重要,必须坚持"有所为,有所不为"。各类主体数字能力提升是当前及中长期发展的突出短板,不仅包含各类市场主体,而且包含各级政府自身的数字治理能力提升问题。如何实现工业经济思维向数字经济思维的转换,是具有紧迫性的重大理论与实践议题。

(南京师范大学蒋伏心　南京中医药大学高丽娜)

三、以连接为核心，发展数字新质生产力

数据、算法和算力成为数字的三要素已逐渐成为学界和业界的共识。数据是数字经济的"原材料"，蕴含有用信息但也混杂着大量的无效信息。算法是数据的"加工厂"，可以从大量数据中提取有用信息，作出预测和优化决策，从而实现创新和增长。算力是算法的"动力源"，能够快速运行复杂算法来处理大规模数据。网络外部性理论表明，网络的价值与网络节点数量的平方成正比。因此，一个大网络的价值将远远超过若干个小网络的价值。例如，作为腾讯公司的核心业务，微信的主要价值在于将微信代码（算法技术）、手机与服务器（算力资源）和使用人（数据制造者）进行了有效连接，海量节点的高质量连接构成了一个价值巨大的网络，使得腾讯公司的市场价值位居中国第一、世界前十。因此，新质生产力释放的关键在于，通过信息基础设施对数据、算法和算力背后的经济主体进行充分和有效的连接，将各种资源、人员和技术作为节点连接起来，构建巨大的网络，以实现增长新动能。政府在数字新质生产力发展的初期，需要大力推动新基建，为连接各类经济主体提供基本条件。虽然江苏在制造业和信息技术基础设施等方面具有显著的优势，但是在信息化和电子商务等企业内外连接方面与广东存在一定的差距，连接的质量存在较大的可优化和提升的空间。因此，江苏应明确以连接为核心的发展思路，深度连接数据产权人、算法的贡献者和算力的需求者，为新时代的江苏经济继续走在中国前列提供有力保障。

（一）以连接为核心的发展思路

在数字新质生产力发展的大环境下，高效连接将成为经济活动的主要特征之一。由于潜在的连接数与节点数的平方成正比，经济将逐渐从线性级增长的旧动能转变为指数级增长的新动能，政府的主要职能也需要从原本为经济主体的节点进行服务逐渐转变为为经济主体间的连接进行服务。从新基建概念的演化也可以看出这一转变：新基建最初的概念仅包含5G、物联网、大数据中心、人工智能和工业互联网等信息基础设施，随后纳入了特高压、城际高速铁路、城市轨道交通、新能源汽车充电桩等融合基础设施——2023年上海等地区的新基建规划中还包含了数字孪生等创新基础设施。从中可以看出，新基建涵盖内容是否丰富和完善的主要依据，在于是否实现了传统基础设施难以实现的高质量连接。

围绕连接经济主体，江苏的新基建建设取得了一定成效。截至2023年9月末，全省累计建设5G基站22.3万座，位居全国第三；大数据中心在用标准机架超50万架，位列全国第二，运力质量全国排名第一；工业互联网标识解析二级节点累计58个，覆盖所有设区市和15个产业集群（未覆盖航空航天产业集群），数量全国第一；实施"5G+工业互联网"融合应用项目869个；建成在用数据中心近200个；省级工业互联网平台175个；车联网覆盖道路1400多公里。在现有优势的基础上，江苏新基建下一步应聚焦连接的全局、质量和迭代三个方面：

1. 聚焦连接的宏观全局而非微观局部

正如前文所述，一个大网络的价值远远高于若干个小网络的价值，大网络更有利于数字生产力的加速释放。因此，数字经济的连接需要将全地区、全国乃至全球连接成为一张统一的大网络，而非各地区着眼局部，独自形成若干分割的小网络。因此，政府必须做好新基建的顶层设计,统一规划新基建的接口标准,确保兼容性,避免陷入小网络信息孤岛的陷阱。例如,依托制造业发展优势,江苏已经着手建立了工业互联网标识解析国家顶级灾备中心、递归节点和二级节点基础设施体系,推动工业互联网标识解析在各产业集群中的深度应用和融合贯通。截至2023年6月底,累计服务全国企业16.5万家,累计标识解析量超1350亿次、日均解析量超1亿次。在此基础上,江苏需要放眼全局,通过顶层设计统一各类连接标准。

2. 聚焦连接的需求和质量而非供给形式

经济主体形成连接产生新质生产力,其关键在于连接的质量,即经济主体通过连接产生了持续有效的数据生产和交换,而非只是形式上的连接。例如,算力所连接的是算法和数据,只有高质量连接的算力才能产生数字生产力。而一味追求地区的算力和网络带宽规模,并不意味着算力得到了高质量连接。为此,政府应搭建平台,加强经济主体之间的沟通,通过深入理解经济主体的连接需求来提高连接的质量。例如,江苏已发布涵盖12个细分行业、99个关键环节、251个重点场景、101个典型案例的《江苏省分行业智能化改造数字化转型实施指南》,举办两化融合暨数字化转型大会、2023工业互联网大会、工业互联网重点平台"领军汇"企业沙龙(第二期)等活动,持续提高连接质量。下一步,江苏需要聚焦连接质量,深度挖掘并满足经济主体高质量连接的需求。

3. 聚焦连接的升级迭代而非一蹴而就

经济主体的连接并不能一蹴而就,而是有一个逐步的升级迭代的过程。在这个迭代过程中,要注意从效率上完成连接各方的帕累托改进。因此,需要以效率为指挥棒,坚决推进能够提高劳动生产率的连接模式,对于不能完全实现帕累托改进的连接模式,需要不断进行迭代修正,逐步实现高质量连接。例如,为激发企业转型动能,江苏把免费诊断服务作为主要抓手,截至2023年9月,已累计组织4.3

万家企业开展免费诊断,已完成2.5万家;推动全省各地累计发放"智改数转"设备补助45.2亿元,支持企业对工业现场"哑设备"进行"轻改造"。截至2023年8月末,已累计创建国家"数字领航"企业3家、智能制造示范工厂12家,省级智能制造示范工厂250家、示范车间1979个。江苏随着以"智改数转"为代表的升级迭代持续推进,对经济主体的有效连接不断优化,数字生产力的释放将逐渐加快。

(二) 打破数据壁垒,连接数据的产权人和使用者

数据作为要素,具有提高生产效率和资源配置效率的功能。在数字化转型的过程中,不同的组织和部门需要共享数据,以便更好地协作和协同工作。一方面,数据的获取和使用往往受到各种限制,这就像是一道道无形的壁垒,阻碍了数据的自由流动和价值的充分发挥。因此,打破这些壁垒,实现数据的开放和共享,对于推动数字经济发展具有重要的意义。另一方面,数据的所有者需要保护自己的权益,防止数据被滥用或侵权;同时,数据的使用者也需要获得合法的使用权,以激励其投入资源进行价值创造。因此,建立有效的数据产权制度,连接数据的产权人和使用者,是实现数据价值的关键。要实现上述目标,江苏可以从以下四个方面入手:

1. 打破数据标准的壁垒,为各行业建立通用数据标准

数据标准是为了确保数据在不同系统、平台和组织之间能够一致、可互操作、可理解和可共享而制定的规范和准则。数据标准通常包括数据格式标准、数据交换标准、数据命名和标识标准等。由于企业使用不同的技术来管理和处理数据,企业间甚至企业内部出现了数据标准的碎片化,限制了数据的共享和联通。通过行业协会为企业建立相应的数据标准,可以大幅降低数据的连接成本,提高数据连接的效率,促进组织之间的数据共享和协作。

2. 打破数据的可用壁垒,大力推动企业数据上云

数据要实现无障碍的连接,需要将数据从离线状态转变为在线的可用状态。企业需要对数据进行分类评估,对于隐私和安全性要求较高的数据建立私有云,通过自动化工作流、数据虚拟化和开源工具,经济主体可以更灵活地访问和分析数据,降低了连接的复杂性。而对于其他类型的数据,可存储在云服务提供商的分布式公有云上。这不仅降低了企业的大规模硬件投资,还实现了无缝的数据访问,有助于加速决策过程、提高协作效率,从而释放生产力。江苏已完成编制《江苏省企业上云发展指数调查评估报告(2022)》,组织开展星级上云建设。2023年上半年,江苏共有6331家企业开展星级上云创建,认定星级上云企业3984家;其中,三星级3418家、四星级445家、五星级121家。截至2023年9月,江苏累计建成国家级双跨平台5家、省级重点平台161家,培育星级上云企业2.1万家,带动40万家中小微企业上云用平台。下一步,江苏需要加大对中小企业上云的推动力度,从而打破数据流动的物理壁垒。

3. 推动数据资产入表,建立数据治理框架

2023年8月,财政部发布《企业数据资源相关会计处理暂行规定》,明确数据资源的确认范围和会计处理适用准则等,并于2024年1月1日起施行。根据上述规定,企业在编制资产负债表时,应当根据重要性原则并结合本企业的实际情况,增设"数据资源"项目。将数据视为一种资产,并将其纳入企业的财务报表中,有助于提高企业对数据价值的认识和管理。这不仅可以帮助企业更好地评估自身的数据资源,明确数据的所有权归属,而且界定清晰的产权有助于建立数据治理框架,以确保数据使用的透明度和可追溯性。因此,江苏需要引导企业落实相关文件精神,尽早建立数据治理的框架,释放数据要素的生产力。

4. 优化数据市场，连接数据产权人和使用者

建立灵活的数据市场，允许数据产权人出售或许可使用他们的数据资产。当数据产权人可方便地获得要素收入时，数据要素的供给将被大大激活。届时，数据产权人和数据的使用者将得到高质量连接，数据的价值创造将得以充分地实现。2023年4月，江苏数据知识产权登记系统正式上线；5月，颁发首张"数据知识产权登记证书"，作为创新主体持有相应数据的初步证明，可应用于数据资产入表、交易流通、纠纷处理等多种场景。在现有基础上，江苏需要不断优化数据市场，从而不断激励数据的供给，建立数据产权人和使用者的高质量连接。

（三）推广开源平台，连接算法的贡献者

程序员是算法的贡献者，是数字时代的引领者。一个算法从产生到流行有着两股重要的推动力：一股是由少量的顶尖程序员（算法科学家）提出的原创思想，实现从0到1的突破；另一股是由数量更多的程序员为算法的完善和应用提供更多的补丁，实现从1到N的生产力爆发。两股推动力相互交织，汇聚到算法的基础设施——开源软件和代码的托管平台，有力地释放了生产力。一方面，程序员通过开源平台"以码会友"，互相启发、共同探索，将算法和技术连接在一起，为算法创新提供了无限的可能性。华西证券的研报显示，中国三大基础软件领域中，操作系统、数据库、中间件市场外资占比分别为92.9%、64.8%和51.1%。在该背景下，发展国内开源平台对算法自主可控有着重要的意义。另一方面，开源代码托管平台提供各种底层工具和软件库、数据集和训练资源等，可以有效避免重复劳动，大大提高了创新效率。Synopsys 2020年抽样审计报告显示，99%的商业软件含有开源组件，75%则直接由开源代码组成。在美国，开源平台已经成为数字经济算法的孵化器，成功输出并孵化了多项著名产

品。例如,著名的 Linux 操作系统在开源社区中不断迭代完善,不仅为广大企业降低了大量数字化转型的成本,还孵化了安卓等手机系统。甚至美国的数字货币系统——汉密尔顿计划也是在开源平台实施的。然而,根据 CSDN 发布的《2022 中国开源贡献度报告》,中国在全世界开源平台上的贡献仅占全球总量的 9.5%。虽然该指标近年来增幅较大,但整体上中国的人口资源优势并没有转化为算法创新优势。同时,中国在很多基础软件领域面临"卡脖子"。主要原因在于,中国缺乏优秀的本地开源软件平台,难以将算法的贡献者低成本地连接到一起,存在严重的"重复造轮子"问题,无法形成"算法合力"。开源软件和代码托管平台作为数字公共产品,具有非竞争性和非排他性,社会自发供给面临不足。增加开源平台的供给,将算法的贡献者充分地连接起来,是数字经济时代政府的责任。

江苏在促进开源技术发展方面已有一定的经验,把创建开源生态作为"十四五"全省软件和信息技术服务发展规划的重点任务,积极推进全行业共同构建基于开源基础的新一代信息技术生态体系。2021 年,在江苏省、南京市和麒麟科创园管委会的支持下,中国科学院软件研究所与软件所南京软件技术研究院启动建设开源软件供应链重大基础设施。2023 年,工业和信息化部、江苏省人民政府、湖南省人民政府共同主办"2023 开源和信息消费大赛",聚焦基础软件、工业软件、云原生、区块链、人工智能、大数据、开源硬件、安全治理等 10 余个领域,由各龙头企业和科研院所出题,支持大家用软件代码解决"真问题"。此外,开源赛道还将配套 20 余场产融对接活动,积极促进开源技术工程化及开源成果产业化。

基于现有基础,江苏还需要在以下几个方面更好地连接算法的贡献者,充分地释放数字生产力:

第一,政府出资,委托学术机构建设开源代码托管平台等算法基础设施。

第二，面向重点领域布局开源项目，建设开源社区，构建开源生态，连接优秀算法人才。

第三，营造参与开源贡献激发荣誉感的社会氛围，推动基于集体主义价值观的开源文化在江苏发展。

（四）引入竞争机制，连接算力的需求方

在数字化时代，算力已经成为各行各业的关键驱动力。算力供给方面，根据中国信通院《中国综合算力评价白皮书（2023年）》，江苏在用算力规模18EFLOPS，综合算力评价排名全国第二。在摩尔定律的驱动下，计算机硬件的不断进步使得更多的任务能够以前所未有的速度和效率进行处理，从而推动了各个领域的创新和生产力提升。然而，处理器性能不断上升的同时价格也在不断下降，因此算力的供给侧面临着高折旧问题。同时，算力服务通常具有复杂的定价结构，包括不同的定价层次、计费方式（按需、预付费、按使用量计费等）、不同的区域和可用性区域的价格差异等。这种复杂性使得比较不同服务提供商和服务类型的价格变得更加困难。随着中小企业数字化转型加速，算力需求逐渐呈现出碎片化特征。算力市场这种特殊结构使得通过价格调节供需的有效市场机制往往难以自发形成。然而，当政府直接干预算力市场供给时，由于信息不对称，可能出现算力利用不足或资源闲置等问题。因此，为充分释放算力生产力，促进算力的供需连接，激活算力市场的需求，政府应从引入竞争机制着手，建立有效的市场环境。江苏需要联合国家相关部委从以下几个方面引入竞争机制：

第一，制定并推广通用的价格透明度标准和算力比较指标，以便用户可以更容易地比较价格。

第二，鼓励多个算力商进入本地市场进行充分竞争，激活算力商竞相提高服务质量的动力。

第三，要求算力商兼容标准数据格式，使用户能在不同算力商之间迁移数据，规避垄断行为。

第四，引导算力商提供不同类型的定价模型，如按需、预付费、弹性付费等，避免算力闲置。

（南京大学周耿、范从来）

四、数字新质生产力推动经济高质量发展的逻辑与路径

新质生产力是在继承和发展传统生产力的基础上形成的,是以高新科技驱动内涵式发展的生产力新形态,意味着传统生产力随着时代发展和社会环境变化发生了质变。数字新质生产力就是数字经济时代孕育出的新形式的生产力,是新质生产力的重要方面。其内涵可以概括为通过数字技术融合其他生产要素,创造满足社会需要的物质产品和精神产品,带动国民经济增长的能力。数字新质生产力是生产力要素即劳动者、劳动资料和劳动对象"三位一体"的数字化结果,对于推动经济高质量发展具有重要作用。在当前科技革命和数字化浪潮下,中国经济转向高质量发展的过程中,需要将更多目光转向数字技术带来的生产力变化上,以数字新质生产力推动经济高质量发展,进而推进中国式现代化进程。

(一)从传统生产力到数字新质生产力

新质生产力是以科技创新为主的生产力,既有着传统生产力利用自然和改造自然的属性,又在"新""质"两个层面完成了突破。"新"是指相较于传统生产力主要涉及劳动力、劳动资料和劳动对象三大实体性要素以及科技、管理和教育三大渗透性要素,[1]新质生产力的内涵则主要包括新技术、新经济、新业态,以使用数字技术构建数字化平台为核心,强调基于知识、信息和创新的新经济体系,鼓励

---

[1] 参见李梦欣、任保平《新中国 70 年生产力理论与实践的演进》,《政治经济学评论》2019 年第 5 期。

高科技产业和更灵活商业模式的发展。"质"是强调新质生产力的崛起代表了生产方式的根本性转变,不再依赖大规模资源投入和高能源消耗,而是将创新驱动视为生产力的关键要素,积极追求实现科技自立自强,尤其是通过关键性、颠覆性技术的突破来引领生产力的飞跃提升。这种生产方式的演变意味着更加高效的资源利用,减少对有限资源的过度依赖,减轻环境负担。新质生产力注重科技创新,强调创造性的解决方案,为经济增长和社会进步提供了新动力。

生产力理论是传统马克思主义政治经济学理论的重要组成部分。按照政治经济学的生产力理论,生产力就是劳动生产力,就是人们生产和创造社会财富的一种能力,是人类在认识世界、改造世界过程中所积累的生产能力。马克思把劳动生产力分为劳动的社会生产力和劳动的自然生产力。他认为:"生产力当然始终是有用的、具体的劳动的生产力,它事实上只决定有目的的生产活动在一定时间内的效率……它自然不再同抽去了具体有用形式的劳动有关。"[1]生产力的质量取决于生产力的效率,效率越高,提供的使用价值量也就越高,生产力的质量也就越高。[2] 在进一步论述生产力质量提升的过程中,马克思将生产力概括为一个多因素且动态变化的概念:"劳动生产力是由多种情况决定的。其中包括:工人的平均熟练程度,科学的发展水平和它在工艺上应用的程度,生产过程的社会结合,生产资料的规模和效能,以及自然条件。"[3]即生产力至少包括劳动者个人能力、自然条件和劳动的社会力三个方面的因素。其中,劳动者个人能力可以通过后天的生产技能培训提升,自然条件如土地的肥沃程度、矿产的丰富程度则是自然存在的,很难依靠人力改变,相较而言,改

---

[1] [德]马克思:《资本论》(第1卷),人民出版社2004年版,第59—60页。
[2] 参见任保平《〈资本论〉中的质量经济理论及其现实应用性》,《〈资本论〉研究》2020年。
[3] [德]马克思:《资本论》(第1卷),人民出版社2004年版,第53页。

进劳动的社会力是最能够提升生产力质量的方式。在传统工业时代,劳动的社会力的改进体现在资本的积累、生产规模的扩大、机器的大规模使用、劳动分工的细化等方面。进入数字经济时代,以信息技术广泛应用为代表的新一轮科技革命正在重塑全球经济结构,改变世界发展格局。在数字经济发展和数字技术推动下,新工艺、新材料不断涌现,生产力系统正在进行重大变革。生产力的要素构成不只包括劳动者、劳动对象和劳动手段,信息、数据、网络、知识和技术等都成了生产力的重要因素。在数字经济时代,要素生产力的地位下降,组合生产力的地位则进一步提升,科学与技术的结合在生产中经过产业化转化为生产力,使其发生根本变革,进而提升生产力质量,[1]孕育出新质生产力。

在马克思历史唯物主义的思想范式中,马克思通过研究生产力和生产关系的发展和演变,揭示了社会发展的基本规律。生产力的发展不仅影响着社会的物质生活水平,还决定了社会结构、政治体制以及文化发展的方向。从第一次工业革命的机械化,到第二次工业革命的电气化,再到第三次工业革命的信息化,科技的创新为社会生产力带来了巨大的解放。在这一历程中,每一次工业革命都引入了新的技术和生产方式,从蒸汽机到电力设备,再到计算机和互联网,每一次创新都扩展了人类的生产能力和创造力。这不仅改变了人们的日常生活,推动了人类现代化从低级向高级的演变过程,也重塑了经济结构和社会组织形式,引领着生产力的深刻变革,推动人类社会向更高水平的现代化迈进。因此,生产力既是一个国家现代化水平和程度的集中体现,也是社会演进和国家现代化的关键推动力量。面对资本主义国家在过去依靠殖民掠夺积累起来的先发优势,习近

---

[1] 参见任保平、李禹墨《经济高质量发展中生产力质量的决定因素及其提高路径》,《经济纵横》2018年第7期。

平总书记指出:"我们要后来居上,把'失去的二百年'找回来。"[1]这意味着选择走和平发展道路的中国更需要关注数字经济时代生产力的变革,在激烈的国际竞争中抢占先机,寻找最适合的发展道路。

里夫金在《第三次工业革命:新经济模式如何改变世界》中提出,数字经济的标志是在能源、交通和基础设施领域大量采用数字技术,当这些领域中采用数字技术的比例越来越高时,就代表着真正的数字经济产生。[2] 当前,全球范围内数字经济正呈现出蓬勃发展的趋势。近年来,中国数字经济快速蓬勃发展,2012—2022年,中国数字经济规模从11万亿元增长到超50.2万亿元,数字经济占国内生产总值比重由21.6%提升至41.5%,我国数字经济总量已跃居世界第二,形成了引人注目的"中国数字经济奇迹",[3]其影响贯穿于我国社会经济运行的各个环节。一方面,互联网、大数据、云计算、人工智能、区块链等技术已成为现代化经济体系的重要引擎:互联网提高了获取信息的便捷程度,云计算有效地降低了运算成本,大数据为企业提供了海量数据的洞察力,人工智能的出现使工作和日常生活更为便捷,物联网则将虚拟与现实有机连接在一起。另一方面,数字技术的应用还带来了新能源、新材料等新兴产业,这些产业与传统产业交叉融合,催生出新的数据生产要素,也推动数字新质生产力快速孵化,为经济高质量发展创造动力。

数字经济的崛起使得信息和数据的价值得以充分释放,同时也推动了产业的数字化和智能化,为生产力的提升创造了更为广阔的机遇,推动了传统生产力向新质生产力的过渡,从而使现代化的生产

---

[1] 《习近平关于社会主义经济建设论述摘编》,中央文献出版社2017年版,第159页。
[2] 参见[美]杰里米·里夫金《第三次工业革命:新经济模式如何改变世界》,张体伟、孙豫宁译,中信出版社2012年版,第70—73页。
[3] 参见任保平《从中国经济增长奇迹到经济高质量发展》,《政治经济学评论》2022年第6期。

力基础发生了深刻的变革。这一转变不仅是经济结构的演变，还是社会发展的引擎为未来的现代化进程带来了新的可能性。数字新质生产力是新质生产力的重要方面，是指由于数字技术创新和数据要素双轮驱动，赋能生产力变革而形成的具有新技术、新要素、新方式的新质生产力。数字新质生产力以数字化和智能化为核心，借助数字技术将不同生产要素融合在一起，推动生产力实现跃升。与传统生产力相比，数字新质生产力具有如下特征：

第一，数字新质生产力是以数字技术创新为引擎的生产力。没有数字技术的关键性突破就没有数字新质生产力，科技创新是生产力发生根本跃升、生成新质生产力的动力引擎。在人类漫长的历史中，科学技术一直以不可抗拒的力量推动人类社会向前发展，每一次科技革命都会带来生产力的大解放、大跃升，创造出意想不到的奇迹。从18世纪第一次工业革命中的蒸汽机技术，到19世纪第二次工业革命中的电力技术、内燃机技术，再到20世纪第三次工业革命中的计算机、互联网技术等，这些数字技术引领的宏大变革性力量，改变了人类对于资源、动力、材料和信息等基础要素的利用方式，提升了人类的生产力，颠覆了已有的生产方式，也重构了人类的生活方式。

第二，数字新质生产力是组合生产力。传统生产力是要素生产力，相对而言更强调单一生产要素功能的发挥；而数字新质生产力则强调各种生产要素的组合功能，使劳动者和生产资料间维持适当比例，提高生产力要素的组合质量，从而提高效率、获得最大经济效益，因此质量要高于传统生产力。这一整合过程正印证了习近平总书记所指出的，要"整合科技创新资源，引领发展战略性新兴产业和未来产业，加快形成新质生产力"。[1]

---

[1] 《习近平在黑龙江考察时强调：牢牢把握在国家发展大局中的战略定位 奋力开创黑龙江高质量发展新局面》，《人民日报》2023年9月9日。

第三,数字新质生产力的要素具有新特征。新质生产力要素在数字技术创新作用下获得总体跃升,生产力各要素的内涵和外延不断丰富,尤其是产生了数字劳动。数字经济时代劳动的变化首先体现在劳动者高素质化,智能时代的劳动主体人机并存,要求劳动者必须具备一定的科技知识和劳动技能,创造性成为劳动者必备的素质。其次体现在劳动对象高新科技化和虚拟化,新材料、新能源、数据等新的劳动对象的出现,突破了过去的物质性,扩大了劳动对象的范围。最后还体现在劳动资料数智化,随着智能机器的广泛应用,数智化劳动资料叠加传统劳动资料的性状,算法等新型劳动工具极大地改变了劳动组织形式和劳动方式。

(二) 以数字新质生产力推动经济高质量发展的逻辑

随着中国经济发展进入新常态,经济增长的方式也从依赖要素投入数量的数量型增长转向依赖高端生产要素的经济高质量发展,而高端生产要素所构建的生产力可以被归类为新质生产力,这种生产力符合经济高质量发展的需求。这种新质生产力的崛起反映了经济发展的新趋势,同时也为经济高质量发展提供了坚实的基础。

1. 数字新质生产力为经济高质量发展提供了新的生产力基础要素

生产力基础要素往往表现为一定经济形态下的生产要素。在工业化时代,生产力基础要素表现为劳动力、资本和土地三种生产要素。而在数字经济时代,数字生产力作为新质生产力的代表,不再单纯依赖传统的生产要素,而是以数字化、智能化为核心,通过数字化引领生产力,通过智能化增添发展动能,因此也为经济高质量发展提供了新的生产力基础要素。

第一,在数字技术的普及方面,数字经济的发展以新一代信息数字技术为支撑,而新一代数字技术与传统数字技术的最显著区别就在于其强调了万物互联和数字化。近年来,互联网、云计算、大数据、人工智能等新技术的广泛应用影响到了生产和消费的各个环节,这些技术的普及促使数字经济呈现出蓬勃发展的趋势。数字技术具有的网络化和信息化特点不仅可以在微观上缓解信息不对称的矛盾,减少交易过程中的搜索成本、复制成本、运输成本、跟踪成本和验证成本,[1]还可以在宏观上为政府提供更全面的消费者行为、企业运营情况、市场趋势等数据,降低信息不透明程度,帮助政府更好地了解和掌握经济发展情况,制定更加科学的调控政策,并对经济发展情况进行实时监测,及时发现和解决问题,优化公共资源配置。

第二,新型劳动者的产生。数字经济时代的劳动不仅包括传统政治经济学概念上的劳动,还因为其网络共享性的特点改变了原有的劳动模式。参与劳动的人不再有限制,即使是那些需要长时间参与工作的工人,也能够在业余时间加入网络化当中;他们工作和休闲的界限被模糊掉,不仅仅是在工作场所,在整个生命中都要参加价值创造。[2] 除此之外,在过去政治经济学的背景下,劳动分为简单劳动和复杂劳动;但在数字经济背景下,所有劳动都呈现出复杂性,劳动的划分更多地关注创造性和非创造性劳动之间的区别,并且在劳动的主体形式、劳动过程中的耗费、劳动价值决定量这几方面显示出与传统劳动截然不同的特征。[3] 创造性劳动成为创造价值的主要方式,这也催生了大量的信息劳动者。

第三,数据作为一种全新的生产要素,催生了数字化时代的新型知识生产方式。数据作为新的生产要素,在重构生产力方面表现出

---

[1] 参见 A. Goldfarb, C. Tucker, "Digital Economics", *Journal of Economic Literature*, 57(1), 2019, pp.3-43.
[2] 参见 Peter Drucker, *Post-Capitalist Society*, New York: Taylor and Francis, 2012.
[3] 参见任保平《中国特色社会主义政治经济学如何迎接新经济时代的挑战?》,《天津社会科学》2020 年第 1 期。

了依附性倍增和集约性替代的特点，并且在重构生产关系方面表现出网状共享性和分配特殊性。在数字经济时代，数据作为第七种生产要素被纳入生产过程，这改变了传统的生产函数和经济增长体系，数字要素也因此成为数字经济时代的核心战略要素。数字经济体基于互联网、大数据、云计算、人工智能、区块链等技术，能够快速掌握大量可靠的数据，更精准地分析预测市场需求和供给，提高资源配置效率。同时，数字技术的发展与普及催生了大量的网络平台和在线交易，为消费者和生产者提供了更加便捷的信息获取渠道，加速了资本的积累。数据在生产和消费两个终端的重要作用，使其成为数字经济时代生产力现代化的关键要素。

2. 数字新质生产力凸显了经济高质量发展进程中创新要素的作用

与传统生产力相比，新质生产力更加强调创新驱动的作用。创新驱动以创新要素为基础，包括了智力、算力、算法、数据等无形的创新生产力要素。在数字经济时代，以数字技术为基础产生的新质生产力主要表现为数字新质生产力，其通过数字技术融合其他生产要素，是生产要素即劳动者、劳动资料和劳动对象"三位一体"的数字化结果，凸显了推动经济高质量发展过程中创新要素的重要地位。

第一，在经济高质量发展中，数字赋能的高级生产要素的作用被提升。随着现代化发展阶段的不断演进，经济体系发生了深刻变化，生产要素的级别也明显在持续提高，从以传统的物质生产力为中心逐渐转向由更为复杂和多元的要素构成，以适应现代社会对高质量发展的迫切需求。在传统经济体系中，更加强调物质生产力的重要性，因此主要关注劳动、劳动对象和劳动资料等相对简单的生产要素，资本和劳动力被视为生产力的核心，资本积累和劳动效率被认为是推动经济增长的主要动力，而知识、技术、人力资本、信息、数据、平台和系统等因素没有得到足够的重视。然而,随着经济结构的变化,现代社会对知识、创新和智力资本的需求增加,经济高质量发展已经成为广泛讨论的话题,高级生产要素的重要性愈加凸显,成为推动经济增长和社会进步的核心动力。首先,知识和技术的角色愈加重要,前沿科技的创新不仅可以提高生产效率,还可以开创新的产业和市场,为经济发展带来持续动力。其次,人力资本的价值愈加受到认可,高素质的劳动力可以更好地适应不断变化的市场需求,使用创造性劳动更高效地创造价值,探索新技术的发展方向。最后,信息、数据、平台等要素融入供需两侧的各个环节,改变了人们的生活方式、企业的经营方式和政府的决策方式,帮助整个经济系统更高效地运转。

第二,在经济高质量发展中,数字赋能的创新生产力地位日益提升。马克思曾指出,资本家为追求剩余价值而进行创新,这在客观上促进了社会生产力的发展。在数字经济时代,创新和科技发展成为经济增长的关键引擎,数字经济的本质是创新。约瑟夫·熊彼特在《经济发展理论》中强调,以企业家为主题的创新,就是要"建立一种新的生产函数",让生产要素重新组合,生产技术的革新和生产方法的变革在经济发展中起着至高无上的作用。[1] 数字经济就带来了这样显著而深远的变革。随着以互联网为代表的各项技术的广泛应用,生产要素的流动更加便捷,获取市场信息的渠道也更加多元化,这使企业能够更快速地观察市场动向,通过各大数字平台实时了解更广泛范围内的市场需求和发展趋势,作出更迅速、更准确的反馈,使供给更好地适应需求,从而进一步优化经济结构。数字经济不仅推动传统产业的优化升级,还能够引领新兴产业的蓬勃发展。同时,

---

[1] 参见[美]约瑟夫·熊彼特《经济发展理论》,贾拥民译,中国人民大学出版社2019年版,第221—260页。

数字经济还推动构建起由创业者、投资者、学术界和政府等各方共同组成的创新系统，它们联系紧密、相互合作，共同推动新想法的诞生及其商业化，促进技术创新和创业精神的蓬勃发展，为创新创业提供更多机会，也为经济发展带来更多机遇。

第三，在经济高质量发展中，数字赋能的创新驱动成为核心驱动力。新质生产力作为当前先进生产力的具体表现形式，推动未来产业的诞生和成长。诺贝尔经济学奖获得者克莱因教授将经济构成划分为三个部分：传统经济体系、知识经济体系和新经济体系。传统经济体系是以传统制造业为主体的产业体系，知识经济体系是以高新技术产业为主体的产业体系，新经济体系是以新兴产业为主体的产业体系。数字经济是将数据作为基础要素的经济形态，通过数字技术产生数字化的产品和服务，使其作为直接消费品或生产过程的中间产品再次进入经济体系；同时，数字技术在向传统经济渗透的过程中，通过数字化、智能化迅速提高生产效率，在市场竞争环境下促使整个行业迅速接受数字经济与传统生产方式的融合，从而实现数字经济与传统经济的融合。总体来看，数字经济体系以高技术为支柱，以智力资源为依托，以创新为核心驱动力。在驱动数字经济发展的过程中，创新既可以形成新的产业，也可以通过新机器的驱动提高生产率，驱动更多的物质财富。"创新的驱动力是成本最小化、产出最大化，以及资源的利用。它确实带来了日益增长的物质财富，也可以带来利润的上升。"[1]面对新形势新挑战，发挥科技创新的支撑引领作用，主动向创新驱动发展转变，有助于推动实现有质量、有效益、可持续的发展。

---

[1]［英］保罗·梅森：《新经济的逻辑：个人、企业和国家如何应对未来》，熊海虹译，中信出版社2017年版，第215页。

3. 数字新质生产力为经济高质量发展培育了新动能

数字新质生产力是数字经济时代生产力的标志,是当今时代先进的生产力,也是质量型的生产力。在经济发展过程中,数字新质生产力可以为经济高质量发展培育起新的动能。

第一,促进生产力要素的组合,创造高质量发展的生产模式新动能。数字生产力通过数字化建立一种新的生产函数;它重新组合生产要素,将数字生产要素和生产条件融入生产过程,从而提升经济发展的能力。正如马克思所指出的:"各种经济时代的区别,不在于生产什么,而在于怎样生产,用什么劳动资料生产。"①在数字经济时代,以资本、土地和劳动力为核心的传统生产力已难以满足经济发展的需要。因此生产力被重新界定,引入了知识、技术、人力资本、信息、数据、平台以及系统等具有数字经济特征的要素;它们通过有效组合,形成了数字生产力的核心。数字生产力带来了新的生产模式,即在生产过程中不再仅仅关注物质生产要素,而是更强调知识、信息和技术的集成,在生产要素的组合方面提供了更大的灵活性,从而加速了信息的获取和传播。这种生产模式能够帮助生产者更精准地把握市场需求,突破产业转型升级中传统动能弱化导致的发展约束,②形成更高效的生产模式新动能。

第二,发挥数字生产力的作用,培育高质量发展的生产效率新动能。"数字生产力是人类应用数字技术于国民经济活动的生产能力,数字生产力为数字经济提供生产要素和发展动能。"③在数字经济背景下,数字生产要素的地位日益提升,这些要素集结、组合,形成了数字生产力。数字生产力作为知识创造者通过智能化工具和数据要素

---

① [德] 马克思:《资本论》(第1卷),人民出版社2004年版,第210页。
② 参见田时中、许玉久、范宇翔《数据要素新动能对制造业高质量发展的影响研究》,《统计与信息论坛》2023年第8期。
③ 何玉、长王伟:《数字生产力的性质与应用》,《学术月刊》2021年第7期。

构建的一种新型生产力,代表着新的发展方向,引领着数字技术广泛应用于各行业,推动产业数字化和数字产业化的进程,从而创造社会财富。在经济高质量发展新征程中,以质量型生产力着力推动经济高质量发展时,要充分发挥数字生产力的作用,重视教育、科学技术、文化、创造性劳动等高级生产要素。一方面,在供给侧优化资源配置,高效利用各类生产要素,提供个性化产品和服务,满足日益复杂的市场需求;另一方面,在需求侧搭建平台,借助算法引导消费者更便捷地选择和获取产品和服务。通过这种供给侧与需求侧的高效互动匹配供需,形成完善的价格机制,[①]提高生产效率新动能,培育起经济高质量发展的新优势,为社会的持续繁荣创造新的机遇。

第三,构建人才链、产业链、技术链、机制链一体化的高质量发展创新动能。在构建人才链上,具备高水平创新能力的人才是数字经济时代的宝贵资源,不仅包括科研人员和技术专家,还包括具备创新和创业精神的企业家。需要通过制定有吸引力的人才政策、完善教育体系、激励创新和创业,来打造强大的人才链,为培育创新动能提供智力支持。在构建产业链上,产业链的数字化转型是发展新质生产力的关键。需要投资先进技术和数字化基础设施,使各个产业能够更好地融入数字经济生态系统,通过数字化制造、智能物联网、云计算等技术的广泛应用,提供更好的产品和服务,为培育创新动能提供平台支持。在构建技术链上,科技创新是数字经济时代的关键驱动力。需要支持基础研究、应用研究和技术转化,提供资源和资金支持以加速科技创新的速度;同时建立技术合作和交流平台,促进技术链的紧密合作,为培育创新动能提供技术支持。在构建机制链上,需要确保政府政策、法律法规、产业标准等机制链的完备性;同时建立

---

① 参见荆文君、孙宝文《数字经济促进经济高质量发展:一个理论分析框架》,《经济学家》2019年第2期。

有利于市场竞争和企业创新的环境,以确保机制链的有效运行,切实提升科技创新的速度,为培育创新动能提供制度支持。

(三) 以数字新质生产力推动经济高质量发展的路径

数字新质生产力是经济高质量发展的重要生产力引擎,在以经济高质量发展推动中国式现代化的道路上具有至关重要的作用。在转变经济发展方式、实现中国式现代化的过程中,要发挥数字新质生产力的作用,着力推动经济高质量发展。

1. 以数字新质生产力推动现代化产业体系的构建

生产力决定生产关系,生产关系又能反作用于生产力。一方面,数字新质生产力带来了生产方式的变革,也会因此引起包括产业体系在内的生产关系的变化。另一方面,构建与数字新质生产力协同性较高的现代化产业体系,能够进一步促进生产力的提高,二者共同推动经济发展。

第一,以数字新质生产力对产业体系进行系统性重塑。建设现代化产业体系是推动经济高质量发展的必然要求,而包括数字技术在内的高新科技已经深刻融入生产力的三个基本要素即劳动者、劳动对象和劳动资料,从而催生了大量新产业和新业态,为经济高质量发展提供了强大支持。对于劳动者而言,数字技术不仅提高了劳动效率,还创造了新的就业机会,推动了技能和知识的快速升级。劳动者在数字经济时代具备更大的创造性和适应性,能够更好地适应快速变化的市场需求。对于劳动对象而言,传统的生产对象趋于数字化和智能化,诞生了物联网设备、智能机器人、虚拟现实技术等。这些新型劳动对象不仅提高了生产效率,还拓展了产业的边界,促进了产业的多元化发展。对于劳动资料而言,大数据、云计算、人工智能等技术使企业能够更好地管理和分析数据,提高决策的科学性,优化资源配置,降低生产成本,更加适应数字经济时代的要求。

第二，以数字新质生产力推动产业变革。首先，数字新质生产力加速了产业体系的数字化转型。新一轮科技革命以大数据、云计算、人工智能、区块链等技术为核心，为各行业带来了前所未有的机遇。这些技术的广泛应用使产业体系能够更好地适应市场需求，提高生产效率、降低成本，并创造全新的商业模式。其次，数字新质生产力强化了供应链的韧性。数字技术使供应链管理更加智能化，提高了供应链的可追溯性和透明度。这有助于应对突发事件和市场波动，减少供应链风险，提高供应链的韧性和适应能力。最后，数字新质生产力推动了产业体系的全面升级。新产业体系不仅创造了新的就业机会，还促进了产业结构的优化。这种升级有助于提高产业的竞争力，推动产业体系的现代化发展，为经济高质量发展提供强大动力，使经济更具竞争力和可持续性，同时也为未来产业的蓬勃发展奠定坚实的基础。

第三，以数字新质生产力加快建设以实体经济为支撑的现代化产业体系。加快产业转型升级，推进产业基础高级化、产业链现代化，建设更具国际竞争力的现代化产业体系。首先，实体经济作为国家经济的支柱，直接关系到国家的发展稳定和国民经济的整体水平，因此要加强实体经济的支撑作用，推动各产业领域的发展，提高国家整体经济实力。其次，随着科技的不断进步和市场需求的变化，传统产业需要进行转型和升级，以适应新的经济格局。这不仅可以提高产业的竞争力，还可以创造更多的就业机会，推动经济增长。最后，建设国际竞争力强大的现代化产业体系有助于国家在全球市场上取得更大的影响力，更好地展示国家的制造和科技实力，吸引更多的外资和国际合作，推动国际化发展，提高国家的国际竞争力，为未来产业的繁荣和发展创造更有利的条件。

2. 以数字新质生产力超前布局未来产业的发展

未来产业是以未来技术为支撑，针对未来需求，抢占未来空间的产业；是与新质生产力相对应的产业。在经济高质量发展的推动中,应当以数字新质生产力为基础,超前规划和促进未来产业的发展。

第一,以数字经济赋能加快形成新质生产力,加快发展战略性新兴产业和未来产业,抢占未来产业竞争的制高点,为经济高质量发展提供新竞争力和动力。首先,数字经济的赋能作用加速了新质生产力的形成,数字技术的广泛运用能够更好地整合和利用各种资源,创造全新的生产方式和商业模式。这有助于推动那些依赖先进技术的战略性新兴产业和未来产业的蓬勃发展。其次,加速战略性新兴产业和未来产业的发展可以使国家更早地占据市场份额,获取先发优势。这有助于国家在国际市场上获得更大的话语权和竞争力,从而促进出口和国际贸易的增长。最后,战略性新兴产业和未来产业往往具有较高的附加值和创新性,它们的迅速发展可以带来更多的税收和就业机会,为国家经济注入新的动力,促进全社会的经济繁荣;同时帮助国家抢占未来产业竞争的制高点,为经济的经济高质量发展提供了新的动力。

第二,以数字新质生产力加快培育新一代信息技术、人工智能、生物技术、新能源、新材料、先进制造、绿色环保等战略性新兴产业。新一代信息技术如互联网、大数据、云计算等已经在改变我们的生活和商业模式,人工智能技术的不断发展也为各行各业带来了巨大的创新机会……这为战略性新兴产业的崛起提供了坚实的基础。首先,可以通过数字化技术和自动化流程显著提高生产效率,使供应商、制造商和分销商能够更好地协同工作,更快速、更精确地生产产品和提供服务,降低库存水平,减少供应链风险,提高交付速度和产品质量,减少资源浪费和人力成本,提高竞争力。其次,借助数字化工具和技术能够加速新产品和服务的研发过程,从而降低研发风险和成本。最后,数字化渠道和电子商务平台也为战略性新兴产业提供了更广泛的市场接触机会,帮助企业更好地理解市场需求和客户行为，通过精细化市场定位和个性化营销，获得更好的经营成果。

第三，运用数字新质生产力超前布局包括人工智能、量子信息、工业互联网、卫星互联网、机器人等未来产业，形成较为完善的产业链和产业集群。首先，鼓励数字新质生产力的不断创新。加大对科研和创新的投资，鼓励科研机构、高校和企业之间的合作，建立创新孵化器和技术转移机构，推动新技术的研发和应用。其次，利用数字新质生产力提高生产效率。从供应链管理到生产线自动化，数字新质生产力能够帮助企业更快速地开发新产品和服务，降低生产成本，提高产品质量，加快生产速度；同时也有助于开发新商业模式和市场机会，引领未来产业的超前布局。最后，借助数字新质生产力更深刻地洞察市场。数字化工具使企业能够更好地了解市场需求和客户行为，通过数据分析、市场调查和消费者反馈，更精确地洞察市场趋势、了解客户需求，快速响应市场变化，提供新产品和服务，吸引更多的资本投入未来产业，形成较为完善的产业链和产业集群，为国家经济的可持续增长和竞争力的不断提高奠定基础。

3. 以数字新质生产力推动新型工业化

走新型工业化道路，是我国加快构建新发展格局、着力推进经济高质量发展的内在要求，是形成新质生产力的关键任务。新型工业化中的"新"与新质生产力中的"新"有一个共同的内核：新质生产力以数字化、网络化、智能化为基本特征，是推动新型工业化的内驱力。

第一，坚持以科技创新为引领，为新型工业化提供不竭动力。一方面，加大对研发和创新的投资，建立完善的创新生态系统，包括鼓励科研机构、高校和企业之间的合作，提供创新创业资金支持，创造有利于创新的政策环境。同时，加强知识产权保护，建立技术转移机构和创新孵化器，以帮助科研成果的商业化，加速科技成果的应用和推广，鼓励创新者投入更多的精力和资源到研发工作中。另一方面，高素质人才是科技创新的核心，不仅需要通过高等教育和职业培训培养更多的科技和创新人才，还需要考虑吸引国际人才和建立国际合作，促进知识和经验的交流。同时，鼓励企业内部的创新文化，激励员工参与创新，提高他们的创新能力。

第二，发展战略性新兴产业，推动传统产业和新兴产业的协同发展。首先，完善知识产权保护体系，重视研发和创新带来的技术进步，通过财政激励、税收优惠、研发资金支持和市场准入便利等一系列政策规划，鼓励战略性新兴产业的发展，降低对传统产业的依赖，推动产业结构的升级，加速实现新型工业化。其次，新兴产业的发展创造了大量高技术领域的就业机会，需要进一步提高人力资本的素质，培养创新型人才，完成新型工业化所需的人才积累。最后，加强传统产业的改造升级，鼓励传统企业采用新技术、新材料和新工艺，提高产业效率和产品质量，提高产业附加值。同时支持传统产业与新兴产业的合作和融合，促进资源和市场的共享，推动不同产业之间的交流与合作，实现更高水平的工业化。

第三，促进数字经济和实体经济的深度融合，开展传统制造业数字化、网络化、智能化改造。一方面，数字技术的融合改进了实体经济中的生产方式。通过自动化、大数据分析、物联网和云计算等技术，企业可以改进生产流程、提高效率、降低成本、改善产品质量，更好地适应数字经济时代消费者多样化、个性化的需求，从而加速实现新型工业化。另一方面，数字经济为实体经济提供了更广泛的市场接触机会。通过建立创新基金、技术合作平台或产业园区，传统企业有机会与数字经济企业达成合作。这不仅可以帮助传统企业更快地学习采用数字技术完善生产和经营的各个环节，也可以促进数字经济企业更好地了解传统行业的发展历史和经营经验，互相取长补短，提高竞争力，促进经济的可持续增长，加速新型工业化进程。

（四）以数实融合形成的数字新质生产力打造江苏数字经济高地

江苏是全国实体经济大省，江苏经济总量占全国比重超过10%，全省经济总量中实体经济占比超过80%。促进数字经济和实体经济深度融合是江苏推动数字经济创新发展的主战场，是凸显江苏实体经济优势、建设"数实融合第一省"的关键。但是目前数字经济与实体经济融合中存在融合深度不够的问题，表现在四个方面：一是由于关键核心技术制约，存在"不能融合"的问题；二是数字技术在企业、产业和地区覆盖不全，存在"融合不全"问题；三是由于数字技术没有形成对实体经济全产业链的赋能机制，工业软件和控制系统滞后，存在"不便融合"的问题；四是受企业数字化转型的成本制约，存在"不愿融合"问题。因此，江苏数字经济发展要在融合深度上下功夫，数字技术和数据要素要渗透到实体经济的全过程，推动数字经济与实体经济在技术研发环节、生产环节和生态环境等多方面深度融合，以数实深度融合形成的数字新质生产力打造江苏数字经济高地。

第一，以数字技术与技术创新的深度融合形成数字新质生产力做强江苏数字经济。目标在于解决"不能融合"的问题，加快数字技术向实体经济渗透，扩大人工智能技术、区块链、大数据和云计算在实体经济中的应用场景，形成"数据+算法+算力"的集成创新能力，提高实体经济产业的基础能力。一是加大数字技术领域的研发力度，通过前沿数字技术研发推进数字产业化。江苏要重点在软件操作系统层面的信创、AI智慧城市多个场景的应用、基于区块链技术的互信方案三个方面推动前沿技术的自主知识产权布局，抢占制高点。二是扩大数字科技应用场景。聚焦嵌入式芯片、人机交互、产业大数据、工业软件、传感器等紧密度较高的技术领域，加大集成创新组织力度,攻克制约产业发展的关键技术瓶颈,扩大数字科技创新成果的应用场景。

第二,以数字经济与产业创新的深度融合形成数字新质生产力做大江苏数字经济。目标在于解决"融合不全"的问题,依靠数字经济实现产业基础高级化和产业链现代化,加快数字技术与江苏传统产业在更大范围、更深程度的渗透和创新应用。一是建议围绕《江苏省"十四五"制造业高质量发展规划》中提出的16个先进制造业集群和重点产业链(占规上工业比重达70%左右),选择与数字技术易于结合的细分领域重点攻关。利用大数据、人工智能等新一代数字技术对实体经济进行全链条的改造,深入推进产业"智改数转",塑造产业数字化核心优势。二是提升工业互联网的发展水平。积极推行以领军企业、链主企业牵头建设工业互联网平台的模式,引导上下游企业接入平台,整合产业链各环节的创新资源,从而实现更高水平的产业协同创新。

第三,以构建数实深度融合的生态系统形成数字新质生产力做优江苏数字经济。目标在于解决"不便融合"的问题,提高江苏产业数字化的基础能力,完善基础设置,构建治理体系,为江苏产业数字化做优提供生态支持系统。积极发挥政府的作用,积极有序开放省内各级政府、各职能部门的数据要素资源,逐步打破数据壁垒。建议成立"江苏省大数据集团",提升数据作为生产要素的应用水平,加快构建产业与消费数字化标准,破除数据流通的体制约束,推动工业互联网与消费互联网的联通。加强数据的互通共享,实现实体经济企业工业设备数据与工业操作数据的互联互通,建立支撑工业互联网实现可持续发展的生态。

第四,以数字经济与企业组织创新的深度融合形成数字新质生产力做深江苏数字经济。目标在于解决"不愿融合"的问题,做深数字经济的关键在于发动企业的主动性积极性,重点是企业数字化创新能力建设，通过企业数智化改造提升数字化能力、智能化能力，做深江苏数字经济。提升江苏企业业务流程的数字化再造能力、智能化能力、数据处理和运用能力。2022年，3家江苏企业入选全国首批30家"数字领航"企业；2023年4月召开的第二届长三角数字经济发展大会上，有30家企业入选"长三角数字化转型标杆企业"。建议加强这些"数字领航"企业和标杆企业经验的总结与推广，以发挥"数字领航"企业和标杆企业在企业数字化转型中的示范引领作用。

（南京大学任保平）

五、深化数字技术创新与应用，加快形成新质生产力

　　区别于传统生产力，新质生产力是由科技创新主导的生产力。当前，世界百年未有之大变局与中国式现代化新征程相交汇，以数字技术为核心驱动的新一轮科技革命和产业变革在全球范围内加速演进。加快形成和发展新质生产力，有助于中国充分把握科技革命和产业变革的机遇，开辟发展新领域、塑造发展新动能、构筑竞争新优势。

　　科技创新尤其是数字技术的创新是加快形成新质生产力的关键支撑。纵观历次技术革命的历程，重大技术变革往往会带来生产力的跃迁。数字技术作为当前最重要的通用技术，已经广泛渗透到经济社会各领域，引发生产、生活和治理方式的重大变革。一是数字技术使得数据成为核心生产要素。近年来，随着数字基础设施建设不断加快、数字技术应用场景日益丰富，数据资源爆发式增长，并逐渐成为指导决策的主要依据和驱动发展的重要力量。数据不仅作为生产要素直接促进经济增长，而且通过优化资源配置间接提升生产效率，进而推动生产力的跃迁。二是数字技术链接并赋能万物，极大降低了生产系统中信息交换的成本。移动互联网技术使人与人之间的沟通突破时空限制，达到前所未有的便捷。工业互联网技术则让万物互联成为可能，实现人与物、物与物之间高效的信息交换，促进生产环节的深度融合与高效匹配。可以说，在数字时代，数字技术的发展与应用是形成新质生产力的关键支撑。

　　培育战略性新兴产业、未来产业等重点产业是加快形成新质生产力

的现实落点。产业是经济之本，也是生产力发展的重要载体和具体表现形式。对于新质生产力而言，战略性新兴产业、未来产业是其形成与发展的主要阵地。与数字技术关联较为紧密的战略性新兴产业与未来产业，既包括新一代信息技术、类脑智能、量子信息、未来网络等数字产业化的代表，也包括智能制造、数字创意等产业数字化的典型。数字技术革命在驱动数字产业化创新、加速产业数字化转型的同时，引领产业组织方式的重构。中国传统产业集群依然面临产业链上下游联系偏弱、协同创新效能不足的约束；而数字技术在产业集群的广泛应用，不仅可以推动单个企业生产经营效率提升，还将助力产业集群内部生产系统互联与创新能力整合，实现数据链、供应链、创新链、产业链的多链高效融合。

增强经济高质量发展新动能是加快形成新质生产力的重要目标。战略性新兴产业代表新一轮科技革命和产业变革方向，而未来产业中蕴藏着未来科技和产业发展方向，有望成为战略性新兴产业的先导产业，因此二者都是培育发展新动能、获取未来竞争新优势的关键领域。2022年，中国新一代信息技术、高端装备等战略性新兴产业增加值占GDP的比重超过13%。截至2023年7月，A股上市公司中与战略性新兴产业相关的企业共计2649家，占比51.03%，战略性新兴产业对经济社会全局的引领作用日益凸显。"十四五"规划和2035年远景目标纲要明确指出，中国要在类脑智能、量子信息、基因技术、未来网络等领域组织实施未来产业的孵化。以量子信息领域为例，目前中国在量子通信方面实现全球领先，在量子精密测量方面步入国际前列。中国正处在新旧动能转换的关键节点，培育壮大战略性新兴产业，前瞻布局未来产业，是经济稳增长、促发展、调结构、强动能的必要之举。

加快形成新质生产力，要以科技创新为引擎。科学技术是第一生产力、第一竞争力，科技创新是形成新质生产力的关键变量。一是加快实现数字技术体系的自立自强。"关键核心技术是要不来、买不来、讨不来的。"①数字技术已经成为当下全球战略博弈的重点。一方面，要加大基础研究的投入力度，引导和鼓励社会资本投入基础研究，提高基础研究经费投入的占比。另一方面，要瞄准数字技术体系中的关键核心技术，统筹相关技术领域的"锻长板"与"补短板"，发挥新型举国体制优势，全面推进技术攻关，形成一批重大原创性成果，逐步摆脱关键核心技术受制于人的局面，把握发展自主权。二是加快科技成果向现实生产力的转化。一方面，要加快推动高校、科研院所的科技成果转化运用。引导高校、科研机构聚焦国家重大战略和产业发展的现实需要进行有组织科研，研究真问题、真解决问题，破除科研成果"高大上"但"用不上"的困境。要完善科研人员的创新成果奖励机制，探索通过分享成果转化收益、成果转化与自主创业相结合等方式激励科研人员参与科技创新成果转化，解决科研成果"重申请、轻应用"的问题。另一方面，要组建以企业为主体的创新联合体，充分发挥企业在技术研发和成果转化中的主体作用。要鼓励龙头企业、链主企业、平台企业联合产业链上下游企业、高校及科研院所、金融机构等多方主体，聚集人才、技术、资金等要素，共同开展技术研发等创新活动。

加快形成新质生产力，要以产业升级为重点。一是加快传统产业的数字化转型升级。推动传统产业转型升级的重中之重是制造业的"智改数转"。现阶段中国制造业的发展得益于完整的工业体系和广阔的市场规模，但在质量效益、结构优化和持续发展等方面与世界领先水平仍然存在较大差距。从制造业生产流程各环节来看，研发设计、线上销售等两端环节数字化程度较高，而处于中间的生产制造环节数字化程度有待提升。要推动制造业"智改数转"的重心从局部深化向整体协同转变，不断壮大"综合性＋特色性＋专业性"的工业

---

① 习近平：《努力成为世界主要科学中心和创新高地》，《求是》2021年第6期。

互联网平台体系,兼顾不同规模企业的需求、分类引导大中小微企业"智改数转",做好技术、方案、资金、人才等方面的支持工作。二是通过数字技术赋能战略性新兴产业发展。要推动战略性新兴产业的融合化发展,推进科技与产业融合、数字与实体融合、制造与服务融合,特别是推进物联网、大数据、人工智能同实体经济深度融合,为高质量发展提供强大动力。要推动战略性新兴产业的集群化发展,打造差异化、集群式区域协同创新生态网络,充分发挥产业集群要素资源集聚、产业协调高效、产业生态完备的优势,形成战略性新兴产业集聚发展、集群跃升的发展格局。要推动战略性新兴产业的生态化发展,充分激发市场主体活力、强化企业创新主体地位、促进各类创新要素向企业集聚,以数字政府建设加快政府职能转变,营造有利于战略性新兴产业发展的生态环境。

　　加快形成新质生产力,要以人才培养为支撑。人才是提升科技创新能力、形成新质生产力的根本所在。一是构建高水平的数字人才培养体系。要强化对高等院校专业建设的指导,引导高等院校围绕国家重大科技与产业战略需求增设学科专业,着力优化人才培养方案、加强师资队伍建设,鼓励学科间交叉融合和集群发展。二是完善高层次人才引进与服务工作。要加大在全球范围内招揽高端人才的力度,优化海外高层次留学人才归国工作绿色通道机制,为回国创业的科技人才提供相应的支持政策。要加强人才引进配套服务工作,使人才不仅"引得来",还能"留得住"。三是深化人才选拔与评价体制机制改革。要不拘一格地举荐人才,对于特需急需的高层次人才可实行"一人一策、特事特办"。要营造公平公正的竞争环境,建立以人为本、尊重贡献、鼓励探索、宽容失败的人才评价体系。

(南京大学 沈坤荣)

新模式

一、新质生产力与中国式现代化新动能

新质生产力这一概念的提出,是以习近平同志为核心的党中央厚植于东北振兴和我国经济发展方式的实践基础、立足于国内外科技革命和产业变革的实际挑战、站在党和国家事业发展的全局高度进行的前瞻性战略考量,为新时代以科技创新赋能我国生产力水平跃升指明了转型方向,为新阶段加快发展新产业、构建发展新模式、增强发展新动能和塑造高质量发展新优势提供了重要指引,对推进和拓展中国式现代化具有重要的指导和现实意义。

当前,在世界百年未有之大变局背景下实现中国式现代化是党和国家关注的核心议题,也是全体人民的殷切需求,这离不开新质生产力的重要推进作用。马克思强调:"物质生活的生产方式制约着整个社会生活、政治生活和精神生活的过程。"[1]生产力发展构成托举人类社会前进的底层逻辑。回溯西方现代化历程,无一例外,均是建立在生产力不断发展的基础之上的。同理,中国式现代化也需要构筑起强大的物质生产力支撑。正如党的二十大报告强调的:"没有坚实的物质技术基础,就不可能全面建成社会主义现代化强国。"[2]但是,中国式现代化不是照搬照抄西方现代化的老路,而是根植于中国国情、结合中国实际、助力人类命运共同体的创新之路。因此,中国式

---

[1] 《马克思恩格斯文集》(第2卷),人民出版社2009年版,第591页。
[2] 习近平:《高举中国特色社会主义伟大旗帜 为全面建设社会主义现代化国家而团结奋斗——在中国共产党第二十次全国代表大会上的报告》,《人民日报》2022年10月26日。

现代化需要的生产力必然区别于传统生产力，是以新产业、新模式和新动能为核心要素的，推动高质量发展的先进生产力，即新质生产力。鉴于新质生产力与中国式现代化的现实需求相适应，这就需要全面探讨和把握新质生产力的提出背景与内涵特征，厘清和规划以新质生产力推进中国式现代化的理论逻辑和目标要求。

（一）新质生产力的提出逻辑与现代化背景

1. 理论逻辑：对马克思主义生产力理论的继承发扬

生产力的相关概念最初由英国古典经济学家威廉·配第提出，其名言"土地为财富之母，而劳动则为财富之父和能动要素"[1]阐明了驱动生产力发展的要素组成及其关系，但并没有明确提出何为生产力。之后，亚当·斯密围绕劳动分工详细论述了劳动生产力理论："劳动生产力上最大的增进，以及运用劳动时所表现的更大的熟练、技巧和判断力，似乎都是分工的结果。"[2]说明分工对劳动生产力提升起到决定性作用。斯密虽然提到机械在分工中的重要作用，[3]但受限于当时的手工业生产大背景，并未进行深度剖析。弗里德里希·李斯特认为，斯密的劳动生产力理论虽然强调了"分"的重要作用，但忽略了"合"，也没有继续探究"生产力"这一重要概念。他指出，生产力的发展在于"各种精神、智力和一般生产能力的联合或者结合"[4]以及

---

[1] ［英］威廉·配第：《赋税论 献给英明人士 货币略论》，陈东野等译，商务印书馆1963年版，第71页。
[2] ［英］亚当·斯密：《国民财富的性质和原因的研究》（上卷），郭大力、王亚南译，商务印书馆1972年版，第5页。
[3] 参见［英］亚当·斯密《国民财富的性质和原因的研究》（上卷），郭大力、王亚南译，商务印书馆1972年版，第10页。
[4] ［德］弗里德里希·李斯特：《政治经济学的国民体系》，邱伟立译，华夏出版社2009年版，第111页。

"科学与工业的结合产生了一种巨大的物质力量……这就是机械力量"①,说明李斯特已经认识到智力、科学等在生产力发展中的重要作用,强化了工业的制造能力。

马克思虽然批判李斯特的生产力理论未揭示出资本主义工业生产中残酷的剥削,但认可他意识到工业生产所代表的客观创造力,并在此基础上将生产力发展和科学技术进一步联系起来。马克思提出:"劳动生产力是由多种情况决定的,其中包括:工人的平均熟练程度,科学的发展水平和它在工艺上应用的程度,生产过程的社会结合,生产资料的规模和效能,以及自然条件。"②这一观点指明了科学的发展和应用是决定劳动生产力的重要组成部分之一,且"劳动生产力是随着科学和技术的不断进步而不断发展的"③,科学和技术是驱动劳动生产力发展的关键因素。随着对工业革命驱动社会变革原因的进一步剖析,马克思指出"大工业则把科学作为一种独立的生产能力与劳动分离开来"④以及"社会的劳动生产力,首先是科学力量"⑤,并将上述思想提炼概括为"科学技术是生产力"。恩格斯也指出:"在马克思看来,科学是一种在历史上起推动作用的、革命的力量。"⑥说明科学是生产过程中的重要支柱,能够革命性地推动生产力的进步和发展,推动生产力质的提升。

新中国成立 70 多年以来,党和国家领导人始终坚持马克思主义生产力理论,以科技进步不断推动生产力发展和跃升。1963 年,毛泽

---

① [德]弗里德里希·李斯特:《政治经济学的国民体系》,邱伟立译,华夏出版社 2009 年版,第 147 页。
② 《马克思恩格斯文集》(第5卷),人民出版社 2009 年版,第 53 页。
③ 《马克思恩格斯文集》(第5卷),人民出版社 2009 年版,第 698 页。
④ 《马克思恩格斯文集》(第5卷),人民出版社 2009 年版,第 418 页。
⑤ [德]马克思:《政治经济学批判大纲(草稿)》(第3册),人民出版社 1963 年版,第 369 页。
⑥ 《马克思恩格斯文集》(第3卷),人民出版社 2009 年版,第 602 页。

东在听取关于十年科学技术规划的汇报时指出,"不搞科学技术,生产力无法提高"①,突出科学技术驱动生产力发展的积极作用。1988年,邓小平提出"科学技术是第一生产力"②的论断,认为现代科学发展决定了生产力的前进方向。21世纪以来,全球科技创新日趋活跃,各国科技与经济竞争逐渐激烈,江泽民适时提出"科学技术是第一生产力,而且是先进生产力的集中体现和主要标志"③,将科学技术提升至先进生产力范畴;胡锦涛进一步从科技与经济融合发展的角度指出,"形成科技创新和经济社会发展紧密结合的机制,加速科技成果向现实生产力转化"④,以科学技术加快推动经济社会的前向发展。随着我国经济建设进入新常态,以及全球新一轮科技革命和产业变革不断深入,为抓住发展机遇,转变主要依靠低成本要素资源投入的传统低效率生产模式,习近平总书记提出新质生产力概念,因为以科技创新驱动社会生产力的质变性提升,需要新质生产力形成对高质量发展的强劲推动力、支撑力,最终破解国内经济社会发展瓶颈、赢得国际竞争主动权。因此,新质生产力的提出是根植于马克思主义生产力理论基础的,是在当代经济建设中对其的进一步继承和发扬,它以实践探索丰富了马克思主义生产力理论的底蕴和内涵,是一项重大创新发展。

2. 历史逻辑:对科学技术推进生产力发展的经验借鉴

社会生产方式由低级向高级迈进的过程,是人类生产经验不断积累、科学技术知识的广度深度不断增加和广泛应用的过程,也是不断总结经验、提炼理论的过程。新质生产力的提出正是"立足在经验

---

① 《毛泽东文集》(第8卷),人民出版社1999年版,第351页。
② 《邓小平文选》(第3卷),人民出版社1993年版,第274页。
③ 《江泽民文选》(第3卷),人民出版社2006年版,第275页。
④ 《胡锦涛文选》(第2卷),人民出版社2016年版,第370页。

基础之上的理论认识的发展过程"①。

　　从世界现代化历程看,近代科学发现和技术发明往往引起生产的深度变革,推动社会生产力快速发展。18世纪末,由热力学理论引起的以蒸汽机的发明和应用为标志的第一次工业革命,以资本主义大机器生产取代了传统手工工具,使人类在不到一个世纪的时间内创造了比过去一切时代还多的物质财富总和,人类进入工业1.0时代。19世纪中后期,以电磁理论为支撑的电力技术的广泛应用促成了第二次工业革命,电动机、机电装置以及围绕电力技术形成的各种新兴工业部门开始主导社会生产活动,托拉斯、卡特尔、辛迪加等联合体逐步成形,人类进入工业2.0时代。20世纪40年代以来,由原子能、生物科学、计算机、空间物理等技术突破引发的第三次工业革命从根本上改变了物质生产面貌,诞生了新能源、新材料、信息技术、航空航天、海洋技术、生物工程等新兴科技行业,科学技术创造出的巨大劳动生产率对社会经济发展起到显著推动作用,人类进入工业3.0时代。由此可见,历史上的产业变革都是有新的科学理论作为基础的,以此引发生产力在要素投入、规模结构、属性特征等方面的革命性变化,依靠科学技术创新促进社会生产力发展是一条普遍规律。

　　现今,全球科技创新紧锣密鼓,新一代信息、通信、生物、能源、材料等领域的关键性颠覆性技术创新不断涌现,并呈现交叉融合、群体跃进、迭代加速态势,科技创新越来越成为直接的生产力、表现为直接的竞争力,这是如今生产力发展的主要特征,也与我国加快转变经济发展方式形成历史性交汇。面向前沿领域及早布局、提前谋划,是我国不容错过的重要战略机遇,必须加快实现高水平科技自立自强,攻克关键核心技术,使原创性、颠覆性科技创新成果竞相涌现,培育发展新质生产力的新动能,在世界产业链重构中形成竞争新优势、抢

---

① 《马克思恩格斯文集》(第9卷),人民出版社2009年版,第489页。

占发展制高点。

创新化、绿色化、新产业和数字化是本轮科技革命和产业变革的重要趋势,正在成为改变全球竞争格局的关键力量。创新化主要聚焦于国际前沿科技,立足以人工智能、量子技术、物联网、区块链、空间技术等为代表的新科技、新赛道,进行革命性的科技迭代,以质变性创新形成的新质态引领经济发展新航向。绿色化表现在以新能源和新材料等为代表的绿色产业快速发展,既符合《巴黎协定》中碳减排长期目标,又满足全球产业绿色化转型需求,更是对传统高投入、高能耗、高污染发展模式的变革。当前国家和地区间的竞争主要表现为产业的竞争,随着产业生命周期缩短,以科技创新为依托的产业创新已经成为决定生产力质变提升的关键,加快培育新兴产业和未来产业也已经成为发展先进生产力的落脚点和方向。创新化、绿色化和新产业发展均离不开数字化的加速突破应用,数字经济正在成为国际经济和科技竞争的新赛道。通过促进数字经济与实体经济深度融合,持续重塑产业形态和商业模式,人类社会正在进入数字技术时代。数字技术以信息技术为发展基础,突出表现为技术应用"连点成线",更加关注"系统"和"赋能"的综合作用,[①]以整体推进取代了过去依靠单一技术发展的传统模式,抓住这次产业发展驱动因素革新的机遇就有机会实现弯道超车。基于此,习近平总书记提出新质生产力概念,作为对当前先进生产力发展模式的高度提炼,既是对人类现代化历程中科学技术推进生产力发展的经验借鉴,也指明了中国式现代化生产力的前进方向。

3. 现代化背景:对中国式现代化顺利实现的前瞻谋划

当今世界,由要素数量驱动的外延型经济发展模式已经进入瓶

---

① 参见洪银兴、任保平《数字经济与实体经济深度融合的内涵和途径》,《中国工业经济》2023 年第 2 期。

颈期，而由科技创新驱动的内涵型经济增长模式逐渐兴起，新一轮科技革命和产业变革正在重构全球经济版图。在上述背景下，"推进中国式现代化，是一项前无古人的开创性事业，必然会遇到各种可以预料和难以预料的风险挑战、艰难险阻甚至惊涛骇浪"[1]，这势必要求我国更大程度释放创新动能，以更快速度形成新质生产力，以前瞻性谋划推动中国式现代化顺利实现。

第一，我国阶段性经济社会发展目标和约束条件发生深刻变化，转型经济发展方式迫在眉睫。进入新发展阶段，我国虽已全面建成小康社会，经济发展取得一定成果，但新的约束函数和发展目标正发生着系统性变化。一方面，我国原有的依靠投资规模扩张、劳动力和土地要素增加以及透支生态环境的发展模式难以为继，传统重化工业和制造业发展面临挑战和瓶颈，亟待转型升级；另一方面，我国向世界做出庄严承诺，力争2030年前实现碳达峰、2060年前实现碳中和，新的"双碳"发展目标要求我国必须坚定不移走生态优先、绿色低碳转型之路，着力解决资源环境约束等问题，推动经济社会发展的质量、效率和动力变革。新质生产力强调科技创新的主导作用，能指引我国产业度过结构调整阵痛期，迈向高质量发展。

第二，经济全球化进程和国际科技竞争格局复杂多变，给中国经济发展带来深层挑战。从国际环境看，经济全球化遭遇逆流，单边主义和保护主义频现，局部性冲突和动荡事件升级，世界呈现诸多不确定性和不稳定性，面临百年未有之大变局。受此影响，我国改革开放以来形成的"两头在外、大进大出"的发展模式动能消减，难以支撑起现代化发展必要的物质基础。此外，我国关键核心技术受制于人的局面尚未根本改变，战略性新兴产业和未来产业的科技储备远远不够，多数产业还处于全球价值链、供应链中低端，"卡脖子"问题依然

---

[1]《党的二十大精神专题十二讲》，人民出版社2023年版，第36页。

突出；而且，我国科研成果转化为现实需要的能力尚不充分，科技进步对经济增长贡献率不高，基础研究与产业发展间存在脱节现象，这也严重制约了我国科技竞争力的提高。为赶上新一轮全球科技革命和产业变革浪潮，我们需要新质生产力提供的突破性创新贡献。

第三，全球产业链供应链重构趋势加大，提醒我国以前瞻性视角合理应对冲击。新一轮全球产业链供应链重构裹挟着更多复杂的非市场原因，由过去侧重成本、效率和科技优先的布局转向更加考量国家安全、国际关系、供给稳定等因素，产业链供应链呈现多元化、区域化和本土化特征，不确定性明显提高。一方面，以美国为首的部分西方发达经济体公然鼓噪分裂对抗，竖起一道道关税壁垒、科技壁垒和断供壁垒，以超出国家间正常竞争的方式加大"脱钩断链"力度，加剧了全球产业链供应链的混乱性；另一方面，重大卫生事件和地缘军事冲突对全球产业链供应链格局也造成巨大影响，尤其是关键产品供给方面，企业危机意识增强，转而更加倚重多元化和近岸化供给体系，逐步降低对外依赖程度。为保证中国式现代化产业链供应链的安全和稳定，依托新质生产力对其谋篇布局是必然趋势。

第四，全球多国现代化发展的经验教训也告诫我国，必须依托科技创新夯实实体经济基石，加快推进经济高质量发展。世界现代化历程表明，一个国家或地区要从中等收入阶段迈向高收入阶段，关键要实现经济发展由量的扩张转向质的跃升。世界银行研究表明，1960—2008年在全球101个中等收入经济体中，只有13个迈进高收入国家行列，其余均长期裹足于中等收入阶段，根本原因就是没有实现上述质的转变。纵观拉美和部分东欧国家的现代化历程，其以廉价劳动力资源优势融入国际市场，借用外国资本发展本国经济，短期确实取得了很大成效；但依托自主性科技实力支撑的实体经济发展势弱，加之过于依赖海外资本和技术供养，导致经济体系抗风险能力不强，缺乏内生增长动能。因此，我国应以新质生产力为支点，夯实实体经济发展基石,进而撬动现代化生产力的整体跃升。

(二) 新质生产力的内涵特征与理论诠释

1. 新质生产力的内涵特征

按照马克思主义政治经济学理论观点,生产力表现为人们适应、利用和改造自然的能力,那么,新质生产力也就意味着在科技创新引领下,优化生产要素配置机制,聚焦战略性新兴产业和未来产业,实现关键性颠覆性技术突破而产生的高效能、高质量利用和改造自然的能力。新质生产力,起于"新",发于"质",兴于"力"。所谓"新",指的是区别于传统生产力。新质生产力以新技术、新观念、新要素为主要内涵,开创生产要素创新性配置和生产力运用新境界。所谓"质",强调区别于"量"的投入,要坚持科技创新驱动的本质,通过关键性和颠覆性技术的革命性突破,在战略性新兴产业和未来产业上赢得发展主动权。所谓"力",突出表现为数字经济时代的算力成为继热力、电力和网力之后的新动力,成为产业深度转型升级的核心驱动力,增强算力和提升算法是培育新质生产力的关键环节。

马克思指出,"劳动过程的简单要素是:有目的的活动或劳动本身,劳动对象和劳动资料"[①],即劳动者、劳动资料和劳动对象构成了生产力的三个重要组成部分。科学技术转化为直接生产力需要通过一定途径与之结合。第一步,科学技术通过扩大劳动对象范围和提高劳动对象品质引发生产要素变化,对传统生产要素进行升级和引致新要素;第二步,科学技术通过发明创造物化为生产工具,带来新技术、新工具和新观念变革,从而运用于生产过程,大大提高社会生产力;第三步,劳动者通过教育和学习将掌握的科学技术转化为自身经验和技能。由此,劳动者、劳动资料、劳动对象实现了优化组合基

---

① 《马克思恩格斯文集》(第5卷),人民出版社2009年版,第208页。

础上的跃升,从而在生产中创造出更高的劳动生产率,推动全要素生产率大幅提升。由此可见,科学技术进步也是生产要素范畴和品质不断丰富和发展的过程,由过去的土地和劳动力双要素,不断发展至土地、劳动力、资本、技术、知识、管理、数据等多种生产要素,建立在此基础之上的劳动资料和劳动对象也经历着自身性状和功能不断变化和拓展的过程。此外,劳动者也通过掌握科学技术和文化知识增强自身认识自然和改造自然的能力,在转化过程中发挥着重要能动作用。由于科学技术、生产要素以及生产力各组成部分并非一成不变,而是随着不同时代和发展阶段不断变化,因而上述结合的性质、程度、方式不同也就造成了生产力在不同阶段的前后差异,造成传统生产力和新质生产力的不同;这就意味着以新兴科学技术为主导的新质生产力与传统生产力在内涵方面存在本质区别。

就劳动者而言,与传统生产力相匹配的主要是以简单重复劳动为主的低技能劳动者,包括普通工人和部分技术工人;而与新质生产力相匹配的主要是高素质劳动者,其拥有更多知识技能、创新意志和实践能力。一方面,高素质劳动者对人类生产活动有着更为深刻的认识,具备更多面向基础研究和前沿研究的探索能力,能从国家发展战略视角创造新质生产力;另一方面,高素质劳动者能够熟练运用现代技术、高端仪器和智能设备,具备知识快速更新和迭代能力,可以结合大数据、云计算、物联网、人工智能等新兴劳动对象和劳动资料进行生产。就劳动资料而言,与传统生产力相匹配的主要是通用机器设备;与新质生产力相匹配的则是高品质劳动资料,包括一系列高精尖设备、高水平技术、前瞻性理念等,且呈现形式越来越数字化和智能化,但只有依靠高素质劳动者的复杂劳动才能发挥其重要性能。高品质劳动资料的运用能够进一步提升和释放劳动对象的生产效率,提高供给体系的规模和质量。就劳动对象而言,与传统生产力相匹配的主要是以物质形态存在的原材料和部分加工后的半成品;与新质生产力相匹配的不仅仅包括上述劳动对象,更涵盖了伴随科技进步新开发的原材料、新合成创造的物质,以及数据等非物质形态的新兴劳动对象,数量、质量和种类都发生了重要变化。新物质材料在生产中的应用能够提升产出效益,推动生产力更快发展;数据等非物质形态对象则促进数字技术与实体经济深度融合,为数字产业化和产业数字化发展创造了有利条件。由此可见,新质生产力从高素质劳动者、高品质劳动资料和新兴劳动对象三个方面超越了传统生产力,是对传统生产力理论内涵的丰富和深化。

进一步分析,新质生产力和经济社会发展结合后呈现如下特征:

从整体理论视角看,生产力是对发展变化力量的概括和提炼,包括劳动者、劳动资料和劳动对象,但科学技术在其中发挥着关键作用,只要与某一部分相结合形成新的技术组合,都会引起生产力的变化甚至革新。新质生产力当中的科学技术不仅包括当今最先进、最前沿的科技创新能力,还包括科研转化能力、吸收再创新能力等,是全方位、多层级的创新能力。将前沿科技与生产力各组成部分有机结合可以驱动社会生产力整体实现质的跃迁,将转化和吸收能力与生产力各组成部分有机结合可以实现生产力商品化转型、生产力效益回报和生产力纵深发展,从而形成生产力变革的良性循环。

从经济发展视角看,新质生产力区别于依靠大量资源投入、高度消耗能源和以破坏环境为代价的传统生产力,以科技创新为主导,更符合高效能、高质量的发展要求,代表了一种生产力的跃迁式发展。聚焦于产业发展会发现,一方面,新质生产力主要集中在战略性新兴产业和未来产业,需要依托关键性颠覆性技术突破实现这些行业从0到1的质变,引导国家产业变革浪潮;另一方面,众多传统和一般性行业也需要新质生产力提升产品质量和水平,同时降低生产成本、提升生产效率、增加产出效益,这又是一个不断增益的量变过程。因此,新质生产力也可以更广义地理解为一种创新驱动力。

从社会发展视角看,伴随社会发展的阶段差异、所处的不同时代和特定的历史环境,生产力发展呈现不同形态。新质生产力是社会发展到更高阶段、全面建设社会主义现代化国家迈上新征程,进而生产力水平随之变化提升所呈现出的新质态,表现为更具发展内涵、潜力和优势[1]。在高效能方面,以新质生产力推动要素资源的节约利用和合理配置,最大限度创新产出,满足人民美好生活需要;在高质量方面,以新质生产力驱动产业布局优化和结构调整,增强我国经济发展稳定性和区域发展协调性,让经济发展成果更多更公平惠及全体人民;在人与自然方面,以新质生产力带动产业结构转型升级和更可持续发展,贯彻生态优先和保护环境的绿色发展理念,形成人与自然和谐共生格局。

2. 新质生产力需要与之适应的生产关系

历史唯物主义认为,生产力决定生产关系,生产关系反作用于生产力。与生产力相适应的生产关系可以促进社会生产力的进一步发展,反之则成为生产力发展的桎梏。因此,这种生产关系并不是永恒不变的,而是"随着物质生产资料、生产力的变化和发展而变化和改变的"[2]。无论生产力发展到何种程度,都需要适时调整生产关系以适应生产力发展需求,以进一步激活社会生产力。新质生产力是在实现关键性颠覆性技术突破后产生的,因此,与新质生产力相适应的生产关系指的就是能够促进技术发生关键性颠覆性突破以及促进关键性颠覆性技术转化为现实生产力的一系列制度和体制。[3] 必须进一步全面深化改革,进行经济制度创新,形成与新质生产力发展相适

---

[1] 参见徐晓明《加快形成新质生产力 增强发展新动能》,《光明日报》2023年9月14日。
[2]《马克思恩格斯文集》(第1卷),人民出版社2009年版,第724页。
[3] 参见周文、许凌云《论新质生产力:内涵特征与重要着力点》,《改革》2023年第10期。

应的新型生产关系。

第一，发挥社会主义基本经济制度的承载作用，为新质生产力提供培育、发展的土壤。坚持社会主义基本经济制度，就要坚持两个"毫不动摇"，从公有制经济和非公有制经济两个角度培育、发展新质生产力。因为任何一种生产力革新都需要载体作为依托，而社会主义基本经济制度为新质生产力提供了载体保障。一方面，发挥国有企业在新质生产力培育中的主力军作用，肩负起重要使命和责任。《中共中央、国务院关于新时代加快完善社会主义市场经济体制的意见》强调"增强国有经济竞争力、创新力、控制力、影响力、抗风险能力，做强做优做大国有资本"[1]，其核心要义是推动国有企业勇挑重担，以创新激励国有资本增值。国有企业融资约束低、自身资金雄厚，汇聚了更多科学技术人才和研发仪器设备，应当投入更多资金开展基础理论和前沿技术研究，进行开拓性原始创新，创造更多从0到1的关键性颠覆性技术突破，实现核心技术自主可控。另一方面，民营企业应发挥在集成创新和跟随创新方面的优势，借助我国超大规模市场应用场景丰富和创新收益放大的独特优势，以灵活的机制设计、高度的市场敏感、简短的决策链条、高效的执行能力等特点，通过模仿学习快速实现新质生产力的商品化转向，提高创新成果转化率，实现创新效益不断显现。此外，随着平台经济和自媒体快速发展，个体经济的言论地位逐渐提升，应汇集个体经济的创意之声、市场行为、试错经验等，为新质生产力进一步革新提供更多底层经验和面向市场需求的直接想法。

第二，发挥中国共产党领导下的新型举国体制作用，集中力量进行新质生产力的科技攻关。党对科技创新体系的顶层设计是新质生产力发展的根本遵循，必须发挥党在制度设计、资源调动、统筹协调

---

[1] 《十九大以来重要文献选编》（中册），中央文献出版社2021年版，第511页。

方面的能力，建立和完善新型举国体制。党的十九届四中全会指出，"构建社会主义市场经济条件下关键核心技术攻关新型举国体制"①。尔后，2022年中央经济工作会议同样指出，"完善新型举国体制，发挥好政府在关键核心技术攻关中的组织作用"②。健全新型举国体制，聚焦经济建设和事关国家发展和安全的重大科技问题，已经使我国在量子信息、超导、移动通信、北斗导航等领域进入世界领先行列，为我国生产力发展提供了强大科技创新动能。发挥党领导下新型举国体制的重要作用，有利于聚焦国家战略科技需求，组织科研活动协同攻关，解决创新资源分散和碎片化问题，集中力量突破生产力发展瓶颈。此外，党的选人用人机制为新质生产力发展提供了重要人才储备，要"坚持正确选人用人导向，匡正选人用人风气"③。高素质劳动者是新质生产力中最活跃、最重要的组成部分，不仅应具备先进的科技知识，还要求具备洞察生产力发展和产业革新趋势的能力，这决定了新型举国体制的攻坚方向和新质生产力的发展前景。

　　第三，发挥有效市场和有为政府的协同作用，实现新质生产力的跃迁式发展。新质生产力的产生和发展离不开劳动者、劳动资料和劳动对象三者有机结合，离不开各类生产要素的创新性配置，这就需要以科学合理且高效的方式进行统筹协调，需要市场和政府两种资源配置手段予以协同。一方面，新质生产力的培育方向集中分布在战略性新兴产业和未来产业，这些产业倚重自由探索式研究和原创性认知突破，类似于市场的自由竞争状态，要发挥市场在其中的关键作用，给予相关产业发展压力，但压力同时又是动力，要以价格机制、供求机制和竞争机制激活其产出效能，以先进产出供给驱动新质生

---

① 《十九大以来重要文献选编》（中册），中央文献出版社2021年版，第282页。
② 《中央经济工作会议在北京举行》，《人民日报》2022年12月17日。
③ 习近平：《决胜全面建成小康社会　夺取新时代中国特色社会主义伟大胜利——在中国共产党第十九次全国代表大会上的报告》，人民出版社2017年版，第64页。

产力迈向为人民美好生活服务的正确方向。另一方面,还要发挥有为政府的作用,为市场提供公平竞争的良好营商环境,特别是法治环境,加强知识产权保护和法治化创新生态构建;深化经济体制改革,完善要素市场化配置,以简政放权、放管结合、优化服务等制度设计降低企业不必要的交易成本,引导企业集中优势资源和创新力量进行新质生产力攻关;健全要素参与收入分配机制,赋予创新生产要素合理报酬,加速人力资本积累。此外,政府还应当通过顶层设计、规划引导以及组建产业投资基金加大对新质生产力重点领域和重点方向的资金支持和政策指引,通过搭建国家实验室、研究中心等为创新要素集聚提供空间载体和平台支持,通过加大科研人员培养力度保障高素质劳动者供给,等等。

第四,发挥数据和资本相关制度设施的赋能作用,为新质生产力提供驱动途径。在数字技术时代,创新始于数据,成于资本。数据和资本是带动其余生产要素配置的重要纽带。党的二十大报告指出,"加快发展数字经济,促进数字经济和实体经济深度融合"[①]。数据成为生产要素后依托其共享性和万物互联性已经成为驱动新质生产力发展的重要力量。应规范健全数据要素产权属性,着力搭建我国数据基础制度体系、完善数据流通规则、构建高效的数据交易场所、培育数据服务生态、畅通数据循环网络等,从制度层面赋能数据要素参与新质生产力创造和收益分配,从而提高数据要素改造传统产业以及创造社会财富的内生动力,提高数字经济与实体经济深度融合的基础能力。驱动新质生产力发展同样离不开资金融通,特别是多层次资本市场的支持。多层次资本市场可以拓宽创新类企业融资渠

[①] 习近平:《高举中国特色社会主义伟大旗帜 为全面建设社会主义现代化国家而团结奋斗——在中国共产党第二十次全国代表大会上的报告》,《人民日报》2022年10月26日。

道，缓解创新活动所需资金投入压力，有效分散技术创新风险；能够通过并购重组对创新类企业进行筛选和培育，实现创新资源的优化配置，引领产业转型升级；能够汇聚各类创新要素，提高创新效率，为企业创新注入内生动力。因此，要发挥资本市场促进新质生产力发展的积极作用，鼓励长期资本、耐心资本更多地投向科技创新，支持专精特新"小巨人"、制造业单项冠军等企业发展壮大。

（三）新质生产力是推进中国式现代化的新动能

马克思指出："一个工业民族，当它一般地达到它的历史高峰的时候，也就达到它的生产高峰。"[1]这说明一个国家的历史地位与其社会生产力发展水平成正比，生产力发展的质量和水平决定了一个国家的现代化水平。因而，"实现社会主义现代化，实现中华民族伟大复兴，最根本最紧迫的任务还是进一步解放和发展社会生产力"[2]。但是，在现代化的赛道上，我国是"后来者"和"追赶者"，这就决定了中国式现代化是一个工业化、城镇化、信息化和农业现代化"并联式"的发展过程；此外，中国式现代化有其自身国情和特征，基于巨大的人口规模，追求共同富裕、物质与精神文明相协调、绿色及和平发展，又明显区别于西方现代化的路径模式。因此，西方现代化赖以实现的前提条件、生产力和生产关系在现阶段均发生改变，中国式现代化需要依托以科技创新为主导的新质生产力供给新动能。

1. 人口规模巨大的现实依据需要新质生产力

中国式现代化是人口规模巨大的现代化，既存在人力资源丰富的优势，又需要巨大的物质生产力基础作为支撑，同时还要实现人口红利向人才红利的驱动转向，这些都离不开新质生产力的关键核心

---

[1]《马克思恩格斯文集》（第8卷），人民出版社2009年版，第10页。
[2]《习近平谈治国理政》（第一卷），外文出版社2018年版，第92页。

作用。西方现代化历程往往囿于相对有限的本国人口，通过攫取和侵占他国要素资源供给本国生产力提升，这种传统生产力提升模式带来的现代化仅能造福于本国人民，却严重阻碍了广大发展中和落后国家的发展；可以说西方现代化是在掠夺他国现代化机遇的基础上实现的。但中国式现代化是14亿多人口整体迈入的现代化，规模超过现有发达国家人口总和，是迄今为止难度最大的现代化，也必将极大改变现代化的世界版图。这意味着我国不能也不允许走西方现代化的老路，必须在实现自身现代化过程中兼顾广大发展中和落后国家的现代化需求。因此，我国必须变革依托巨大要素资源投入的传统生产力发展模式，以新质生产力驱动经济高质量发展。

一方面，需要新质生产力驱动新的人力资源培育，将人口规模巨大的现实依据转化为人才体量优势，以高素质劳动者奠定先进生产力的发展基石。"全部人类历史的第一个前提无疑是有生命的个人的存在"[1]，生产力发展归根到底依赖于人民的创造精神和行动能力。新质生产力以科技创新为主导，具备关键性颠覆性技术突破能力，必然要求与之适配的人才优势。这就需要培养大批德才兼备的高素质人才，充分发挥人在创新中的能动作用，将人口红利的消退转化为人才红利的爆发和人才体量的扩张，提升运用新质生产力的能力，"以人口高质量发展支撑中国式现代化"[2]。另一方面，明确新质生产力的驱动方向，以合理的产出满足更广大群众的现实需求。人口规模巨大的现实依据难免造成我国现代化过程中出现劳动力分层现象，部分劳动者由于自身技能结构、所属行业变迁、规模化机器运用等情况面临失业风险，加之新质生产力对高精尖人才的需求与之难以匹

---

[1] 《马克思恩格斯文集》（第1卷），人民出版社2009年版，第519页。
[2] 《习近平主持召开二十届中央财经委员会第一次会议强调：加快建设以实体经济为支撑的现代化产业体系 以人口高质量发展支撑中国式现代化》，《人民日报》2023年5月6日。

配,导致规模化的就业压力。此时,需要新质生产力聚焦方向性创新,突破常规性商业模式、运营管理制度等,更加聚焦能够容纳规模化就业等满足人民美好生活的产出方向,使得关键性技术突破更好地为中国式现代化和人的全面发展服务。

2. 全体人民共同富裕的目标指向需要新质生产力

党的二十大报告指出,共同富裕是中国特色社会主义的本质要求,中国式现代化是全体人民共同富裕的现代化。为此,着力促进全体人民共同富裕,做大做优分配蛋糕,维护社会公平正义,防止两极分化至关重要。传统西方国家的现代化路径长期依靠殖民扩张、非法侵占以及牺牲底层劳动群众利益进行资本积累和资本增值,导致西方现代化历程呈现出"在一极是财富的积累,同时在另一极……是贫困、劳动折磨、受奴役、无知、粗野和道德堕落的积累"[1]的贫富分化现象,现代化红利并未惠及全体民众,未能实现社会财富的公平分配和阶层的自由流动。这种诱发社会危机和加剧民众撕裂的现代化模式在我国不仅不可行,也行不通,违背了社会主义的初心和使命。相较于西方国家,我国实现现代化面临人口规模巨大的现实依据,虽然借此能够享受到经济发展的人口红利和人才红利,但在推进现代化过程中使全体人民共享美好而富裕生活的任务也更加艰巨。我国"坚持把实现人民对美好生活的向往作为现代化建设的出发点和落脚点,着力维护和促进社会公平正义,着力促进全体人民共同富裕"[2],为使经济发展成果真正惠及全体人民,中国式现代化必须创造出规模同样巨大的社会财富,再通过"生产—分配—流通—消费"这一循环互嵌的联系过程使人均财富水平得到本质提升,收入差距得

---

[1] 《马克思恩格斯文集》(第3卷),人民出版社2009年版,第555页。
[2] 习近平:《高举中国特色社会主义伟大旗帜 为全面建设社会主义现代化国家而团结奋斗——在中国共产党第二十次全国代表大会上的报告》,《人民日报》2022年10月26日。

以相对缓解。

但是，一方面，改革开放以来我国凭借充分融入国际市场、充分发挥传统生产力比较优势实现的全面小康，虽然解决了人民温饱问题，但依旧是低水平和不全面的，社会财富的积累和分布状况未能使全体人民公平共享经济发展成果；另一方面，西方国家不甘坐视以其为主导的全球发展格局发生变化，妄图通过"贸易壁垒""科技脱钩"等手段遏制我国经济发展势头和社会财富增长，导致我国传统外向型加工贸易发展模式遭受逆流，经济发展和科技进步受制于人。实际上，从采集社会到农业社会，再到工业社会和信息社会，社会财富实现跨越式增长的本质是生产力由落后迈向先进、由低级走向高级、由旧质跃迁至新质，故而当传统社会财富增长路径遇到阻滞时，需要变革生产力实现方式，发展新质生产力，寻求创造社会财富的新途径，这时"科学获得的使命是：成为生产财富的手段，成为致富的手段"[①]。对应而言，新质生产力是以科技创新为主导、聚焦战略性新兴产业和未来产业、实现关键性颠覆性技术突破的先进生产力，有助于促进产业转型升级和结构优化、打造新兴产业集群、孵育未来产业萌芽，从而推动供给侧结构性改革，以新发展优势畅通国内国际双循环，培育出新的经济增长点和经济增长极，进而保障社会财富持续稳定增长、更迭财富积累机制，为实现全体人民共同富裕的目标指向提供重要物质支撑。

3. 物质文明和精神文明相协调的理想追求需要新质生产力

中国式现代化是物质文明和精神文明相协调的现代化，需要通过合理渠道引领物质生产力和精神生产力同步发展，推进人的自由全面进步，这与西方现代化所呈现出的属性特征有本质区别。西方现代化历程贯穿着资本的积极作用，突出物质生产力带来的经济增

---

① 《马克思恩格斯文集》（第8卷），人民出版社2009年版，第357页。

长和财富积累，但这一积极成果并没有被大多数人享有，仅仅实现了部分人的精神文明富足和自由发展，而没有实现所有人的自由发展。这印证了马克思所言，在以资本为主导的社会当中，"劳动为富人生产了奇迹般的东西，但是为工人生产了赤贫"[1]。反观中国式现代化的实现要求，以解决人民日益增长的美好生活需要与不平衡不充分的发展之间的矛盾为出发点，这就要求中国的发展不仅要使得人民在物质层面富裕，也要在精神层面充盈，以发展生产力就是发展人的本质力量为目标导向，形成物质文明和精神文明相互平衡、齐头并进的良性格局。因此，唯有扬弃资本主义的传统生产方式，形成富含中国特色的先进生产力，才能够实现物质和精神文明相协调的全面发展。

然而，改革开放 40 多年以来，在创造巨大物质财富的同时，我国人民在精神文明领域空虚、匮乏的窘境并未得到有效改善，人的发展被局限于以财富多寡为主要衡量指标、以物质满足为单一追求目标等方面。当然，中国式现代化和人民美好生活的实现需要物质需求得到满足，但也要充分体现出人的自我价值的实现和全面发展，这就需要把新质生产力作为社会发展的重要驱动力。一方面，物质文明和精神文明相协调需要建立在生产力高度发展的基础上。正如马克思所言："个人的全面性不是想象的或设想的全面性，而是他的现实联系和观念联系的全面性……要达到这点，首先必须使生产力的充分发展成为生产条件，不是使一定的生产条件表现为生产力发展的界限。"[2]为达到使物质和精神文明相协调的全面发展的生产力水平，需要以更高的生产效率和生产能力产出更多品类健全、质量优异、覆盖面广的生活资料，这只能依托关键性颠覆性技术突破产生的新质生产力。另一方面，物质文明和精神文明相协调需要更加关注人民

---

[1] 《马克思恩格斯文集》（第 1 卷），人民出版社 2009 年版，第 158 页。
[2] 《马克思恩格斯文集》（第 8 卷），人民出版社 2009 年版，第 172 页。

精神需求的满足。随着新质生产力取代传统生产力,科技创新所蕴含的新知识、新观念、新方法逐渐为劳动者所掌握,劳动者的文化素质、知识技能、价值理念等得到进一步提高,精神文明境界亦将得以显著提升,从而有利于最终实现人的全面发展和社会的全面进步。

4. 人与自然和谐共生的内在要求需要新质生产力

人与自然和谐共生是中国式现代化长远发展的内在要求,需要强化绿色发展对于生产力的引领作用,驱动传统生产力转型升级,实现生产力生态化跃迁。西方现代化历程着眼于人类中心主义范式,长期视人类为自然的主宰,视自然为满足人类需要的可用工具,在资本积累逻辑和利益最大化取向下对自然进行无节制的索取和压榨,造成生态环境严重恶化和自然资源过度浪费。随着自然条件的恶化,人类生存环境和空间遭受压缩,这进一步加剧了人类向自然的索取,人与自然呈现出紧张和对抗的状态。恩格斯在批判这种生产的资本逻辑时就指出:"我们不要过分陶醉于我们人类对自然界的胜利。对于每一次这样的胜利,自然界都对我们进行报复。"[1]鉴于西方现代化割裂人与自然关系、无视自然规律造成的后果和发展困境,中国式现代化必须实现人与自然和谐共生和永续发展,以合理而有效的方式"社会地控制自然力,从而节约地利用自然力"[2]为抓手,突破资本主义现代化生产方式的局限性。也就是说,唯有尊重自然、顺应自然和保护自然,将人类改造自然的能力升级为人与自然和谐共生的能力,才能保证高质量发展和中国式现代化的持续迈进。

然而,过去我国依靠大量要素投入、无视自然约束和高度消耗资源的发展模式已经造成人与自然的深层次矛盾,资源开采与环境保护、经济发展与生态约束、人口规模与土地资源空间、人类生存和物

---

[1]《马克思恩格斯文集》(第9卷),人民出版社2009年版,第599—560页。
[2]《马克思恩格斯文集》(第5卷),人民出版社2009年版,第587页。

种多样性共存等矛盾始终未得到有效缓解。为此,习近平总书记提出了"生态就是资源,生态就是生产力"的论述,探寻有别于依托大量消耗物质资源和危害生态环境的传统生产力发展途径的绿色发展新途径,推动经济社会绿色化、低碳化、循环化和可持续发展。为形成这种能够促进人与自然和谐共生的新的生态生产力模式,必须转向和发展新质生产力。一方面,新质生产力的形成伴随着人类认识自然和改造自然能力的提升,能够研发出更多新能源、新材料、新利用方式,降低对自然资源的开发和索取力度,注重资源的可持续和循环运用;另一方面,与新质生产力相匹配的劳动资料多为精密仪器等高端设备,这势必提升现有资源的转化和利用效率。此外,针对环境保护相关议题,新质生产力不仅能依托高新科学技术推动传统重化工业绿色化、智能化改造,突破传统产业高能耗、高污染困局,还能壮大节能环保、清洁技术、环境修复等产业,增强对自然的保护力度,为人类生活和发展创造良好的外生条件。随着社会成员思想观念、消费习惯和生活方式的绿色化转型,人类生产和生活系统将与自然有机衔接,人与自然和谐共生必将形成良性循环。

5. 走和平发展道路的实现路径需要新质生产力

现代化历程所需的巨大生产力离不开大量劳动力、资本、土地等人力和要素资源持续不断的投入,但自然条件、社会环境、突发性历史事件等造成的人力和要素资源约束告诉我们,一定区域内的物质资源是有限的,不是取之不尽和用之不竭的;这势必造成现代化过程中日益增长的资源需求同特定范围内资源有限性之间的尖锐矛盾。为应对这类困境,长期以来西方国家的现代化历程往往存在对内推行压迫和剥削式制度,对外依靠侵略战争、殖民体系、黑奴贸易等手段进行资源掠夺,从而积累了大量用于推进现代化的要素作为基础的阶段;这造成了受剥削民众、民族、地区和国家的艰难处境。与之相反,习近平主席指出:"中国式现代化不走殖民掠夺的老路,不走国强必霸的歪路,走的是和平发展的人间正道。"①和平发展强调我国绝不会以压迫性制度设计和掠夺他国发展自己的行为方式推进现代化建设,而是要依据中国具体国情、人民需求和现阶段发展瓶颈走中国特色的现代化道路,并通过推进人类命运共同体将中国的发展成果惠及全球发展中及落后国家和地区,以不同于西方国家的现代化思路突破特定范围内人力和要素资源有限的难题。

但与此同时,中国式现代化建设确实面临着要素资源有限的挑战和难题,诸如人口年龄结构恶化使得经济发展的人口红利日渐消退,来料加工及重工业发展遗留下的环境问题亟待解决,部分资源依托进口和技术受制于人的局面依旧存在,等等。为此,必须开发、转向和利用既能满足现代化发展需要,又能促进人力和要素资源节约的新动能。马克思指出,人口增长和科学力量都是"不费资本分文的生产力"②。随着我国人口红利的衰减,科学力量的进步和迭代作为驱动经济发展的强大动力越来越呈现出巨大作用,因为"随着大工业的发展……它们的巨大效率……相反地却取决于一般的科学水平和技术进步,或者说取决于科学在生产上的应用"③。这有助于一定程度上减少我国在现代化发展过程中对人力和要素资源的消耗,发挥关键性抵补和替代作用。因此,以原创性、颠覆性科技创新为内核和引擎的新质生产力助推中国式现代化,可以有效压缩并消除对各类要素资源的极度需求与深度依赖,突破西方现代化实现路径中依靠掠夺和侵占积累作为前进动能的歪路,从而在和平发展的道路上行稳致远。

(南京大学葛扬、丁涵浩)

---

① 习近平:《携手同行现代化之路——在中国共产党与世界政党高层对话会上的主旨讲话》,《人民日报》2023年3月16日。
② 《马克思恩格斯全集》(第46卷下册),人民出版社1980年版,第287页。
③ 《马克思恩格斯全集》(第46卷下册),人民出版社1980年版,第217页。

二、以发展新质生产力推动高质量发展

新质生产力作为数字技术主导下的生产力新跃迁,符合当前经济高质量发展的内在需求,是推动经济高质量发展的重要引擎。加快形成和发展新质生产力,对于抓住数字技术发展和变革的窗口期,助力中国经济高质量发展,乃至在新一轮经济全球化竞争中构筑新优势、占据制高点,都具有极为关键的战略意义。江苏肩负着习近平总书记赋予的"四个走在前""四个新"重大任务,为此,更应抓住数字技术发展和变革的窗口期,加快形成和发展新质生产力,推动高质量发展继续走在前列。

新质生产力在数字技术主导下实现了生产力跃迁,既与传统生产力有重要区别,又由于继承和发展了传统生产力中的积极因素,而与传统生产力具有一定内在联系。新质生产力的内涵和特征,至少体现在"新""质""力"三个维度,其中"新"的变化主要体现为作为生产力载体和表现形式的产业有了战略性新兴产业和未来产业等新起点;"质"的变化主要表现为超越传统的"物质转换"范畴;"力"的变化主要表现为从热力、电力、网力到算力的升级。上述三方面的发展变化,能够有效推动经济高质量发展内生要求的"动力变革""效率变革""质量变革",从而契合经济高质量发展的现实需要。形成和发展新质生产力,应加快数字技术的创新和发展,加强数字技术的渗透和应用,注重数字技术的自立自强,大力发展战略性新兴产业和未来产业,并着力推动生产方式的智能化、数字化变革。

（一）新质生产力的内涵和特征

新质生产力的内涵和特征至少可以从"新""质""生产力"三个维度进行解读。具体来看：

1. 新质生产力之"新"

从生产力发展演变的规律看，以蒸汽机技术为代表的第一次工业革命，推动了以纺织业、运输业、制造业等产业大规模变革为新起点的生产力的形成与发展；以电力技术为代表的第二次工业革命，催生了以石油化学工业、家用电器、电车、电影放映机等产业大规模变革为新起点的生产力的形成与发展；以互联网为代表的第三次工业革命，则催生了以计算机和电子产品制造、信息、电脑系统设计及其相关服务等产业大规模变革为新起点的生产力的形成与发展。遵循上述规律，以数字技术为主导的新一轮信息技术革命以及由此引发的产业革命，正推动新质生产力的形成和发展，必将催生新产业形态。可以预期的是，建立在以数字技术为代表的新一轮信息技术革命基础之上的产业形态和产业组织范式均将发生深刻变化。诸如新一代信息技术、生物技术、新能源汽车、绿色环保、航空航天、海洋装备等战略性新兴产业，以及量子信息、类脑智能、未来网络、基因技术、深海空天开发、氢能与储能等未来产业，将成为新质生产力在产业发展层面的"新"起点。需要指出的是，新质生产力之"新"与前文所述的新质生产力之"质"，实际上是同一事物的两个方面。更确切地说，新质生产力之"质"必然要求有更"新"的起点；而新质生产力之"新"，即以"新"起点为基础不断衍生出的产业新模式、新业态等，又将赋予新质生产力之"质"更加丰富的深刻内涵。

2. 新质生产力之"质"

应该说，对"新质生产力"的理解关键在于"质"，即生产力发展演变过程中出现的"质"变。根据马克思关于生产力的论述可知，生力即社会生产力,也称"物质生产力",是生产方式的一个方面;它表明生产过程中人与自然的关系。历史唯物主义认为,"物质生产力"是全部社会生活的物质前提,同生产力发展一定阶段相适应的生产关系的总和构成社会经济基础。需要指出的是,作为生产方式中最活跃最革命因素的生产力,总是处于不断运动、变化和发展的过程中;这种变化不仅包括"量"的变化和形式上的变化,也包括"质"的变化。

根据马克思主义经典作家的理解,生产力范畴的本质特征是"人和自然的物质变换过程"。马克思曾明确写道:"劳动作为以这种或那种形式占有自然物的有目的的活动,是人类生存的自然条件,是同一切社会形式无关的、人和自然之间的物质变换的条件。"[1]可见,马克思就把生产力看作"物质变换的过程",而物质变换其实就是自然物质到社会力量的变换。在以往历次技术革命和工业革命中,人们不断地将自然力(如风、水、蒸汽、电等)大规模直接应用于生产过程,使得自然力变成社会劳动的因素。这就是自然物质转换为社会力量的典型实践和证明。应该说,"物质变换"的思想能够较好地概括以往技术革命和产业革命下生产力的基本性质,即在以往技术革命和产业革命的带动下,生产力主要表现为通过诸如蒸汽、电等,将自然的物质转化为生产的动力和产品。这一过程具有典型的物质消耗性,其中,既包括自然物质的消耗,也包括劳动者智力和体力的消耗,而后者的"消耗"最终仍然"物化"在劳动资料之中。在生产力发展的特定阶段,或者说在以物质消耗和体力消耗为特征的物质变换发展阶段,从"物质变换的过程"来理解和界定生产力的内涵和本质特征,无疑是正确和合理的。

伴随技术进步,生产力发展主要靠物质消耗的模式逐步发生变化,技术进步对经济增长的重要性越发凸显。针对技术进步在经济增长中

---

[1]《马克思恩格斯全集》(第31卷),人民出版社1998年版,第429页。

的作用,舒尔茨指出,经济学家正在重新安排经济增长舞台上演员的角色,他们指定劳动力和资本扮演二三流的小角色,而让技术扮演主角。当前,伴随着以数字技术为代表的新一轮信息技术革命的孕育、爆发及其在各产业领域的广泛融合和渗透,数字技术在推动形成新的物质生产力过程中起着越来越重要的作用:资本和体力等传统的物质消耗正逐步让位于技术创新,生产力的本质也正由传统的"物质变换"向"技术创新"拓展。新质生产力之"质"与传统生产力之"质"的差异,类似于物理学对物质表现两种基本现象形态的分类,即一种是实物、粒子形态,一种是场、波的形态;前一种是看得见摸得着的有形物质形态,后一种则是看不见摸不着的无形物质形态。前一种物质形态就类似于传统生产力之"质",后一种物质形态就类似于新质生产力之"质"。以"技术创新"为主要特征的新质生产力,突出表现为生产过程"物化"和"物质消耗"的有形比重越来越低,而"技术创新"等无形比重越来越高,甚至可以说"技术进步"和"技术发明"本身将成为生产活动中的重要组成部分。新质生产力出现的这种"质"的变化,显然与当前高质量发展所要求的集约化发展、绿色发展等具有高度的一致性。

3. 新质生产力之"力"

新质生产力的关键在于"质",起点在于"新",落脚点则在于"力"。实际上,历史上每一次工业革命的实践结果,最终都必然表现为生产力的巨大跃迁,当前以数字技术为代表的新一轮信息技术革命以及由此引发的产业革命也不会例外,同样会推动生产力出现巨大跃迁。党的二十大报告指出,"科技是第一生产力、人才是第一资源、创新是第一动力"[1],正是再次强调和阐明科技因素在解放和发展

---

[1] 习近平:《高举中国特色社会主义伟大旗帜 为全面建设社会主义现代化国家而团结奋斗——在中国共产党第二十次全国代表大会上的报告》,《人民日报》2022年10月26日。

社会生产力中的决定性作用，其中当然包括当前迅速发展的数字技术。如果说第一次、第二次和第三次工业革命推动生产力发展在"力"的落脚点上的表现分别为热力、电力、网力的话，新质生产力的落脚点则在于基于数字技术的"算力"。以"算力"为落脚点的新质生产力的巨大跃迁，不仅表现为将改变前文所述的"物质转换"的传统生产力范畴，即以数字赋能为主导的生产力发展和变迁，将改变以往高物质投入、高资源能源消耗、高碳排放和高生态环境破坏的发展范式，使经济转向更加高效能、高质量、绿色化的发展新范式，而且还表现为消费模式的改变以及充分发挥消费在推动生产力跃迁中的重要作用。

换言之，在以往社会生产和扩大再生产过程中，作为经济活动四大环节之一的生产和消费往往独立存在，消费与生产并无交叉，也不会直接进入生产过程，从而不会直接形成生产力。然而，在数字经济条件下，消费者不仅可以作为重要的参与者直接参与生产过程——比如目前一些生产者在线征集消费者创意设计，本质上就是消费者直接参与生产的直接表现和典型证明——而且消费数据日益成为企业生产经营决策的重要决策依据。生产与消费的融合性和一体化趋势不断加强，新的生产力的形成越发需要生产和消费的协同。消费者与生产者协作对新质生产力之"力"的形成，将发挥越来越重要的作用。总之，数字技术改变的不只是供给侧，其同样改变着需求侧，以及供给侧和需求侧的关系，从而在推动范式根本性转变中实现生产力的飞跃。

（二）新质生产力与传统生产力的区别和联系

1. 新质生产力与传统生产力的区别

劳动者、劳动工具和劳动对象是构成生产力的三要素，社会生产力的发展变化，必然源自劳动者、劳动工具和劳动对象三要素中某种要素的变革，或者几种要素的共同变革。马克思曾指出："各种经济时代的区别,不在于生产什么,而在于怎样生产,用什么劳动资料生产。"①新质生产力与传统生产力的区别,除了从前文分析指出的新质生产力的内涵和特征加以了解外,还可以进一步从构成生产力的三要素角度做一简要分析,即从劳动者、劳动工具和劳动对象三个方面探究二者的区别。

首先,从劳动者方面看。在构成劳动力的三要素中,根据马克思主义经典作家的理解,劳动者是最为活跃和最富有创造性的生产要素,在生产力中发挥着主导性作用,同时也是物质财富的创造者和使用者,并为精神财富的创造提供条件。生产工具只有为劳动者所掌握,劳动对象只有为劳动者所确立,三者相结合才能形成现实生产力。可见,劳动者本身的变革是推动生产力跃迁的关键性和主导性因素。党的二十大报告在继续明确"科技是第一生产力"的同时,也着重指出"人才是第一资源"②,其实强调的就是在新质生产力形成过程中,人才的作用和决定性意义。需要指出的是,尽管在以往历次工业革命中,人才的作用都毋庸置疑,但从后期大规模的产业发展和生产力发展角度看,最终主要依赖的并非人才,而是大量的普通劳动者。改革开放以来,中国产业发展的实践也证明了这一点。因为从本质上看,开放发展引领的中国产业尤其是制造业规模的迅速扩张、生产能力的急剧提高,沿袭的仍然是工业革命以来发达国家的产业发展范式;在这一特定发展阶段,人口红利而非人才红利作用的发挥至关重要。与之不同的是,数字技术革命及其可能引发的产业变革,即新质生产力的形成和发展,对人才的依赖程度会越来越深。因为诸如人工智能和机器人等的快速发展,将会在很大程度上对普通劳

---

① 《马克思恩格斯文集》(第5卷),人民出版社2009年版,第210页。
② 习近平:《高举中国特色社会主义伟大旗帜 为全面建设社会主义现代化国家而团结奋斗——在中国共产党第二十次全国代表大会上的报告》,《人民日报》2022年10月26日。

动者形成强烈的替代效应，产业发展更需要的是大数据、云计算、区块链等数字技术及其应用方面的人才。这是新质生产力和传统生产力的重要区别之一。

其次，劳动工具是生产力发展水平的主要标志，劳动工具的发展和变革决定着生产力的发展水平。人类社会生产力的每一次巨大跃迁，都伴随着劳动工具的巨大发展和变革。劳动工具的发展水平是区分不同社会发展阶段的重要依据。从劳动工具的发展和变革角度看，人类社会使用的劳动工具从最初的石器、青铜器、铁器，到工业革命以来的蒸汽机、发动机、计算机、互联网等，不断由落后向先进方向发展和变革，由此推动了人类社会由低级向高级阶段不断发展。从以往的技术革命和工业革命看，诸如蒸汽机、纺织机、电器等劳动工具的创造、发明和运用，无不极大地提高了社会生产力。以数字技术为代表的新一轮技术革命和产业革命，同样会引发劳动工具的颠覆性变革，诸如人工智能、工业机器人、光刻机、云服务、物联网以及智能传感设备等，将成为主要的生产工具。而这些生产工具对各产业领域的渗透和融合，将呈现出以往任何历史时期工业革命均无法比拟的强渗透性、强时空突破性以及强链接性特征，其在各生产领域的运用将"无所不入"。这是新质生产力和传统生产力的重要区别之二。

最后，从劳动对象方面看。技术进步和生产工具的发展和变革，改变的不仅是劳动者和生产工具自身，还包括劳动对象，并促使劳动者和劳动工具、劳动对象的关系发生重大变化。比如伴随生产工具的发展和变革，人类社会的劳动对象从农业领域发展到工业领域，在工业领域又由以轻工业为主发展到以重工业为主，以及在此过程中不断出现的一些新兴的工业领域，包括电力行业、石油化工行业、航空航天业等。这都是劳动对象和范围不断扩大的典型证明。总之，在技术进步和工业革命的推动下，人类对自然的改造能力越来越强，改造范围也越来越大。可以预期的是，数据或者说对数据的收集、存储、算法、加工等,不仅将直接成为人类的劳动对象,开拓出劳动对象的新领域和新空间,而且数字赋能也会改变传统产业形式,催生战略性新兴产业。人类的经济活动领域将会进一步"上天入地",即不仅能更好地"飞向太空",还将进一步"深入海洋",探索和发掘更多的新能源、新资源,甚至包括探索人类自身,诸如脑科学、基因工程等。实际上,习近平总书记在论及新质生产力时强调战略性新兴产业、未来产业,本质上道出的正是新质生产力形成过程中必然表现出的劳动对象和范围扩大的发展趋势。这是新质生产力和传统生产力的重要区别之三。

2. 新质生产力与传统生产力的联系

具体地看,新质生产力和传统生产力之间的联系表现在如下几方面:

首先,从生产力变迁所依赖的技术进步角度看,新质生产力形成和发展所依赖的以数字技术为代表的新一轮信息技术革命,是前一轮信息技术革命的延续和升级,数字技术与传统生产力所依赖的技术具有内在的联系。比如,较为一致的观点认为,截至目前,全球范围内已经历了三次重要的工业革命,即以蒸汽机的发明及运用为标志的第一次工业革命、以电力的使用为标志的第二次工业革命,以及第二次世界大战以后,以电子计算机、互联网的出现及其在各行各业的普及为标志的第三次工业革命。当前,以数字技术为代表的新一轮信息技术革命,显然是在第三次工业革命基础上的进一步发展和演变。数字技术的进步,仍然离不开前一轮信息技术革命中出现的电子计算机和互联网的基础性作用。没有电子计算机和互联网,也就没有所谓的数字技术革命及其应用。而数字技术又是形成新质生产力的主导性技术。如果说数字技术革命是建立在前一轮信息技术革命基础之上的话,那么由数字技术主导和推动形成的新质生产力,显然也是建立在主导和推动前一轮信息技术革命的传统生产力基础之上。换言之,新质生产力并非凭空产生,它是以传统生产力为基础实现的"跃迁",是对传统生产力的扬弃、继承和发展。因此,新质生产力中包含着传统生产力中积极、有效的因素。这是新质生产力和传统生产力之间具有内在联系的表现之一。

其次,从生产力的主要载体和实现形式即产业层面看,新质生产力固然与传统生产力之间有较大差异,但二者同样具有内在联系。衣、食、住、行是人类社会最基本的需求,无论社会形态从低级到高级发展到哪一个阶段,都无法脱离这一基本需求。恩格斯曾指出:"人们首先必须吃、喝、住、穿,然后才能从事政治、科学、艺术、宗教等等。"[1]从这一意义上说,新质生产力下的产业形态和产业范畴即使出现变化,包括前文分析指出的劳动对象和范围不断扩大,但就为满足衣、食、住、行等基本需求,以及奠定精神生活的物质基础这一作用和功能而言,新质生产力与传统生产力也在本质上具有内在的一致性。此外,尽管新质生产力会催生很多战略性新兴产业和未来产业,但这并非意味着对传统产业的彻底否定,相反,传统产业往往会在新技术作用下不断被改造、升级。比如数字技术的应用并不会导致农业的消失,相反,农业在数字赋能后会实现更高效率、更高质量的发展。也正是基于此,学者们普遍认为,技术变迁的任何发展阶段其实都不存在夕阳产业,而只有夕阳产品,关键在于技术改造。总之,传统产业在新技术革命下通过技术改造不断转型升级,成为新质生产力产业载体的重要组成部分。这是新质生产力和传统生产力的内在联系之二。

最后,从生产力要素之间的关系看,新质生产力固然会改变不同生产要素之间的相互关系,但传统生产力的构成要素不仅仍然存在于新质生产力之中,新质生产力的形成和发展也离不开各种生产要素的综合作用。新质生产力虽然拓展了生产要素的范畴,尤其是数

---

[1]《马克思恩格斯文集》(第3卷),人民出版社2009年版,第601页。

据成为与劳动、资本等并重的生产要素，但这并非意味着其他生产要素不再重要。加快形成新质生产力，推动新旧动能转换，不是简单的直接代替，也绝不可能是用数据要素完全代替其他生产要素；只不过是在充分发挥数据要素作用的条件下，把各种生产要素和资源重组、优化，以释放最大的效能。总之，构成传统生产力的基本生产要素仍然存在于新质生产力之中，新质生产力的形成和发展，离不开数据要素和传统生产要素之间的相互作用和相互协作。这是新质生产力和传统生产力的内在联系之三。

（三）新质生产力是推动高质量发展的重要引擎

基于上述分析可见，习近平总书记提出的"新质生产力"概念，是对马克思主义政治经济学的继承与创新，是生产力理论认识的又一次飞跃。党的二十大报告强调："高质量发展是全面建设社会主义现代化国家的首要任务。"[1]加快形成新质生产力，无疑是推动高质量发展的重要引擎。高质量发展内涵深刻，涉及内容广泛。为便于理解，我们不妨从经济高质量发展所要求的动力变革、效率变革和质量变革三个维度，对新质生产力的引擎作用进行简要分析。

1. 新质生产力推动动力变革的作用

世界经济发展史表明，人类社会的每一次重大技术变革，都会带来推动经济发展的动力的颠覆性变革。比如，在蒸汽机时代，水力的应用和纺织机的发明创造，大大代替了劳动过程中的体力支出，成为推动产业和经济发展的最主要动力，即产业发展实现了机械工业对手工工业的代替；进入电气化时代，电力技术的不断进步和突破，以及内燃机的发明创造和使用，为大规模生产制造提供了新的动力来

---

[1] 习近平：《高举中国特色社会主义伟大旗帜　为全面建设社会主义现代化国家而团结奋斗——在中国共产党第二十次全国代表大会上的报告》，《人民日报》2022年10月26日。

源;进入信息化发展阶段,信息产业的快速发展成为推动产业和经济发展的重要动力,使得机械工业进一步向信息化工业迈进和转型升级。虽然历史上的每一次工业革命都会成为推动经济发展的动力,实现变革,但总体来看,以往的动力变革均建立在大量的物质消耗和要素投入基础之上,经济增长具有粗放型的特点,本质上与经济高质量发展的集约式增长方式还有一定差别。与以往历次重要的技术变革引发的动力变革不同,当前以数字技术为主要表现的技术变革所引发的动力变革与经济高质量发展的需要,具有内在的逻辑一致性。

如前所述,新质生产力的形成与数字技术进步密切相关,或者说新质生产力建立在数字技术进步基础之上。而数字技术本质上属于技术创新,这与经济高质量发展所要求的"创新驱动"显然具有内在的逻辑一致性。更为重要的是,基于数字技术的新质生产力,不仅能够改变以往的"物质转换"的传统生产力范畴,即更加依赖于数据要素投入,降低对物质消耗的过度依赖,从而转向低投入、低耗能、低排放、高环保的集约式发展和绿色发展新范式,而且还能够从消费层面进一步作用于生产。由数字技术变革带来的上述生产范式的变化,充分演绎了经济增长和发展动力从传统的"要素驱动"向"创新驱动"转变的逻辑。当然,基于数字技术变革推动所形成的新质生产力,在动力变革方面的引擎作用不仅发生在供给侧的要素投入方面,同时还发生在需求侧,即通过改变消费范式增添新动能。中国改革开放之初,由于受到生产力低下、收入水平较低等因素的制约,我国居民不仅消费需求层次不高,消费需求的规模也十分有限,难以成为驱动经济发展的重要动力。经过40多年的改革开放,中国经济实现了高速增长并创造了增长奇迹,经济体量上已成为仅次于美国的全球第二大经济体,只是受到体制机制等多种因素的影响,目前消费需求在驱动经济发展中的潜能仍然未能有效释放。基于数字技术的新质生产力,不仅可以改变生产和消费需求的传统关系,即在消费和生产的融合中直接成为驱动力,而且还能够创造和激发消费场景,扩大消费规模;不仅能够促进消费升级,更能够借助数字技术破除扩大内需过程中的体制机制障碍,充分释放需求驱动经济发展的潜在动力。

2. 新质生产力推动效率变革的作用

在工业革命爆发之前几千年甚至上万年的经济发展史中,经济增长率一直很低;工业革命之后,人类发展历程中才出现了经济增长率相对较高的新阶段。据估计,与工业革命前相比,现代经济增长了1500%以上,超过其16倍(金碚,2021)。显然,工业革命后人类经济发展史上出现的这"史诗般的、非常规的大事件",即工业化和现代经济增长现象,来自技术进步和工业革命带来的效率变革。技术进步带来的生产效率提升,奠定了人口增长的物质基础。应该说,生产能力提升和人口规模扩大形成的良性互动,是现代经济增长发生的根本逻辑。与世界经济发展史上的历次技术变革和工业革命类似,抓住数字技术进步以及由此带来的产业变革这一战略性历史机遇,同样可以带来经济发展的新一轮效率变迁。理论上而言,可以再造一次"史诗般的、非常规的大事件",再造一次经济增长奇迹。

以数字技术为主导的新质生产力,不仅因为其对生产过程、管理过程等进行数字赋能而使得生产经营活动更加高效,人与人之间的协作同样可以依托数字赋能,比如通过在线协同的方式,提升协作效率。数字化的生产、生活方式,由于更加便捷、便利,乃至突破了时空限制,在效率提升上有着以往历次技术变革和工业革命无可比拟的优势。这一点,无论是在农业领域还是在工业领域,无论是在服务业领域还是进一步拓展至需求领域,都是如此。如果把全要素生产率作为刻画经济增长和经济发展效率的关键指标的话,正如现有研究所形成的较为一致的观点认为的那样,数字技术对全要素生产率具有显著的促进作用。对此,基于数字技术的多个维度的观察和实证,均证实了上述观点。从信息化发展(左晖和艾丹祥,2022)、互联网发展(肖利平,2018)、ICT投资(谢莉娟等,2020)、数字基础设施(范合君和吴婷,2022)、工业机器人(胡张婷和周世军,2021)、人工智能(刘亮和胡国良,2020)等角度开展的大量研究均证实了数字技术对全要素生产率提升的积极作用。从这一意义上看,新质生产力符合经济高质量发展的内在需求,有助于在促进效率变革中助力经济高质量发展。

3. 新质生产力推动质量变革的作用

第一次工业革命爆发之前,工业生产形式主要以手工作坊为主,产品质量主要取决于劳动者的技能和经验。显然,技能的提升和经验的积累,往往需要在长期实践中实现;也就是说,质量相对较高的产品的生产,必须建立在大量质量相对较低的产品的生产基础之上。因此,整体而言,社会上产品的平均质量不会太高。况且,主要依赖于劳动者技能和经验的产品质量,往往具有不确定性和不可靠性。工业革命之后,企业的产品质量控制能力和控制体系得到了较大发展,这不仅因为机械力和电力等代替了劳动者的体力,更重要的是,生产可以以流水式、标准化的形式开展。这种大规模的生产方式,具有标准的流程和严格的质量控制参数,不仅使得产品质量不再依赖于劳动者的技能和经验,而且易于大规模生产,从而实现了产品生产质量的彻底变革和大幅提升。这是技术进步和工业革命带来的必然结果。与此同时,伴随技术进步和历次工业革命的发生,不仅质量控制的手段和方法越来越先进,而且质量检验作为一种管理职能,逐渐从生产过程中分离出来成为社会的"专业化分工",进一步保障了产品生产质量。

进入数字化发展新阶段后,数字赋能不仅会进一步提升产品和服务质量,而且质量的定义也会因为数字经济时代的到来发生颠覆性的变化,即数字驱动的质量变化还包括质量定义本身的变化。正如泽瑟摩尔(Valarie A. Zeithaml,1998)提出的顾客感知价值理论所指出的,从"一组固有特性满足规定要求的程度"向"顾客感知质量"转变。伴随数字技术进步及其在各产业领域的广泛渗透和运用,数字将对企业产生全方位、多角度、全链条的改造,促进企业生产过程的柔性化、系统服务的集成化。更为重要的是,在数字经济时代,从消费需求角度来看,人们越来越重视参与感和体验感,并在多元化模式下更加重视"个性化"需求,由此倒逼商业模式和竞争模式发生翻天覆地的变化。如果前一种变化可以看作数字技术进步条件下企业"主动"进行的质量变革的话,后者则可以称为质量变革的倒逼效应。从企业层面看,质量变革主要表现为产品和服务质量的提高;从更宏观层面看,这将表现为数字赋能后国民经济各领域、各层面素质和水平的全面提高。质量变革是经济高质量发展的主体,以数字技术为主导的新质生产力,将在推动质量变革中加快推动经济高质量发展。

(四) 加快推动形成新质生产力的思路和对策

新质生产力本质上是以数字技术为代表的新一轮信息技术革命引致的生产力跃迁。抓住数字技术变革带来的历史性战略机遇和窗口期,加快推动形成和发展新质生产力,有助于加速产业变革,加快建设现代化产业体系,在新一轮经济全球化竞争中抢占发展制高点、构造新一轮竞争新优势。这也是贯彻落实党的二十大报告"开辟发展新领域新赛道,不断塑造发展新动能新优势"[1]重要精神的表现。

1. 加快数字技术的创新和发展

任何生产力形成和发展都有其核心和关键要素,更确切地说,生产力的本质由最稀缺资源要素的性质所决定。在传统农业社会,诸如土地、用于劳作的牲畜等,无疑是决定生产力水平高低的重要标

---

[1] 习近平:《高举中国特色社会主义伟大旗帜 为全面建设社会主义现代化国家而团结奋斗——在中国共产党第二十次全国代表大会上的报告》,《人民日报》2022年10月26日。

志。新质生产力的核心和关键要素是数据。显然，数字经济条件下数据是诸多要素中最为稀缺的要素。当然，数据能否成为关键要素，取决于数字技术进步状况。当前，数字技术已经成为世界各主要国家技术竞争白热化的主要领域。加快数字技术的创新和发展，是率先形成和发展新质生产力的关键，也是抢先布局战略性新兴产业和未来产业、赢取新一轮竞争优势的关键。

2. 加强数字技术的渗透和应用

数字技术的进步和变革，能够为新质生产力的形成和发展提供技术支撑；然而，能否真正形成新质生产力，仍然取决于其应用情况。关键要素渗透和进入生产过程，对问题的解决具有决定性意义。世界经济发展进程中历次工业革命的实践结果已经证实了这一点。比如电力时代电力的无所不入、无处不在，对于电力革命时代的产业发展乃至当前生产力的形成和发展，都具有极为重要的作用和意义。一方面，只有电被普遍应用于各产业发展时，才形成了真正的电力时代的生产力；另一方面，离开了电，几乎所有的经济活动都会停滞，生产力也就无从谈起。进入数字化时代，形成新质生产力的关键，如同电的无所不入一样，也要做到数字技术的无所不入；如同离开了电，生产力的发展就无从谈起一样，也要做到离开了数字技术，新质生产力的形成和发展同样无从谈起。数字技术的发展和应用，只有能够达到这种程度，才算是形成了真正的新质生产力。因此，在加快数字技术进步和发展的同时，同样需要注重促进数字产业化和产业数字化发展，实现数字技术与实体经济深度融合，在数字之风"吹拂万物"中铸造产业发展新动能和新优势。

3. 注重数字技术的自立自强

开放经济条件下，开放融合创新对于技术进步而言固然重要，但是就核心和关键技术而言，尤其是对处于发展前沿的数字技术而言，必须注重自立自强。习近平总书记对此有着十分深刻的认识，强调：

"关键核心技术是要不来、买不来、讨不来的。只有把关键核心技术掌握在自己手中,才能从根本上保障国家经济安全、国防安全和其他安全。"①党的二十大报告也再次强调要加快实现高水平科技自立自强②。实际上,为了能够在新赛道中抢抓机遇,占据新一轮竞争的制高点,世界各主要国家均在对数字技术创新发展以及由此可能推动的产业变革进行超前布局,比如美国制定出台了《关键与新兴技术国家战略》、德国提出以"工业4.0"为核心的数字技术领域攻关、欧盟发布《2030数字罗盘》以及日本聚焦"超智能社会"等。世界主要国家在数字技术领域开展的技术竞争可谓已经达到白热化状态。在这种激烈的国际竞争环境中,中国必须面向前沿数字技术领域,加强基础研究,扬长板补短板,重视原始创新,尤其是加快仍然面临"卡脖子"困境的关键核心领域的创新突破。

4. 加快发展战略性新兴产业和未来产业

如前所述,产业是生产力的主要载体和实现形式,因此,新质生产力的形成和发展,离不开战略性新兴产业和未来产业作为其主要载体和实现形式。战略性新兴产业和未来产业是未来新质生产力形成和发展的主阵地。战略性新兴产业包括新一代信息技术、生物技术、新能源、新材料、高端装备等领域,囊括先进制造业和现代服务业绝大部分行业。据全球著名的前沿科技咨询机构ICV于2023年2月发布的首个年度全球未来产业发展指数报告(GFII 2022),未来产业主要包括量子信息、绿色能源、机器人、元宇宙、先进通信、生物技术等领域,是一些初步具备未来技术发展趋势和一定市场规模的产业。战略性新兴产业和未来产业都是技术创新特征明显、技术含量

---

① 习近平:《努力成为世界主要科学中心和创新高地》,《求是》2021年第6期。
② 习近平:《高举中国特色社会主义伟大旗帜 为全面建设社会主义现代化国家而团结奋斗——在中国共产党第二十次全国代表大会上的报告》,《人民日报》2022年10月26日。

高、绿色发展底色厚、产业关联性强、市场空间广阔的产业,代表着科技和产业发展方向,是新质生产力形成的关键,也是中国抢占发展制高点、构建国际竞争新优势的关键。

5. 加快推动生产方式的变革

马克思主义生产力理论认为,社会生产力的发展推动生产方式的变革,而为了更好地促进生产力的发展,同样需要有与之相适应的生产方式。加快推动形成和发展新质生产力,必然要求有与之相适应的生产方式的变革。与电力时代的流水式、大规模的生产方式不同,数字化时代的生产方式,得益于数字技术与实体经济的深度融合,可能朝着更加柔性化、个性定制的方向发展。数字化时代,将出现以往历次工业革命所没有的诸如智能化、柔性化、个性化定制等生产方式。这是因为,数字赋能会在降成本和提效率两方面同时发挥积极作用,即数字赋能不仅能够显著降低成本诸如搜索成本、复制成本、认证成本、生产成本和管理成本等,还能有效提升研发、仓储、运输、营销等环节的效率,从而使得诸如智能化、柔性化、个性化定制等上述新型生产方式成为可能。为此,应大力推进数字技术与实体经济的深度融合,加快万物互联的发展步伐,加速推动产业尤其是制造业的数字化、智能化、信息化、服务化发展,积极发挥新型生产方式对形成和发展新质生产力的反作用。

参考文献:

[1] 范合君,吴婷. 新型数字基础设施、数字化能力与全要素生产率.《经济与管理研究》2022 年第 1 期

[2] 洪银兴. 以包容效率与公平的改革促进共同富裕.《经济学家》2022 年第 2 期

[3] 胡张婷,周世军. 工业机器人、全要素生产率与制造业增长.《安徽工业大学学报》2021 年第 2 期

［4］黄鑫.未来产业是新质生产力主阵地.《经济日报》2023 年 9 月 29 日

［5］金碚.中国特色社会主义经济理论是中共百年求真变革的伟大思想奉献.《学习与探索》2021 年第 3 期

［6］刘亮,胡国良.人工智能与全要素生产率——证伪"生产率悖论"的中国证据.《江海学刊》2020 年第 3 期

［7］西奥多·W.舒尔茨.人力资本投资——教育和研究的作用.蒋斌,张蘅译.北京:商务印书馆,1990

［8］肖利平."互联网＋"提升了我国装备制造业的全要素生产率吗.《经济学家》2018 年第 12 期

［9］谢莉娟,陈锦然,王诗桪.ICT 投资、互联网普及和全要素生产率.《统计研究》2020 年第 9 期

［10］左晖,艾丹祥.技术变化方向异性和全要素生产率——来自中国制造业信息化的证据.《管理世界》2022 年第 8 期

［11］Valarie A. Zeithaml,"Consumer Perceptions of Price, Quality, and Value: A Means-End Model and Synthesis of Evidence",*Journal of Marketing*,1998(3),1988

（南京大学张二震　南京审计大学戴翔）

三、ESG 理念下管理创新对新质生产力的促进意义

习近平总书记于 2023 年提出新质生产力这一全新理念,为高质量发展提供了新的生产力指导理论。2023 年 9 月 7 日,习近平总书记在新时代推动东北全面振兴座谈会上强调,加快形成新质生产力,增强发展新动能。在以创新为引领的高质量发展阶段,从劳动实践中催生出了新质生产力这一全新的生产力样态,新时代下劳动模式的变化推动着劳动者、劳动资料、劳动对象及其优化组合的深层次变革。对这一时期的新质生产力在理论层面加以研究、总结和概括有助于更好地实现理论创新,继而更为高效地推动实践创新。

目前,对新质生产力内涵、外延及实施路径的研究已成为学术界的新热点。如何培育适合新质生产力的新型劳动者队伍、如何用好新型生产工具赋能高新产业、如何确保优质生产要素向提升新质生产力的方向汇聚是新质生产力研究中最受关注的问题。但既有研究对管理创新与新质生产力之间关系的探讨仍不充分,实际上,管理创新对于新质生产力效能的发挥有着十分重要的价值。生产力的质变必然需要新的组织管理理念、管理架构予以指导,只有配合先进管理理念的管理架构才能释放出新质生产力的最大效能。本文认为,应为当前的管理理念注入"责任管理"概念,借以正确释放新质生产力的效能,引入 ESG 理念完善新质生产力研究。ESG 理念是西方各国在生产变革期

产生的适配西方创新制度的管理理念,其产生的时代背景与我国当前推动高质量发展的时代背景有相似之处。对ESG理念的借鉴有助于我们对当前管理理念进行因地制宜式创新,借助微观层面的创新释放活力,为新质生产力效能的释放提供有益支持。

(一) 管理变革:新质生产力亟须配套管理创新

新质生产力是传统生产力在"质"上的飞跃,依然属于生产力理论范畴。马克思在《资本论》中提出了生产力这一重要概念。在马克思看来,人类最基本、最重要、最核心的活动就是物质资料生产活动。生产力和生产关系是物质资料生产不可分割的两个方面。生产力表示人们在生产过程中对自然界的关系;生产关系表示人们在生产过程中相互结成的社会关系。随着时代、思想、科技的不断进步,人与物质世界的关系不断发生变化。近年来,人工智能技术的快速兴起极大地重塑了人与物质、人与人之间的关系。在我国进入以技术创新引领高质量发展的新阶段后,创新发展实践催生出新的生产力模式,即习近平总书记提出的"新质生产力"。学术界围绕新质生产力的概念定义、内涵外延、实施路径等各类关键问题展开了深入研究。

当前,对新质生产力概念、内涵的讨论已形成了一些共识。洪银兴等学者认为,新质生产力是生产力水准的质变(洪银兴,2024),是由于生产力构成要素在质的层面不断提升而呈现出来的更为先进的生产力形式。从其概念的范畴来看,生产力构成要素质量的提升具体表现为劳动者素质的持续提升、劳动资料的改进与广泛应用、劳动对象的不断扩张、科学技术的突飞猛进、管理水平的显著提升等(李政和崔慧永,2023)。也有学者提出,新质生产力必须具有"科技创新驱动""产业高效低耗和环境可持续""高品质生活和社会服务均等化""数字赋能"[①]和"国家治理能力现代化"等特征(姚树洁和张小倩,2024)。新近有学者认为,宏观上新质生产力主要表现为新科技、新能源和新产业以及促使这三个方面融合发展的数字经济。综合现有研究,已形成的共识认为,新质生产力是生产力的巨大跃迁,呈现出颠覆性创新驱动、产业链条新、发展质量高等一般性特征,同时满足低消耗、低污染、低投入三大原则,满足绿色环保的条件(李晓华,2023)。

在对新质生产力概念达成了一定共识的基础上,学者们开始关注新质生产力的形成机制。国内马克思主义政治经济学领域的学者们对新质生产力的形成机制展开了大量研究,现已初步形成较为完备的理论框架,为在实践层面更有效发挥新质生产力效能提供了有益的研究成果。有学者认为,新质生产力形成机制的塑造需要依赖制度化保障,要重点关注以下四个条件:一是优化人力资本结构;二是健全科技创新体制;三是完善现有产业体系;四是营造良好生态环境(王珏,2024)。也有学者认为,须重视新技术的影响,从数字化视角出发,提出发展新质生产力应关注数字技术的创新和发展,通过充分发挥数字技术的高渗透性推动战略性新兴产业和未来产业的智能化、数字化变革(戴翔,2023)。另外,还有学者提出,发展新质生产力,需要处理好政府和市场的关系,通过健全科技创新体系推进战略性新兴产业、未来产业发展,借以推动新质生产力发展(周文和许凌云,2023)。

还有学者重点关注新质生产力的功能,强调新质生产力对国内创新产业发展的指导功效。有学者聚焦某一特定新兴生产要素,如

[①] 数字赋能指利用数字技术和数据资源提升个体、组织、社会的效能和竞争力。数字技术包括云计算、人工智能等。

人工智能、复杂网络等,研究新质生产力理论对产业创新发展的指导意义。与此同时,也有学者研究新质生产力对区域发展的重要作用。例如,通过分析江苏产业结构,探讨如何持续激活新质生产力的动力效应。研究认为,可通过不断提高生产性服务业的比重、加强"链主"企业与专精特新企业之间联系的方式来提升和改造传统产业(刘志彪等,2023)。还有学者从黑龙江林业发展的角度出发,探讨如何借助新技术激活新质生产力在林业各具体部门的效能(李超等,2023)。

现有研究多集中于探讨新质生产力的概念、功能,却对激活新质生产力效能发挥的环境因素关注不够,尤其是对管理创新如何释放新质生产力效能的研究较少。本文认为,作为生产力新样态,新质生产力的相关研究还应重视管理创新这一微观环境。对科学管理理念、方式的重视有助于解答如何确保新质生产力在效能发挥上保持稳定与可持续的问题。以近年来的集成电路产业为例,即使有政策支持、市场需求的双重激励,国内依然有大量相关公司面临倒闭或被收购的困境。从宏观层面来看,这是产业无序扩张的结果;在微观上,则是因为现有管理理念、方式未能随着生产模式变革实现升级,导致先进的生产要素难以实现高效配置,从而阻滞了新质生产力效能的发挥。从实践来看,新质生产力要有效发挥功能,还需要借助管理迭代对各类先进生产要素在微观层面进行有机整合,确保先进生产要素能长期稳定发挥效应。产生于西方的ESG理念可以提供借鉴,环境(environmental)、社会(social)、公司治理(governance)是衡量企业可持续性和道德的三个核心要素。ESG理念关注环境、社会、公司治理等非单一财务要素,是一种可持续发展观,是从西方生产模式变革实践中产生的科学管理新理念。对其蕴含的先进性加以借鉴吸收,并在此基础上推进管理创新,有助于持续优化生产要素的配置,继而更好地发挥新质生产力的功能。

从激发新质生产力长期效能的角度而言，在新质生产力的研究中可适度借鉴ESG理念强化管理创新，引入"责任管理""创新责任"等概念，打造适配新质生产力的全新管理环境（李晓华，2023）。先进的管理理念对新质生产力效能的发挥尤为重要。要确保新质生产力在具体实践场景中发挥效能，显然需要管理理念、管理方式同步迭代，构建符合新质生产力的新环境、新生态。本文创新性地将国际流行的ESG理念与国内新质生产力概念相结合，丰富了新质生产力的研究。

目前，国内对于"嫁接"ESG理念，借以丰富新质生产力理论的研究仍存在较大不足。国内学者对ESG理念的研究集中在绩效评定上，主要涉及两方面：一是多聚焦企业单元，倾向于分析上市公司的ESG表现与企业绩效之间的关系（袁野虎和熊笑涵，2021；王波和杨茂佳，2022）；二是重视构建符合中国特色的ESG评级体系及相关指标。例如，操群和许骞（2019）运用文献回顾、归纳、对比、案例分析等方法，系统梳理了ESG的内涵界定和评价标准，总结了国际上金融ESG体系的探索与实践，创新性地提出了金融ESG体系的内涵，探索性地构建了金融ESG指标体系，并深入剖析了ESG在中国金融领域的实施问题。实际上，管理能力是生产力在微观单元得以有效发挥功能的关键所在，对ESG所蕴含的先进管理理念的借鉴有助于充实对新质生产力概念的认识；同时，ESG理念的引入，有助于打造适合新质生产力效能释放的新型管理环境。

（二）责任管理：ESG理念对适配新质生产力的管理创新的借鉴

新质生产力是传统生产力的新样态，是在以创新为特征的高质量发展模式中实现的生产力在"质"上的飞跃。这一飞跃，不仅包含着传统生产力各构成部分的质变，还彰显出生产力各构成部分有机结合方式的重大变革。生产力质变会对整个社会的传统运行模式、思想观念都造成极大冲击，也会在根本上改变社会协作模式，从而给既往的管理理念、管理组织架构带来革新需求。ESG 理念正是在生产模式变革这一背景下产生的，对我国在生产力质变时期优化管理创新有着较大的借鉴意义。吸收 ESG 理念推进管理层面的创新，借以从微观层面更大限度释放新质生产力效能，存在可行性。

1. 符合新质生产力的管理创新应是何种样态

作为生产力理论持续演进的新成果，新质生产力凝结的是生产力中最先进、最革命的部分，依然属于马克思主义政治经济学范畴，但它彰显了劳动者、劳动资料、劳动对象及生产力各要素结合方式的跨越式质变。相较于传统生产力，新质生产力的"新"主要体现在生产力各要素及其结合方式层面上：在劳动者层面体现为高素质的科技和管理人才，劳动者的特征从体力劳动向脑力劳动转变；在劳动资料层面体现为新能源、新材料、新技术等具有创新性、颠覆性的先进工具；在劳动对象层面也出现了全新的科技产品；各要素有机结合的方式也发生了质变。这种质变样态导致人与物质、人与人关系的巨大变革，必然带来管理创新的诉求。生产模式的变革必然会带来组织管理模式的迭代升级。以生产模式变革为例，智能工厂、无人工厂正在取代传统生产制造模式，智能化时代下生产力各要素都发生重大变化，这对组织管理模式提出变革新要求。

从技术革命的角度来看，新质生产力是以信息化、智能化为主导的信息革命所引发的生产力变革，这就要求生产管理组织、管理模式能有效适应信息化管理。随着数字技术的快速发展，生产方式逐步从自动化、数字化向智能化迈进；尤其是在全面推进智能化的当下，信息工具高效统筹各类生产要素，优化组合劳动者、劳动资料、劳动对象，从而释放出强大的发展动能。人机协作趋向以及对生产要素的优化组合，模糊了生产力和生产关系的边界，生产关系内嵌到生产力中，这在优化生产模式的同时对管理理念提出了创新的高要求。

那么,符合新质生产力的管理创新应是何种样态?一直以来,受西方创新理念的影响,不少研究认为中国的创新应坚持"试错型"探索创新模式,认为学习西方的分布式、松散型、去中心化的管理组织有助于实现颠覆式创新。但这种去中心化的管理理念也加剧了西方社会的发展不均衡,使西方社会在生产模式变革后也一直面临社会发展的挑战。近年来,在我国各项超大型项目创新中不难看到"新型举国体制"的创新优势,中心化管理架构在数据化、智能化等技术变革过程中发挥着重大作用,其强监管的能力极为有效地预防了技术滥用、发展不均。符合新质生产力的管理创新并不一定要在架构上一味模仿西方,而应该探索新时代下符合中国社会创新发展要求的独特管理模式,探索能够激活科技创新、催生新产业新业态的管理模式是新质生产力研究的关键。

另外,从过往经验来看,不受约束的创新会引发创新头部企业的垄断效应,损害社会公平正义,尤其是生产力剧变所释放的杠杆效应会导致"市场集中"。我国的高质量发展与西方资本主义生产模式演进的最大差别在于,我国的发展追求共同富裕、发展成果惠及全体人民,这就要求我国的生产模式、组织模式需要对生产力变革所带来的"极化"效应进行缓释,"新型举国体制"的中心化架构能对生产力聚变释放的威力进行约束和调校。未来应继续探索,如何在不改变管理架构的基础上通过管理创新将全新的生产力要素导入推进社会创新的轨道中,确保可以借助组织管理架构的"前置设计"来确保新质生产力持续促进公平的市场竞争,防止像西方一样出现日益严重的贫富不均问题。

2. 创新责任:ESG 新理念对新质生产力下管理创新的借鉴意义

新质生产力作为指导新时代高质量发展的生产力新理论,在激活其效能时还需要关注其功能发挥对市场竞争规则公平度的影响,这就要求管理创新更重视对"责任"维度的考量。本文认为,可借鉴当前备受学界关注的ESG新理论,从中提取有助于维护"责任"的管理要素,在现有管理中注入"责任"理念,确保在最大限度释放新质生产力效能的同时将生产力变革惠及全社会,推动更符合新时代要求的新质生产力发展。

常规来看,ESG包括环境(environmental)、社会(social)和公司治理(governance)三个维度的评价指标。ESG理念强调,在投资过程中除关注财务和业绩指标外,还应关注管理单元的外部正效应,其最明显的特点便在于强调社会责任。这是一种基于分配视角的、关注企业在"公司—社会—生态"三重维度表现的评价标准和投资理念,显示出西方社会在生产模式剧变后对社会效应、生产单元可持续发展的重视。基于ESG理念,投资者可以评估企业在促进可持续发展、履行社会责任等方面的贡献,借以识别企业的可持续发展能力,从而优化投资行为。ESG理念在从微观到宏观的各主要单元中植入"责任"指标,对责任维度的重视显然对我国在新质生产力下的管理创新有较大的借鉴意义。

更为关键的是,ESG理念出现的时代背景与当前我国生产力变革的背景有类似之处,在经验的跨情境移植上存在可行性。ESG理念的出现可追溯到20世纪六七十年代。随着人权运动、公众环保运动与反种族隔离运动的兴起,西方社会意识到企业的社会责任,在商业领域催生了相应的管理理念,即应投资者和社会公众的需求,在管理中强调劳工权益、种族和性别平等、商业道德、环境保护等。ESG理念对当前管理创新的最大借鉴意义就是导入"创新责任"以规避生产力质变带来的发展不均衡。20世纪90年代,社会责任投资开始由道德层面转向投资策略层面,在投资决策中综合考量公司的ESG绩效表现。ESG理念兴起的背景恰恰是西方发达国家在生产模式剧变之后面临社会发展不均固化的挑战。正是为了应对这种挑战,西方国家的管理理念中才出现了关于"社会责任"的考量。通过对ESG理念的吸收,有助于实现差异化、可持续的普惠效益①,引导我国社会资本生产力向高质量发展转变。本文参考了黄世忠(2021)的研究,认为支撑ESG理念的三大核心思想——可持续发展理论、经济外部性理论、企业社会责任理论中对"责任"的强调,有助于促进释放新质生产力效能。

3. 责任型管理:新质生产力下的管理创新

ESG理念是西方针对后工业化时代生产力变革所需价值规范的提炼总结,对新时代激活新质生产力可持续发展有着较为重要的借鉴意义。ESG理念重视环境、社会、公司治理,本质上是关注"生态—社会—企业"多个层级的可持续发展;其在各层级中植入"责任"概念,基于微观到宏观维度的责任形成了相应的价值取向与价值规范,借以确保创新的可持续性。

从环境(environmental)维度来看,ESG对环境的关注可有效导入对新质生产力中诸如"能源新"一类环境管理的高标准要求上。例如,可借鉴ESG理念对传统发展模式下的环境外部性问题进行考量,同时ESG的管理约束也促使生产主体积极寻找新能源、清洁能源(操群和许骞,2019)以确保对生态环境的负责任创新,在确保生产单元理性分析的基础上主动承担净化设备、循环设备的投入。

从社会(social)维度来看,ESG主要关注员工保障、社会贡献,尤其是对薪资增长率、员工再教育机会、公益捐赠率和地区就业贡献率等都有具体的要求。表面上看企业削减了利润,承担了更多外部性的责任,但本质上是通过强化社会再生产能力来增强发展可持续性。可借鉴ESG在社会维度所设置的评估指标,鼓励生产单元主动参与

---

① 普惠效益:指通过提供服务,特别是针对低收入等弱势群体提高他们的生活水平,促进社会公平和经济增长。

到强化社会再生产能力的贡献中,确保社会层面生产的可持续性发展。显然,要维持新质生产力中高素质劳动者的再生产能力,需要企业在提高自身的净利润率、扩大化生产以及降低自身成本层面进行综合考虑,借以满足高素质劳动者的薪资需求、社会就业率需求。在这一方面,国内的部分企业已经开始尝试探索如何有效保障员工权益、为社会多作贡献,借助数字化、智能化手段在企业单元降本增效,更好地确保可持续性发展。

从公司治理(governance)维度来看,ESG关注公司内部治理结构,如所有权关系、股权集中度、董事会结构、财务报告披露次数等指标。对这些指标的重视本质上是在企业这一生产上的最微观单元进行管理优化,借以提升生产单元的可持续生产能力。对ESG重视评估企业/生产单元可持续性加以借鉴,积极探索生产单元的创新管理,更能有效地确保新质生产力以廉洁、高效的方式释放效能,更能有效发挥新质生产力带动新时代高质量发展的重要作用。

(三)从"效率"向"责任"的变迁:适配新质生产力的管理创新

新质生产力是传统生产力的质变,其对生产单元、市场乃至于社会都会产生深远影响。ESG理念是西方生产力进入质变阶段后所形成的一套"责任"导向型管理理念,对ESG理念的借鉴吸收有助于将新质生产力导向可持续发展的正确轨道。

在释放新质生产力效能时,显然也需要在生产单元、市场、社会等维度引入"责任"主导型整合机制,在管理创新中植入"创新责任",推广责任型管理新理念,确保劳动者、劳动工具、劳动对象的有机整合能够服务于实现中华民族伟大复兴这一新时代关键目标。在生产单元也就是企业这个层面上,要树立"责任"价值导向,在推进企业积极发展以创新为主导的高新科技的同时,在企业自身导入环境友好、社会友好理念。在市场竞争层面,要设置"责任"边界对无底线的竞争进行约束，防止出现借助政策支持进行无序扩张。在社会层面，要重视政策引导的可持续性，尤其是提供政策支持时需要循序渐进，尊重创新发展的客观规律，有效引导生产单元的可持续发展。

总的来看，ESG 理念对新质生产力概念的完善集中在三方面：一是重视可持续性。在进行生产要素整合时，应在各环节融入可持续发展思想，积极推动各单元、各维度的数字化转型，借助科技赋能提升劳动效率。二是重视环境。在劳动者、劳动工具、劳动对象有机整合时重视对环境的责任，尤其重视环境治理，强调对清洁能源的使用，尽可能降低生产能耗对环境的负面影响。三是重视责任。强化思想学习，使各类生产主体主动积极承担社会责任、历史责任，尤其是要重视高素质脑力劳动者的思想学习，使生产者群体树立为人民服务思想，将劳动者的生产导入推动全社会发展进步的主轨道上来。

新质生产力作为习近平总书记在 2023 年提出的新概念，是习近平新时代中国特色社会主义思想的重要组成部分。相较于由西方经验中产生的 ESG 理念，适配新质生产力的管理创新应更重视面向社会、面向历史的责任，塑造责任型管理以确保发展落脚在"为人民服务"上。在生产变革时期对 ESG 理念的借鉴吸收有助于培育更适宜新质生产力效能释放的环境，与 ESG 理念的交流互通、情境互通有助于新质生产力向国际社会传播。

参考文献：

[1] 操群，许骞. 金融"环境、社会和治理"（ESG）体系构建研究.《金融监管研究》2019 年第 4 期

[2] 陈国进，丁赛杰，赵向琴，等. 中国绿色金融政策、融资成本与企业绿色转型——基于央行担保品政策视角.《金融研究》2021 年第 12 期

[3] 戴翔. 以发展新质生产力推动高质量发展.《天津社会科学》2023 年第 6 期

[4]高杰英,褚冬晓,廉永辉,等.ESG表现能改善企业投资效率吗?《证券市场导报》2021年第11期

[5]洪银兴.发展新质生产力　建设现代化产业体系.《当代经济研究》2024年第2期

[6]胡莹.新质生产力的内涵、特点及路径探析.《新疆师范大学学报(哲学社会科学版)》2023年11月14日网络首发

[7]黄世忠.支撑ESG的三大理论支柱.《财会月刊》2021年第19期

[8]李超,王悦,马修,吕晗宇.新质生产力理念下黑龙江省林业发展路径跃迁研究.《中国林业经济》2023年第6期

[9]李瑾.我国A股市场ESG风险溢价与额外收益研究.《证券市场导报》2021年第6期

[10]李晓华.新质生产力的主要特征与形成机制.《人民论坛》2023年第21期.

[11]李政,崔慧永.基于历史唯物主义视域的新质生产力:内涵、形成条件与有效路径.《重庆大学学报(社会科学版)》2024年1月18日网络首发

[12]刘志彪,凌永辉,孙瑞东.新质生产力下产业发展方向与战略——以江苏为例.《南京社会科学》2023年第6期

[13]蒲清平,黄媛媛.习近平总书记关于新质生产力重要论述的生成逻辑、理论创新与时代价值.《西南大学学报(社会科学版)》2023年第6期

[14]邱牧远,殷红.生态文明建设背景下企业ESG表现与融资成本.《数量经济技术经济研究》2019年第3期

[15]王波,杨茂佳.ESG表现对企业价值的影响机制研究——来自我国A股上市公司的经验证据.《软科学》2022年第6期

[16]王珏.新质生产力:一个理论框架与指标体系.《西北大学学报(哲学社会科学版)》2024年第1期

[17]徐政,郑霖豪,程梦瑶.新质生产力助力高质量发展:优势条件、关键问题和路径选择.《西南大学学报(社会科学版)》2023年第6期

[18]姚树洁,张小倩.新质生产力的时代内涵、战略价值与实现路径.《重庆大学学报(社会科学版)》2024年1月18日网络首发

[19]袁业虎,熊笑涵.上市公司ESG表现与企业绩效关系研究——基于媒体关注的调节作用.《江西社会科学》2021年第10期

[20]张琳,赵海涛.企业环境、社会和公司治理(ESG)表现影响企业价值吗?——基于A股上市公司的实证研究.《武汉金融》2019年第10期

[21]周方召,潘婉颖,付辉.上市公司ESG责任表现与机构投资者持股偏好——来自中国A股上市公司的经验证据.《科学决策》2020年第11期

[22]周绍东,胡华杰.新质生产力推动创新发展的政治经济学研究.《新疆师范大学学报(哲学社会科学版)》2023年10月12日网络首发

[23]周文,许凌云.论新质生产力:内涵特征与重要着力点.《改革》2023年第10期

(凤凰出版传媒集团林海涛)

四、以新质生产力推动中国式现代化

迈入数字经济时代,以信息技术为基础的新一轮科技革命和产业变革为后发国家的跨越式发展创造了机遇。适逢我国已开启全面建设社会主义现代化国家新征程。2023年9月,习近平总书记在黑龙江考察时创造性地提出要"加快形成新质生产力"①。2023年中央经济工作会议再次强调以科技创新引领现代化产业体系,充分诠释了新质生产力对于增强新动能新优势的引擎作用。本文透过生产方式在现象层面的新变化分析新质生产力的实质,洞察隐藏在数据要素和信息技术双驱动下新的生产方式,理解新质生产力推动中国式现代化的运行机制。

当前新质生产力的"新"具有鲜明的数字经济时代特征,是与新一轮科技革命和产业变革同频共振的时代产物。一方面,全球科技创新进入空前密集活跃期,人工智能、低碳技术和生物技术等新科技层出不穷,平台经济、智能制造、电子信息等新产业加速成长。新技术和新要素具备强大的乘数效应。加快形成新质生产力是实现全球创新版图重构、在经济结构重塑中占领先机的战略选择。另一方面,我国正处于新旧动能的转换期,新质生产力将科技创新与产业创新相融合,是一种拥有新形态、新质料、高效能的先进生产力,能有效促进我国产业体系现代化。

---

① 《习近平在黑龙江考察时强调:牢牢把握在国家发展大局中的战略定位 奋力开创黑龙江高质量发展新局面》,《人民日报》2023年9月9日。

不同阶段的社会生产力呈现出不同的质态,每一次产业革命和技术革命都改变产业发展的动能,表现在逐次经历人力—马力—电力—网力—算力的产业基础迭代升级。而新质生产力中的"质"则涵盖了更为丰富的内容,旨在塑造高质量发展新优势。

(一)新质生产力依托并激发科技创新潜能

在现代化的历史进程中,西方发达国家多属于"先行者",而发展中国家属于"后来者"。"先行者"的现代化历史和实践,构成了"后来者"追求和推进现代化的重要环境和条件。中国式现代化遵循现代化的一般性规律,具有世界各国现代化道路的部分特征,但却是根植于中国国情、经济结构、政治体制、文化基因和历史语境走出的一条现代化新路。[①] 第四次科技革命开辟的数字化场域,为后发国家在捕捉新机遇、创造新空间和构筑新优势方面提供了有力支撑。相较于上一个发展阶段,这一发展阶段的新质生产力是升维的、系统的,形成贯穿上下的创新格局,助力我国抢占信息时代的发展制高点。

科技创新是促进生产力持续迭代的核心引擎。正如发展经济学家沃尔特·惠特曼·罗斯托在分析经济体成长阶段时提出的,一国经济起飞阶段和起飞以后的现代化阶段的发展动力是存在差异的。经济起飞阶段需要依靠大量投资创造技术前提,而经济起飞后的现代化阶段则需要科技创新为其注入不竭动力。[②] 新质生产力不是由一般的科技创新推动的,而是由对经济社会发展影响广泛且深远的颠覆性科技创新所推动的。学界对颠覆性创新没有统一的定义,[③]但

[①] 参见韩保江、邹一南《中国小康社会建设40年:历程、经验与展望》,《管理世界》2020年第1期。
[②] 参见洪银兴、刘爱文《内生性科技创新引领中国式现代化的理论和实践逻辑》,《马克思主义与现实》2023年第2期。
[③] 参见 C. M. Christensen, M. Overdorf, "Meeting the Challenge of Disruptive Change", *Harvard Business Review*, 78(2), 2000, pp.66-77。

可以理解为在破坏创新、微创新的基础上,实现从原有模式完全蜕变为一种全新的模式与全新的产业。在现有资源和市场空间有限的条件下,颠覆性创新打破市场固有格局获得新发展,也成为后发国家赶超先发国家、塑造竞争优势的重要途径。这些重大创新都需要建立在基础研究之上,因为底层技术的单点突破具备乘数效应,能够为应用层带来放大性的交叉影响。企业可以采用新的技术轨迹范式开展各类创新活动。

当前的新质生产力核心驱动力超越先前产业变革中较为单一的主导技术牵引,表现为智能、健康、生态三大主导技术融合突破与协同支撑,不断扩展发展空间和生存空间。我国曾经是典型的数量型扩张发展模式,极度追求生产力总量的快速增长。目前,我国与发达国家的技术差距大幅缩小,同时后发优势也正在递减。为了激发更大发展潜力与空间,我国已过渡到更多依靠自主创新来推动技术进步的发展模式,以实现更高质量、更可持续的发展目标。新质生产力正是数字时代更具融合性、更体现新内涵的生产力。马克思生产力理论从"现实财富的创造较少地取决于劳动时间和已耗费的劳动量,较多地取决于在劳动时间内所运用的动因的力量……取决于一般的科学水平和技术进步,或者说取决于科学在生产上的应用",到"另一种不费资本分文的生产力,是科学力量",[1]阐明了科技创新的迭代能够有效削减生产力发展对人力资源和物质资源的消耗。一方面,新质生产力通过新技术赋能以数量更少、生态更友好的物质消耗实现产业转型发展,使经济增长摆脱要素驱动的数量型扩张模式,转向依靠人力资本集约投入、科技创新拉动,迈向质量提升型的发展新阶段。另一方面,新质生产力的内生驱动力来源于科学研究的重大突破和对原有技术路线的根本性颠覆。随着这些颠覆性技术的逐步成

---

[1]《马克思恩格斯全集》(第46卷下册),人民出版社1980年版,第217、287页。

熟，会形成全新的产品、生产资料、零部件和原材料，使人类可以利用的生产要素的范围极大扩展，促进产业结构、增长质量、发展模式发生重大变革。

（二）新质生产力催生战略性新兴产业和未来产业

产业是经济之本，是生产力变革的具体表现形式。新产业是新质生产力的落脚点。推动优质要素资源的高效配置是打造未来产业创新高地、发展壮大未来产业集群的重要目标。新质生产力通过提升要素质量和优化资源配置效率推进产业现代化转型。战略性新兴产业和未来产业作为新质生产力的重要抓手，既代表前沿科技的突破方向，也代表产业升级的调整方向。战略性新兴产业从国家战略需要和现实发展需求出发，围绕高端芯片、工业母机、量子模拟、基础材料等短板领域展开布局。未来产业则代表着在产业"无人区"先行探索，没有发达国家的技术路线和经验能够沿袭，既是存量的升级、跃迁，更是增量的破局。随着技术逐渐成熟与扩散，未来产业可能创造出全新的价值空间，甚至在未来成为对经济具有较强带动作用的主导产业。随着主导产业的迭代升级，相应的产业结构和产业基础也会同时发生调整，向产业结构更加合理、产业基础更加高端的方向演进，从而构建起与主导产业相适应的、资源配置效率更高的现代化产业体系。

现代化产业体系的构建离不开创新的支撑。熊彼特认为，创新是指新技术、新发明在生产中的首次应用，只有将发明引入生产体系并得到具体应用，才能真正发挥创新行为对于经济增长的推动作用。新质生产力旨在以开放式创新生态系统营造优质的政产学研合作环境，将大学资源、政府资源、社会资源三者有机连接，围绕关键问题、主要方向、重大需求等促进创新要素流动和创新成果转化，围绕新兴产业的发展需求重构高水平、高稳定的产业链、供应链，从而构筑起创新成果转化能力强、抗风险韧性足、资源配置效率高的现代化产业体系。

从历史进程来看，一国国民的社会生活品质的好坏与国家生产力水平的高低休戚相关。早年马克思在《政治经济学批判（1857—1858年手稿）》中提道："社会生产力的发展将如此迅速，以致尽管生产将以所有的人富裕为目的，所有的人的可以自由支配的时间还是会增加。因为真正的财富就是所有个人的发达的生产力。"[1]这一论述阐明了马克思理想的未来社会的特征就是生产力高度发达和全民共富。但人们"一旦满足了某一范围的需要，又会游离出、创造出新的需要"[2]。可见，"新的需要"又进一步促使人们展开新的生产实践活动，由此形成一种螺旋上升、无限拓展的发展态势。高品质生活是人民美好生活更高层次的体现。然而，进入新发展阶段，供给侧未能及时匹配需求侧的新变化，尤其是高端供给不足、低端供给过剩等问题制约着人民生活品质的提高。培育新质生产力要求充分利用新要素、新技术创造新型模式、新兴产业，进而填补现阶段的需求空白。居民消费呈现个性化和多样化，不再以获取的物质数量来衡量社会成就，而是更多地以劳动形式、环境质量、自我实现的程度来反映生活质量的高低。

新质生产力为人民创造高品质生活提供了可行性。首先，新兴信息技术对商业模式和产品服务的数字化升级，形成全方位、立体式的新业态、新模式，实现服务质量提升和服务覆盖范围的扩大。其次，与新产业相关的新基建并不只是满足硬设施需求，更包括与之配套的大量软设施的需求。例如，打造宜居、韧性、智慧城市，加快特高压、新能源汽车充电桩建设，等等，为人类未来新的生产生活方式提

---

[1]《马克思恩格斯文集》（第8卷），人民出版社2009年版，第200页。
[2]《马克思恩格斯全集》（第32卷），人民出版社1998年版，第223页。

供平台和保障。

新质生产力中的智能发展系统会更多地实现对人类劳动的替代，在人机合作和互动中减轻人的负担，不仅仅是繁重的体力劳动还包括部分简单的脑力劳动。未来社会的构想就是人类只需适当劳动的同时，更加注重创作、科技、文化等精神层面的活动，提高人的道德品质并陶冶情操，最终实现人的全面发展，在"必然王国的彼岸，作为目的本身的人类能力的发挥，真正的自由王国"[1]就能真正建立和繁荣起来了。

（三）新质生产力从根本上提升生产力构成要素

政治经济学将生产力要素抽象概括为劳动过程的三要素，即"有目的的活动或劳动本身，劳动对象和劳动资料"[2]。伴随着经济形态的演进，劳动者、劳动对象、劳动资料在数字时代背景下正发生着深刻变革，新型生产力要素合力推动生产力的高质量发展。就劳动者而言，其是生产力构成中最为核心、活跃的要素。形成新质生产力的关键是强化劳动者的生产能力，尤其是加强劳动者对新型生产要素、新型生产工具的使用能力。新质生产力也可以视为更广泛、更全面的知识创新过程，具体包括信息知识的创造，也就是信息资源的开发、利用和信息转换。正如马克思指出的，未来劳动"表现为不再像以前那样被包括在生产过程中，相反地，表现为人以生产过程的监督者和调节者的身份同生产过程本身发生关系"[3]。这一过程已经不仅仅依靠单一的人力资本投入，而是更加注重劳动者运用自身掌握的知识和强烈的探索欲，实现与人工智能、大数据、区块链等新技术的多样化联结以及更多的创新组合。因此，只有调动知识型劳动者的

---

[1] [德]马克思：《资本论》（第3卷），人民出版社2004年版，第929页。
[2] [德]马克思：《资本论》（第1卷），人民出版社2004年版，第208页。
[3] 《马克思恩格斯全集》（第46卷下册），人民出版社1980年版，第218页。

能动性和探索欲才能充分释放出其创新潜能。就劳动对象而言，数据作为信息革命中特殊而又重要的要素资源连接着人和物，通过释放数据价值能够最大程度地激发创新潜力。数据资源早已深度参与到采集、存储、加工、流通、分析等环节。数据要素的独特性能够实现与其他要素的融合发展。一是数据以指数级增长速度实现生产与积累而不会产生折旧和消耗，并且数据的复用难度低且复用效率高，表现出更为明显的非竞争性和非排他性，其边际成本趋于零的特性可以应用到任何场景。二是数据以光子传播速度实现自由流动，并且它能够在全域范围内达到无损传播，确保了信息流动的低成本和高质量。数据的灵活流动提高了资源匹配程度和效率，满足了"融合性"的发展要求。三是数据以倍增放大效应实现生产效率的极大提升。数据与传统产业相结合呈现出乘数放大作用，更能推动劳动方式变革、促进产业转型升级，在生产过程中表现出更高的价值增值效率，获取比传统要素更多的剩余价值。收集信息固然至关重要，但数据价值的关键在于使用，而不是占有其本身。[①] 因此，形成新质生产力的着力点在于如何最大限度发挥数据的价值。就劳动资料而言，发展于数字时代的新质生产力，以大数据、区块链、云计算、AI 大模型等数字技术为工具体系。与之相匹配的劳动资料既包括物质性的战略性新兴产业和未来产业的高端精密仪器和智能装备，也包括非物质性的具有反馈功能的、网络节点式的互动即时性网络系统。表面看似关联性不大，但它们的共同之处在于，区别于传统劳动资料仅仅是一个独立的实体性存在，这些新型劳动资料基本都是以数据模型、软件程序和逻辑运算为底层驱动的。前者能够生产出更高端的产品，提升供给体系的质量与效率。后者能突破现实时空和现有物质

---

① 参见［英］维克托·迈尔-舍恩伯格、［英］肯尼思·库克耶《大数据时代：生活、工作与思维的大变革》，盛杨燕、周涛译，浙江人民出版社 2013 年版，第 156 页。

基础的局限，自由地将事物的多种可能性外化为对象性存在，极大地开拓劳动者的认知空间并促进劳动者深化认识，不断解放发展生产力。

（四）新质生产力从整体上促进经济的可持续发展

尊重自然、顺应自然、保护自然，是全面建设社会主义现代化国家的内在要求。坚持人与自然的和谐共生，构建人与自然相互依存的生命共同体，真正实现人的自由全面发展，是人与自然关系的归宿。传统生产力理论认为人类依靠自身力量征服自然，进而从中获取物质资料。在改造自然的发展思想影响下，工业化进程中对自然资源的掠夺式开采局面逐渐形成。[①] 因此，我们应当辩证地看待科技发展与生态环境问题。科技的资本主义应用会带来资源环境代价过高的问题，而合理利用科技将有益于生态环境改善。与工业文明的人类中心主义不同，生态文明对生产力发展方式提出了新的要求，即要缓解人类经济社会发展与资源环境生态约束之间的冲突，寻求经济效益和环境效益兼优的生产力。新质生产力除了具有对科技水平的先进性要求，也蕴含着对生态文明发展的先进性要求。一方面，新质生产力转变发展方式更加注重生态保护效应。需要从传统高消耗高污染生产方式转向科技创新驱动的低碳高效生产方式。遵循减量化、再利用、再循环的原则，实现物质的闭合循环和梯级利用，加快推进劳动密集型和资本密集型行业向技术密集型和知识密集型行业转变，从而促进产业结构优化升级，助力生态文明建设。另一方面，新质生产力围绕绿色发展领域催生出更多的新兴产业。能源革命是技术革命与产业革命的基础与先导，新能源、新材料的研发不仅能够革

[①] 参见宋保仁《马克思主义生产力观中国化进程研究》，世界图书出版公司2013年版，第104—106页。

新依赖化石能源的工业经济范式的发展路径,同时还将实现能源供需双方的动态高效匹配,甚至未来可能实现无限供给。为此,需要顺应当代科技革命和产业变革大方向,引导实体经济向更加绿色清洁的方向发展,依靠科技创新破解生态发展高代价的难题,自觉地推动绿色发展、循环发展、低碳发展。

(五) 现代化新征程中发展新质生产力的路径

新质生产力是发展的命题同时也是改革的命题,围绕创新驱动的体制机制变革至关重要。加快形成新质生产力,亟须改变生产关系中同新质生产力发展不相适应的部分,通过推动科技创新和制度创新双轮驱动破除阻碍新质生产力发展的制度性堵点。

1. 以创新为导向发展新质生产力

与遵循现有科技路线的增量式创新不同,新质生产力所强调的原创技术具有极强的风险性、不确定性以及复杂性,既无法预知在哪个领域会出现技术突破,又无法准确判断技术突破的发展前景、应用领域和实现商业化的时间。因此,现有的面向增量型技术创新的科技政策的效力大打折扣。达伦·阿西莫格鲁认为,对颠覆性创新的容忍是创新成为经济驱动力的环境要素。形成新质生产力的关键在于,充分鼓励研究者基于自身能力和兴趣领域挑选研究方向,不应完全由政府直接指定具体的科研项目。此外,创新从来都具有高风险,尤其是前沿创新更是九死一生。为进一步维护创新潜力,应当纠正广泛存在的创新"反失败"偏见,完善容错机制,从文化环境和制度层面上最大限度地支持和保护科研主体的积极性与合法权益。

企业创新能力决定着创新层级,70%的有效发明专利、80%的科技平台和高层次创新创业人才、85%的研发投入都由企业贡献,这充分说明企业已经成为科技创新的策源地。因此,要进一步从制度上落实企业创新主体地位,通过政策引导、规划引领、财税支持等方式促进创新资源向企业集聚。

从创新环境来讲,企业作为科技成果转化核心载体,需要围绕其需求,为科技成果产业化提供政策支持。一是加快扭转我国高校、科研院所科技成果转化渠道不畅、转化动力不足、转化机制不健全的现状。通过强化概念验证平台、打造中试熟化平台、优化创新孵化平台、完善支撑服务平台,推动更多科研成果走出实验室、走向生产线、迈入大市场。深化科技成果所有权、处置权和收益权改革,加强科技成果转化激励。二是建立公平竞争的市场环境和有效的市场机制。完善以创新能力、质量、实效、贡献为导向的企业科技评价体系,落实企业创新的考核、激励与容错机制,对国有企业和民营企业在获取创新资源的机会与规则上一视同仁,形成"创新不问出身"的政策环境。

从创新格局来讲,建设大中小企业在重点领域和细分领域梯次布局的新型产业生态,充分发挥不同规模企业的比较优势。一是赋予领军企业资源调配权、产业联盟建设权、产业标准制定话语权。通过重大场景驱动和产业政策引导,支持龙头企业构建支撑融通创新的产业平台、共创场景。激励科技领军企业和科技型骨干企业增强创新内生动力,强化应用基础研究投入。推动科技型中小微企业成为创新重要生力军。二是着力提高对科技型中小微企业赋能活动针对性、政策扶持精准性,健全准入规则和退出机制。创新型企业更可能在科技空白领域呈现突破型成长态势。科技型中小微企业通过发挥自身在细分领域和颠覆性技术创新方面的独特优势,把战略前沿性技术应用到产业领军企业牵头布局的创新链和供应链中,从而形成大中小微企业创新协同、产能共享、信息互通的多层次创新格局。

从创新精神来讲,企业家是市场体制中的"中心角色"[1],是整个市场活动的驱动力量,要正确认识企业家精神作为生产要素所发挥

---

[1] 参见 F.H. Knight, *Risk, Uncertainty and Profit*, Boston: Houghton Mifflin, 1921, p. XI.

的作用。企业家的视野和格局决定着企业的创新能力。企业家应当更具使命感,不单纯以逐利心态参与市场活动,而是以社会责任为内在驱动实现更加卓越的创新探索。一是企业家应当提高自身洞察力,观察和理解市场、行业、社会变化中潜在的商业机会,为寻找创新契机做足前期铺垫。二是企业家应当提高风险承受能力,敢于冒险并承担失败的可能性,愿意投入时间、资源和精力来探索未知领域,打破传统思维定式,尝试新的方法和策略,推动商业模式、产品和服务的创新。三是企业家应当追求卓越而不是甘于现状和停滞不前,时刻保持与世界前沿动态的紧密连接,在持续学习中不断寻求优化提升自我、企业及产品的能力和品质,以便灵活应对竞争激烈、变化迅速的商业环境。

2. 以完善创新人才链培育新质生产力

新质生产力的率先突破有赖于原创性、引领性的科技攻关,高素质创新型人才为新质生产力注入了原动力。应根据现代化转型要求、个人发展特色打造阶梯形人才培育模式。一是围绕国家重大产业布局实施高匹配的"高精尖缺"人才计划。首先,加快建设一批特色产业人才聚集区。支持高等院校、新型研发机构充分释放创新人才"蓄水池"功能,让信服真理、不计功利、勇于探索的拔尖创新人才不断涌现,为新质生产力的发展夯基蓄势。其次,要加大各类人才计划对勇闯"无人区"的基础研究人才的支持力度。通过完善基础研究人才差异化评价和长周期支持机制,赋予科技领军人才更大的人财物支配权和技术路线选择权,尤其要鼓励青年科技人才挑大梁、担重任,不断为一流创新人才队伍输入新鲜血液。最后,制定灵活多样的人才引进政策,包括高薪聘请、提高待遇、提供科研经费支持等,留住和吸引国内外顶尖人才。二是完善数字技能人才培养体系,赋能劳动者数字素养与技能提升。新时代下从事科学技术知识生产研究与开发的部门规模迅速扩大,需要积极培养能够充分利用现代技术、适应现代高端先进设备、具有知识快速迭代能力的新型人才。因此,加强顶层设计,形成系统性劳动者技能培训体系方案,为新经济发展提供充足的劳动力支持。有序引导高校、企业等多元主体发挥自身优势探索人才培养方案,丰富数字教育培训课程,在各类技能人才培养中全面融合数字素养。加大职业高校师资力量、课程设计等方面数字化改革力度,让高等院校成为培养数字技能人才的摇篮。支持社会组织打造一批数字素养与技能提升培训基地,统筹规划、差异化设计培训内容。三是支持企业成为人才"引育用留"主阵地。以企业创新和产业发展的真实场景、市场真实需求问题为牵引,发挥企业在人才引进、培育、使用、留用和成长方面的场景优势,加强高校人才培养体系和企业人才使用体系的深度融合,突破以高校为主导的传统人才培养模式下校企衔接不畅、重知识传授轻实践能力培养等瓶颈。引导企业完善员工培训体系,以行业和职业的技能需求为导向开展面向生产全环节的应用技能培训,提升技能人才与重点数字化产业的匹配度。

3. 以构建全生命周期金融服务体系扶持科创企业

任何新技术在其诞生之初都面临着技术前景和市场前景的不确定性,意味着越具创新精神的企业越要承担更高的风险。因此,亟须完善适应新质生产力需求的全生命周期科技金融服务体系,建立健全风险共担机制,有效应对研发失败或成果转化的风险,提高创新试错容忍度。一是加大财政金融支持力度。通过税收优惠、财政资金支持等方式的组合,优化政府资金投入结构。通过细化财政补贴制度对企业创新进行分环节分阶段补贴,重点加大初创环节补贴力度,引导税收优惠政策适当前移。例如,拓展优化重大技术装备、新材料首批保险补偿和激励政策,培育扶持一批具有创新前景和商业潜力的科技企业。二是引导金融产品和服务模式创新。鼓励金融机构支持企业创新,出台针对性货币信贷支持政策,包括科技创新型企业专项贷款支持政策、科技创新型企业贷款产品创新与信贷管理制度创新等一系列措施。依托"政策规则＋评分模型＋量化策略"等数字技术手段赋能风险管理。通过投贷联动、知识产权质押、供应链金融平台等金融模式创新，有效解决科创企业与金融机构之间的信贷错配问题。三是畅通科技企业市场融资渠道，拓展多元化的投资主体和风险资金。健全多层次资本市场，对接不同类型、不同发展阶段的创新企业，实现科创企业的全生命周期融资链衔接顺畅。持续推动创业板、科创板、区域性股权市场的制度创新，完善股权融资的资本市场体系。鼓励面向科技型企业的天使投资、创业投资、产业投资等社会资本的参与，引导投资机构聚焦科技企业开展业务。

4. 以新型基础设施建设为抓手支撑新兴产业

从全球发展历程来看，每次产业革命都伴随着基础设施的重大变革。这些基础设施的升级和创新面向经济社会各领域的能量释放，是推动生产力发展的关键，也是实现高质量发展的保障。新型基础设施指利用先进的数字技术和智能系统，使设施具备更高效、智能、自动化的运行和管理能力，具备更强大的枢纽功能，甚至打开了虚拟世界和物理世界自如交融的通道，具体表现为"云、网、端"三种模式的基建形式。一是数字流量产生和发展的载体，即"云基建"。这是将物理资源通过二进制方式转换成逻辑资源，提供在线数据的存储、处理、分析的主要技术，通常包括云服务、数据中心还有区块链。二是支持信息在不同设备间的实时传输通道，即"网基建"。如5G基站及通信卫星，通过使用智能传输和通信技术，确保设备之间高速、可靠地通信，支持更多实时的数据传输和协同操作。三是实现虚拟产品和服务产生价值的终端设备，即"端基建"。设备和系统之间通过物联网技术连接，实现设施内的不同构成主体的互联互通，如交通层面的汽车充电桩、沟通层面的手机和电脑端等。这三种基建的协同配合构造了价值互换的强大枢纽，在这个枢纽上的不同生产要素或不同的匹配组合，都可能带来模式的创新。新型基础设施的服务范围十分广泛，囊括了设施、政务服务、城市治理、民生服务、产业发展、能源环境等方面，旨在能够更灵活、更智能地适应各类需求和环境条件，提高传统设施的效率、安全性和可持续性。所以，三大基建共生共长、互补互促才能更好发挥新型基础设施的枢纽功能，最终实现价值的创造、转化为GDP的高质量增长。可见，新型基础设施为形成新质生产力进而促进高质量发展提供了坚实的物质基础。

加快形成发展新质生产力必须优化基础设施布局、结构、功能和系统集成，构筑系统完备、高效智能、集约绿色、安全韧性的新型基础设施。一是突出未来产业发展需求导向，适度超前布局全域新型基础设施。一方面，加快完善算网协同布局、调度机制和一体化算力服务体系，促进东西部算力高效互补，培育高水平数据要素市场。适度超前部署以智能计算中心服务体系、国家产业互联网等为基础的高速泛在、天地一体、集成互联、云网融合、绿色低碳、安全可控的智能化综合性算力基础设施，全面支持支撑经济社会发展的战略性、基础性与先导性行业。另一方面，强化网络核心技术的自主可控和全球领先，推进高速无线局域网、卫星互联网等新型网络技术迭代。加速5G基站与千兆光网协同共建，大力支持工业互联网、智慧物流、能源互联网等新型生产性基础设施建设，积极拓展现实应用场景。同时，重视前瞻性思考、全局性谋划、战略性布局，促进网络技术研发和标准制定的迭代，夯实网络基础设施的先进性。二是强化数字资源区域的统筹协同，打造因地制宜新型基础设施工程。我国各地资源禀赋和发展水平不尽相同，亟须加强新型基础设施的跨地区统筹协调、跨行业跨领域融合共建。开展新型基础设施建设时应充分考虑各区域的产业发展基础、产业支撑能力、区域承载能力以及创新发展潜能等。对于优质产业、技术、资本聚集的发达地区，应聚焦前沿科技孵化和应用场景创新。推动物联网、机器学习、区块链等技术的产业化和商业化，打造示范标杆引领数字转型发展。对于欠发达地区，应当聚焦城市治理与民生领域智慧场景的发展与布局，扩大通信网络基础设施覆盖面，推广在线教育、远程医疗、网上购物等应用，提高公共服务供给水平，共享数字发展红利。三是完善全生命周期要素保障机制，创造可持续的新型基础设施建设发展环境。进一步开放新型基础设施建设市场准入，加强属地数字基础设施建设管理部门协作联动，探索综合论证、联合审批、绿色通道等项目建设管理新模式。充分发挥龙头企业和社会资本的"投建运"全产业链优势，推动管理机制创新、资本运作创新、运营模式创新，利用代建制、政府购买服务、PPP等多元合作模式，打造新型基础设施建设项目可持续发展的内生动力机制、可行商业模式和市场盈利机制，加强数字基础设施建设项目全生命周期管理。

（南京大学王坤沂、李文辉）

五、新时代民营经济新质生产力及高质量发展的战略机遇

习近平总书记指出:"整合科技创新资源,引领发展战略性新兴产业和未来产业,加快形成新质生产力。"①"积极培育新能源、新材料、先进制造、电子信息等战略性新兴产业,积极培育未来产业,加快形成新质生产力,增强发展新动能。"②新质生产力是代表新技术、创造新价值、适应新产业、重塑新动能的新型生产力,发展新质生产力是夯实全面建设社会主义现代化国家物质技术基础的重要举措。因此,新时代新征程推进新型工业化,要把建设制造业强区同发展数字经济、产业信息化和现代工业服务业等有机结合,把创新驱动贯穿江宁民营经济发展壮大的全过程。江宁民营经济有机遇、有挑战,也一定有更加广阔的舞台,为中国式现代化构筑强大物质技术基础作出新贡献。

南京市江宁区坚持深化改革、扩大开放,弘扬企业家创新精神,勇担高质量发展首要任务,奋力实现"新突破、新作为、新经验、新提升"。近年来主要经济指标均位居全市第一,综合实力位列江苏区县前列,连续多年获评全省推进高质量发展先进区,是全省唯一国家知识产权服务出口基地、全国首批知识产权强县建设示范县,列全国创新百强区第六位。

---

① 《习近平在黑龙江考察时强调:牢牢把握在国家发展大局中的战略定位 奋力开创黑龙江高质量发展新局面》,《人民日报》2023年9月9日。
② 《习近平主持召开新时代推动东北全面振兴座谈会强调:牢牢把握东北的重要使命 奋力谱写东北全面振兴新篇章》,《人民日报》2023年9月10日。

（一）江宁民营经济新质生产力及高质量发展比较优势和战略机遇

1. 交通枢纽新能级

独特的交通枢纽区位是江宁区重要软实力。背靠南京南站，南拥禄口国际机场，江宁境内轨道交通和高速公路分别达210公里、144公里，已形成多元、便捷、立体的综合交通网络。江宁的交通枢纽区位，为江宁经济社会发展提供强有力的基础性支撑，也是新型工业化进程中衡量江宁能级提升的重要指标。从国际大循环看，江宁置身国际航空网络，是江苏链接全球的"第一窗口"；从国内循环看，江宁占据京沪"大动脉"和沪宁沿江高铁要津，是"沪宁—沪杭—宁杭"高铁圈枢纽，置身竞速高质量发展"黄金线"的龙头位置，是沪宁发展带双城际、双回环的交通走廊大格局的龙头和枢纽。

江宁打开了汇聚人流、物流、资金流、信息流的"流量新入口"，江宁的城市区位优势与产业实力处在一个"叠加转化""互相成就"的新能级新阶段，其交通枢纽几何中心区位红利将充分释放。

——强化开放枢纽门户功能，充分发挥好连接苏南及江苏全境、皖南及安徽全境和连接上海浙江先进制造业、上海—苏州世界级科技集群的区位枢纽优势，做强交通链、物流链、要素链和供应链、价值链、创新链"多链合一"的中心枢纽能级，为民营经济产业链供应链创新链和人才流创造提供更大优势，为全省实现高水平开放作出江宁贡献。看清江宁的"形"与"势"，更加注重从全局谋划江宁、以江宁服务全局，为做强南京都市圈和长三角一体化、长江经济带区域重大战略及共建"一带一路"添彩助力。这是江宁新目标定位，更是江宁民营经济发展腾飞的全新战略大机遇。

2. 科技创新新引擎

江宁区把科技创新"关键变量"转化为高质量发展的"最大增量"，以科技创新引领全面创新。政策服务"纵向直达"，产需对接"横向直通",构建与产业链、技术链相匹配的"创新生态链",打造具有全球影响力的产业科技创新中心示范区初见成效,自主研制全球首发重大创新成果超过10项。以加快建设"南京引领性国家创新型城市核心区"为目标导向,并以打造"引领长三角的智能制造基地"为出发点和落脚点,加快提升产业创新能力,强化紫金山科技城、麒麟科技城科技创新策源能力。形成园区引领、街道系统,全程全域推进创新发展的新势能,统筹稳健构建一对二、两层、三元多节点的科技创新空间布局,打造全国重要的产业创新高地,厚植产业创新引领优势。创新能力布局不断优化,统筹企业、高等院校、科研院所等创新载体的创新力量,发挥江宁开发区高新园、麒麟高新区和江宁高新区科技创新、江宁药谷、江宁能谷主阵地作用,引导各类科技平台和创新要素集聚布局,建设一批科技企业加速器和公共服务平台,打通从基础研究、中式孵化到产业化的链条。创新平台优化升级。紫金山实验室发布"全球首个广域确定性网络系统"等4项重大创新成果,IEC中国首个分支机构落户麒麟科创园,开源软件供应链重大科技基础设施获批承担国家重大科技攻关任务,现代综合交通实验室实体化运营,完成东大毫米波等8家国家重点实验室重组申报,智能焊接与高效增材技术中心正式落户长三角智能制造与装备创新港,未来网络未来产业科技园入选首批全国试点。

牢牢抓住产业科技创新中心加强新型制造技术的联合研发与商业推广并在运营模式和盈利模式上充分体现的核心作用,落地国家重大科技基础设施布局提升国家第三代半导体技术创新中心(南京)等重大创新平台运营直销,推动好当地全国重点实验室加快发展。积极创建国家级、省级技术创新中心、产业创新中心、制造业创新中心,鼓励企业与江苏省产业技术研究院合作建设联合创新中心,加快建设国家知识产权强国建设示范区。

——强化科技创新策源功能,锁定科技创新最大变量,充分发挥江宁、南京及长三角高校院所集聚的优势，进一步激发企业主体创新活力，充分发挥科技创新主导作用，整合科技创新资源，构筑更多从科研院所实验室直通企业生产车间的高速路，实现更多从 0 到 1 的突破和从 1 到 10 的转化，以高水平科技自立自强打开发展新空间，持续调整传统产业结构、不断转型升级和降本增效，全力发展战略性新兴产业和未来产业，加快形成新质生产力，催生新产业新业态，创造更远大广阔的江宁民营经济创新驱动、增长方式转变的发展新机遇。

3. 产业布局新引领

把握大势，主动融入国家战略，坚持共创共赢。江宁民营企业把发挥自身产业优势和抓紧长三角一体化与南京都市圈市场需求充分结合，坚持传统产业转型升级、战略性新兴产业发展布局协调统一，坚持"走出去"和"引进来"并重，把企业长期发展战略和国家重大战略、长三角一体化和共建"一带一路"结合起来，建立和加强风险防控机制。以主体功能区战略引导产业合理布局，用好国内国际两个市场两种资源，不断增强推进新型工业化的动力与活力，着力提升产业链供应链韧性和安全水平，持续推动产业结构优化升级，大力推动数字技术与实体经济深度融合，全面推动工业绿色发展。

做强做优做大"5＋4＋5"先进制造业产业体系。前瞻性布局"十大"百亿级产业集聚区和总投资 300 亿元的中国能谷项目启动建设。新一代信息技术、高端智能装备等优势产业产值保持两位数增长，江宁开发区发展成为全国集聚度最高的智能电网产业高地、全市最大的智能制造装备产业基地，江宁高新区成为南京市"元宇宙产业发展先导区"，滨江开发区新一代信息通信产业园获评全省特色创新产业园区，空港开发区获批空港型国家物流枢纽。主导产业加速壮大，江宁区成功入选全省首批制造业高质量发展示范区，智能电网入选首批国家先进制造业集群。

——形成新质生产力需要发展壮大战略性新兴产业，积极发展未来产业。战略性新兴产业知识技术密集、物质资源消耗少、成长潜力大、综合效益好，是具有重大引领带动作用的产业，包括新一代信息技术、生物技术、新能源、新材料、高端装备、新能源汽车、绿色环保以及空天海洋产业等。未来产业代表着未来科技和产业发展新方向，是在新一轮科技革命和产业变革中赢得先机的关键所在，是全球创新版图和经济格局变迁中最活跃的力量，是实现创新引领发展的重要抓手。强化高端产业引领功能，构建现代化产业体系，引领、塑造和拓展新型工业化的产业发展，发展战略性新兴产业和科技含量高、绿色发展足、产业关联强、市场空间大的未来产业，加强第三代半导体、细胞与基因、未来网络、元宇宙、储能与氢能五大未来产业前瞻布局，以其最具成长性和最能体现国家科技竞争力的产业支柱特性，引领传统产业改善结构、优化动能，这是江宁民营经济抢占新一轮经济和科技发展制高点的重大战略机遇。

4. 实体经济新支撑

江宁民营经济的高质量发展，立足于融入国家战略、服务地方经济社会建设，得益于坚实的实体经济基础，坚持把做实做强做优实体经济作为主攻方向，一手抓传统产业转型升级，一手抓战略性新兴产业发展壮大。扎实推进工业稳增长和产业体系升级，形成了智能电网、新一代信息技术等五个千亿级产业集群，工业规模全市占比超过四分之一。在江宁的规上工业中，传统产业的营收占比超过六成、利润占比超过五成，并且提供了工业门类七成以上的就业岗位。汇川高端装备、中国电科院南京科研基地等 420 个亿元以上项目签约落地，粤浦、中材锂膜等一批超 10 亿元的重大产业项目开工建设，LG 锂电池、中兴服务器等 70 个重大产业项目竣工投产，布局"十大"百亿级产业集聚区，支撑工业投资和全社会固定资产投资实现正增长。实体经济转型升级成效显著成为新支撑，新增智能制造示范工厂 5 家、示范车间 11 家，工业技改投资占工业投资比重超过 40%。通过技术创新推动从基础科学到前沿技术的转化落地,促进重大基础研究成果产业化,促进传统实业制造业更好地焕发活力。

以实体经济为主体,做强做优做大实体经济,保持经济增速与基数的乘积增量,支撑民营经济的坚韧发展和积极参与"双循环"新发展格局。

——强化实业主业支撑,厚积民营经济的创造创新动量,提升产品技术附加值,以高质量投资持续推动实体经济质量变革、效率变革、动力变革,以人工智能、量子信息、移动通信、物联网、区块链等为代表的信息技术加速突破应用,促进数字经济与实体经济深度融合,加速重塑产业形态和商业模式,加快"制造大区"向"制造强区"迈进。牢牢抓住传统产业信息化、数字化升级带来的前所未有的发展机遇,既筑牢传统制造业现代化产业体系的根基,又构筑和开辟战略性新兴产业引领未来发展的新支柱、新赛道,谋定江宁民营经济坚守实业面向未来创造新产业和新市场的长远战略。

5. 基础设施新优势

作为南京人口最多、面积最大的板块,区内基础设施不断建设完善、提优增效。"三区三线"划定成果获批启用,土山片区筹委会正式成立运作,19条新建市政道路、S002秦淮河大桥建成通车,文靖路跨宁杭高速桥、跨秦淮河桥主体竣工,经十一路顺利通车,东郊小镇居民出行难问题得到有效缓解。稳步推进"一厂三中心"项目建设,垃圾分类集中处理率达98%。开发区南区三期、高桥等污水处理厂投入使用,污水日处理规模显著提升,入选南京市唯一省农村生活污水社会化治理试点。农路提档升级数十公里、危桥改造近40座。

城市建设和管理更加科学规范精细,全国文明典范城市创建常态长效推进,万安东路等4处口袋公园顺利竣工,新增公共绿地面积达30.4万平方米,多个老旧小区、数十条背街小巷改造升级,岗山二期棚户区改造等5个房屋征收项目实现扫尾清零。全力保通行,机关企事业单位开放共享泊位,建成天印大道等近10处公共停车场,以万计不断新增各类停车泊位。更重要的是加快提振街道经济发展动能,出台实施街道中小工业集中区高质量发展三年行动计划,转型升级低效闲置用地2000亩,盘活工业载体6万平方米。启动存量用地提质增效行动,首批25个项目实质性开工,将新增载体面积212.4万平方米,5个经营性存量用地项目顺利挂牌。

——要大力建设新型基础设施。适应科技创新范式变革、模式重构的新需求,统筹布局大科学装置,围绕促进战略性新兴产业和未来产业发展优化升级传统基础设施、完善新型基础设施。同时坚持和发展新时代"枫桥经验""浦江经验",健全城乡基层治理体系和乡村治理协同推进机制,不断增强社会治理系统性、整体性、协同性。强化夯实基础设施建设,"一网统管"持续优化完善,百家湖、东山、大学城三大商业集聚区增强功能和发挥作用,形成"社会共治、商家自治、多方共赢"格局,进一步优化生产力布局、配套和基础设施,推进产业梯次转移和协作分工,引领带动南京南部一体化发展,全社会凝心聚力,以良好的营商硬环境硬实力筑牢民营经济高质量发展的坚实基础,助力江宁民营经济更好抢抓机遇高处腾飞。

6. 绿色低碳新动能

把习近平总书记"绿水青山就是金山银山"的重要指示落到实处,坚持完整、准确、全面贯彻新发展理念,清醒意识到绿色发展是高质量发展的底色,是新一轮科技革命和产业变革中最富前景的发展领域,不仅能够为经济社会发展创造增长新亮点,而且能够造福子孙后代,是加快形成新质生产力的重要方向。坚持推动数字化和绿色化协同发展,加快形成新质生产力,有利于推动建设现代化经济体系、构建新发展格局、以高质量发展推进中国式现代化。坚持节能减排硬约束和碳中和碳达峰时间节点目标,一丝不苟严格执行相关具体分解指标,推进绿色低碳新进程。通过产品和技术创新提高竞争力,还通过绿色低碳新理念、新路线和社会责任实现,大力推动传统产业的低碳化、数字化转型。坚持守护好江宁段长江、秦淮河洁净绿色之责,所有生产企业远撤长江、秦淮河岸线,推进长江、秦淮河绿色大保护纵深推进。严格落实长江大保护和"十年禁渔",持续开展长江经济带生态环境警示片披露问题"回头看",巩固和提升长江经济带"百项提升工程"已完成任务成果,保持新济洲长江大保护正面典型,强化在秦淮河的保护、传承、利用上下功夫,延续金陵经济文化的内在脉络与创新创造的动力源泉。

以新绿色低碳"指挥棒",立起高质量发展"风向标",立足人与自然和谐共生,加大污染防治、节能降碳和生态保护,加强环保督察问题整改,促进民营企业增强社会责任意识、绿色环保意识。坚决做好中央、省生态环境保护督察反馈问题整改工作,按期完成省警示片披露问题整改省级销号,大力开展环境质量"提质增优"六大攻坚专项行动,妥善处置环保信访问题,保持环境信访总量同比不断下降,保持信访投诉办结满意率达90%。彩虹桥片区精细化治理水平稳步提升,完成年度治气项目464个,PM2.5平均浓度同比下降9.1%。有效落实河湖长、断面长制,保持8个国省考断面水质优良率100%,市考以上断面水质稳定达标,获评市级示范幸福河湖16条。完成66个地块土壤污染状况调查,安基山等5家尾矿库闭库销号。

——把绿色发展作为长期基本战略,走生态良好文明发展道路,强化绿色低碳节能减排硬约束,严格落实生态红线刚性保护措施,稳步提升生态系统多样性、稳定性、持续性;促进含绿量更高的高质量发展,实施产业基础再造和产业链提升,加快研发绿色低碳节能环保技术和产品,加快融入和构建绿色产业链,培育清洁能源等战略性新兴产业,降低单位能耗,不断塑造发展新优势,以环境之优拓展江宁民营经济绿色产业、高新技术产业新机遇。

（二）民营企业期待克服制约新质生产力及高质量发展的突出短板

机遇与业绩、动力是互为因果、相互促进的，形成了良好的溢出效应。得诸多比较优势加持，江宁民营经济蓬勃发展、民营企业快速成长，业绩是肯定的。但也必须看到，受诸多的历史成因和现实制约，江宁的民营经济与经济发达省（区、市）及省内苏南几个万亿地区生产总值的设区市苏州、无锡、常州和苏中南通的民营经济相比，在整体规模、创新能力、先进制造业及产业集群规模、领军企业数量、"双循环"影响力等方面，还有不小差距，还应该有也必须有较大上升空间。

民营企业发展环境中现存一些有待解决的问题，既是营商短板，更是助力民营经济高质量发展的着力点。

1. 期待民营企业营商环境进一步优化

民营企业获得公平待遇供给还不充分，市场准入部分领域仍然受限制或在执行中以各种理由阻隔民营企业进入；政策标准偏好于具有一定规模的高技术企业、总部企业和大型企业，对初创型企业、劳动密集型企业、传统产业企业关注度不够，"锦上添花"较多，"雪中送炭"较少；惠企政策行文多落实少，相当多的惠企政策因为没有得到很好的宣传介绍，难以落实到位。

2. 期待融资难、融资贵制约因素进一步解决

政策性补贴奖励节点后置，重奖轻扶；产业引导基金规模相对较小、使用范围覆盖不广、与社会资本融合不足等；中小民营企业发展仍然存在着严重的资金缺口，融资成本高、融资渠道窄，银行贷款门槛高、环节多、时期长、额度小，民间借款利息高，等等问题。中小微民营企业融资还主要依赖间接融资，股权、债券等直接融资发展严重落后，通过上市、引入风投等方式解决融资问题的只占极少数，直接

融资的短板成为重要制约因素。

3. 期待生产性高成本进一步降低

地价上升、房价与房租上行，社保缴费比例趋高、工资增长刚性、原材料成本上升、环境保护成本的投入加大，使民营企业生产性成本居高不下、持续上升，给企业运行和发展带来较大压力。产业链中下游的中小民营企业面临节能减排、淘汰落后产能的高成本压力，尤其是在推进污染防治政策实施过程中存在简单化"一刀切"问题，进一步加剧了民营企业成本压力。

4. 期待用工及人才短缺问题进一步化解

劳动力和人才短板凸显，尤其是传统制造业、劳动密集型企业，用工需求量大，很多企业存在用工短缺问题。高端人才缺乏的问题尤其突出，对高科技人才和高级经营管理人才吸引力不够强，受沪浙大城市、苏南工业化发达地区虹吸效应影响，高端人才引入难，引入后也会因为待遇、家庭、发展等综合原因出现流失，流失率较高。区内及南京科研院所、大中型国企、高校职校较多，但没有形成同城同区人才规模集聚、市场流动、梯次培育的正向效应。

5. 期待民营经济自主创新能力进一步做强

民营经济自主创新能力普遍不强，特别是中小企业整体技术水平还不够强大，不少制造业处于价值链低端，关键装备还需要进口，核心技术仍受制于人。创新要素供给不足，民营企业尤其是初创型中小企业受限于自身规模、协调渠道、组织机制、资金能量等因素，难以快速融入南京及江宁区域创新生态体系之中，南京丰富的科教创新资源"可观不可用"，科技成果转化的"最初一公里"入口通路不畅。

这些问题凸显了江宁民营经济应该更有作为的重要性，高质量发展必将是一个江宁民营经济克服短板、锻造长板，在经济增长的贡献度上、在领军企业更大更多更强更优上、在创新驱动的动量持续增强上、在高新技术产业更强引领性上等方面有显著跃升的努力过程。

（三）新时代江宁民营经济新质生产力及高质量发展的路径和作为

准确把握新时代中国式现代化的鲜明特性和本质要求，着力补短板强弱项、锻长板固底板，发挥好江宁在大局中的优势、机遇中的优势、比较中的优势，坚持"两个毫不动摇"和"两个健康"，加快营造市场化、法治化、国际化一流营商环境，将促进民营经济高质量发展作为牵引性、全局性工作，工商联、基层商协会要以"时时放心不下"的责任感、"争创一流"的积极担当为精气神，干在实处、务求实效，促进和服务江宁民营经济做强做优做大。

1. 加强政策供给优质服务

促进民营经济高质量发展是涉及范围广、政策链条长、工作环节多的系统工程。一是切实抓好政策举措的贯彻落实，持续开展破政策落实中的堵点痛点行动，持续破除市场准入壁垒，全面落实公平竞争政策，进一步加强和改进制止滥用行政权力排除限制竞争的反垄断执法等举措，为民营经济开路、破冰、除障；二是要全力提供精准有效政策，推动涉企资金直达快享、建立支持政策"免申即享"机制、优化金融创投政策等，出台具引领性、突破性和创新性政策，持续不断完善政策，持续加大金融产品投放额度，为中小企业特别是高新技术企业发展注入金融活水；三是提高政策稳定性、可及性和透明度，增强政策含金量和精准有效性、可操作性；四是坚持问题导向、目标导向和改革发力，超前研究谋划有利于促进江宁民营经济健康发展的各类支持性政策，依法依规履行涉企政策调整程序，根据实际设置合理过渡期，全面落实国家省市助企纾困政策，优化落实金融支持和环保、税收、社保等政策的执行方式。

——加大协助配合政府部门推进政策落地力度，确保各相关配套举措，配合区及各部门从实际出发细化、量化政策措施，促进政策百分之百落到实处；更要充分发挥好"联"的工作特长优势，全面深入更好发挥"N+1"工作效能和基层、行业商协会整体协同作用，全力提供常态化优质服务；遵循民营经济发展规律，注重寓领导于沟通协商和服务支持之中，以企业需求和市场评价为服务准则，协调政策服务的突击性和日常性，建立服务企业长效机制；把服务企业作为工商联全体党员干部职责担当的重要内容并予以考核，把"店小二"服务精神、服务意识转化为"全生命周期管理服务"日常行动，区工商联应配合相关部门寓监管市场主体于充分周到服务之中，通过实实在在服务创造优质营商环境。

2. 加强重大战略对接融入

一是鼓励民营企业参与国家重大战略，投身新型城镇化、重大工程和补短板等领域，建立鼓励民间资本参与的重大项目清单，为民营企业打开建功立业的广阔天地；二是通过打造、做优双向开放枢纽的关键节点，深度对接融入"一带一路"、长江经济带、长三角一体化发展、南京都市圈等重大战略，全面融入南京主城，向东联动沿沪宁产业创新带建设，向南强化凌空经济辐射功能并接轨临港生态经济的发展，向西协同沿江发展带聚力打造南京链接世界的窗口；三是扎实推进江宁-博望跨界一体化发展示范区建设，持续深化与新疆特克斯、陕西洛南等地区的对口支援和帮扶合作；四是抢抓南京服务业扩大开放综合试点机遇，推动开发园区、自贸区南京片区联动创新、联动开发，大力发展跨境电商、海外仓、服务贸易等外贸新业态新模式，高标准建设国家知识产权服务出口基地，加快临空经济示范区江宁片区港产城融合发展，推动服务贸易进出口规模稳步增长。

——重点支持、服务和促进民营企业高质量参与南京都市圈、长江经济带、长三角一体化发展和共建"一带一路"，与国家战略和地区发展同频共振；广泛建优和用好商协会等各类平台，支持民营企业积极参与区域协调发展、"双碳"战略和基础设施建设，推动民营企业在重大工程、重点产业链、新型城镇化和补短板项目建设中发挥更大作用;以送政策、送服务、防风险为服务行动的抓手,为民营企业积极参加"双循环"高水平走出去提供政策咨询、信息、融资、法律等系列服务;鼓励帮助企业拓展省内、国内和海外业务,积极参与全球范围内的产业分工和资源配置,做大做强做优产业链、供应链、创新链、价值链,提升全球化发展水平和国际竞争力。

3. 加强企业创新主体地位

一是以企业为主体,强化政策支撑的院企合作、跨界联合、产业协作等,促进企业承接、引进和投资南京和长三角科研院所新孵化的产业项目,促进和推动重大科技成果区内生产力转化;二是实施创新型领军企业投研计划,加强企业主导的产学研深度融合,充分发挥大型企业创新骨干作用,鼓励和实施龙头企业牵头组建创新联合体、人才联合体,建设一批企业工程技术研究中心、工程研究中心、企业技术中心,壮大一批拥有关键核心技术自主权和产业链、供应链控制力的创新型领军企业,打造一批具有国际竞争力的创新型产业集群;三是建立独角兽企业培育库,构建多层次、分阶段、递进式的培育机制,对入库企业在研发投入、金融服务等方面给予支持;四是鼓励行业龙头企业牵头成立产业链标准联盟,实施企业研发机构提质生效行动,探索重大科技计划项目定向委培委托机制,支持行业领军企业承担实施更多重大科研科技攻关任务;五是实施科技型中小企业春笋计划,做强专精特新企业,建立科技型中小企业培育库,推进小升高行动,促进科技型中小企业向新技术、新模式、新一代转型和加速成长;六是进一步加强深化知识产权全链条服务体系建设,促进研发成果加快转化为知识产权,为以企业为主体的研发创新发展保驾护航。

——不断助力优化政策环境和营造良好企业创新生态,持续开展创新型成长型民营企业赋能行动,配合相关部门促进科研院所深入精准挂钩融合区"5+4+5"相关产业关键链条,为推动重大科技成果就地转化提供强大动能。深化与工信、科技、金融等部门合作,促进技术、人才、资金等要素按照市场规律流向民营企业,优化人才安居、医疗、个税减免、子女教育等配套政策和操作流程。全面促进基础研究、应用研究和产业化对接融通,畅通源头创新、成果转化、市场应用链条,助力培育更多科技领军企业和专精特新企业。搭建民营企业数字化转型服务平台,实施民营企业绿色低碳发展行动,加强典型示范和专业培训,促进民营企业降本增效,加快数字化转型与绿色化、融合化发展,做强工业服务业和旅游产业等服务业。

4. 加强技术突破人才支撑

一是加快关键核心技术攻坚突破和科创成果转化,全力服务保障紫金山实验室创新发展,围绕未来网络、无线通信、网络安全等领域开展科研攻关,加强智能电网、新一代信息技术、新能源(智能网联汽车)等重点领域关键核心技术攻关,加快突破一批人工智能、未来网络、生物医药、基础材料等关键核心技术瓶颈,努力形成一批原创性引领性科研成果;二是聚焦先进制造业产业体系安全及制造业经济高质量发展的关键问题,以核心技术自主化、产业技术高级化、产业链现代化为目标,集成优势创新资源和科研精锐力量大幅提升产业自主;三是加快打造高水平人才集聚区,优化实施"紫金山英才·江宁百家湖计划",统筹运用"活动聚才、高校吸才、海外揽才"的人才引聚模式,面向全球引进顶尖科学家、领军人才和优秀青年科技人才;四是加快构筑高水平人才集聚,支持实施校地融合协同行动,构建高新园区、大学校区、众创社区三区联动协同创新机制,高标准打造校地融合发展示范区,树牢"集天下英才而用"的人才观,紧扣以产引才、以才兴产,充分发挥产业园区和科技型企业集聚人才的主力军作用;五是构建"政府搭台、多方共建、市场化运行"的引才模式,促进人才链与产业链创新链深度融合,培育企业更认可的实战型、懂业务、有经验的产业人才,实现人才聚集和产业发展同频共振。

——政府各相关部门、区工商联落实执行科技体制改革和人才发展体制机制改革政策,充分调动和激发人的积极性、主动性、创造性,充分激发人才创新活力和社会创造力,推动创新链、产业链、资金链、人才链深度融合,加快形成与新质生产力发展需求相适应的人才结构,促进人口红利向人才红利转变;坚持把人才服务保障工作放在经济服务重要位置,不断提升人才与产业发展的适配度,推动人才资源与产业创新深度融合,促进创新链、产业链、人才链的融合;区工商联协同基层商协会和相关方面,推进实施人才服务提升行动,为人才提供一揽子的执行政策支持,畅通人才向民营企业流动渠道,搭建企业用工和劳动者求职信息对接平台,发展壮大民营企业的科技研发人员队伍、高素质产业工人队伍,共同致力于打造以人才荟萃、创新涌动、产业兴盛的民营经济为主体的制造业强区。

5. 加强智能制造企业内功

一是认真落实制造业强区三年行动计划,扎实推进先进制造业强区行动,加快向产业链、创新链、价值链高端攀升,构建具有完整性、先进性、安全性的现代化产业体系;二是高质量打造具有国际竞争力的先进制造业强区,聚焦"5+4+5"创新型产业集群,全力推动智能电网、新一代信息技术、新能源(智能网联汽车)、高端智能装备、新型节能环保五大优势产业产值倍增,航空航天、人工智能、前沿新材料、生物医药及新型医疗器械四大先导产业创新突破,第三代半导体、细胞与基因、未来网络、元宇宙、储能与氢能五大未来产业积厚成势;三是打造自主可控、安全可靠、竞争力强的先进制造业集群,实施强链补链延链行动,全面保障产业链、供应链安全稳定,推动产业结构迈向全球产业价值链中高端,推动数字经济和实体经济深度融合,推动规上工业企业、高成长型企业、新开工企业智能化改造、数字化转型全覆盖,打造一批省级以上智能制造示范工厂、示范车间和工业互联网平台;四是支持平台经济发挥作用和深入实施存量用地提质生效行动,加快建设一批高质量、高标准厂房和专业性特色化园区,加快形成一批国内领先的地标制造产业。

——深化理想信念教育,以党建激发企业"红色动能",以争创一流企业为目标引领,促进民营企业通过自强内功,进一步转变发展方式、优化产业结构、转换增长动力,持续加大研发投入,不断提升发展质量,用企业高质量发展厚植现代化的物质基础;积极引导民营企业完善治理结构和管理制度,通过开展企业现代经营管理专题培训辅导,支持民营企业完善法人治理结构,鼓励有条件的企业建立中国特色现代企业制度,促进科学管理、稳健经营,加快提升现代化治理水平;加强与有关部门协作配合,积极参与民营企业监管和防范化解风险工作,预警民营企业盲目多元扩张导致负债过高、经营不可持续等,依法规范和引导资本健康发展,不断增强企业守法合规经营的意识和能力;有效推动民营企业承担社会责任,构建全体员工利益共同体,共筑"共同富裕示范区"。

(南京大学吴跃农)

六、企业家精神与新质生产力

（一）问题提出

"十四五"规划和 2035 年远景目标纲要提出要加快数字化发展、打造数字经济新优势、促进数字技术与实体经济深度融合、壮大经济发展新引擎，并以数字经济核心产业增加值占 GDP 比重取代科技进步贡献率和互联网普及率作为"十四五"时期经济社会发展的主要指标。① 中国数字经济发展到了关键期也进入了深水区。

如何发展好数字经济，习近平总书记用"新质生产力"这一新概念给出了新的方向。新质生产力是代表新技术、创造新价值、适应新产业、重塑新动能的新型生产力，发展新质生产力是夯实全面建设社会主义现代化国家物质技术基础的重要举措。习近平总书记指出："整合科技创新资源，引领发展战略性新兴产业和未来产业，加快形成新质生产力。"② "积极培育新能源、新材料、先进制造、电子信息等战略性新兴产业，积极培育未来产业，加快形成新质生产力，增强发展新动能。"③

形成新质生产力需要壮大战略性新兴产业，积极发展未来产业。

---

① 参见《中华人民共和国国民经济和社会发展第十四个五年规划和 2035 年远景目标纲要》，中国政府网，2021 年 3 月 13 日，http://www.gov.cn/xinwen/2021-03/13/content_5592681.htm。
② 《习近平在黑龙江考察时强调：牢牢把握在国家发展大局中的战略定位 奋力开创黑龙江高质量发展新局面》，《人民日报》2023 年 9 月 9 日。
③ 《习近平主持召开新时代推动东北全面振兴座谈会强调：牢牢把握东北的重要使命 奋力谱写东北全面振兴新篇章》，《人民日报》2023 年 9 月 10 日。

战略性新兴产业知识技术密集、物质资源消耗少、成长潜力大、综合效益好,是具有重大引领带动作用的产业。以数字经济为核心的智能制造、新兴工业都是新兴产业的重要代表,也是推动未来新质生产力发展的重要力量。但我国数字经济在高速发展的同时也进入了深水区,解决数字经济的发展问题更有利于推动新质生产力的发展。

进入深水区的标志是近年来我国数字经济增速不断放缓,数字经济发展面临着天花板。图1列出了2005年以来我国数字经济占GDP比重的走势,可以看出,我国数字经济发展的黄金期是2008年到2014年,其间数字经济占GDP比重加速上升、由15.0%迅速增长到26.1%,接近翻倍;其后虽然仍保持增长,但增速逐年放缓。

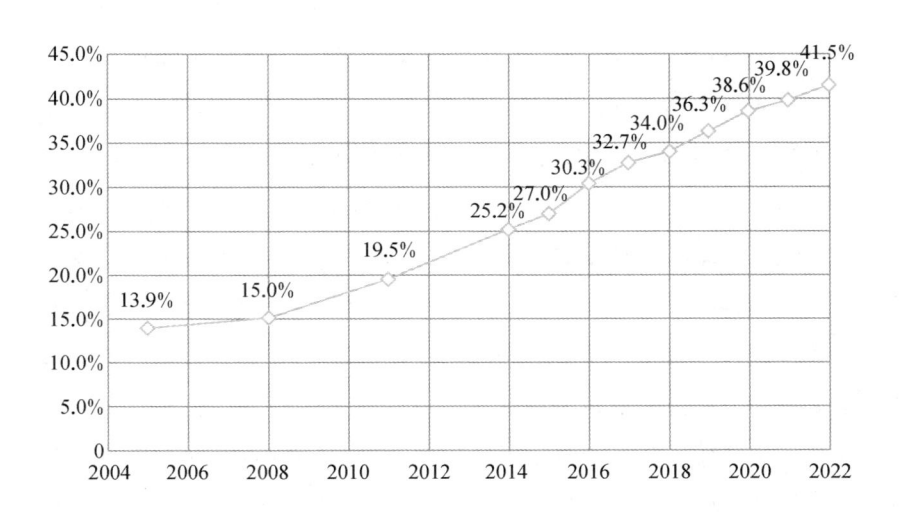

图1 历年中国数字经济占GDP的比重

图2对2014年到2022年我国数字经济占GDP比重进行了多项式拟合,由图看出增速放缓,我国数字经济占GDP比重即将达到顶峰。最新的数据显示,2022年数字经济规模达到50.2万亿,占GDP

的 41.5%。①

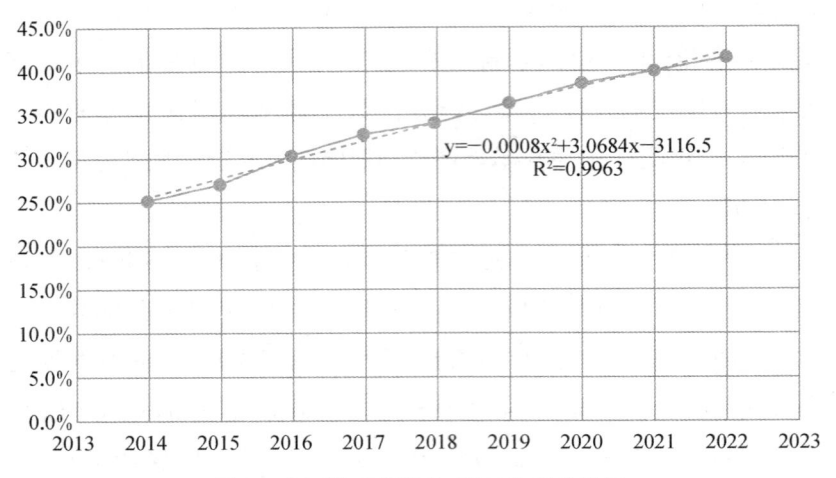

图 2 中国数字经济占 GDP 比重趋势图

$y=-0.0008x^2+3.0684x-3116.5$
$R^2=0.9963$

数字经济增速的下降表明我国数字经济的发展遇到了瓶颈。从内部结构看,数字经济面临天花板主要是因为产业数字化面临天花板。产业数字化一直以来是中国数字经济发展的主引擎,也是当下中国数字经济转型的主动力。在我国数字经济的"两化"结构中,2005年数字产业化占比为50.9%,产业数字化占比为49.1%,数字产业化占比还高于产业数字化;到了2019年,产业数字化占比高达80.2%,而数字产业化占比仅剩19.8%,产业数字化占比由低于数字产业化跃升至数字产业化占比的四倍还多。一升一降之间,产业数字化的动力和引擎地位暴露无遗。2022年这种差距进一步扩大,产业数字化规模是数字产业化规模的近五倍。② 然而,产业数字化已显示出规模和增速成反比,即规模越大,增长越困难。③ 广东和江苏一直是我国经济的领头羊,也是我国数字经济的领头羊。2019年两省

---

① 数据来源:中国信息通信研究院《中国数字经济发展研究报告(2023年)》。
② 数据来源:中国信息通信研究院《中国数字经济发展研究报告(2023年)》。
③ 数据来源:中国信息通信研究院《中国数字经济发展白皮书(2020年)》。

的产业数字化增加值规模分别超3万亿元和超2.5万亿元,远高于其他省(区、市);然而从增速看,从2017年到2019年,广东的产业数字化占GDP比重只从约25%提升至约29%,江苏从约22%提升至约25%,增幅只有3%—4%。① 与此形成鲜明对比的是贵州和福建,其2019年产业数字化规模分别为约5000亿元和约1.5万亿元,远低于广东和江苏,然而在2018、2019年两省的产业数字化增速均高达20%以上;从贵州和福建自身看,其产业数字化增速也有随规模增长放缓的趋势。2018年贵州和福建的产业数字化增速分别为约25%和约22%,到2019年其增速分别降到约22%和约20%,增速放缓的速度接近于广东和江苏两省的产业数字化增速。② 从2022年的数据来看,北京、上海等城市成为拉动数字经济的主导力量,广东、江苏等虽然保持了数字经济规模的优势,但增速明显下降。③

产业数字化面临天花板对中国经济的数字化转型和实现高质量发展将产生一定的影响。进入21世纪以来,我国数字经济增速始终显著高于同期GDP增速,并且在绝大多数年份里,增速差高达10%以上且呈现差距扩大趋势,2019年数字经济对我国经济增长的贡献率达67.7%,数字经济已成为我国国民经济的关键核心增长极。④ 基于产业数字化在我国数字经济中的绝对主体地位,产业数字化面临天花板意味着数字经济整体的快速发展的动力减弱,意味着国民经济关键核心增长极的消失。故此,我们不能因看到一些省(区、市)的数字经济高速增长就过分乐观,而要看清现状和潜藏于下的趋势。

---

① 数据来源:中国信息通信研究院《中国数字经济发展与就业白皮书(2018年)》《中国数字经济发展白皮书(2020年)》。
② 数据来源:中国信息通信研究院《中国数字经济发展白皮书(2020年)》《中国数字经济发展与就业白皮书(2019年)》。
③ 数据来源:中国信息通信研究院《中国数字经济发展报告(2022年)》。
④ 数据来源:中国信息通信研究院《中国数字经济发展白皮书(2020年)》。

从内部规模看,2019 年广东和江苏数字产业化增加值分别达到约 1.7 万亿元和 1.6 万亿元,余者除了北京、浙江和山东接近 6000 亿元,绝大部分在 3000 亿元甚至 2000 亿元以下,占各自 GDP 比重在 3％甚至 2％以下;换句话说,除了广东和江苏,其余绝大部分省(区、市)的数字产业化规模可以忽略,其产业数字化规模基本就是其数字经济规模。从总规模看,2019 年我国数字经济增加值为 35.8 万亿元,其中广东和江苏两省的数字经济规模合计近 10 万亿元,几乎占全国规模的 1/3;换句话说,我国数字经济发展的关键驱动力在于以广东和江苏为代表的少数几个头部省(区、市)。[①] 在此现状下,我们更应看到数字经济头部省(区、市)已经率先触板、其他省(区、市)也将纷纷冲板的内在趋势,同时警惕这种趋势带来的威胁。

如何克服产业转型带来的困境是当前中国数字经济发展面临的巨大问题,中国数字未来发展的动力与方向是当前研究讨论的重点。一些研究指出,中国数字经济发展具有自发动力,龙头企业与沿海城市群是先行者,能够带动其他地区的发展,实现包容性增长(何帆和刘红霞,2019;张勋等,2019);同时认为中国数字经济规模大,和澳大利亚等国相比具有明显的优势,保证当前数字产业的规模与发展模式就能牢牢把握发展优势(许宪春和张美慧,2020)。另一些研究则指出,数字经济发展能够激发市场活力、释放市场潜力、提升创业活跃度等(赵涛等,2020),同时数字经济能够促进技术的传播、发挥正外部性(许恒等,2020;Li et al.,2022)。

但本文通过分析发现,中国数字经济发展的模式虽存在优势,但也陷入了瓶颈。如何找到新的转型动力、巩固数字经济给中国带来的已有优势是当前研究的重中之重,已有研究也给出了一些新的方向。

面对当前的发展困境,必须回到数字经济本身,重新审视数字经

---

① 数据来源:中国信息通信研究院《中国数字经济发展白皮书(2020 年)》。

济的发展模式。当前研究给出了三个方面的构想：一是将数字经济作为环境和背景，探讨不同主体能否带给数字经济发展的新动力，如利用外资、普惠金融、创新模式演化和企业管理变革等（詹晓宁和欧阳永福，2018；张勋等，2019；张昕蔚，2019）；二是将数字经济作为主角，研究其对中国经济的引领过程及方面，挖掘数字经济发展过程中的优势力量，如数字经济对于中国发展的意义、数字经济发展阶段划分和对所处阶段的评价等（张新红，2016；周子衡，2018；戚聿东和肖旭，2020）；三是不但以数字经济为主角，还将聚光灯聚焦于数字经济本身，剖析其表象与内在，如数字经济概念及比较、数字经济的内涵和数字经济的发展逻辑等（张雪玲和焦月霞，2017；田丽，2017；李长江，2017；张晓，2018），在梳理这些逻辑的基础上找到未来发展的新动力。这些研究对于丰富我们对数字经济的理解无疑是有益的，然而对于解答我们面临的问题仍然稍显不足。

要化解这种威胁，必须深化对中国数字经济发展模式的研究，探索中国经济向数字经济转型的新思路。寻找这种新思路，需要深刻理解党中央的顶层设计。党的二十大报告强调，要"完善中国特色现代企业制度，弘扬企业家精神，加快建设世界一流企业"[1]。由此可以发现，发展中国式现代企业需要弘扬企业家精神。习近平总书记也对此作出重要指示："民营企业和民营企业家要筑牢依法合规经营底线，弘扬优秀企业家精神，做爱国敬业、守法经营、创业创新、回报社会的典范。"[2]因此，发挥企业家精神是当前数字经济发展困境破局的关键。

---

[1] 习近平：《高举中国特色社会主义伟大旗帜　为全面建设社会主义现代化国家而团结奋斗——在中国共产党第二十次全国代表大会上的报告》，《人民日报》2022年10月26日。

[2]《习近平在看望参加政协会议的民建工商联界委员时强调：正确引导民营经济健康发展高质量发展》，《人民日报》2023年3月7日。

2023年在中国举行的夏季达沃斯论坛进一步延续并发展了这一思路。李强总理指出："这次年会以'企业家精神：世界经济驱动力'为主题，具有很强的现实针对性。""我们愿与各国企业家一道，坚定支持经济全球化，坚定维护市场经济，坚定支持自由贸易，引领世界经济迈向更加普惠、更有韧性、更可持续的未来。"[①]而这也为中国数字经济的发展指明了新的方向。

同时，我们也认识到平台经济是推动中国数字经济转型的重要力量，也是面临"三维两世界"转型难题的重要载体，破解这个难题是推动中国数字经济发展的重要抓手。从顶层设计来看，2023年7月召开的平台企业座谈会上，李强总理提出平台企业的发展需要大力弘扬优秀企业家精神，保持对市场的敏锐感知和敢拼敢闯的干劲，不断谱写企业发展新篇章。[②] 这也是本文分析讨论的重要出发点，即企业家精神如何助力企业实现"三维两世界"的突破。

当前中国数字经济发展的总体思路是两手抓，即一手抓加快推动数字产业化，另一手抓推进产业数字化转型。此思路无疑是正确的，但也面临着两方面的困难：一方面，数字产业化在数字经济中的占比很低且下降趋势很难逆转，不可能指望其驱动数字经济这艘大船；另一方面，作为主引擎和主动力的产业数字化又面临天花板约束，很难突破。基于这些分析，本文从问题出发，构建了数字经济"三维两世界"分析框架，提炼出数字经济发展的三种模式，比较和分析了模式运转的条件和逻辑，提出了企业家精神对数字经济转型的重要作用，通过重塑组织、打造数字文化与数字队伍等途径实现企业转型与数字经济发展模式的转变，并针对英国工业革命进行了案例分

[①]《李强在第十四届夏季达沃斯论坛开幕式上的致辞》，中国政府网，2023年6月27日，http：//www.gov.cn/yaowen/liebiao/202306/content._6888687.htm。
[②]《李强主持召开平台企业座谈会》，《人民日报》2023年7月13日。

析以获得历史经验借鉴。最后从实践角度对模式运行中需要注意的主要问题进行了总结和讨论,表明了发挥企业家精神的重要性,说明了如何利用企业家精神推动数字经济与新质生产力的发展。

(二) 模式分析

数字经济是以数据为关键生产要素的经济,硬件、软件和数据是数字经济的三个基本维度。首先,没有计算机就没有互联网,也就没有数字经济的形成与发展;就此而言,个人微型计算机可视为数字经济的原点与开端。其次,软硬件是计算机的两个基本维度,两者一起构成了计算机的基本框架,缺一不可。最后,应用是计算机的目的,计算机唯一能做的事是计算,即操作数据;数据是计算机的唯一指向,构成了计算机的第三个维度。以个人计算机的出现为起点,随着个人计算机的普及、相连与应用的加深,计算机逐步变得无所不在,深度渗透并影响和引领着人类社会的各个领域,产生了数字政治、数字经济、数字社会和数字文化等众多现象;相应地,硬件、软件和数据这三个基本维度也从计算机原点不断延伸,成为分析这些现象的基本框架。

数字经济的三个维度产生了两个世界、三种经济,如图 3 所示。首先,软件和数据构成了一个自洽的数字/比特世界。[①] 软件和数据是不同的,软件是处理数据的工具,数据是软件处理的对象,两者存在功能性区别。然而,从根本上看,无论是软件还是数据,其本质上都是二进制比特的集合,都由数字 0 或 1 构成,故两者同处并共同构成了一个数字/比特世界;与此相对的是由原子构成的传统物质世界或原子世界,如图 3

---

① 尼葛洛庞帝首先将比特与原子、数字世界与物质世界相提并论,认为"要了解'数字化生存'的价值和影响,最好的办法就是思考'比特'和'原子'的差异","传统的世界贸易由原子之间的交换组成",而"从原子到比特的飞跃已是势不可当、无法逆转"。参见 [美] 尼古拉·尼葛洛庞帝《数字化生存》,胡泳、范海燕译,海南出版社 1996 年版,第 12—13、21 页。

左图所示。① 其次,这两个世界是彼此自洽的,不考虑诸如终端、主机或网线等基础设施硬件,数字空间可以自成一个社会,其中可以产生自身的各种社会子系统而不依赖于物理空间,在数字空间形成初期这两个世界的分离表现得尤为明显。最后,这两个世界可以相互分离也可以相互交叉,当交叉时两个世界就形成了三块空间,对应着三种经济,如图3右图所示。我们将图3右图中空间①中的经济称为传统经济,空间②中的经济称为纯数字经济,空间③中的经济称为混合数字经济。

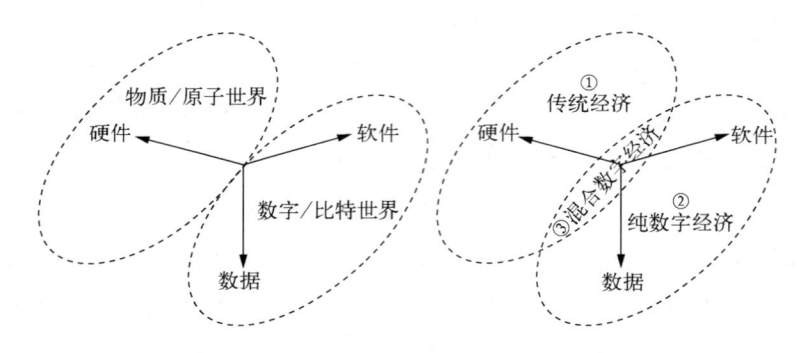

图 3 数字经济的"三维两世界"

数字经济的发展主要表现为空间③的产生和扩大,空间③的产生和扩大并非只能通过空间平移实现,而是具有空间平移和生长两种模式。平移模式可以是物质世界向数字世界平移,也可以是数字世界向物质世界平移,还可以是两个世界同时相向平移;生长模式指的是具有混合数字经济特点的新企业的出现和成长,通过这种新企业数量或规模的扩张来扩大空间③。从主体看,平移模式主要依靠老企业的转型,生长模式主要依靠新企业的出现和壮大。当下中国

---

① 正是基于物质世界的原子性,德国经济学家戈申将需求"达到完全饱和的"那一点上的价值称为"最后原子的价值",并由维塞尔发展成为"边际效用"。参见[奥]弗·冯·维塞尔《自然价值》,陈国庆译,商务印书馆1982年版,第61页。

数字经济发展的两手抓总体思路中,数字产业化实质上是生长模式,即在空间②或③中促进新企业的诞生并形成新产业;而产业数字化实质上是平移模式,即促进空间①中的企业向空间②方向移动从而进入空间③,产业数字化天花板实质上是平移模式遇到了天花板。

当前的产业数字化天花板很难突破,其遵循的平移模式很难成功,因为产业转型首先是企业转型,企业转型首先是企业家转型,而每个人都身处一个价值体系的笼子中,企业家也不例外。熊彼特在其创新理论研究中指出,在长期的经济生活中,"各种货物对每一个人的价值会形成一个价值体系,其中各个要素是相互依存的",而"一个人的整个经济都表现在这个价值体系中,包括他的生活、他的观点、他的生产方法、他的需要等等所有一切关系,他的全部经济组合"。这个个人中心的价值笼子有三方面特点。首先,这个笼子是稳定的。熊彼特指出,"这种彼此调整过的价值,是由个人年复一年地予以实现的。而这种价值体系,正如已经指出的,呈现一种非常值得注意的稳定性",而"这种稳定性对于个人的经济行为是不可缺少的"。其次,这个笼子是处于意识之外的。熊彼特指出:"个人绝不会同时意识到这个价值体系的所有部分;相反,在任何时候,它的较大部分都是处于意识所及的范围之外。"最后,这个笼子从根本上划定了个人行为的界限。尽管企业家"在日常生活中的行为是根据一般的习惯和经验,在一种货物的每次使用中,他都从凭经验得知的这种货物的价值开始","当他就他的经济行为做出决定时,他并不注意到在这个价值体系中得到表达的所有事实,而只是注意手头现有的某些指标",但是"这种经验的结构和性质,是在价值体系中给定的"。[1]

三种空间对应着三种价值笼子,形成了三类企业家,并将平移模

---

[1] 参见[美]约瑟夫·熊彼特《经济发展理论——对于利润、资本、信贷、利息和经济周期的考察》,何畏、易家详等译,商务印书馆1990年版,第45、47页。

式细分为两种子模式。尽管笼罩着企业家的价值笼子是个人中心的,但并不意味着不同个体的价值笼子之间毫无共通之处;反之,身处同一空间的企业家的价值笼子之间必然具有此空间赋予的共同特征。个体价值笼子之间的这些共同特征就构成了空间层次上的价值笼子,从而三种空间就形成了三种价值笼子,对应着三类企业家,分别为物质型价值笼子和物质型企业家、数字型价值笼子和数字型企业家、混合型价值笼子和混合型企业家,如图4所示。空间平移的不同方向意味着企业家向不同类型转型:空间①向空间②移动意味着要求物质型企业家向数字型转型从而成为混合型,对应着图4中的平移模式①;空间②向空间①移动意味着要求数字型企业家向物质型转型从而成为混合型,对应着图4中的平移模式②。

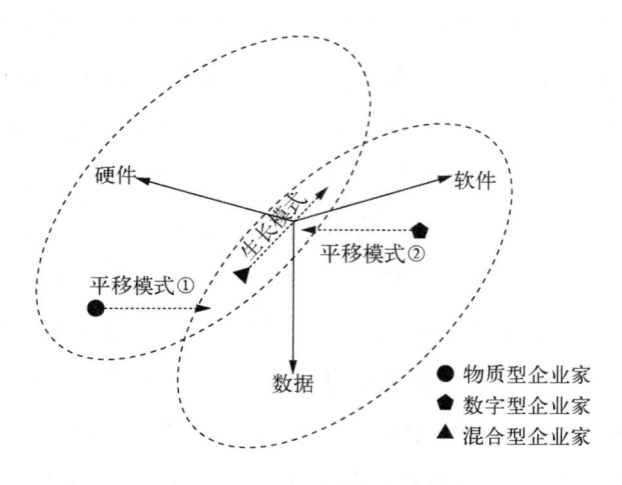

图 4　三种模式与三种企业家

价值笼子从根本上决定了个体的思维和行为方式,要求一种类型的企业家向另一种类型转型,本质上是要求企业家打破其年复一年且很可能付出了极大代价才织就的笼罩自身的价值笼子,这是很困难的,甚至根本不可能。对此熊彼特在论述了价值笼子的三方面特点后形象地指出:"一切知识和习惯一旦获得以后,就牢固地植根于我们之中,就像一条铁路的路堤植根于地面上一样。"①2016年和2019年,不同类型企业家间曾发生了两场著名的对话。2016年10月,马云提出了"五新",即新零售、新制造、新技术、新金融和新资源。在当年12月底央视播出的《对话》栏目中,当主持人问对于"五新"构筑的新世界"我们是不是认同有这样的一个新世界"时,宗庆后的回答是,"我认为,除了新技术以外,其他都是胡说八道",在场的李东生和董明珠对此也表示认同。2019年8月,在上海举行的"2019世界人工智能大会"上,主办方煞费苦心地邀请和安排了马云和马斯克进行面对面直接对话,媒体和公众对此高度关注并充满期待;然而将近一个小时的对话结果却令媒体和公众大失所望,认为双方根本不在一个频道上,整个过程是在"尬聊"。不同类型的企业家之间连沟通交流都有困难甚至无法沟通,更遑论打破自身了。

但并不是所有的企业家都排斥新的事物与数字化转型,以梁稳根为代表的企业家带领三一重工等企业实现了数字化转型,通过一把手的顶层引领实现了从制造、服务到员工的自动化、数字化与智能化,实现了企业的发展模式升级(张玉利等,2022)。而这种发展模式的转变得益于企业家精神的发挥带动了企业的全方位模式的转变。对此已有研究,且也对企业家精神的作用进行了一些讨论。

这些讨论集中在中国企业家精神的具体应用上。一些研究指出企业家精神促进了中国企业的高质量发展,推动了企业的转型和向世界一流企业的靠拢(黄速建等,2018)。另一些研究直接指出企业家精神是中国经济增长的重要动力,发挥企业家精神有助于企业制度与整体制度的改善(李宏彬等,2009)。最后,也有一些研究直接指出企业家精神有助于企业创新,促使企业接受新模式,推动企业的数

---

① [美]约瑟夫·熊彼特:《经济发展理论——对于利润、资本、信贷、利息和经济周期的考察》,何畏、易家详等译,商务印书馆1990年版,第93页。

字化转型(Li et al.,2018;蔡莉等,2023)。

至此,我们从理论上分析了中国数字经济天花板问题的根源所在,也发现了企业家精神如何影响中国企业的发展,如何在数字经济的发展中发挥新的作用。数字经济本质上是发生于数字世界的经济,数字经济发展是物质世界和数字世界的融合,形式上表现为空间③的产生和扩展。空间③的产生和扩展要么通过自主生成实现,要么通过空间平移实现,这构成了数字经济发展的两种基本模式。通过平移模式来产生和扩展空间③是不容易的,通过空间①向空间②方向移动来产生和扩展空间③尤其不易,需要某种外部力量的推动。平移模式从根本上说要求空间内的主体转型。由于价值笼子的存在,这意味着要求企业家打破自身的价值笼子;而由于价值笼子的根本性,这在某种程度上意味着企业家对既往及自身的否定和毁灭。这种否定和毁灭的困难程度在平移模式的两个方向(即平移模式①和平移模式②)上是非对称的,这种非对称从根本上是因为构成两个世界的维度数量和内容上的非对称。空间②和空间③内的企业家同处一个数字新世界,其间的差异程度较低,因为在三个维度中其相同维度有两个,然而即便如此,企业家都难以理解彼此,如前述的马云和马斯克的例子。比较而言,空间①内的企业家同数字世界的企业家之间不单在共享维度数量上较少(只有一个),而且在维度内容上,其所处的旧世界的唯一维度是硬件,与新世界的两个维度具有软硬相反性,对立程度更高,因而其间的差异程度更高、更具有本质性,更不可能理解彼此,如前述的马云和宗庆后等的例子。换句话说,身处具有不同维度的两个世界以及由此而来的笼罩企业家的价值笼子的存在,是数字经济转型困难的根源所在。

分析和理解了问题的模式和根源后,可以看到数字经济发展有三条路径,对应着空间③产生和壮大的三种模式。路径一以成长模式为主,路径二以平移模式②为主,路径三以平移模式①为主。这三条路径既有共性也有个性。共性上要特别注意三点。首先,三条路径都是数字经济发展的路径,而不只是产业数字化或数字产业化路径;其次,三条路径都是实体经济数字化转型路径,没有哪条路径是专为虚拟经济准备的;最后,三条路径都能赋能传统产业转型升级,没有哪条路径是新兴产业专用的。个性上要特别注意三条路径的本质区别及由此而来的结果天花板的高低差异。三条路径的本质区别在于核心模式不同。基于之前的模式分析,结果天花板按从高到低依序为路径一、路径二和路径三;路径三的天花板最低,意味着即使在理想状况下,能够成功转型(进入空间③)的企业家或企业的占比也注定不会高,但三一重工的成功为我们提供了一个典范。通过分析可以发现,企业家精神是促进企业模式转化的关键,企业家认识到新模式的重要性,不仅可以促进路径的改变,也可以带领企业与员工共同树立数字化转型的意识,推动路径的切换。

上述模式和路径分析有助于澄清对当下中国数字经济发展一个重大问题的认识误区,即近二十年来产业数字化一直是中国数字经济发展的主引擎,所以现在及未来应该继续大力推进产业数字化。对此我们要说,数据确实向我们表明了前半句,然而这并不意味着后半句一定成立。对数据的分析(见本文第一部分)确实表明,过去二十年来产业数字化一直是驱动中国数字经济发展的主引擎,然而这只是过去的经验和趋势。过去的经验在当下和未来是否依然有效,过去的趋势是否是一种必然从而在当下和未来依然会重现,是需要打问号的。本部分的理论分析表明,这个问号是值得打的。过去的经验和趋势是确实存在的,但照此经验和趋势我国也将很快到达数字经济发展的天花板。进一步的理论分析表明,之所以如此,是因为我国过去的数字经济发展实际上是遵循路径三的发展,由于路径三的天花板最低,故很快到达天花板是必然的;要突破此天花板,必须摆脱过去经验的约束,走出将过去趋势草率当成必然的误区,果断切换数字经济发展模式,尽快将我国数字经济发展转换到路径一或二上来。不依靠理论分析只靠数据是无法让我们看清这一点的，这种路径转换需要依赖企业家精神，发挥人的主观能动性才是实现产业转型的关键。

（三）案例分析

就变革的意义与影响而言，能与当下的数字经济革命媲美的合适案例是第一次工业革命。宏观上，数字经济是一种与农业经济、工业经济并列的经济形态。中国信息通信研究院在《中国数字经济发展白皮书（2017 年）》中指出："对数字经济的认识，需要拓展范围、边界和视野，成为一种与工业经济、农业经济并列的经济社会形态。需要站在人类经济社会形态演化的历史长河中，全面审视数字经济对经济社会的革命性、系统性和全局性影响。"如果说第一次工业革命将人类社会由农业社会带入了工业社会，那么当下的数字经济革命将把人类社会由工业社会带入数字社会。

从变革的维度与所涉世界来看，当下的数字经济革命较第一次工业革命范围更广、难度更高。第一次工业革命将人类社会推入大工业时代，在此期间，包括蒸汽机在内的那些伟大技术发明已进入实用领域，工厂已经很多，大的工业中心开始形成，无产阶级已经出现，旧行业和法规制度大半已被推翻，经济放任制度已经确立，"从这时起，一切作为论据的事实都已提出，今后只须关注其发展了"[①]。尽管第一次工业革命引发的变革是全方位的，但其核心内容是近代大工业的产生，主要标志是机器的广泛使用，内在本质是生产方式从手工工场向近代工厂的转变。这些变革虽然深刻，但仍限于物质世界范围内，只涉及硬件一个维度。与之相比，当下的数字经济变革是两个

---

① ［法］保尔·芒图：《十八世纪产业革命——英国近代大工业初期的概况》，杨人楩、陈希秦、吴绪译，商务印书馆 1983 年版，第 26 页。

世界的碰撞,涉及所有三个维度,颠覆性更强、不确定性更高。

即便难度低一个层级,第一次工业革命也不是按照路径三即以平移模式①为主发展的。以1760年为分界点,第一次工业革命将同一个物质世界划分成两个时代。此前,这个世界完全处于前大工业时代;此后,大工业逐渐兴起,这个世界开始进入大工业时代,如图5所示。① 前大工业时代的代表工业是毛纺工业,大工业时代的代表工业是棉纺工业;前者被称为是"英国旧式工业中最突出的和最完全的典型",后者被称为是"近代大工业的最先的和典范的工业"。② 两者的兴衰更替为我们提供了旧经济是如何演进到新经济的鲜活例证。

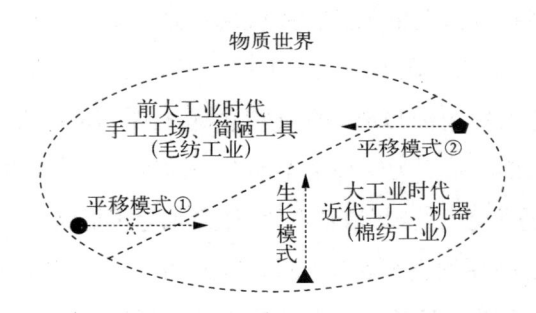

图5 第一次工业革命的发展模式与路径

毛纺工业代表着旧英国价值笼子中最顽固的部分。此工业在英国有悠久的历史,"从爱德华三世时代起,这种工业不断发展和繁荣起来","成为全国人民的主要财源"。其不仅历史悠久,成形也是长期努力的结果。从诺曼人征服英国起,就有法兰德斯的工匠迁入英

---

① 大工业在英国的演进"可以分为两个时期:直到十八世纪中叶,生产仍受手工工场制度的支配。 接近1760年时,大工业时代才开始"。 "我们把大工业在英国的发生定在1760至1800年间。"参见[法]保尔·芒图《十八世纪产业革命——英国近代大工业初期的概况》,杨人楩、陈希秦、吴绪译,商务印书馆1983年版,第14、20页。
② [法]保尔·芒图:《十八世纪产业革命——英国近代大工业初期的概况》,杨人楩、陈希秦、吴绪译,商务印书馆1983年版,第29、147页。

国,"他们的迁入,受到王室的奖励;王室屡次三番地,尤其是在十四世纪初,力图借助于这些外国先驱来创设民族工业";努力的结果就是这项工业在旧英国享有极高的威望,被认为是"旧英国的最重要的工业",享有"对其他一切工业所行使的那种领导权"。悠久的历史、长期的努力和极高的地位共同编制了牢不可破的价值笼子,"以致要是发表一种无助于它的单独发展的意见,那就有点危险了"。①

价值笼子越顽固,思维和行为就越极端,打破它就越不容易,自内而外的平移模式就越不可能。"在新生产制度变更了一切并改换了观念和事物以前,英国人总认为国家繁荣的主要养料是毛纺工业","英国的命运似乎系于毛纺工业的命运上";在此思维下,面对可能的内外威胁,英国人出台了种种极端保护政策。"查理二世时代的一项法令规定,"凡死在英国领土上的人都要用毛织的寿衣来入殓","除去全部完工的织品以外,绝对禁止输出任何其他形状的羊毛","禁止输出活羊……因为这种活羊能在外国生长。人们甚至不准在海滨五英里内剪羊毛"。为了取消竞争,使爱尔兰不能接近殖民地和外国市场,英国甚至"用两艘军舰和八只武装帆船"对爱尔兰岛进行了"真正的封锁"。即使到了1765年,"在那些伟大发明就要完全改变设备的前夕,人们还以课处罚金的办法去禁止使用铁齿刷子来代替纺织工业中大多数部门仍在使用的木头梳子"。面对如此顽固的价值笼子及其划定的内外思维和行为边界,保尔·芒图感叹:"毛纺工业太保守了,太受到特权和偏见的压制,所以不能通过自己的技术革新来自行完成自己的变革。因此,产业革命要在毛纺工业以外着手。"②

既然自内而外的平移模式①不可能,新工业产生自外而内的平

---

① 参见[法]保尔·芒图《十八世纪产业革命——英国近代大工业初期的概况》,杨人楩、陈希秦、吴绪译,商务印书馆1983年版,第30、47页。
② 参见[法]保尔·芒图《十八世纪产业革命——英国近代大工业初期的概况》,杨人楩、陈希秦、吴绪译,商务印书馆1983年版,第31、61—64页。

移模式②也很难实现，故工业革命只能起于生长模式，棉纺工业"就是机械装置在十足意义上的第一个事例"。生长模式的关键就在于"新"，"新"不仅是对事物本身的要求，也是其能生长成功的条件，棉纺工业的生长就深刻地体现了这一点。从棉纺工业本身看，其本身是一个新事物，"这个新工业是同印度贸易的产物"，"是一种外国货物的输入决定了它的出生的"，"是一种外来原料的输入部分地决定了它的设立地点和条件的"。这种事物本身的"新"使得"棉纺工业从其出生起就免除了那种压在其姐姐身上的种种束缚"，"由于其本身是新事物，所以处在它们（注：指旧有的习惯和传统）的控制之外……它就可以完全自由的发展"；作为一个新事物，虽然其没有传统从而也没有特权，但正"由于没有特权，所以拥有自由方面的一切好处"，而"这种国内自由是大工业不能缺少的唯一的自由，它一被剥夺了这种自由，它就停止活动了"。对于棉纺工业，"事实是，英国政府对于这项新生的大工业并没有十分确定的政策。政府起初只认为它是一种新的财富，国家可以对它征收什一税。1784年，皮特寻找财源来平衡预算时，想到增加棉织品的消费税"。①

基于生长模式的棉纺工业的成长使得平移模式②成为可能，机械化生产模式在短期内蔓延至其他工业，由此拉开了英国工业革命的序幕并宣告了人类大工业时代的到来。以飞梭和机械纺纱机的发明和广泛使用为标志，在棉纺工业这个"独特的生产部门中，机械化的到来已经成为既成事实。机械化不仅已经扩张到工业的基本工序和改变了工业的基本工序，而且还普及于细节和专业"，并且，机械化"在很短时间内就从棉纺工业扩展到各种纺织工业"。虽然机械化的最后胜利和普遍发展不能全部归功于纺织工业，但"机械化的开端，

---

① 参见[法]保尔·芒图《十八世纪产业革命——英国近代大工业初期的概况》，杨人梗、陈希秦、吴绪译，商务印书馆1983年版，第147、157、158、205—207页。

属于纺织工业的历史";不仅如此,纺织工业中的机械化生产模式还导致了工厂制度的诞生,而工厂制度是"机械化的必然结果",其"正是在这决定性的时期拟定自己的主要轮廓的"。与棉纺工业的成就形成鲜明对比的是,直至工业革命达到高潮的18世纪末,毛纺工业史仍"基本上是区域性和地方性的历史","不仅小工业继续存在,而且,甚至在生产者已失去其独立性的地方,家庭工业的旧形式也未消失",仍处于"民族自尊心所珍视的幻觉"和"以技术不变的技术方法来保持一切不变的幻觉"这双重幻觉的包裹之下。[①] 而正是由于纺织业经营者的觉醒与引领,带动了英国工业革命的产生与发展,这也是企业家精神的另一种体现。

(四)讨论与总结

面对数字经济发展天花板的压制,本文的理论分析表明,欲通过平移模式①来突破此天花板是很困难的,可行模式是成长模式和平移模式②,针对第一次工业革命历史经验的案例分析也证明了这一点。然而,仅认识到这一点是不够的,要真正使成长模式和平移模式②成为现实,还必须注意如下几个方面。只有这样才能实现以数字化推动新质生产力发展这一要求。数字化是新一轮科技革命和产业变革的重要趋势,是加快形成新质生产力的重要赛道,突破数字经济天花板才能行稳致远。

首先是数字经济的物质性问题,必须大力发展空间③而非空间②中的数字经济。物质性问题是经济的根本问题,其与对财富的认识息息相关。正如萨伊所说:"当财富本质的明确概念还没形成的时候,

---

[①] 参见[法]保尔·芒图《十八世纪产业革命——英国近代大工业初期的概况》,杨人楩、陈希秦、吴绪译,商务印书馆1983年版,第47、62、194、195、198、208、216页。

怎能理解什么是国家繁荣的原因呢?"[1]正是基于财富在经济以及在经济学中的根本地位,对财富本质的讨论构成了古典经济学家对经济问题探讨的起点,对财富本质的认识也就成为经济学大厦的基石。[2] 从亚当·斯密到马歇尔,在众多古典经济学家的讨论过程中,财富的物质性原则逐步得到确立,萨伊、约翰·穆勒和马歇尔是这一过程的代表。萨伊是这一讨论的起点人物,也是古典经济学家中沿着财富的物质性方向走得最远者。尽管被认为是欧洲大陆理解和传播斯密学说的第一人,但萨伊对亚当·斯密的财富观感到不满,认为"由于把财富一语狭隘地限定在有形物质所具有的或所体现的价值,斯密博士缩小了这门科学的范围"。在对斯密财富观进行分析的基础上,其认为,"如果我们肯费点心机研讨在人类所过的生活是社会生活的场合下叫做财富的是什么东西,我们就将发现财富这个名词是用以称呼具有内在价值的许许多多东西",通过把"内在价值"称为"效用",萨伊建立了其基于效用的财富观,认为"创造任何具有效用的物品,就等于创造财富";"所谓生产,不是创造物质,而是创造效用";无形物品"尽管是无形财富,却不是想象上的财富",无形产品也"是人类劳动的果实"。以效用财富观为基础,萨伊讨论了财富的生产、分配和消费,"首次明白地而全面地指出并举例说明了"生产三要素在财富生产中的协作作用和相对贡献,提出并厘清了"生产性"和"非生产性"的区别,证明了"为什么节约是国民财富的泉源",并最终将经济

---

[1] [法]萨伊:《政治经济学概论——财富的生产、分配和消费》,陈福生、陈振骅译,商务印书馆1963年版,第36页。
[2] "古典经济学家一词在本书中指的主要是英国经济学家(他们的著作发表在1776到1848年之间)。亚当·斯密、李嘉图、马尔萨斯、斯图尔特·穆勒父子是杰出的名字。这点务请牢记,因为这个名词更广泛的使用,后来是很流行的。"参见[美]约瑟夫·熊彼特《资本主义、社会主义与民主》,吴良健译,商务印书馆1999年版,第136页。

学"结合成为一个和谐的、一致的和美妙的学理"。① 萨伊的效用财富观在财富的物质性上走得很远,有偏离财富物质性的嫌疑,但随后的穆勒和马歇尔又将其拉了回来,并最终确定了财富的物质性原则。

在从萨伊效用财富观回头的过程中,穆勒确定了财富的三条标准,即可保存、可积累和可转移,这也是空间②中的经济尽管无形但仍可称为"经济"的依据。萨伊的财富观是极其广泛的,其将任何能够提供愉快或娱乐的非物质产品都包含在内,认为"人从任何个人努力而得到的愉快,也属于无形产品的范畴","从公园或游乐场得到的愉快就是这种产品","一出好戏使我们所感到的愉快,和一盒糖果或一台烟火所提供的愉快同样真实"。② 萨伊的无形产品论引起了众多关注和争论,"它留下了一个引起很多争论的问题未能予以解决,即所谓非物质产品可否视作财富",争论者中最有影响的是约翰·穆勒。应该说,萨伊对亚当·斯密财富观的纠正和论证是很有力的,以至于穆勒认为,"萨伊先生和其他人问得好:既然说生产物品时,生产的只不过是效用,那为什么不把所有产生效用的劳动都看作是生产性的呢?"然而,尽管穆勒认为萨伊问得好,但仍认为,"对于财富这一概念来说,最重要的是可以被积累。我认为,物品生产出来以后,若不能在使用以前保存一段时间,则绝不会被人称作财富","财富概念中一不可或缺的要素是,财富不仅应该能够被积累,而且还应该能够被转移"。通过引入可保存、可积累和可转移三条标准,穆勒对萨伊

---

① "在提到萨伊先生这部书时,李嘉图先生说:'萨伊先生不但是正确理解和应用斯密的原理的第一个欧洲大陆作家或第一批这种作家中的一个;和所有其他大陆作家比起来,他尽了更大的力量把这个进步的和有益的学说的原理介绍给欧洲国家,而且成功地把政治经济学这门科学组织的更合逻辑、更能增益人的智慧。 此外还以种种议论丰富了它,这些议论又新颖又正确又深奥。'"参见[法]萨伊《政治经济学概论——财富的生产、分配和消费》,陈福生、陈振骅译,商务印书馆1963年版,第6—9、40、58—59、129页。
② 参见[法]萨伊《政治经济学概论——财富的生产、分配和消费》,陈福生、陈振骅译,商务印书馆1963年版,第127、131、134页。

极为宽泛的效用财富观作了限制,将财富限定为"指的仅仅是物质财富";对于无形产品,只有当其"是获取物质财富的手段"时,才能算作财富。[①] 穆勒对经济以及经济学的财富观的分析起到了一锤定音的效果,在穆勒之后,尤其是马歇尔在本质上重申了穆勒的受限效用财富观之后,[②]财富以及经济的物质性为经济学家所默认,很少再被讨论。按照穆勒的三条标准,当下作为数字经济关键要素的数据或比特尽管无形但却是可保存、可积累和可转移的,因而是符合穆勒标准的;这既是数字经济的底气所在,也是数字经济的实质所在。

对财富物质性原则的把握有助于理解我们应该发展什么样的数字经济。依据穆勒的财富观,有两种类型的数字经济,一是有物质外形的数字经济,二是没有物质外形的数字经济,分别对应空间③和空间②。有物质外形的数字经济是数字/比特和物质/原子相混合的经济。按照物质产品生产过程中数据混合的方式、程度和所涉环节,可进一步将其细分为一系列子类型和子形态。正是这些子类型和子形态的涌现、发育和成长不断填充、丰富和扩大着空间③。如何促成这些子类型和子形态不断涌现以及如何对其进行培育和促其成长,是我国数字经济发展应有的方向和重点。无物质外形的数字经济是提供纯数字产品或服务的经济。对这类经济尤其应该坚持穆勒原则。在受限的效用财富观的基础上,穆勒自然地发展出了其受限的无形产品生产观。生产观和财富观紧密相连,有什么样的财富观,就有什么样的生产观。萨伊的财富观极其广泛,与之相连的生产观也极其广泛;穆勒限制了萨伊的财富观,自然也就建立起了与之匹配的受限生产观。穆勒与萨伊财富观的本质区别集中于无形产品。萨伊认为

---

① 参见[英]约翰·穆勒《政治经济学原理——及其在社会哲学上的若干应用》(上卷),赵荣潜等译,商务印书馆1991年版,第21、61、64—65页。
② 参见[英]马歇尔《经济学原理》(上卷),朱志泰译,商务印书馆1964年版,第73—81页。

能提供效用的非物质产品就是无形产品,排斥无形产品的耐久性标准,认为"有一种这样的价值,它必定是实在的价值,因为人们非常珍视它,愿以贵重和经久的产品交换它,但它却自己没有永久性,一生产出来,便立即归于毁灭",抱怨"我也莫名其妙为什么画家的技能被看作有生产力的技能,而音乐家的技能却看作没有生产力的技能"。① 对此穆勒认为,"生产和生产性,当然是省略的表达方式,包含有生产出某种东西的意思。但我想,生产出来的东西,在一般人的理解中,并非效用而是财富。生产性劳动意味着生产财富的劳动";并就此又回到了"什么是财富,是应该把物质产品包括在财富内,还是应该把全部有用的产品都包括在财富内"的问题。② 基于穆勒的无形产品生产观,我们看到,正如并非物质世界中的所有劳动都是生产性的,发生于数字世界中的劳动也并非都是生产性的;至于非生产性劳动,③"社会或人类不会因它而更富些,只会因它而更穷些",因而是不值得鼓励的,"不属于政治经济学的研究范围"。④ 同样,对于空间②中的诸多现象,也应以穆勒无形产品生产观划界,界限内是值得鼓励的,界限外是不值得鼓励的;譬如"网红"、打赏等新经济现象,如果其超出了穆勒无形产品生产观的界限,都是不一定值得鼓励的。

其次是数字技术与数字经济的关系问题,必须摆脱技术即经济的误区。无可否认,随着数字时代的到来,技术和经济之间的距离越来越近,技术进步和经济发展之间的关系越来越密切,数字技术已成

---

① 参见[法]萨伊《政治经济学概论——财富的生产、分配和消费》,陈福生、陈振骅译,商务印书馆1963年版,第126—127页。
② 参见[英]马歇尔《经济学原理》(上卷),朱志泰译,商务印书馆1964年版,第62页。
③ "凡是最终只带来眼前享受,而不增加耐久性享受手段积累量的劳动,都是非生产性劳动。"参见[英]马歇尔《经济学原理》(上卷),朱志泰译,商务印书馆1964年版,第66页。
④ 参见[英]约翰·穆勒《政治经济学原理——及其在社会哲学上的若干应用》(上卷),赵荣潜等译,商务印书馆1991年版,第55、67页。

为数字经济的本质所系和根基所在；尤其是面对当下中国在一系列领域被国外"卡脖子"的状况，在关键技术领域取得突破变得尤为迫切且意义重大。尽管如此，我们还是得清醒地看到，技术进步和经济发展并非同一件事，两者不具有同一性。对于经济转型而言，技术进步并不能自动导致经济转型的成功。这里的关键核心问题是技术能否在企业里得到实际上的应用，"只要发明还没有得到实际上的应用，那么在经济上就是不起作用的。而实行任何改善并使之有效，这同它的发明是一个完全不同的任务"。发明和发明在实际上得到应用不但不是同一件事，还经常是相互冲突的。熊彼特指出，"经济的组合和技术的组合彼此并不是一致的"，"它们之间有一种对立"，"经济上的最佳和技术上的完善两者不一定要背道而驰，然而却常常是背道而驰的"。这种对立是深刻而复杂的，其根源在于笼罩每个个体的价值笼子，具体可以表现在任务本身、个体内心和社会环境等各个方面。正是由于这种深刻性，才需要熊彼特意义上的企业家；正是由于这种复杂性，才使得创新成为熊彼特经济发展中的核心要素。也正因为此，熊彼特才强调，"特别是经济方面的领导，必须同'发明'区别开来"，"像许多作家那样的强调发明这一要素，那是不适当的，并且还可能引起莫大的误解"。[①]

产业革命的历史经验也异常清晰地展现出技术与经济的这种分离和对立以及经济因素的决定性作用。从整体层面，对于产业革命运动，保尔·芒图指出："促成运动继续的东西，直至我们打算研究这个运动时为止，仍然完全是经济的而不是技术的。决定运动和改变运动的东西，并不是从个人智力中突然出现的发明，而是集体交易的缓慢进展。"从个体层面，保尔·芒图指出，"在英国大手工工场主的第一代

[①] 参见［美］约瑟夫·熊彼特《经济发展理论——对于利润、资本、信贷、利息和经济周期的考察》，何畏、易家详等译，商务印书馆1990年版，第16—18、93—105页。

中,人们期望在第一流人物里找到那些通过自己的发明而创造了大工业的人。这是根本办不到的",因为"发明是一回事,会经营利用发明物却是另一回事"。纵观整个产业革命历史,从被称为是"改变纺织工业的发明物中最早的发明物,而且应被视为一切其他发明物的开端"的飞梭,到"开始了工业革命的最后的、最具有决定性的阶段"的蒸汽机,"人们有时想把整个近代大工业归结为机械化,但机械化本身并不能够说明大工业的起源"。因为"任何技术问题,首先是实用的问题",而"要使机械装置流行于一种或数种工业之中,光有机器协助生产还不够;必须机器成为生产的重要因素,能够决定产品的数量、质量和成本"。后者显然是一个经济问题而非技术问题,决定后者的人,显然只能是企业家而非发明家。就蒸汽机而言,保尔·芒图指出,世人只知瓦特,但有"两个人值得同他分享光荣,即使不应分享发明的光荣,至少也应分享发明从理论领域转到实用领域的那种荣誉。这两个人就是卡伦的约翰·罗巴克和索霍的马修·博尔顿"。是罗巴克与瓦特之间的合同而不仅是蒸汽机"在蒸汽史上开辟了一个时代",使得蒸汽"走出了实验室,进入它即将加以改造的工业世界中去";是博尔顿而非瓦特克服了种种困难、击败了各种对手,促成了蒸汽机在工业世界中的成功,因为"关于企业的最终成功,博尔顿从未有过怀疑,在这一点上,他和瓦特十分不同",瓦特"总是迟疑、犹豫、不满意于自己",并"总是沮丧、悲观"。①这并非意味着企业家必然不是发明家或发明家必然不是企业家,但正如熊彼特指出的,"尽管企业家自然可能是发明家",这也只是"一

---

① 在众多对手中,"最可怕的就是乔纳森·霍恩布洛尔,关于这个人,必须看到他完全不同于通常的仿造人:他在研究和利用高压方面走在瓦特前面。他的机器比瓦特的机器还复杂,有两个汽缸用蒸汽交替地充满着。这种机器相当成功,足以引起博尔顿和瓦特的严重忧虑。他们决定控告霍恩布洛尔,后者受到败诉的判决,因而破产"。参见[法]保尔·芒图《十八世纪产业革命——英国近代大工业初期的概况》,杨人楩、陈希秦、吴绪译,商务印书馆1983年版,第65、147、159、160、237、257、264—266、269、299页。

种偶然的巧合,反之亦然";总体上,在经济转型与发展过程中,"技术理想要服从于经济的现实,经济的逻辑胜过技术的逻辑","当技术因素同经济因素冲突时,它总得屈服"。①

最后,是如何促进数字技术在实际上得到应用的问题,必须创造"不平衡"、提供"新的可能性"。这里的关键核心问题是如何促使熊彼特式企业家的云集出现。人们将熊彼特的理论称为创新理论,将熊彼特称为创新大师,并且往往将目光聚焦于其提出的五种创新或新组合的具体形式上②。这是没错的,但没有抓到熊彼特或创新理论的实质。熊彼特的理论兴趣或好奇心在于探究"为什么我们意指的经济发展,不是像一棵树的生长那样均匀地向前发展,而是跳跃式地向前发展"。为了回答此问题,其建立了一个假想的"孤立的社会",想要探索"心中想象的经济机制的主要特征",因为其相信"我们在这个孤立的社会中也像在比较复杂的场合中一样,能够看到事物的本质,而本书所要研究的就只是这种事物的本质"。在为此而建立起的理论体系中,其将生产看作"我们所能支配的原材料和力量"的组合,将"以不同方式把这些原材料和力量组合起来"的组合称为新组合,并将在质而非量上不同于旧组合的、具有"间断性"的新组合置于其理论核心位置。③ 在此基础上,其分析了新组合的形式、实现和主体,把"职能是实现新组合的人"称为企业家,认为此意义上的企业家"是一种特

---

① [美]约瑟夫·熊彼特:《经济发展理论——对于利润、资本、信贷、利息和经济周期的考察》,何畏、易家详等译,商务印书馆1990年版,第16—18、98—99页。
② 熊彼特对五种创新或新组合具体形式的论述,参见[美]约瑟夫·熊彼特《经济发展理论——对于利润、资本、信贷、利息和经济周期的考察》,何畏、易家详等译,商务印书馆1990年版,第73—74页。
③ "只要是当'新组合'最终可能通过小步骤的不断调整从旧组合中产生的时候,那就肯定有变化,可能也有增长,但是却既不产生新现象,也不产生我们所意味的发展。当情况不是如此,而新组合是间断的出现的时候,那么具有发展特点的现象就出现了。以后,为了便于说明,当我们谈到生产手段的新组合时,我们指的只是后一种情况。因此,我们所说的发展,可以定义为执行新的组合。"参见[美]约瑟夫·熊彼特《经济发展理论——对于利润、资本、信贷、利息和经济周期的考察》,何畏、易家详等译,商务印书馆1990年版,第73页。

殊的类型，他们的行为是一个特殊的问题"，并认为此意义上的"企业家成批地出现是繁荣产生的唯一原因"。正是由于熊彼特式企业家在熊彼特理论体系中处于核心中的核心位置，有人质疑其理论"不能令人满意，是因为它根本没有试图去解释为什么企业家实际上以周期性云集的方式出现，他们在什么条件下能够出现"。面对质疑，熊彼特认为，说其"根本没有试图去解释这一点"是不对的，因为"实际上我的整个论点都在于解释这一点"，并认为该意义上的企业家何以出现的条件其已阐述过，"并且可以简要地和部分地描述为新的可能性的存在"。①

产业革命的历史经验表明，只有创造"不平衡"才能提供"新的可能性"。对于何谓"新的可能性"，熊彼特并没有专门给出清晰的阐述，然而这并不意味着熊彼特对此没有答案。熊彼特对此的回答是隐含的，只有从整体上把握和审视熊彼特的理论体系及学术立场才能看清，这是其遭受误解的原因，也是其感到委屈的原因。简略地说，熊彼特认为"新的可能性"存在于经济有机体之外，是由经济有机体的外部环境提供的。② "只有在新的可能性表现出来时，领导的特殊问题方才产生，领袖类型的人物方才出现"，企业家只能把握而"并

---

① 参见[美]约瑟夫·熊彼特《经济发展理论——对于利润、资本、信贷、利息和经济周期的考察》，何畏、易家详等译，商务印书馆1990年版，第8、82、83、90、91、238、248、256页。
② 熊彼特认为，"一个事实绝不完全是或纯粹是经济的；总是存在着其他的——并且常常是更重要的——方面"，"一国人民的经济状态并不单是从以前的经济情况中产生的，而只是从以前的全部形势中产生出来的"，"关于经济过程的描述也总归是经济史，即使在那里，真正的原因大部分是非经济的"，"劳动分工、土地私有制的起源、对自然的日益增长的控制、经济自由，以及法律上的安全——这些是构成亚当·斯密的'经济社会学'的最重要的要素。它们显然是同事件的经济过程的社会结构相关的，而不是同事件的经济过程的任何内在的自发性相关的"。基于此，熊彼特认为，"经济发展不是可以从经济方面来加以解释的现象；而经济——在其本身中没有发展——是被周围世界中的变化在拖着走；为此，发展的原因，从而它的解释，必须在经济理论所描述的一类事实之外去寻找"。分别参见[美]约瑟夫·熊彼特《经济发展理论——对于利润、资本、信贷、利息和经济周期的考察》，何畏、易家详等译，商务印书馆1990年版，第5、65—67、71页。

不包含去'寻找'或'创造'新的可能性"。从学术立场看,熊彼特认为经济学者对经济问题的探讨应以经济领域为界。[①]"如果起'原因'作用的现象是非经济现象",就应"让位于其他的学科";反之,"如果作为原因的因素它本身在性质上是经济的,我们就必须继续我们在阐释方面的努力,直至我们到达非经济的基地"。由于这种学术自觉,熊彼特限制了自己对于"新的可能性"的延伸讨论,但其敏锐地指出,这种可能性"主要不在于发明某种东西",也不在于"创造供企业利用的条件",而在于"有办法促使人们去完成这些事情"。促使的办法多种多样,既存在于经济有机体之外也存在于经济有机体之内,但归根到底是要在经济有机体内部创造"不平衡"。[②] 以产业革命时期的纺织工业为例,"纺织工业的两个主要工序是纺和织,在正常状态下,它们应该同步前进,在一定的时期内生产出来的纱量应与人们在同一时期内所能织的织物量相称",飞梭的发明和使用之所以产生了巨大后果,是因为其使织工工作得更快,使缺纱现象变得愈加严重,从而在纺织工业内部创造了"不平衡"。不平衡意味着苦恼,不平衡愈严重,苦恼愈严重,"因为不平衡就是苦恼的原因"。苦恼会产生熊彼特的"促使"效果,会"促使"人们行动,苦恼越严重,"促使"效果越强;当苦恼严重到极点时,就会产生"一种本能的

---

① 经济领域是经济事实的领域,而"经济事实则是经济行为的结果"。"经济事实的领域首先就是由经济行为的概念所限定的那个领域","经济行为可以定义为目的在于取得货物的行为"。参见[美]约瑟夫·熊彼特《经济发展理论——对于利润、资本、信贷、利息和经济周期的考察》,何畏、易家详等译,商务印书馆1990年版,第5—6页。
② "一个工业中的各个工序都好像是一整个相互依赖并服从统一节奏的行动。某一技术改进万一改变这些工序之一,就会打破共同的节奏。这个系统中可以说产生了不平衡。只要这些变得不平衡的动作没有恢复其一致的时候,整体就仍然不安定而易于变动,变动渐渐合乎规律并使新的生产节奏产生出来。"参见[法]保尔·芒图《十八世纪产业革命——英国近代大工业初期的概况》,杨人楩、陈希秦、吴绪译,商务印书馆1983年版,第161页。

行动,这种行动不仅发生在有思考的行动以前,而且还是有思考行动的必要条件"。正是在此意义上,保尔·芒图指出,"对于一种发明来说,过于走在其可能适应的、需要尚未达到最大强度的时刻以前,反而不好",技术的作用只有在经济的需要"达到极点的时候才显露出来";也正是在此意义上,保尔·芒图指出,对于产业革命,"我们没有发现一个现象是奇迹般一下子出现的","产业革命正是以前那些还未发展起来的力量的发展,正是那些直到彼时仍然潜伏着的或者睡着的种子骤然萌发和突然开花"。[①]

"十四五"规划和2035年远景目标纲要指出,当今世界正经历百年未有之大变局,新一轮科技革命和产业变革正深入发展,我国经济正处于转向高质量发展的重要战略机遇期,数字化转型正从整体上驱动着我国生产方式、生活方式和治理方式的转变。应该说中国数字经济发展有一个成功的开局,但过去成功并不必然意味着未来一定成功。尽管过去二十年尤其是近十多年我国网络空间异常活跃、生活和消费数字化异常成功,并带动我国在世界上率先进入无现金国度,但生产和产业数字化并未同步发展,生活和消费对生产和产业的传导带动效应未见明显体现,数字化始终停留于经济有机体的皮肤和表面而未向纵深和核心发展。这构成了我国数字经济发展的重大隐忧,表现为近些年来我国数字经济占比提升幅度的逐年放缓。对此我们认为,必须充分认识到数字经济的革命性质,必须从整体上看待数字经济的发展问题,必须清晰认知和审慎选择数字经济发展的模式与路径。基于此,本文构建了数字经济发展的三维两世界模型,认为数字经济的发展过程就是物质/原子世界与数字/比特世界

[①] 参见[美]约瑟夫·熊彼特《经济发展理论——对于利润、资本、信贷、利息和经济周期的考察》,何畏、易家详等译,商务印书馆1990年版,第7、97、98、211页;[法]保尔·芒图《十八世纪产业革命——英国近代大工业初期的概况》,杨人楩、陈希秦、吴绪译,商务印书馆1983年版,第159、161、168、190、388—389页。

的融合过程,此融合过程中必然出现三种空间、三种经济并存的状况,融合的难点与关键就在于空间③能否扩大与成长。从变化模式看,空间③的扩大与成长可能是物质空间向数字空间平移、数字空间向物质空间平移以及空间③自身生长的结果,三种空间运动模式对应着三种数字经济发展模式。基于熊彼特价值笼子理论,本文认为,生长模式是空间③扩大与成长的根本模式,平移模式②(即数字空间向物质空间平移)是可行模式,平移模式①(即物质空间向数字空间平移)是极不可能模式;不同的模式选择与组合对应着不同的发展路径。基于产业革命的案例分析表明,指望平移模式①是不可能的,产业革命的成功是生长模式为主、平移模式②为从且主从组合反复冲刺的结果,这也印证了熊彼特的"冲刺"理论。[①] 按照熊彼特的"冲刺"理论,中国在生活和消费领域已经取得的数字化成就只是第一轮冲刺成功的结果,但其能否向生产和产业层面传导、能否向纵深和核心发展以及中国能否取得数字经济革命的最终胜利,则取决于是否会有第二轮甚至更多轮冲刺以及冲刺能否成功。按照以上分析,尽管后续冲刺的许多具体方面尚待研究,但其必然要遵循同样的主从模式及组合。

党的二十大报告强调,要完善中国特色现代企业制度,弘扬企业家精神,加快建设世界一流企业。在推进中国式现代化的新征程上,我们要牢牢坚持"两个毫不动摇",大力构建亲清政商关系,弘扬优秀企业家精神,提高市场主体创新创造活力,充分释放经济社会发展潜

---

① 熊彼特将产业突变的过程称为"不断地破坏旧结构,不断地创造新结构"的创造性破坏过程,认为正是"它不断地从内部使这个经济结构革命化"。熊彼特特地将"从内部"三个字加了着重号,以强调该过程的内部性质,并认为该过程内部是一连串的革命。"这些革命严格地讲并非是不停顿的;它们以不连续的冲刺形式发生,它们彼此分隔,中间有比较平静的间距。但整个过程的作用不断,不是革命就是对革命后果的吸收,它们一直存在,二者一起形成称为经济周期的过程。"参见[美]约瑟夫·熊彼特《资本主义、社会主义与民主》,吴良健译,商务印书馆1999年版,第146—147页。

能动能。这也为理解本文提出的发展模式与落实本文的转型模式提供了新的方向。基于本文的研究结论与党中央的顶层设计,就中国的现状和实际,有五方面问题值得予以特别关注和强调。一是数字经济发展的物质性问题,必须重点发展空间③而非其他数字经济,这关乎数字经济发展的目标与方向;二是数字经济发展中技术和经济的关系问题,必须坚持经济而非技术逻辑优先,这关乎数字经济发展问题的性质与成败;三是技术如何真正得到实际应用的问题,必须坚持"促使"而非帮扶逻辑,这关乎数字经济革命的内生动力以及"冲刺"能否发生和兴起;四是发挥企业家精神的问题,政府应该落实党的二十大精神,进一步发挥企业家精神的作用,扩大企业家精神的影响,实现政策引导下企业的自主转型,实现企业从组织到员工整体发展思想与发展模式的转变;五是最重要的,就是发展新质生产力的问题,在新一轮科技革命来临之际,以人工智能、量子信息、移动通信、物联网、区块链等为代表的信息技术加速突破应用,促进数字经济与实体经济深度融合,加速重塑产业形态和商业模式,正在成为改变全球竞争格局的关键力量,为加快形成新质生产力提供了重要支撑。只有发挥企业家精神突破数字经济天花板,才能为新质生产力发展提供新动能,推动高质量发展行稳致远。

参考文献:

[1] 蔡莉,张玉利,陈劲,等. 中国式现代化的动力机制:创新与企业家精神——学习贯彻二十大精神笔谈.《外国经济与管理》2023 年第 1 期

[2] 何帆,刘红霞. 数字经济视角下实体企业数字化变革的业绩提升效应评估.《改革》2019 年第 4 期

[3] 黄速建,肖红军,王欣. 论国有企业高质量发展.《中国工业经济》2018 年第 10 期

[4] 李长江. 关于数字经济内涵的初步探讨.《电子政务》2017 年第 9 期

[5] 戚聿东,肖旭. 数字经济时代的企业管理变革.《管理世界》2020 年第 6 期

[6] 田丽. 各国数字经济概念比较研究.《经济研究参考》2017 年第 40 期

[7] 许恒,张一林,曹雨佳. 数字经济、技术溢出与动态竞合政策.《管理世界》2020 年第 11 期

[8] 许宪春,张美慧. 中国数字经济规模测算研究——基于国际比较的视角.《中国工业经济》2020 年第 5 期

[9] 詹晓宁,欧阳永福. 数字经济下全球投资的新趋势与中国利用外资的新战略.《管理世界》2018 年第 3 期

[10] 张晓. 数字经济发展的逻辑:一个系统性分析框架.《电子政务》2018 年第 6 期

[11] 张昕蔚. 数字经济条件下的创新模式演化研究.《经济学家》2019 年第 7 期

[12] 张新红. 数字经济与中国发展.《电子政务》2016 年第 11 期

[13] 张雪玲,焦月霞. 中国数字经济发展指数及其应用初探.《浙江社会科学》2017 年第 4 期

[14] 张勋,万广华,张佳佳,等. 数字经济、普惠金融与包容性增长.《经济研究》2019 年第 8 期

[15] 张玉利,尚妤,田莉. 制造业服务化升级的战略路径——以三一重工集团为例.《清华管理评论》2022 年第 3 期

[16] 赵涛,张智,梁上坤. 数字经济、创业活跃度与高质量发展——来自中国城市的经验证据.《管理世界》2020 年第 10 期

[17] 周子衡. 数字经济发展三阶段:数字支付、数字法币与数字财政.《清华金融评论》2018 年第 4 期

[18] Li J., Chen L., Chen Y., et al. Digital Economy, Technological Innovation, and Green Economic Efficiency—Empirical Evidence from 277 Cities in China. *Managerial and Decision Economics*,(3),2022

[19] Li L., Su F., Zhang W., et al. Digital Transformation by SME Entrepreneurs: A Capability Perspective. *Information Systems Journal*,(6),2018

(南京大学陈曦)

新产业

一、新质生产力下产业发展的方向、战略与部署

在实现中国式现代化背景下,加快发展新质生产力,是进一步促进高质量发展的必然要求,也是建设现代化产业体系的具体体现。在这个过程中,不仅要改造提升传统产业、壮大培育新兴产业,还要前瞻布局未来产业,以抓住新一轮科技革命和产业变革的机遇,抢占全球科技产业竞争的制高点。前瞻布局未来产业,就是要先发制人,发挥先行者优势,探索"无人区"技术突破,为战略性新兴产业做好接续储备,培育经济高质量发展的新增量。

(一)理论考察:新质生产力的内涵和特点

1. 以算力为代表的新质态的生产力

自工业革命以来,人类社会大致经历了四次重大的技术变革,分别为蒸汽机的发明、内燃机和电气的应用、信息技术的广泛使用、数字化技术的不断成熟。随着技术变革,生产力的内涵和形式也相应发生巨大的革命性跃迁,可以简单地概括为"五个力",即人力、马力、电力、网力、算力。每一次技术的重大变化,都对应着不同的生产力。现阶段,所谓新质生产力,是在社会日渐网络化、信息化、数字化、智能化的条件下,生产力因科技创新加速、新型产业崛起而呈现的新形式和新质态;在当前,新质生产力本质上就是以算力为代表的新质态的生产力。可以从四方面来理解:

从质与量的关系看,新质,就是产生了质变而非量变。能够达到质变级别的生产力,一定是发生了动摇产业基础逻辑的技术革命,历

史上经历了"人力—马力—电力—网力—算力"的跃迁过程,每一次技术革命都代表产业的质变,都形成新质生产力。

从时间的接续性看,对于每一种生产力,都有与其适应的主导产业以及由此形成的产业体系和结构相配合。譬如,在马力时代,产业体系和结构以纺织工业、手工机械工业等产业为主导;在电力时代,产业体系和结构以电力工业、石化工业、钢铁产业、机械工业等产业为主导;在网力时代,产业体系和结构以电子信息、网络通信等产业为主导。因此,在算力时代,产业体系和结构将很可能转换到以人工智能、大数据等为主导的产业轨道上来。生产力内涵和形式的每一次重大变革,产业体系和结构的演化都呈现为技术、知识和人力资本不断密集化的特点,体现为产业结构不断"软化"的趋势。

从核心技术看,新质生产力是从以信息技术为中心(工业3.0)全面转向以智能技术为中心(工业4.0)。当前人工智能已成为最具变革性的技术力量,正在深层次地改变着数字世界、物理世界、生物世界。比如,当前生物智能大模型已逐步运用于人体、人脑、医疗机器人等,正在通过重构应用生态进而重塑产业格局。与移动互联时代相比,大模型的产业机会至少要再多十倍。

从新质生产力的构成因素看,是掌握了以网力、算力为代表的新知识、新技术、新技能的劳动者,运用由网力、算力赋能的劳动手段,作用于具有网力、算力特征的劳动对象,生产出密集地含有以网力、算力为代表的新知识、新技术的劳动产品。

因此新质生产力代表新技术、新价值、新产业、新动能,是一种新型生产力。

2. 新质生产力究竟"新"在何处

在人类财富创造的生产过程中,劳动者凭借他们的生产经验、劳动技能和知识,不断运用和改进劳动资料,并作用于劳动对象,生产出对人们有用的劳动产品。在这一财富创造的生产力发展过程中,体现为三种要素即劳动者、劳动资料、劳动对象的共同的有机作用。任何生产过程都需要有相应的指挥、组织和协调方式去管理这三种要素的相互作用,因此,对新质生产力来说,其"新",主要体现为上述三种要素的新的升级,即新的内涵、新的介质、新的本质、新的体质以及指挥、组织和协调要素的管理体制机制的不断创新与进步。

用现代生产函数的形式看,假如原有的在 t 期未发生重大技术创新时的生产函数为 $Y_t = A_t K_t^\alpha L_t^\beta$,而在新时期 $t+1$ 发生了新的重大的技术革命,那么新质生产力下的生产函数是 $Y_{t+1} = A_{t+1} K_{t+1}^\alpha L_{t+1}^\beta$。式中,$Y$、$A$、$K$、$L$ 分别表示产出、广义技术进步率、资本和劳动力,其中 $K = K1 + K2$,$K1$ 指劳动资料,$K2$ 指劳动对象。由于在 $t+1$ 时期,劳动力、劳动资料和劳动对象以及体制机制等相对于在 t 期,都发生了新的质态的变化,所以 Y_{t+1}/Y_t 代表新质生产力的增长效果。它由以下几个新质要素的相互作用而致:

第一,掌握了以网力、算力为代表的新知识、新技术、新技能的劳动者 L。一般的劳动者,只是指达到法定年龄、具有劳动能力、以从事某种社会劳动获得收入为主要生活来源的自然人。新质生产力下的劳动者,在当前发展阶段,主要是指能够熟练掌握网络数字技术的知识型、技能型劳动要素。其是新质生产力中"聪明的脑袋",是其中最主动、最积极、最活跃的要素,需要通过教育、产学研合作来进行培养,也需要通过高水平开放从国外吸收引进。

第二,嵌入了以网力、算力为代表的新的劳动资料 $K1$。劳动资料是生产过程中用以改变或影响劳动对象的一切东西。在算力时代,新的劳动资料指的是数字技术赋能的劳动手段,既包括工业机器人、工业母机等硬件形态的实体性劳动手段,也包括数据库、操作系统等基础软件性质的非实体性劳动手段。实体性劳动手段如机器设备,在新质生产力下被嵌入了密集的人力资本、知识资本和技术资本,是新质生产力的"坚强的心脏";而如算法、软件、网络等非实体性劳动手段，往往是新质生产力的灵魂，是生产力"起飞的翅膀"。

第三，体现为网力、算力的新的劳动对象 $K2$。劳动对象是指自己的劳动加在其上的一切物质资料，一类是没有经过加工的自然环境中的物质，如矿藏、森林；另一类是经过加工的原材料，如传统生产力中的棉花、钢铁、石油等。在新质生产力的内涵下，新的劳动对象主要体现为数据要素。数据要素跟工业的"血液"——石油、电力一样，是数字化、网络化、智能化的基础，是促使新质生产力发挥高效率的本质性因素。

第四，服务于协调以网力、算力为核心的生产过程的新的经济体制机制 A。这个因素因为无法归纳于上述 L、$K1$、$K2$，而作为剩余项单独考虑。应该指出，除了体制机制因素外，A 中还包括不能归入 L、$K1$、$K2$ 因素的其他技术进步因素。生产力决定生产关系，不同生产力的技术决定采用何种经济管理体制。在马力、电力主导的时代，经济体制机制要重点围绕劳动力、土地、资本等要素进行激励、组织、协调；而在网力、算力为王的时代，经济体制机制创新的重点是如何激发和运用好人力资本、技术资本和知识资本的发展潜能。自然，经济体制机制创新的速度和配合程度，反过来决定各种新质生产要素的组合方式和使用效率。

由上述新质要素构成的新质生产力，表现为在特定的经济体制机制下，新质的劳动者运用新质的劳动资料，作用于新质的劳动对象，生产出新质的劳动产品。当然，如果因种种原因，各要素技术知识发展出现不均衡、不配套的情况，那么新质生产力的发展可能会表现为某种非效率的其他的组合方式。比如，在社会不能够提供一大批受过数字技术和技能训练的劳动者的情况下，即使给了崭新的技术设备和软件系统，新质生产力的效果也无法正常地表现出来。一般来说，新质要素之间发展的不协调、非均衡和不协同，或某一方长期处于发展的短板或瓶颈状态，往往是由经济体制机制改进和创新不及时、力度不够所导致。

3. 新质生产力下产业发展的主要特点

由于以算力为代表的新质生产力,主要面向通用人工智能、脑机接口、量子计算、量子通信等前沿技术催生的未来产业,因而在产业发展内涵、产业创新性质、产业布局方式、产业组织关系和产业政策实施方面都显现出与以往大不相同的特点和趋势。

第一,产业发展内涵更加体现知识性。新质生产力下,由大数据、人工智能及其智能硬件和软件系统共同组成的知识密集型的数字技术,将成为继蒸汽机、电力、信息与通信技术(ICT)之后的新一代通用技术。这种内含新知识的新通用技术集群式链式的演化,将极大地拓宽产业的外延,对未来生产生活和经济社会发展产生全局性、引领性影响。

第二,产业创新性质更加突出基础性。新质生产力下的数字技术,将重塑产业创新的底层逻辑和架构,各种有关现代产业的数据传递、信息联通、运行算法、控制逻辑、财富效率等取决于数字基础技术的突破。同时,这也意味着数字算力本身对基础研究和开发具有较强的依赖性。可以预期,未来的产业创新过程中,基础性的研发将更为关键和重要,其投入也会大幅度增长。

第三,产业布局方式更加显现虚拟性。随着新一代数字通用技术广泛应用,虚拟连接方式的兴起会大大地节约交流成本,时间和空间都将被大大压缩,企业与企业之间在地理空间上的临近性、关联化对企业成长演化的重要性将大大降低,溢出效应会以新的技术连接方式体现。产业布局原先的那种地理空间集聚模式,将变成以数据和信息实时交换为核心的网络虚拟集聚模式。[①]

[①] 参见王如玉、梁琦、李广乾《虚拟集聚:新一代信息技术与实体经济深度融合的空间组织新形态》,《管理世界》2018年第2期。

第四,产业组织关系更加注重扁平性。新质生产力正在改变产业内大中小企业之间的联结关系。在数字算力推动下,企业之间的交易成本持续下降,产业链的长短问题变得不再重要,如何连接才是重要选择。由于数据实时传递,过去那种依托层层代理与客户或供应商联系的状况将发生改变;同时,企业内部的组织结构也由于算力加持而呈现扁平化趋势。

第五,产业政策实施更加需要平等性。由于新质生产力下的产业性质普遍具有未来性,因而往往伴随着巨大的不确定性。[①] 过去那种"挑选赢家"的非平等性产业政策,难以有效地引导资源最优配置,应该让平等性的产业政策发挥更大作用,以充分激发企业的创新潜力和市场竞争效应。

(二) 新质生产力下要战略性地部署发展未来产业

1. 未来产业的范畴

2019年2月,美国白宫科技政策办公室(OSTP)发布《美国将主导未来产业》,提出未来产业要关注人工智能、先进制造、量子信息科学和5G等核心技术,并呼吁资本投资富有远见的基础设施项目,以确保美国在未来工业中占据主导地位。我国在"十四五"规划和2035年远景目标纲要中提出:"在类脑智能、量子信息、基因技术、未来网络、深海空天开发、氢能与储能等前沿科技和产业变革领域,组织实施未来产业孵化与加速计划,谋划布局一批未来产业。"表1给出了近年来中国学界关于未来产业的定义。

---

① 参见李晓华、王怡帆《未来产业的演化机制与产业政策选择》,《改革》2021年第2期。

表 1 中国学界关于未来产业概念的界定

文献	未来产业定义
陈俊英《"未来产业"的概念探讨——以中医产业为例》,《福建行政学院福建经济管理干部学院学报》2005 年第 2 期	未来产业是以知识运用为基础、以人们的生活质量提高为目标,产业间关联性很强的产业
丛知《试论"未来产业"》,《中国科技信息》2005 年第 23 期	未来产业是指在后资本主义社会科技知识和全球化背景下,因融入了科学、工程、技术、社会等而无法归类到哪一个特定产业部门,具有巨大发展潜力且满足人们新的社会价值观的重要经济组织形式
余东华《"十四五"期间我国未来产业的培育与发展研究》,《天津社会科学》2020 年第 3 期	未来产业是重大科技创新产业化后形成的、代表未来科技和产业发展新方向、对经济社会具有支撑带动和引领作用的前瞻性新兴产业
陈劲、朱子钦《全球未来产业的发展态势及对中国的启示》,《新经济导刊》2021 年第 3 期	未来产业是重大科技创新产业化后形成的,与战略性新兴产业相比,更能代表未来科技和产业发展的新方向,是对经济社会变迁起到关键性、支撑性和引领性作用的前沿产业
沈华、王晓明、潘教峰《我国发展未来产业的机遇、挑战与对策建议》,《中国科学院院刊》2021 年第 5 期	未来产业是以满足未来人类和社会发展新需求为目标,以新兴技术创新为驱动力,旨在扩展人类认识空间、提升人类自身能力、推动社会可持续发展的产业
李晓华、王怡帆《未来产业的演化机制与产业政策选择》,《改革》2021 年第 2 期	未来产业是由处于探索期的前沿技术所推动、以满足经济社会不断升级的需求为目标、代表科技和产业长期发展方向,会在未来发展成熟和实现产业转化并形成对国民经济的重要支撑和巨大带动作用,但当前尚处于孕育孵化阶段的新兴产业
杨丹辉《未来产业发展与政策体系构建》,《经济纵横》2022 年第 11 期	未来产业是重大前沿科技创新成果商业化的产物,是富有发展活力和市场潜力,对生产生活影响巨大、对经济社会发展能够产生全局带动和引领作用的先导性产业

在上述研究的基础上,本文使用如下未来产业定义:未来产业是基于重大前沿科技创新成果,以新技术为推动力,以满足人类不断升级的需求为目标,对经济社会发展具有重要支撑、带动和引领作用,当前处于萌芽或产业化初期的前瞻性新兴产业。

2. 未来产业的主要领域

未来产业涉及的各个领域都来自人类对自身、物质、能量、信息和时空多个领域的不断认识和探索的诉求,即人类对自身生命体的探寻和维护、对新物质新能源的发现和使用、对海量信息的创造和获取以及对人类文明生存发展空间的探寻和开拓,本文将未来产业所涉及的领域做如下划分(如表2):

表2 未来产业涵盖的主要领域及代表性技术

领域	探索目的	代表性技术
自身域:未来健康	生命长度更长、生命质量更高	合成生物、再生医学、基因技术、脑机接口、类脑智能等
信息域:未来智能	数字要素利用更高效、信息获取与传播速度更快、虚拟现实体验更丰富	量子计算、量子通信、智能计算、通用AI、6G技术、元宇宙、VR/AR、数字孪生、视觉触觉听觉融合产品等
物质域:未来材料	满足其他产业硬件和基础支撑的新材料的发现、制造和使用	高端膜材料、高性能复合材料、第三代半导体材料、3D打印材料等
能量域:未来能源	清洁、高效的新能源的发现、开采和使用	氢能、先进核能、可控核聚变、新型储能等
时空域:未来时空	对物理生存空间的利用更广阔、更深远	深海探采、深地探索、空天探索等

(1)自身域:未来健康

对人类自身域的拓展主要是为了满足人类对自身生命长度更长、生命质量更高的追求。主要涉及生命科学与健康领域,代表性技术为合成生物、再生医学、基因技术、脑机接口等。其中合成生物是对蛋白质和基因、生化反应和代谢通路等进行编辑,组成细胞,利用该项技术有望延缓衰老。基因技术主要集中在基因制药、基因诊断、基因治疗、基因编辑等领域,其成果将极大地改变人类生存状况。

(2) 信息域：未来智能

对信息域的拓展是为了数据要素的利用效率更高、信息获取与传播速度更快。主要涉及数字技术及其深化细分领域,代表性技术为量子信息科技、通用 AI、未来网络等。还包括在此技术基础上,一系列为了生命体验与生产生活场景更加丰富而衍生的虚拟现实相关产业,如元宇宙、VR/AR、数字孪生、视觉触觉听觉融合产品等。

量子信息科技领域。根据应用范围主要分为量子通信、量子计算和量子精密测量三大领域。量子通信利用量子力学原理进行信息传输和处理,主要研究量子密码、量子隐形传态、远距离量子通信的技术等,因其具有高安全、高容量等优点而逐渐发展成为一种极为重要的通信方式。量子通信产业是未来全球信息安全产业的重要领域之一,因其颇具前景而被誉为"富矿产业"。量子计算是一种遵循量子力学规律调控量子信息单元进行计算的新型计算模式。传统的通用计算机的理论模型是通用图灵机,而通用的量子计算机的理论模型是用量子力学规律重新诠释的通用图灵机。从计算的效率上,由于量子力学叠加性的存在,某些已知的量子算法在处理问题时速度要快于传统的通用计算机。量子精密测量旨在利用量子资源和效应,实现超越传统精度的测量,是原子物理、电子技术、控制技术等多学科交叉融合的综合技术。目前,从全球范围来看,量子通信技术发展较为成熟,产业化进程最快；量子精密测量技术成果不断涌现；量子计算发展进度相对缓慢,但也成为各国争相研究布局的领域。

专用人工智能、通用人工智能与类脑智能。过去几十年,专用人工智能得到了快速发展,通过运用机器学习,能够更准确地预测洪灾、翻译上百种语言、更准确地预测和诊断疾病等。通用人工智能，也被称为强人工智能、完全人工智能，是智能代理理解或学习人类所能完成的任何智力任务的能力，是一些人工智能研究的主要目标。类脑智能是在人工智能发展到较高阶段，与生物学、医学等技术深度融合交叉的产业。类脑智能是以大脑的神经机制和认知行为机制为模仿对象，通过计算建模手段和软硬件协同实现模拟大脑功能器件的物理呈现。其技术根基是根据人脑结构和功能，利用微纳器件模拟神经元和突触的信息处理与传递功能，在器件和架构层面认识脑、模拟脑和增强脑。

未来网络。未来网络是面向新需求的下一代信息通信网络，具备高速泛在、全域互联、智能敏捷、服务确定、绿色低碳、安全可控等主要特征。当前，未来网络相关核心技术正处于全球同发状态，融合、开放、智能、可定制、网算存一体已成为未来网络技术发展的关键趋势。未来网络的发展将聚焦高速全光通信网络、第六代通信系统（6G）和算力网络等细分方向。其中，近年来受到广泛关注的领域元宇宙（Metaverse），是具备新型社会体系的数字生活空间，是人们利用科技手段进行链接创造出的与现实世界映射交互的虚拟世界。在元宇宙中，人们拥有永恒的数字身份，利用基于区块链的数字身份证构建经济体系，在其中生活、学习、工作、娱乐。元宇宙将加速推动5G、6G、VR/AR、数字孪生、人工智能、区块链等新技术交互融合，打造一个与现实世界交互的虚拟世界。

（3）物质域：未来材料

对物质域的探索是对新材料的发现、制造和使用，这也是多种未来产业所需的关键材料、硬件与集成系统的基础支撑。未来材料包括新型储能材料、第三代半导体材料、3D打印材料等。其中新型储能材料包括新型太阳能电池材料、储氢材料、固体氧化物电池材料，特别是氢能储存与运输材料技术的突破，将加速氢能的大规模开发应用。第三代半导体材料包括砷化镓、氮化镓、碳化硅等新型半导体材料。石墨烯、碳纳米管等碳基新材料将是未来集成电路领域的颠覆性材料。超导材料在打破超导温度壁垒后,将应用在发电、输电和储能中,大幅提升发电、输电效能。

(4) 能量域:未来能源

对能量域的拓展即对新能源的发现、开采、控制和使用,是为了能源资源利用更清洁、更永续。代表性技术为氢能、可控核聚变、新型储能等。目前,全球范围正在加速进行能源转型,以氢能为代表的清洁能源将在未来社会能源供给中占有更大比例。近年来,氢能已受到各国政府的关注,中、美、日、英、法等国已将发展氢能提升到国家能源战略高度。天然氢开采、人工制氢等氢能技术的突破,将提升氢能单位效率,大幅降低成本。氢能储存与运输技术的突破,将打破储能应用瓶颈,加速氢能的大规模应用,实现氢能"制储输用"全链条发展,推动新一轮能源革命,重塑全球能源格局。

(5) 时空域:未来时空

时空域的开拓建立在人类对更广阔、更深远的生存空间的需求上,是对深海、深地、深空展开的多维度探索。代表性技术为深远海油气矿产资源、可再生能源、生物资源开发,太空探索、航天技术、高端空天装备等。

综合来看,未来产业所涉及的各个领域,都是基于人类对自身生存发展多个维度的需求而展开的探索,这也是历次技术革命的原动力。而其依赖的技术基础和产业演进方向,也都清晰地遵循着数字化和绿色化两条主线。

3. 未来产业的特征

相较于传统产业及战略性新兴产业,未来产业具备如下特征:

(1) 通用技术创新的颠覆性

支撑和驱动未来产业发展的核心技术属于具有突破性和颠覆性

的前沿技术。相较于单个企业或机构的设备更新、工艺改进、产品开发等常规化研发投入,未来产业的创新活动更具原创性、前沿性、颠覆性、系统性和融合性,是由材料革命、基础设施更新、通用技术迭代和生产组织方式再造互促共融的跨学科、跨组织创新,集中体现了新一轮科技革命的群体性突破特征。[①] 数字、生命、能源、材料等多个维度的正处于变革中的通用技术将支撑未来产业的发展。同时,未来产业的核心技术虽然处于萌芽期,但并不同于早期在实验室的基础研究,而是已有产品原型或已经进入小试阶段,其产业价值已得到初步验证。[②]

(2) 需求的引领与创造性

未来产业将帮助人类突破极限,拓展物理意义和认知意义上新的生存和发展空间,相较于满足人类当下需求,更是在创造人类对智能能力、生命质量、资源利用、空间拓展等多个维度潜在的、尚未被满足的需求和新的应用场景。此外,未来产业往往属于复杂产品系统,产品架构、生产系统或应用系统复杂程度高,因而其不仅自身具有巨大的增长潜能,而且具有很强的产业关联性,利于带动上下游关联产业的发展。未来产业要实现从技术突破到大规模产业化,对原材料、生产设备、中间投入品以及各类生产性服务业有较高质量的需求。

(3) 影响的变革性

未来产业是对传统技术领域、生产技术路线及生产关系的突破,将会对人类自身、经济、社会、文化等多个维度产生变革性的影响和重塑。随着数据技术逐步演化为未来产业的通用技术之一,数据要素作为新型生产要素,其大规模投入和开发利用将贯穿未来产业从

---

① 参见杨丹辉《未来产业发展与政策体系构建》,《经济纵横》2022年第11期。
② 参见李晓华、王怡帆《未来产业的演化机制与产业政策选择》,《改革》2021年第2期。

研发到生产再到商业模式的全链条,改变产业发展的要素结构和定价机制,经济活动和公共治理对算力的需求也将达到前所未有的高度,算力已经上升为国家竞争力的重要组成部分。同时,实现能源利用低碳化、清洁化也是未来产业发展的必然要求,将引发能源、矿产等传统要素投入结构的调整。

(4)发展的不确定性

未来产业处于产业生命周期的初创孕育阶段,从识别、培育到产业化需要一个漫长的过程,驱动技术的前沿性、产业化的长期性带来了发展的高度不确定性。其不确定性首先来源于产业的颠覆性创新固有的破坏性,会增加选择决策和把握风口的难度、放大决策失败的破坏力。同时,创新成果的产业化难题也是未来产业发展面临的巨大挑战,市场需求不稳定、政策跟进不及时、监管方式不合理等因素均有可能阻碍前沿突破性创新的产业化进程。未来产业的发展在技术、市场和组织等方面存在巨大的不确定性。

4. 国内外未来产业布局现状

随着新一轮科技革命和产业变革正在重构全球创新版图、重塑全球经济结构,世界主要经济体都在前瞻布局人工智能、量子信息科学、先进制造、生物技术、未来网络等前沿产业,持续加大研发投入力度,提前谋划颠覆性、变革性产业发展,以期赢得未来全球产业发展的先机,抢占未来竞争的制高点。

未来产业正在成为衡量一个国家科技创新和综合实力的重要指标,表3摘选了主要发达经济体未来产业布局的指导文件与重点领域。2019年2月,美国白宫科技政策办公室发布《美国将主导未来产业》,指出人工智能、先进制造、量子信息科学、5G等是能够保证美国长期繁荣、改善国家安全的关键技术;2020年1月,美国一个由两党参议员组成的团体提出了《2020年未来产业法案》,要求确保在人工智能、量子信息科学、生物技术、下一代无线网络和基础设施、先进制造、合成生物学等未来产业的联邦研发投入。欧盟于2019年发布《加强面向未来欧盟产业战略价值链报告》,提出重点发展人工智能、工业互联网、自动驾驶、网络安全、氢能技术及其系统、智能健康、公共卫生与新药开发等领域。日本于2018年出台《集成创新战略》,制定了未来在人工智能、超级计算、智能实验室、生物技术、环境能源等关键领域的发展目标,提出将日本建成"世界上最适宜创新的国家"。在量子科技领域,日本发布《量子技术创新战略》等文件,系统指导支持量子技术研发,同时成立量子技术新产业创造协议会(Q-STAR),有组织地推进量子技术应用。

表3　主要发达经济体未来产业布局的指导文件与重点领域

国家	未来产业指导文件	未来产业布局重点领域
美国	《美国将主导未来产业》	人工智能、先进制造业、量子信息科学、5G通信技术
美国	《无尽前沿法案》	人工智能与机器学习、半导体、量子计算科学与技术、机器人、先进材料科学、数据管理、基因组学与合成生物学、生物技术、电池与工业能效
美国	《NSF未来法案》	量子信息科学、人工智能、超级计算、网络安全和先进制造
英国	《产业战略:建立适应未来的英国》	人工智能与数据经济、未来观众、量子技术商业化、创意产业集群、数字安全、下一代服务、机器人技术、无人驾驶汽车、先进医疗保健、低成本核能
法国	《"未来工业"计划》	新资源、智慧城市、绿色交通、未来运输、未来医学、数字经济、智能设备、数字安全、健康食品
日本	《新产业结构蓝图》	自动驾驶汽车、保险与评级管理智能化、功能食品、生物能源

近年来,我国也注重培育发展未来产业。2021年3月,国家"十四五"规划和2035年远景目标纲要发布,提出要着眼于抢占未来产业发展先机、前瞻谋划未来产业,"在类脑智能、量子信息、基因技术、未来

网络、深海空天开发、氢能与储能等前沿科技和产业变革领域,组织实施未来产业孵化与加速计划,谋划布局一批未来产业。在科教资源优势突出、产业基础雄厚的地区,布局一批国家未来产业技术研究院,加强前沿技术多路径探索、交叉融合和颠覆性技术供给。实施产业跨界融合示范工程,打造未来技术应用场景,加速形成若干未来产业"。这是首次在五年规划中提出"未来产业"这一概念,也是国家面向未来特别是2035年远景目标提出的一个重要战略思想。随后,各部委相继发布各类相关文件。例如,2021年5月,教育部公布在北京大学、清华大学、东南大学等12家高校开设首批未来技术学院,意图培养"瞄准未来10—15年的前沿性、革命性、颠覆性技术,突破常规、突破约束、突破壁垒,强化变革、强化创新、强化引领,着力培养具有前瞻性、能够引领未来发展的技术创新领军人才"[①]。2022年11月,科技部印发《"十四五"国家高新技术产业开发区发展规划》,明确提出要建设未来产业科技园,重点面向类脑智能、量子信息、未来网络等领域,前瞻部署一批未来产业,并依托高校、地方政府及科技领军企业,批复量子信息、未来能源与智能机器人、未来网络等10家未来产业科技园建设试点。同时,我国也出台了一系列氢能、虚拟现实等未来产业细分领域的指导性政策文件。例如,2022年3月,国家发展改革委、国家能源局出台《氢能产业发展中长期规划(2021—2035年)》,指出氢是未来国家能源体系的组成部分,提出氢能产业发展基本原则及发展目标,部署推动氢能产业高质量发展的重要举措。2022年10月,工业和信息化部、教育部、文化和旅游部等多部门联合印发《虚拟现实与行业应用融合发展行动计划(2022—2026年)》,提

---

① 《教育部办公厅关于公布首批未来技术学院名单的通知》,中华人民共和国教育部政府门户网站,2021年5月20日,http://www.moe.gov.cn/srcsite/A08/moe_742/s3860/202105/t20210526_533701.html。

出推进关键技术融合创新、提升全产业链条供给能力、加速多行业多场景应用落地、加强产业公共服务平台建设和构建融合应用标准体系的任务,强调要"强化虚拟现实与5G、人工智能、大数据、云计算、区块链、数字孪生等新一代信息技术的深度融合"(见表4)。

表4 各部门出台的关于未来产业细分领域指导文件

出台时间	发布部门	文件名称
2022年10月	工业和信息化部、教育部、文化和旅游部等	《虚拟现实与行业应用融合发展行动计划(2022—2026年)》
2022年7月	科技部等六部门	《关于加快场景创新以人工智能高水平应用促进经济高质量发展的指导意见》
2022年3月	国家发展改革委、国家能源局	《氢能产业发展中长期规划(2021—2035年)》
2022年1月	国家发展改革委、国家能源局	《"十四五"新型储能发展实施方案》
2021年6月	工业和信息化部、中央网信办	《关于加快推动区块链技术应用和产业发展的指导意见》
2019年8月	科技部	《国家新一代人工智能创新发展试验区建设工作指引》

(三) 新质生产力下的服务业:以数字化突破"鲍莫尔病"[①]

在当今信息时代,美国借助信息通信技术使得服务业的劳动生产率等于甚至超过了制造业,"治愈"了产业发展中的"鲍莫尔病"[②]。因此,总结新质生产力下服务业数字化和"鲍莫尔病"的特点,分析通过服务业数字化突破"鲍莫尔病"的路径具有重要意义。

[①] 本文第三部分的分析,博士生孙文婷有贡献,特此致谢。
[②] 参见范振锐《信息化时代美国克服鲍莫尔病对我国的启示》,《数字经济》2022年第6期。

1. "鲍莫尔病"与服务业数字化

鲍莫尔于 1967 年提出了一个两部门非均衡增长模型,即一个部门是劳动生产率增长较快的"进步部门",另一个部门是劳动生产率相对较低的"停滞部门"。劳动力可以在两部门间自由流动,"停滞部门"劳动力收入如果要保持与进步部门同比例增长,就需要产出价格同步上涨。为维持均衡的经济增长,劳动力将不断转移到"停滞部门",从而使得"停滞部门"在整个经济中的占比不断上升,最终导致经济增长停滞,这种现象被称为"鲍莫尔病"。[1]

一般认为,制造业为生产率高的"进步部门",服务业为生产率低的"停滞部门"。"鲍莫尔病"在发达国家和发展中国家都普遍存在。1978—2021 年,我国服务业的劳动生产率一直低于制造业的劳动生产率。2021 年全国城镇非私营单位就业人员平均工资为 10.68 万元,制造业就业人员平均工资为 9.25 万元,服务业中的交通运输仓储和邮电通信业、批发零售贸易和餐饮业、金融保险业、教育和科学研究等行业的就业人员平均工资都高于平均水平;同时,服务业就业人员占比自 2013 年超过制造业后逐年增加,而我国经济增长率呈现逐渐下降的趋势。从中可以看出,"鲍莫尔病"的症结主要表现在三个方面,分别是服务业生产率低于制造业生产率、服务业的工资水平和制造业同步造成生产成本不断上升,以及劳动力向服务业转移,导致服务业在国民经济中的比重提升,从而使得经济增长出现结构性减速。

服务业数字化是产业数字化的一种形态,即通过信息技术与服务业的广泛深度融合,促进服务业的业务形态变革和产业结构调整。由于服务业的无形性、难以复制等特点,制造业和服务业的技术经济

---

[1] 参见 W. J. Baumol, "Macroeconomics of Unbalanced Growth: The Anatomy of Urban Crisis", *The American Economic Review*, 57(3), 1967, pp.415-426。

特征具有显著区别①。服务业数字化有以下三个方面特点,一是数字化变革从服务业中的通信技术和软件服务始发然后扩散到其他行业,呈现出从第三产业到第二产业的逆向渗透,因此具有先天优势;二是数字要素作为一种新的生产要素,具有非竞争性、边际生产成本为零等特点,能够改变服务业无形性、产销同步性和不可储存性等特点,为服务业规模化提供可能;三是服务业可以分为生产性服务业和生活性服务业,两者的劳动率水平存在差异性,数字化改造的重点和未来发展趋势也具有差异性,且生产性服务业与制造业的互动性较强,为数字化发展模糊两者边界提供可能。

2. 服务业数字化:突破"鲍莫尔病"的路径

针对"鲍莫尔病"的三个症结以及服务业数字化的特征,产业数字化可以从以下路径突破"鲍莫尔病"。

(1) 增量提质——提高"停滞部门"生产率

数字技术在服务业的渗透能够带来规模经济,也就是"增量"效应。这有三方面的表现,一是数字技术的复制、储存和传播的能力赋予服务业产销分离的新特点,延长了服务业的价值链长度,提升服务产品的使用率。比如,尽管艺术表演在经过多年发展后无法通过精减人员提高劳动生产率,但其以电子形式的储存和传播方式使得消费或使用的人员增加、范围扩大,利用程度也大大提升。数字化打破了时间和空间的限制,让人与人的交流变得容易,洽谈、签约活动可以省去舟车劳顿,直接借助远程视频会议进行。这就减少了劳动时间,大大增加了单位时间的工作量。二是数字技术的使用能够批量化、自动化提供服务产品。比如,银行或者公共服务的电子化辅助设施能够帮助工作人员进行相关审批服务,在部分数字审核工作中使

---

① 参见李晓华《数字技术与服务业"成本病"的克服》,《财经问题研究》2022 年第 11 期。

用自动识别技术实现无差别、标准化的核对。这些工具的使用减少了对劳动力的需求量。三是服务业数字化聚合交易流量。对于商家而言,数字化给了细分领域商家展示的舞台,丰富了宣传推广的渠道,提高了中小企业的活跃度;同样地,对于消费者而言,服务业集聚推动产业结构调整升级从而刺激消费水平的提升,产品的细分将大量"少部分"消费者聚集成"长尾"。

服务业数字化尤其是平台经济能够打破信息不对称,提高资源使用率,也就是"提质"效应。服务业平台化包括"天生平台化"和"后天平台化",前者包括如滴滴、美团等本身采用平台模式的服务业企业,后者为传统的非平台企业进行平台化转型。[1] 服务业平台化的"提质"效应表现在以下三个方面。一是平台化有助于匹配供需双方需求,从而精简流程、提高周转速度、提高生产率。消费方利用服务业平台进行搜索、询价,降低了搜寻成本;供应方利用服务平台进行展示、报价和招揽。由于双方信息更加透明从而能够打消交易中的疑虑,减少了交易达成时间,提升了交易的达成率。二是由于平台经济能够聚集大批量的大中小企业,在带来规模效应的同时还带来技术溢出效应和学习效应。新技术在供应链上传播应用,能够提升整体的技术水平从而提高劳动生产率。三是平台化能够提升服务企业的韧性,增强抗风险能力。[2] 扁平的组织架构和数字化技术能够让企业在外界环境变化时迅速做出调整,提升安全性;平台内企业"抱团取暖"有助于抵御震荡的环境甚至行业寒冬。

(2)劳动替代——控制"停滞部门"不必要成本

服务业数字化通过精简不必要的环节降低生产成本和交易成

---

[1] 参见郭克莎、杨佃龙《制造业与服务业数字化改造的不同模式》,《经济科学》2023年第4期。
[2] 参见李勇坚《"中国式服务业数字化":基本框架与政策含义》,《贵州社会科学》2023年第7期。

本,同时还有助于控制由于很难引入生产工具代替人工而造成的劳动成本过高问题,体现在减少人员工资总量以及人员管理费用等方面。数字化能够对服务业产生两种类型的劳动替代。一种是对机械性重复性工种的替代。比如,购物平台的客服是使用后台关键词识别进行自动回复的"机器人",只有当你特别提出需要"人工服务"时,才会有人工客服解决你的问题;还有景点的播音讲解、ChatGPT等人工智能提供的包括翻译、会议记录、书稿创作等方面的工作职责。另一种是对能够进行自动化、自助化工种的劳动替代。比如,医院的自助挂号、缴费系统,尽管现场有工作人员进行指导和帮助,但基本模式是一人管理一个自助区的五到六台机器;还有罗森、盒马鲜生等超市、便利店,既配备人员处理食物加热、分拣等工作,也配备了自助结账机器以及辅助分拣设备。这些劳动替代直接减少了服务企业的劳动成本支出;并且由于工作人员的减少,使得企业组织架构扁平化,决策更加科学迅速,降低了管理成本。

服务业成本较高还表现在税费负担下降幅度不明显、生产要素成本偏高以及营商环境方面的无形制度性交易成本。[①] 数字化在这些方面也有降本作用。比如,针对较高的土地要素获取成本,远程智能化可以让服务业企业在选用较偏远场所时也能实现"虚拟化集聚",甚至可以实现无场所、无耗材化办公;同时,数字治理本身就是政府公共服务数字化的表现,信息透明化、办事流程线上化本身就有利于优化营商环境,让根植于垄断行政资源强制收费的中介服务失去生存的土壤。

(3) 两业融合——扩大"进步部门"比例

服务业数字化有利于服务业、制造业融合,从而扩大高生产率的"进步部门"的比例。在这里,我们将"两业融合"分为两部分,一是服

---

① 参见夏杰长、肖宇、欧浦玲《服务业"降成本"的问题与对策建议》,《企业经济》2019年第1期。

务业对制造业提供中间投入,即制造业服务化,也表现为服务型制造业;二是制造业为服务业提供物质基础,也可称为服务衍生制造,从品牌、销售等靠近消费者的一端出发,通过委托制造、品牌授权等方式向制造环节延伸。服务业数字化能够促进两业融合的原因在于,首先,数字化使得服务业分工更加精准、细致,为传统制造业升级成服务型制造业提供可能。比如,纺织、家居定制等传统制造业利用AI建模实现线上试衣和三维实体效果图,直接了解不同客户群的需求以实现个性化定制。其次,数字化能够延伸服务业产业链上下游环节,大数据挖掘并分析消费者行为并"反哺"到制造环节,使得外围的营销与售后服务环节反向渗透到内部的研发、设计与生产环节,进一步提高了制造业对生产性服务的需求,模糊两者边界。比如,直播、"网红"经济等让个人或者品牌成为流量,将流量引入制造部门实施生产活动。两业融合不仅有助于激活传统制造业,赋能高技术制造业,从而扩大原有"进步部门"制造业的占比;同时有助于提高服务业,尤其是生产性服务业的生产率,将其转化为"进步部门"。

3. 对我国的产业政策的启示

第一,要积极推动服务业数字化建设。继续积极推动服务业数字化改造,建设数字基础设施,夯实数字化改造的基石;丰富数据资源,积累数字化改造的生产要素;发展数字平台,规范数字化改造的重要载体。数字基础设施建设方面,政府要做好建设主体,不仅要扩大网络体系的规模,更要注重发展以5G、大数据等为核心的新一代信息技术。数据建设方面,在收集海量数据的前提下,利用数字技术进行处理使其价值化,最重要的是扩大价值化数据在经济社会的广泛应用,进一步增强网络外部性,带来价值增值。平台建设方面,引导平台规范建设,吸引众多企业入驻平台、盘活平台,增强平台内部参与者的黏性并促成平台多方交易的达成,更好地发挥平台梅特卡夫效应。

第二,要有力促进服务业结构升级。引导服务业结构调整,不仅需要推动生活性服务业高端化，更需要进一步促进生产性服务业和制造业的融合。推动生活性服务业如购物、打车、教育和娱乐等高端化，需要将其与数字技术结合，深化生活性服务业中的文化内涵，挖掘新的消费热点，促进消费升级，创新商业模式，培育构建新业态。强化生产性服务业作为服务业中"高生产率"的角色，进一步推动生产性服务业和制造业的融合。这就需要加快构建两业融合的顶层设计，设计适用于商家、平台、消费者等多方参与主体的扶持政策，推动各类服务业创新园区、特色小镇等融合载体的建立和发展，并选定优势企业进行试点工作，由点及面地展开推广，从而实现知识密集型、科技金融型和研发创新型服务企业全面与制造业高效融合。

第三，要注意服务业数字化带来的潜在风险。服务业数字化的过程中也会带来各种风险和问题。譬如，大数据以及高水平算力、算法在节约资源、带来绿色经济效应的同时也带来巨大的电力损耗，对环境的影响具有多面性；数据要素市场建立初始，规则不够健全，存在过度收集数据、滥用数据权限等问题，给隐私保护和公共安全带来隐患，电信诈骗案件高发，甚至可能因为不当的数据跨境传输危害国家安全；还有平台经济发展带来的垄断问题。在服务业数字化的发展过程中要密切关注这些问题，建立健全数据要素市场规则，引导数据资产化过程中所有权和使用权的区分；对平台进行严格的反垄断监管，规避因垄断带来的消费者福利损耗和系统性风险问题。

（四）新质生产力下对制造业的数字化改造分析[①]

1. 中国制造业数字化改造的主要障碍

20世纪末，随着网络技术的普及应用逐渐折射到制造业，2013

[①] 本文第四部分，部分内容取于作者与徐天舒合写的论文。参见刘志彪、徐天舒《我国制造业数字化改造的障碍、决定因素及政策建议》，《浙江工商大学学报》2023年第2期。

年以德国为代表提出了以大规模定制为特征的"工业4.0"概念。在"工业4.0"时代的智能制造,"其核心是动态配置的生产方式,关键是信息技术应用,本质是基于'信息物理系统(Cyber-Physical Systems)'来实现'智能工厂'"①。

2015年5月发布的《中国制造2025》标志着中国已经将智能制造上升为国家战略。2018年我国制造业的数字化改造进入高速增长期。2021年12月国务院发布的《"十四五"数字经济发展规划》中指出,要以数据为关键要素,推进数字产业化和产业数字化,赋能传统产业转型升级;全面深化重点产业数字化转型,要深入实施智能制造工程,大力推动装备数字化,开展智能制造试点示范专项行动,完善国家智能制造标准体系。培育推广个性化定制、网络化协同等新模式。该文件的发布说明,制造业数字化改造应该成为传统产业转型升级的主要途径。

当前,中国制造业数字化改造的主要障碍有如下几个方面:

第一,从宏观环境来看,现阶段我国制造业承受着来自国内外的双重压力。一方面,发达国家制造业依靠原始积累,率先进行数字化转型升级,生产成本不断降低,科技含量不断提高,致使我国制造业国际竞争力相对较弱,在全球价值链中存在"低端锁定"的风险;另一方面,随着国内劳动力和原材料成本优势衰减,"刘易斯拐点"的到来致使制造业原有的粗放式发展模式受到强烈冲击。② 因此有观点认为,要实现《中国制造2025》提出的目标任务,仅有一批大企业是不够的,需要各个行业80%的产能和80%的企业都能够达到制造业的先进水平。但麦肯锡报告又指出,国外一般企业数字化转型失败率为

---

① 孙富春:《人工智能与产业发展》,机械工业出版社2018年版,第177页。
② 参见钱艺文、黄庆华、周密《数字经济促进传统制造业转型升级的内涵、逻辑与路径》,《创新科技》2021年第3期。

80%。埃森哲与国家工业信息安全发展研究中心（工信部电子第一研究所）合作开发的中国企业数字转型指数显示，中国只有7%的企业突破业务转型困境，成为转型领军者。

第二，从企业的异质性研究来看，刘飞（2020）根据中国制造业上市公司2007—2019年的年度报告，使用文本挖掘算法证实，"2013年以后，数字技术应用对生产率有显著的直接影响和间接影响。但这些显著性在不同行业、不同规模、不同所有制上市公司中呈现较大差异"[1]。Wen等（2022）指出，制造业数字化显著促进企业实施差异化竞争战略，同时抑制成本竞争战略的实施。生存能力更高的制造企业更适应数字化转型，并倾向于实施差异化竞争战略。[2] Moeuf等（2018）的研究表明，中小企业并没有利用所有资源来实施"工业4.0"，而且往往只限于采用云计算和物联网；同样，中小企业似乎只采用了"工业4.0"概念来监控工业过程，而且在生产计划领域仍然缺乏实际应用。[3] 这些文献表明，制造业的数字化改造效果，存在行业、所有制和规模上的异质性。"特别对于广大中小企业来说，由于缺资金、缺人才，对数字化转型大都抱有'不敢、不想、不会'的态度，即所谓数字化改造中的'中小企业陷阱'。"[4]

第三，从微观层面来看，"缺乏权威的数据标准、数据安全问题有待解决、数据开放与共享水平有待提高、技术基础与信息基础设施相对薄弱、对就业将产生严峻挑战等问题仍存在，阻碍着制造业数字化

---

[1] 刘飞：《数字化转型如何提升制造业生产率——基于数字化转型的三重影响机制》，《财经科学》2020年第10期。
[2] 参见 H. Wen, Q. Zhong, C.-C. Lee, "Digitalization, Competition Strategy and Corporate Innovation: Evidence from Chinese Manufacturing Listed Companies", International Review of Financial Analysis, 82, 2022, pp. 1-13。
[3] 参见 A. Moeuf, R. Pellerin, S. Lamouri, et al., "The Industrial Management of Smes in the Era of Industry 4.0", International Journal of Production Research, 56 (3), 2018, pp. 1118-1136。
[4] 闫浩：《江苏制造业数字化转型分析》，江苏省企业信息化协会，2022年3月。

转型进一步深入"①。Albukhitan(2020)指出:"数字转型战略的制定和实施已成为许多制造业组织的关键问题,但如何制定这样的战略仍然是一个悬而未决的问题。"②从已经开展"智改数转"城市的实践来看,企业往往因为缺专业人才"不敢转";因为缺钱缺技术"不愿转";因为设备制式数据标准不统一"不能转";因为缺智能化诊断和后续服务"不会转";因为头部企业示范引领作用不强,中小企业缺抓手"不善转"。

2. 传统制造业数字化改造的决定因素

2018年,世界经济论坛(WEF)牵头并联合麦肯锡公司启动了"全球灯塔网络"倡议,旨在为制造业的大规模数字化转型提供全球认可的推广加速平台。截至2023年1月,全球共有10批132家具有榜样意义的"数字化制造"和"全球化4.0"的创新示范者入选"灯塔工厂",这些"灯塔工厂"中57%实现了产量增加,35%实现了产量和销售的双增加。中国获评"灯塔工厂"的有50家(其中大陆46家,台湾地区4家),约占全球获评数量的四成,成为世界上拥有最多"灯塔工厂"的国家,与中国经济在全球的地位基本相称。我们利用网站、专题新闻报道以及研究报告,收集了这50家中国"灯塔工厂"的相关信息,进行了横向企业层面的统计分析。

(1) 中国"灯塔工厂"数字化转型的总体特征

从产业分布看,中国"灯塔工厂"的产品主要服务于终端用户。中国获评"灯塔工厂"集中度较高的前五大产业分别是家用电器,电子产品及设备,消费品,汽车和汽车零部件制造,工业机械、设备、装备,累积占比达到76%。而前三大传统产业的累积占比高达56%。详见表5。

---

① 国务院发展研究中心"我国数字经济发展与政策研究"课题组:《我国制造业数字化转型的特点、问题与对策》,《发展研究》2019年第6期。
② S. Albukhitan, "Developing Digital Transformation Strategy for Manufacturing", *Procedia Computer Science*, 170, 2020, pp.664-671.

表5 中国50家"灯塔工厂"的产业分布

产业领域	认证数量	占比	累积占比
家用电器	11	22%	22%
电子产品及设备	10	20%	42%
消费品	7	14%	56%
汽车和汽车零部件制造	6	12%	68%
工业机械、设备、装备	4	8%	76%
光电子、光电子学	3	6%	82%
工业自动化	1	2%	84%
钢铁制品	1	2%	86%
医疗设备	1	2%	88%
服装	1	2%	90%
半导体	2	4%	94%
电器元件	1	2%	96%
新能源	1	2%	98%
化工	1	2%	100%
合计	50	100%	

从区域分布看（见表6），中国"灯塔工厂"落户在大陆15个省（市）和台湾地区的共26个城市中，主要集中在沿海制造业发达地区（数量占比72%），其中长三角地区18家、环渤海湾10家、珠三角8家；从城市排名看，前三的城市分别是苏州6家，合肥4家，上海、天津、青岛各3家，其他21个城市分别拥有1家或2家。这种地域上的高度集中，表明制造业数字化改造与城市制造业水平、地方政府的重视程度密切相关。

表6 中国50家"灯塔工厂"的地域分布

省份	认证数量	占比	城市分布
江苏	9	18%	苏州6,无锡2,南京1
广东	7	14%	深圳2,广州2,佛山2,中山1
山东	4	8%	青岛3,潍坊1
台湾	4	8%	台中2,高雄2
安徽	4	8%	合肥4
四川	3	6%	成都2,宜宾1
天津	3	6%	天津3
上海	3	6%	上海3
北京	2	4%	北京2
福建	2	4%	宁德1,福州1
河南	2	4%	郑州2
湖北	2	4%	武汉1,荆州1
湖南	2	4%	长沙2
辽宁	1	2%	沈阳1
浙江	1	2%	杭州1
河北	1	2%	秦皇岛1
合计	50	100%	共26个城市

从表7看,大陆46家"灯塔工厂"中外资企业占65.2%,其中既有"灯塔工厂"冠名认证的宣传工作在外资企业较为普及的原因,但更主要的原因是外资企业自20世纪末以来大力施行精益生产、六西格玛质量管理、设备综合效率（OEE）、业务流程再造等一系列综合运营模式改善措施,为推行制造业数字化转型奠定了基础。

表 7　大陆 46 家"灯塔工厂"的企业性质分布

企业性质	认证数量	占比
外资企业	30	65.2%
民营企业	9	19.6%
上市企业	5	10.9%
国有企业	1	2.2%
混合所有制企业	1	2.2%
合计	46	100%

从企业属性看，46 家大陆企业的平均注册资金为 37 亿元，基本为所在行业的大型头部企业；平均成立年份为 16.5 年，其中 2001 年中国"入世"前成立的企业 15 家，占比 26.1%，1988 年成立的中信戴卡股份有限公司（生产铝合金车轮）和广州宝洁有限公司（生产日化产品）经营时间最久。这说明我国传统制造业转型升级的空间巨大，对此应该有坚定的信心。

从数字化转型的效果看，大陆的 46 家"灯塔企业"在以下五个维度上都表现优异：提高效率（20%—250%）、降低成本（6%—35%）、节能减排（10%—49%）、提高客户满意度（25%—75%）、促进销售（14%—40%）。

（2）中国"灯塔工厂"数字化转型具有鲜明个性

其一，突破集成陷阱，在自动化和集成化基础上实施智能化和数字化，大幅提高了生产效率。集成陷阱是数字化转型公认的基本矛盾，即企业管理信息的全局优化需求与碎片化供给的矛盾（见图 1）。具体表现为各个职能部门各自搞了许多信息系统，却鲜见信息系统间的连接与集成，最终成为一个个"信息孤岛"。一般认为，只有数字化改造突破了集成陷阱（价值拐点 G），企业才会进入实质性受益阶段。

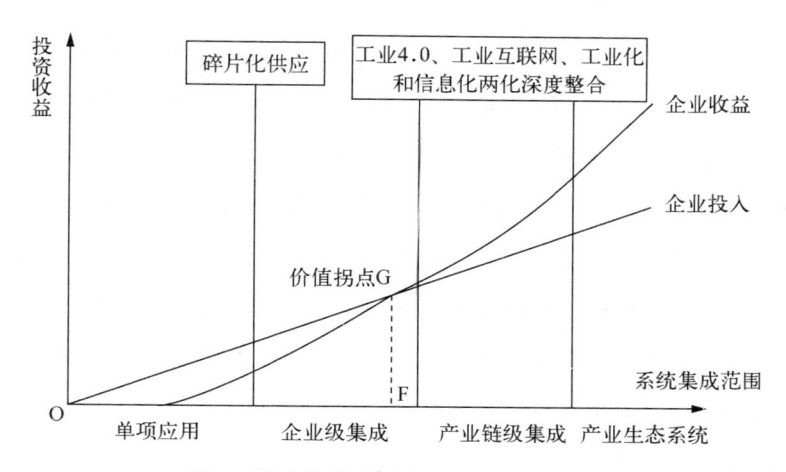

图 1　数字化转型的基本矛盾：集成陷阱

中国的"灯塔工厂"积极采用了"工业4.0"的关键技术，包括企业上云、工厂自动化和数字化、信息系统集成、数据挖掘和分析建模等先进技术，跨越了数字化陷阱。在这方面，在华外资企业表现突出，而京东方、宁德时代等民营企业在基于制造流程数据的先进分析领域也表现不俗。中国的"灯塔工厂"通过普及技术并提升操作人员能力、以大数据为基础制定决策、对流程和商业模式展开创新、利用动态的生态系统应对供应商和客户的变化，实现了平均50%以上的劳动生产率的提高、平均50%左右的交货期缩减、平均超过25%的能源消耗降低、平均超过20%的销售增加、平均20%左右的运营成本削减，以上效益指标整体上远高于获评的其他国家的"灯塔工厂"。

其二，通过产业组织的横向一体化、规模化进程，不断复制产业数字化转型的经验，建设面向消费者的标准品快速交付系统，有效消化了数字化转型的高成本。中国50家"灯塔工厂"中，有29家工厂分别隶属9家企业集团（见表8），产业集中度非常高。例如，海尔集团有6家工厂入选，夺得全球空调、冰箱、洗衣机、热水器、洗碗机、智能控制"灯塔工厂"的6个第一。"灯塔工厂"较多诞生于集团化企业，是有客观原因的。因为，制造业数字化改造面临相对较高的改造成本，许多企业可能在投入期、未达成改造效益前,就已经难以承受持续的投入成本。因此,如果隶属于某个实力雄厚的企业集团,后者就可以给下属工厂的智能制造改造提供巨大的人力、物力、财力的支持,实现产业内横向一体化的规模效应。例如,宝洁太仓工厂和广州工厂依托中国庞大的消费市场,通过工厂数字化转型,开发了面向终端消费者的通用日化产品快速交付系统、智能高效且规模化的生产系统,有效消化了数字化转型的高成本。同样,富士康深圳、成都、武汉、郑州四家工厂也走了数字集约化的道路。

表8 企业集团"灯塔工厂"认证数量及占比

企业集团	认证的工厂数量	中国"灯塔工厂"占比
海尔	6	12%
美的	5	10%
鸿海集团(富士康)	4	8%
博世	3	6%
联合利华	3	6%
宝洁	2	4%
宁德时代	2	4%
三一重工	2	4%
纬创资通	2	4%
合计	29	58.0%

其三,以企业自身的工业互联网建设,实施产业的纵向一体化战略,并以此为竞争优势开展面向终端客户的大规模定制。中国"灯塔工厂"的实践证明,单个企业的数字化转型,如果脱离了整个产业链的协同配合必然事倍功半。数字化转型不能仅仅局限在工厂内部,还需要扩大到整个生产供应网络,覆盖整条价值链。因此,较多的中国"灯塔工厂"都积极建设企业自身的工业互联网或物联网系统,以此推动整个产业纵

向一体化上的数字化水平。例如,海尔于2017年4月建成了海尔主干工业互联网卡奥斯平台,已聚集了3.4亿用户、4.3万家服务企业和390多万家生态资源;2020年,美的发布的美擎工业互联网平台,融合了旗下美云智数、安得智联、库卡中国、美的金融、美的模具等八大品牌矩阵,打造美的工业云生态,赋能全产业链数字化转型,已经应用于40多个细分行业,服务了超过200家行业领先企业的数字化转型。

一个自主、可控、稳定、安全的工业互联网,可以帮助企业大幅度削减传统生产模式下的固定成本、供应周期、最小订购量,帮助像海尔、美的这样多品类、多规格的家电制造商有效开展面向终端客户的大规模定制。例如,依托卡奥斯工业互联网平台,海尔青岛中央空调互联工厂实现了与用户需求的连接,将一次性交易的顾客变成可全周期、全流程参与持续交互的终身用户;通过部署可扩展的数字平台,海尔沈阳工厂实现了供应商和用户的端到端连接,从而使其直接劳动生产率提高28%;海尔在天津新建的洗衣机工厂将5G、工业物联网、自动化和先进分析技术结合起来,将产品设计速度提高50%,将质量缺陷减少26%,将单位产品的能耗降低18%。

其四,实施商业模式变革,实现从端到端的全价值链服务,克服中小企业困境。中国作为从生产端到消费端"灯塔工厂"数量最多的国家,逐渐在相关产业构建起了互联互通的端到端全过程价值链。例如,潍柴潍坊工厂为精确识别客户需求并降低成本,该"灯塔工厂"进行了打通端到端价值链的数字化转型,在人工智能和物联网技术的驱动下,研发周期缩短了20%、运营成本降低了35%;美的集团广州南沙空调工厂以用户为中心,推行大规模定制业务模式,通过大规模定制和B2C在线订购、与供应商相连的数字化平台等方式,使直接劳动生产效率提高了28%,并实现了100%按时交付。

至于那些既没有实力搭建平台,也没有足够资金与科技企业合作的产业链底端的中小制造业工厂,则不得不在数字化中苦苦寻找生机。而阿里巴巴、京东、拼多多等平台开启的消费者直通制造商（C2M）之路，为它们的转型提供了方案。例如，2013年阿里巴巴首次提出C2M理念；2020年9月阿里巴巴内贸批发平台1688宣布产业带升级计划，融合加工定制、批发分销和零售三大数字化平台，在3年内打造1000个年销过亿的超级工厂。目前，阿里巴巴1688覆盖了172个一级产业带，超过3000万中小企业接入，接入1688已成为产业带中小企业数字化转型的主要方式。

其五，积极投身节能减排，诞生大量"黑灯工厂""熄灯车间"和"关灯库房"。数字化转型带来的生产效率提高、资源消耗降低、缺陷产品减少无形中会产生节能减排效果。例如，通过实施数字化制造，阿里巴巴犀牛服装工厂减少了50%的工业用水，美的顺德微波炉工厂减少了9.6%的二氧化碳排放，纬创资通昆山工厂降低了49%的能源消耗。

同时，伴随着工厂智能化和数字化水平的不断提高，出现了一批"非接触式交货仓库""熄灯车间""黑灯工厂"和"关灯库房"。例如，联合利华太仓和路雪工厂通过"精益制造—自动化—数字化—大数据—质量控制"等一系列的持续努力，实现"熄灯"生产；富士康深圳工厂在生产场域，采用了关灯状态下的全自动化作业，生产线上均由机器人自主操作，可以实现全流程的关灯作业，在保证生产效率的同时减少了生产过程的能源消耗。

其六，高层高度重视和员工积极参与。数字化转型首先是"人"的转型。企业领导层的重视，是数字化转型获得成功的重要条件，这是中国产业数字化界的共识。例如，德国博世无锡工厂和苏州工厂，通过坚持以人为本的理念，在推动第四次工业革命转型的过程中始终关注包容性增长，鼓励各级员工都参与到行业的重构中，共同打造一个富有创新力和创造力的未来。

3. 纵向产业链视角的分析：苏州"智改数转"案例

苏州规上企业工业总产值2022年末达到43642.7亿元，在全国城市中排名第二。2022年江苏省工业化和信息化融合发展水平指数达到66.4,连续八年位居全国第一,而苏州在两化融合方面的成绩全省领先。苏州也是中国拥有"灯塔工厂"数量最多的城市(见表6)。为此我们课题组6人(其中3位教授、3位博士)历时三年半,长期跟踪"工业4.0"和制造业数字化改造实践,并在苏州当地开展了一系列调研活动,参见表9。

表9 苏州制造业数字化改造专题调研活动清单

序号	时间	被调研单位	主题	活动形式
1	2019年8月21日	苏州西门子电器公司的西门子数字化企业示范线	"工业4.0"	企业参观
2	2022年5月22日	2022"智汇苏州"学术沙龙第3期	"智改数转"推动工业高质量发展	学者专题报告及"政产学研"专家圆桌讨论
3	2022年7月11日	新华三工业互联网平台、北京商询(DataMesh)平台、西格数据、苏州协同装备4家平台服务商和博世互联网工业事业部	"以产业集群方式发力'智改数转':苏州的探索"企业专题调研	苏州精英周"数字经济赋能制造业应用场景相亲会"上小组讨论
4	2022年7月12日	协鑫集成、瀚川智能、南大光电、爱科发电子材料		4家民营企业参观访谈
5	2022年7月13日	亿滋食品苏州湖西"灯塔工厂"、霍尼韦尔苏州公司		2家外资企业参观访谈
6	2022年7月14日	苏州工业园区经发委产业发展促进处		政府职能部门访谈
7	2022年7月15日	苏州市工业互联网产业联盟		行业协会调研

续表

序号	时间	被调研单位	主题	活动形式
8	2023年2月17日	沪光股份、微盟电子（昆山）、竞陆电子（昆山），昆山开发区、发展改革委、工信局	昆山电子信息产业发展如何寻找"智改数转"的突破口？	企业参观及与政府职能部门座谈

我们通过运用扎根研究方法，将参观、调研、研讨、访谈、座谈过程中发现的对制造业数字化改造产生影响的因素进行了编码汇总，以初步概念化（conceptualization）被调研者的观点，[①]整个概念化的过程参见表10中B列和C列。

表10 "制造业数字化改造决定因素"命题的概念化过程

编号	调研访谈摘录	逐句编码（观点初步概念化）	决定因素概括（命题范畴化）
A列	B列	C列	D列
1	西格数据宁经理："的确，2013年的时候很难找到数字化改造的设备供应商，更别说软件服务商了，但2018年以来我们服务商发展也非常迅速，您看下今天参会的商家就知道了。"	数字化发展的时机和上游服务商配套	产业链上游服务商的配套
2	外商独资企业亿滋食品苏州湖西工厂数字化项目常经理："先有自动化，才有数字化。"	工业自动化是基础	
3	德国西门子数字化企业示范线项目陈经理："西门子建立了自己的主干工业网，并编制了大量程序将不同制式设备同步连接到同一工业互联网上。"	企业具有终端采集、储存和分析数据的能力，运营资源均可实现数据化，具有平台化特征	

---

① 参见李平、曹仰锋主编《案例研究方法：理论与范例——凯瑟琳·艾森哈特论文集》，北京大学出版社2012年版。

编号	调研访谈摘录	逐句编码(观点初步概念化)	决定因素概括(命题范畴化)
A列	B列	C列	D列
4	实施锂电池生产智能化改造的上市企业瀚川智能董事会办公室何主任:"尽管我们是民营企业,但我们的业务发展很快,在数字化改造上的年均投入达到销售收入的8%。"	企业的持续投入	制造企业自身的改善
5	台商竞陆电子(昆山)庄总:"我们从事的是少量多样的电竞PCB主板研制,产线的数字化改造帮助我们的工人防错,因为非主观人为原因造成的每张板子损失都在万元人民币以上。"	数字化改造的动力不仅来自生产规模,还可能来自减少损失	
6	(1) 上市公司协鑫集成科技公司信息管理部张副总:"做得好的企业,老总们都在做'智改数转'。而且我们集团每个员工都参与其中。" (2) 为全球各大整车汽车制造商提供各类线束产品的沪光股份昆山工厂项目高经理:"像特斯拉这样的公司要求我们同步实施工厂数字化改造,以便与他们的总装厂进行数字化同步对接。"	制造业数字化转型对企业同时带来了压力和动力,高层领导和员工的积极参与	

续表

编号	调研访谈摘录	逐句编码(观点初步概念化)	决定因素概括(命题范畴化)
A列	B列	C列	D列
7	北京商询平台李经理:"单个企业的数字化改造没有太大意义,因为被改造企业的上下游企业如果都没有实施数字化改造,那么根本无法实现与被改造企业相互间的有效衔接。"	只有整个产业链上下游企业共同参与数字化改造,才能达成事半功倍的效果	
8	(1) 新华三工业互联网平台刘经理:"龙头企业是'智改数转'工作的核心中枢力量。" (2) 博世中国互联网工业事业部张经理:"我们苏州赋能中心,就常年对外接待参观,并开展相应的研究和培训工作。" (3) 美国霍尼韦尔苏州公司涂总:"我们以二维码扫描设备产品为核心,建立了自己的数字化研究院,十多年来面向社会开放工厂参观,实施向下游的业务拓展,帮助客户进行数字化仓储改造。"	行业龙头企业的示范和引领作用	产业链的协作
9	苏州市工业互联网产业联盟吴会长:"苏州先后招引了国家级29个工业互联网双跨平台中的14家落户。"	工业互联网是支撑数字化转型的重要基础设施	
10	苏州市工信局信息化推进处汪处长:"苏州市政府在2020年出台了《关于推进制造业智能化改造和数字化转型的若干措施》,以各种政策性资金支持的形式,促进数字化产业集群的生成。"	出台鼓励性产业政策,提供政策性资金支持	政府的培育

续表

编号	调研访谈摘录	逐句编码（观点初步概念化）	决定因素概括（命题范畴化）
A列	B列	C列	D列
11	苏州工业园区经发委产业发展促进处钱处长："近年来园区推行'智能制造伙伴计划'，分步骤有针对性地推进区内制造企业的'智改数转'工作。首先，推动获评的智能化工厂对外开放，帮助其他有意向进行智能化改造的工厂管理人员走进标杆企业，进行经验传授和技术分享；其次，依托中国工业互联网研究院、工信部赛迪研究院、上海工业自动化仪表研究院等国家专业院所，对1亿元以上销售规模的制造企业开展企业智能化改造水平诊断并提供解决方案；最后，重点建设'5G+工业互联网'服务平台，帮助有意向进行智能化改造的工厂搜索、筛选和对接服务商。"	促进开展工厂智能化水平诊断，推动智能工厂示范，帮助意向企业进行产业对接	政府的培育
12	钱处长："苏州在2022年6月制定了《苏州市加快培育'智改数转'技术服务输出企业实施意见》，对已经实施智能化改造且具有技术服务输出能力的企业，凡是成立服务子公司开展产业链上下游'智改数转'技术服务的，给予一次性50万元的奖励，以此带动相关行业整体性提升智能制造水平、加快数字化转型步伐。"	政府鼓励已经成功实施数字化改造的企业推动整个制造业的"智改数转"	
13	吴会长："苏州有12万家制造企业，其中1.2万家规上企业，剩余90%的小微企业对各种'智改数转'缺乏感性认识。联盟通过组织各类大会、论坛、沙龙、培训、游学、评选活动，促进了产业内的交流。成立4年间共计组织联盟会员走进智能化改造企业500多家；基于'智改数转'需求建立'智造学院'，组织了'政策汇'、'人才汇'、产业培训、产学院交流等学习形式；推动跨区域交流合作。"	促进中小企业开展数字化改造交流，培训复合型人才，推动行业内联合	行业协会的作用

237

在初步概念化的基础上,继续按照纵向产业链上各参与者观点,对数字化改造的决定因素这一命题进行范畴化(categorization),参见表 10 的 D 列,对整个范畴化过程的分析如下:

(1) 引进智能化改造软硬件服务商,形成上游技术服务集聚

制造业企业的改造需求差异性较大,因此随着头部企业"智改数转"需求的释放,必须通过市场手段和政府平台,吸引大量能提供"智改数转"解决方案的软硬件服务商。目前全国共有 15 家主干工业互联网公司,其中 13 家在苏州建立了办事处,大量通信、数据、场景应用设计、业务流程优化、信息安全等领域的服务商云集苏州,形成了具有一定规模的产业集聚,为苏州各企业的"智改数转"提供了技术服务保障。

(2) 发挥龙头企业的驱动作用,实施标杆引领促进工程

被调研的国内知名工业互联网服务商新华三集团强调,龙头企业是"智改数转"工作的核心中枢力量。苏州获评的 5 家"灯塔工厂"均是联合利华、博世、纬创资通、强生医疗、宝洁这样的世界 500 强跨国公司在苏州的运营工厂,其中强生医疗苏州工厂还是强生集团的"World Class"级工厂。苏州作为外资制造业高地,拥有一批经营状况良好、有工业自动化基础、愿意实施持续改善的运营工厂,它们在苏州的"智改数转"推进工作中发挥了龙头驱动作用。

例如,生产奥利奥、趣多多、太平等知名品牌饼干的亿滋食品苏州湖西工厂认为"先有自动化,才有数字化",在高度自动化的基础上,通过设备数字化改造,实现了饼干夹心厚度、饼干形状、饼干烤制的全线智能化控制。从 2012 年开始实施"智改数转"至今,工厂员工数从 2021 人降低到 580 人,人均年产值从 2.4 吨增长到 90 吨。从事新能源开发的上市民营企业协鑫集团年销售 100 亿元,7 年内数字化改造(未含人力成本)累计投入 1.8 亿元,其信息管理部副总直言"做得好的企业,老总们都在做'智改数转'"。从事锂电池生产智能化改

造的上市民营企业瀚川智能公司的年均研发投入强度达到8%。美国知名电气制造商霍尼韦尔苏州码捷工厂，以二维码扫描设备产品为核心，建立了自己的数字化研究院，10多年来面向社会开放工厂参观，实施向下游的业务拓展，帮助客户进行数字化仓储改造。

（3）政府部门打造产业生态服务圈，提高产业集群"智改数转"一体化水平

例如，苏州工业园区经发委产业发展促进处，近年来推行"智能制造伙伴计划"，有针对性地分步骤推进区内制造企业的"智改数转"工作。首先推动获评的智能化工厂对外开放，帮助其他有意向进行智能化改造的工厂管理人员走进标杆企业，进行经验传授和技术分享；其次，依托中国工业互联网研究院、工信部赛迪研究院、上海工业自动化仪表研究院等国家专业院所，对1亿元以上销售规模的制造企业开展企业智能化改造水平诊断并提供解决方案；最后，重点建设"5G+工业互联网"服务平台，帮助有意向进行智能化改造的工厂搜索、筛选和对接服务商。例如，园区帮助亿滋苏州湖西工厂对接麦肯锡咨询工厂，完成了"灯塔工厂"的预审。又如，针对不同行业不同规模的企业，园区企业发展服务中心基于企业服务过程中的大数据积累，提供了分级化"智改数转"菜单，有面向中小微企业的三星级上云（公有云，关注各类场景云化软件的开发和利用）方案，有面向工业基础较好企业的四星级上云（公有云、私有云和混合云，关注工业设备的联网上云）方案，还有面向龙头企业的五星级上云（公有云、私有云和混合云，关注数据加模型的创新应用）方案。

（4）政府提供精准的政策性资金支持，促进生成数字化产业集群

苏州市政府在2020年出台了《关于推进制造业智能化改造和数字化转型的若干措施》，以各种政策性资金支持的形式，促进数字化产业集群的生成。例如，苏州职能部门设立专项资金为开展企业智能化改造水平诊断"买单"；各产业园通过产业引导基金支持开展"智

改数转"的企业在股票市场直接融资;园区通过企业发展服务中心提供智能制造风险贷款,为实施智能化改造的企业提供利息总费用50%的贴息;省市区三级联合为实施智能化改造的企业提供改造设备10%左右的补贴;对获评省市区各级智能车间的企业分别提供50万元、20万元、10万元三个等级的奖励。

此外,为了更好地引导培育优秀"智改数转"制造业企业输出技术、产品、服务和解决方案,服务产业链上下游、产业集群相关企业,苏州又在2022年6月制定了《苏州市加快培育"智改数转"技术服务输出企业实施意见》,重点围绕4大产业创新集群和11个重点产业集群,筛选一批有基础、有能力、有意愿对外提供"智改数转"技术服务输出的优秀制造业企业。对已经实施智能化改造且具有技术服务输出能力的企业,凡是成立服务子公司开展产业链上下游"智改数转"技术服务的,给予一次性50万元的奖励,以此带动相关行业整体性提升智能制造水平、加快数字化转型步伐。

(5) 行业协会角色定位准确,协调工业企业不断提高数字化水平

苏州有12万家制造企业,其中1.2万家规上企业,剩余90%的小微企业对各种"智改数转"缺乏感性认识。苏州市工业互联网产业联盟通过组织各类大会、论坛、沙龙、培训、游学、评选活动,促进了产业内的交流。成立4年间共计组织联盟会员走进智能化改造企业500多家;基于"智改数转"需求建立"智造学院",组织了"政策汇"、"人才汇"、产业培训、产学院交流等学习形式;推动跨区域交流合作,如苏州协鑫集团近期到安徽投资进行"智改数转"服务输出,联盟主动对接安徽的产业协会,帮助协鑫安徽公司迅速融入当地产业链。

(6) 形成企业为主、政府和行业协会为辅的复合型人才培养模式

被调研企业一致认为,企业数字化转型要经历从"自动化到智能化再到数字化"的过程,在这个转化过程中企业高管重视是重点,人

才是关键。但对于这种复合型人才的培养,目前高校并不能承担起全部的责任。苏州以"智改数转"实施企业为主,政府和行业协会为辅,构建了一个较为完整的人才培养体系。例如,"智改数转"实施企业大都建立了自己的企业大学;政府则组织在线"云课堂",还与西交利物浦大学和园区职业技术学院组织了多期面向高管的《智能制造》、面向中层干部的《技术赋能》线下课程;行业协会则陆续建立起高端人才和高级技工的人才库。

针对本文归纳的制造企业数字化改造过程中遇到的三大障碍,即"五不敢""中小企业陷阱"和集成陷阱,我们分别运用统计分析和扎根研究的方法,从横向企业和纵向产业链两个视角分析了制造业数字化改造的决定因素。

首先,横向企业视角的数字化改造决定因素有:

选择数字化改造的企业应该是从事规模化生产或高利润的产业,可以通过提高劳动生产率和增加效益来消化掉持续的数字化改造成本;

选择数字化改造的企业应该具有工业自动化和生产运营持续改善的基础;

选择数字化改造的企业应该具有终端采集、储存和分析数据的能力,运营资源均可实现数据化,具有平台化功能特征;

选择数字化改造的企业应该信息高度集成,最好是单独或联合建设企业自主管理的主干工业互联网;

选择数字化改造的企业应该具备持续投入的能力或者获得风险投资的资助,以帮助企业顺利度过价值拐点(参见图1中价值拐点G);

选择数字化改造的企业应该实施相应的商业模式变革,实现从端到端的全价值链服务;

选择数字化改造的集团企业,应该具有在集团化经营条件下进行内部工厂复制的能力,以便通过经验分享和摊薄固定成本来大大

加速数字化改造的进程;

选择数字化改造的企业高层应该高度重视数字化改造战略并鼓励员工积极参与。

其次,纵向产业链视角的数字化改造决定因素有:

是否由政府推动开展了数字化改造诊断,然后根据各地制造业数字化改造成熟度水平来决定是否启动具体某个产业的数字化改造时机;

是否具备了数字化改造产业的配套能力和服务供应商;

是否下游厂商已经实现数字化改造,对上游供应厂商数字化改造形成压力或引领示范作用;

是否具有鼓励性的地方产业政策支持;

是否政府相关职能部门能提供专项改造资金补贴以帮助企业加快度过前期投资阀域(图1中OF段);

行业协会是否能主导数字化改造标准的制定和推广,复合型人才的培养,数字化改造经验的积累和推广。

4. 传统制造业数字化改造的产业政策建议

(1) 做好制造业自动化、精益生产、质量提升的基础工作

生产奥利奥、趣多多、太平等知名品牌饼干的亿滋食品苏州湖西工厂获评第十批"灯塔工厂",其负责数字化改造的专员指出,"先有自动化,才有数字化"。因此对于制造业相对落后的地区,不要一哄而上地急于启动数字化转型,政府应设立专项资金,鼓励企业首先做好制造工厂现有生产线的自动化改造、精益生产管理、质量提升改进等基础工作。

(2) 以规模和效率为标准,审慎选择制造业数字化改造的产业

目前中国"灯塔工厂"主要集中在毛利率高的行业,如电子材料业、保健品业,能承受较高的改造成本;有风险投资基金介入的行业,如新能源行业,有机构为企业"买单";改造后有规模效应的行业,如

汽车、石化、钢铁、食品、纺织等行业，能通过规模化生产迅速分摊改造成本。这说明，以规模和效率为竞争优势的产业，将在此轮数字化转型升级中脱颖而出。以阿里巴巴犀牛服装工厂为例，传统意义上的朝阳产业、夕阳产业的界限有可能被突破，因此政府产业扶持政策的方向，也要根据这个趋势做出相应的调整。

（3）"链主"与"链长"密切配合，积极推进区域一体化进程中的制造业数字化转型

依据中国"灯塔工厂"区域分布来看，应将制造业数字化转型工作纳入区域一体化战略推进的重点工作范畴，并依托现有的产业集群，由头部企业作为产业链"链主"，由政府相关部门作为产业链的"链长"，重点建设区域内优势产业的主干工业互联网，形成集约式纵向一体化改造的局面。

（4）制定"黑灯工厂"建设的鼓励政策，大力推行节能减排

"无接触收货仓库""熄灯车间""黑灯工厂"和"关灯库房"等运营模式，是制造业数字化改造的高级阶段。绿色发展与业务增长及盈利并非"水火不容"，正相反，基于先进数字化工具以及高级分析技术的"工业4.0"转型，不仅能够催生绿色技术，还能提升效率，改进现有生产模式和物流模式。因此，有必要制定相应的鼓励政策来推进产业数字化的高级化。

（5）鼓励企业从事数字化转型研究、培训和分享，制定相应的人才培养、转岗培训以及灵活用工政策

"灯塔工厂"不仅是一个荣誉称号，更是指引制造业高质量发展的标杆。要通过制定优惠政策，来鼓励"灯塔工厂"开展数字化转型研究、培训和分享。如苏州工业园区博世"智改数转"赋能中心，常年对外接待相关需求方的参观，并有定编人员开展相应的研究和培训工作。同时，制造业数字化转型给人力资源管理也带来了一定的冲击。例如，需要大量既懂得工厂运营，又熟悉工业自动化和信息技术

的复合型人才;部分低端的一线操作工面临转岗培训;八小时工作制的管理模式逐渐无法应对数字化转型后线上离散性的工作时间;等等。针对数字化转型后的用工模式,需要国家相关部门深入调研,制定相应的人才培养、转岗培训及灵活用工政策。

(南京大学刘志彪、孙瑞东、凌永辉)

二、以推进新型工业化加速塑造新质生产力

新质生产力是习近平总书记在立足"两个大局"、深刻把握新一轮科技革命和产业变革规律的基础上,对马克思主义生产力理论的创新发展,对新时代中国生产力发展内涵和方向的凝练总结和理论升华。本文主要围绕如何加快推进新型工业化,特别是推动制造业高端化、智能化、绿色化发展,谈一谈对新质生产力的认识和思考。

(一)把握关键点,深刻领会新质生产力的本质特征

习近平总书记关于新质生产力的重要论述提纲挈领、高瞻远瞩,深刻揭示了新质生产力的主动力、主渠道、主阵地,为我们完整、全面、准确贯彻新发展理念,加快推进新型工业化,实现高质量发展,提供了根本遵循、指明了实践路径。

1. 新质生产力是以创新驱动为主动力的生产力

新质生产力的关键在"新",相较于传统生产力而言,更加注重通过新技术、新模式、新产业、新领域、新动能实现生产力能级跃升。科技是人类进步的源泉,科技创新创造美好未来。科学积累知识的速度远远快于社会积累智慧的速度,技术创新成为发展新质生产力的重要动能。随着全球科技创新进入空前活跃的时期,生产力的基本要素——劳动者、劳动对象、劳动资料都发生了前所未有的深层变革:劳动者变成掌握新技术的新劳动者,劳动对象变成涵盖高端智能装备等物质形态和数据等非物质形态的新劳动对象,劳动资料变成人工智能、数字技术、先进制造装备等。可以说,在生产力的演化变

革中,科技创新发挥着前所未有的主导作用,成了推动高质量发展的一种相对独立的生产力形态和决定性因素。

2. 新质生产力是以数字驱动为主渠道的生产力

新质生产力的目标在"质",就是通过整合创新资源和现有产业基础,推动经济发展的质量变革、效率变革、动力变革,实现更高质量、更有效率、更可持续的发展。当前,我们正面临着不可持续的经济增长、环境退化、地缘政治、技术壁垒等全球性挑战,同时身处一个前所未有的高度互联的、充满不确定性的复杂变革时代,世界上60%以上人口成为网民,80%以上人口人均一部手机。科技创新与数字互联无处不在,大数据、云计算、区块链、人工智能等新一代信息技术正在深刻改变人类的生产方式、生活方式和治理方式。人类正在以此为基,建立更有韧性、更有竞争力、更可持续的制造业体系,共同塑造更加美好的未来。2022年,美国、中国、德国、日本、韩国等5个主要国家的数字经济总量为31万亿美元,数字经济占GDP比重为58%;2016—2022年,中国数字经济规模增加了4.1万亿美元,年均复合增长率达14.2%。

3. 新质生产力是以产业驱动为主阵地的生产力

新质生产力的落脚点在"生产力",就是通过数字经济和实体经济深度融合,引领和发展战略性新兴产业和未来产业等新产业,推动我国制造业迈向全球中高端,形成具有完整性、先进性、安全性的现代化产业体系。谁能立足新一轮科技革命和产业变革与我国加快转变经济发展方式的交汇点,抢占战略性新兴产业和未来产业的制高点,谁就能把产业安全的主导权牢牢把握在自己手里。今天的战略性新兴产业就是明天的支柱产业;而今天的未来产业,就是明天的战略性新兴产业。面对瞬息万变的时代、迅速变化的行业,未来产业谁主沉浮充满了不确定性。19世纪,美国在铁路、钢铁、汽车和电力等领域领跑世界;20世纪,美国在计算机、飞机、微电子和卫星技术等领域领先发展。虽然我们无法预测未来,但可以设计未来、布局未来、赢取未来,以新产业的壮大推动生产力实现质的变革。

(二)把准切入点,系统把握新质生产力的变革趋势

一个经济体实现工业化的过程,也是生产力要素不断聚合裂变、螺旋上升的过程。加快推进新型工业化的过程,就是用新一代信息技术推动工业数字化、绿色化转型,发展新质生产力的过程。因此,可以说新型工业化是加快形成新质生产力的重要路径,而新质生产力又是新型工业化的核心动力源。我们要深刻把握新时代新征程上新型工业化的基本规律,主动适应时代要求和形势变化,在加快推进新型工业化进程中不断塑造新质生产力。

1."再工业化"成为欧美国家的核心战略

近年来,欧美国家持续推进"再工业化"进程,将发展先进制造业摆在国民经济更加突出的位置,不断巩固和提升战略性新兴产业和未来产业的领先地位。比如,美国在2022年发布的《关键和新兴技术清单》中,提出了先进计算、先进制造(包括智能制造和可持续制造)、先进的网络传感与特征管理、人工智能、自主系统和机器人等19项未来产业技术;而在2022年发布的《国家先进制造业战略》中,又提出了实现清洁和可持续制造以支持脱碳、开发创新材料和加工技术、引领智能制造的未来、加强和振兴先进制造业生态系统等11项重点目标。再比如,德国在"工业4.0"战略后,相继出台了《高技术战略2025》《国家工业战略2030》等,围绕智能制造、基础科研、人工智能、清洁能源、数字化转型等方面对未来产业作出战略部署,并明确到2025年全社会研发投入要占GDP的3.5%,到2030年工业产值占比要提升到25%。日本则在《制造业白皮书(2023)》中,提出要通过数字技术,实现全供应链的可视化和共同协作,大力推动创新型人工智能、大数据、物联网、材料、光学/量子技术、环境能源等对未来社会至关重要

的关键前沿技术的研发,从而提升日本制造业竞争力。欧盟在2020年发布的《欧洲新工业战略》中强调,要帮助欧洲工业向气候中立和数字化转型,确立了欧洲工业具备全球竞争力和世界领先地位、实现2050年气候中立和打造欧洲的数字化未来"三大愿景"。

2. 坚强韧性成为中国制造的显著特质

随着制造强国战略的深入推进,我国制造业增加值已经由2012年的16.98万亿元增长到2022年的33.5万亿元,制造业规模连续13年世界第一。从2013年开始,笔者牵头开展了中国工程院重大战略咨询项目"制造强国指标研究",通过规模发展、质量效益、结构优化、持续发展4个一级指标和18个二级指标对美国、日本、德国、中国等9个世界制造大国进行了指数测算。根据2022年的研究,我国的制造强国发展指数达到124.64,同比增长4.02,与日本的差距由2012年的31.98缩小到2022年的1.65,稳居第三阵列前列。在规模发展上,九国中仅有中国(+0.35)、美国(+0.11)和巴西(+0.77)实现增长。我国制造业增加值与美、日、德等六国制造业增加值之和基本持平,规模优势突出。在质量效益上,九国中仅有中国(+0.53)、德国(+1.54)、巴西(+3.05)实现增长。我国拥有世界知名制造业品牌数增加到20个,但制造业全员劳动生产率首次微降到39385美元/人。在结构优化上,除巴西之外,其他八国均实现正增长,其中中国(+1.71)、美国(+1.21)、日本(+1.98)、德国(+1.36)增幅较大。我国的基础产业增加值占全球的比重提升至6.93%,全球500强中我国制造业企业营业收入占比提升至25.22%,实现双提升。在持续发展上,除巴西之外,其他八国均实现正增长,日本(+4.05)和美国(+7.06)增幅最大。中国增长1.43,制造业研发投入强度提升至1.55%,单位制造业增加值的全球发明专利授权量提升至7.72项/亿美元。通过分析2020—2022年的发展指数,我们发现美、德、日等制造强国对华依赖程度明显下降。在制造业占商品出口比重变化不大的前提下,日本从中国进口的商品比例从2020年的25.8%下降至21%;美国从中国进口的商品比例从2020年的19%下降至17.1%。在深刻感受到中国制造坚强韧性的同时,我们也必须清醒认识到我国的产业基础和创新能力还较为薄弱,在世界知名品牌数、基础产业增加值占全球比重等关键指标上与美、德、日等国相比还存在差距。项目组还构建了新型工业化指标体系,包含安全韧性、创新发展、优化升级、数实融合、绿色低碳、市场优势、"四化"协同7个一级指标和14个二级指标,并分别对各指标到2027年、2035年和2045年三个时间节点的目标值进行了预测。如工业增加值占GDP比重,到2027年大约达到28.5%,到2035年大约达到26.3%,到2045年大约达到25.5%。

3. 走在前列成为江苏发展的重大使命

江苏作为我国制造大省,先进制造业集群、先进制造业百强市数量均位居全国前列。2022年,江苏制造业增加值已达4.6万亿元,占地区生产总值的比重达37.3%,约占全国制造业增加值的13.7%、全球制造业增加值的4%。因此,江苏有能力也有责任在加快推进新型工业化、构建现代产业体系中走在前、做示范。根据"江苏省重点产业基础高级化的推进路径和政策措施"项目研究成果,江苏产业基础高级化和产业链现代化水平还有待进一步提升。在调研收集的核心零部件、基础材料等210项急需国产替代的需求中,有132项产品来自美国、德国和日本,产业链的安全性还存在较大风险。骨干企业的数字化、智能化制造能力还有待进一步强化。在世界经济论坛评选的114家"灯塔工厂"(即"世界上最先进的工厂")中,江苏虽然有8家企业入选,但除了位于南京的上汽大通,其余均为外资企业。研发创新投入还有待进一步加大。2022年江苏的研究与试验发展(R&D)经费为3835.4亿元,投入强度为3.12%,低于北京(6.83%)、上海(4.44%)、广东(3.42%);基础研究投入占比约为4.14%,低于

6.57%的全国平均水平。战略性新兴产业和未来产业的发展布局还有待进一步优化。相较于北京、上海、广东等省（市）在虚拟现实、人工智能、量子通信等未来产业领域的先发优势，江苏各地在未来产业方面的前瞻布局还比较少。国家级科研机构和产业创新平台还有待进一步培育，特别是国家制造业创新中心、大科学装置等重大科技创新和产业创新平台覆盖还不全面。这些都是江苏在发展新质生产力中亟待解决的问题。

（三）把牢落脚点，积极探索新质生产力的发展途径

习近平总书记在2023年7月考察江苏时强调，要把坚守实体经济、构建现代化产业体系作为强省之要。江苏依托较大城市规模、高学历就业人口、实力雄厚的教育科研机构、良好的生活环境等优质资源的汇聚，培育形成了以产业技术创新为主导的经济增长中心，为将江苏打造成为全国发展新质生产力的重要引擎打下了重要基础。发展新质生产力，就必须提升推进新型工业化的"五种能力"，即产业技术自主可控能力、数实融合创新发展能力、典型场景引领示范能力、卓越工程师协同培养能力和国际开放合作发展能力，着力打造具有全球影响力的产业科技创新中心。

1. 提升产业技术自主可控能力

先进制造业是经济命脉所系，是推进新型工业化的主阵地、主战场、主引擎。推进新型工业化、塑造新质生产力的首要任务就是要做大做优做强实体经济和制造业。江苏的经济发展重点在制造业，难点在制造业，出路也在制造业。因此，江苏要制定推进新型工业化的行动计划，重点实施产业基础再造工程、重大技术装备攻关工程、专精特新企业发展工程，解决短板和"卡脖子"等问题难题，把握新一轮科技革命和产业变革机遇，适应高技术产业、专利富集型产业竞争环境。要加大对国家大科学装置、制造业创新中心等重大创新平台的

培育支持力度,继续推进成立更多国家重点实验室联合体,探索构建区域科技产业创新能力评价指标体系,如包括大学学历人口占比、硕博士占比、人均拥有专利数量、高新技术企业占比等,率先打造科技产业重镇。要持续稳定加大基础研究支持力度,基础研究是技术进步的起搏器,如基础科学、基础技术依赖他人则自身产业难以先进,竞争优势就不可能强。越是经济发达区域,越是要加大研发创新投入,将其打造为产业技术引领型增长的样板区、示范区,推动江苏更多城市发展成为远近闻名的"明星城市""超级明星城市"。

2. 提升数实融合创新发展能力

数字技术、数字经济是世界科技革命和产业变革的先机。以数字技术、信息技术和智能技术赋能新型工业化,已成为发展新质生产力的关键环节。江苏要持续推动互联网、大数据、人工智能等新一代信息技术与制造业深度融合,深入实施"智转数改"工程,加快改造提升传统产业,积极搭建未来产业、未来工厂、协同创新、检验检测、工程人才等服务平台,打造具有国际影响力的江苏创造、江苏制造、江苏质量品牌。要大力发展智能制造技术与装备,以数字智能技术、绿色能源技术双向赋能新型工业化,深化市场产品创新、生产技术创新和产业模式创新,推动制造业高端化、智能化、绿色化发展。要不断加强人工智能、工业互联网等新领域新赛道的优势,开拓新能源、新材料、高端装备等新的增长引擎,推动过去的产业集群向未来的产业创新集群发展,形成以未来市场为引领、未来产业为核心、未来工厂为底座的江苏制造新生态。

3. 提升典型场景引领示范能力

典型场景的示范应用能够提供数字技术与实体经济深度融合发展的有效经验和创新模式,拓展工业互联网等数实融合平台的辐射效应,在更大范围、更宽领域、更深层次推动实体经济数字化、网络化和智能化转型升级。江苏要重点支持新型工业化关键基础制造技术先行先试、成果共享转化，加快建设新型工业化公共创新服务平台，加强配套标准的制定或修订，培育建设一批新型工业化先进制造示范验证基地、生产线、数字车间、智能工厂。要继续培育龙头企业和专精特新"单项冠军"中小企业，特别是科技企业，鼓励企业建立研究实验室；推动科学家、工程师等人才力量与新技术融合发展，研发更多新产品，开发新产业；创建具有国际竞争力的产业创新及其技术转化的生态系统，推动新型工业化创新成果成组连线、串珠成链。要有组织地加强企业主导的产学研深度融合，推动高校的优势学科与先进制造业集群的"链主"企业精准对接，形成产业链上下游高效协作、创新链各环节协同攻关的良好生态，继续围绕高端装备、新材料等战略新兴产业培育建设一批产业科技创新中心。

4. 提升卓越工程师协同培养能力

教育、科技、人才是全面建设社会主义现代化国家的基础性、战略性支撑。新质生产力的根本驱动力在于知识变革。创造知识就需要加大支持教育力度，加大支持科技创新力度，将人才优势有效转化为发展优势，提升创新能力。江苏要不断强化有组织的人才培养和产业技术创新，大力支持在苏高校发展航空发动机和燃气轮机、空天飞行器、先进制造、人工智能、新材料等前沿领域的新工科专业，积极创新职普融通、产教融合、科教融汇的体制机制，搭建在苏高校与重点产业企业人才协同培养平台，联合培育建设一批省级卓越工程师学院，为江苏产业发展提供工程科技人才支撑。要持续深化推进人才强省建设，着力实施战略科学家培育行动、科技领军人才和青年科技人才锻造行动，推动高校、科研院所和企业战略人才力量互派交流、共育共享，探索更加灵活高效的柔性化人才使用机制和一体化人才服务机制，激发科技工作者将科研成果转化为生产力，培养一批以高科技、专利密集型产业为代表的"知本家"，让拔尖创新人才真正引得进、留得住、用得好。

5. 提升国际开放合作发展能力

当前,全球产业结构和布局深度调整,我们比历史上任何时候都更有机会推动工业体系结构的智能重塑,构建具有国际竞争力的新型工业化制造体系。江苏要深化国际交流与合作,不断提升产业科技创新的全球影响力,加大对高校成立国际学会组织、国际联合实验室、国际产教联盟等学术创新、产业科技创新联合体的支持力度,高效集聚全球创新要素和人才要素,加速助推制造业韧性更强、潜力更大、动力更足。要大力推进江苏特色优势产业开放发展,大力支持企业拓展国际市场,通过打造跨区域先进产业集群联盟、先进产业国际化引智基地、"一带一路"先进产业联盟,组织召开世界高端产业科技创新发展大会等方式,不断提升产业发展开放性、创造性。要重点打造一批国际科技合作和产业创新基地,加大对高校、企业设立海外人才培训及引进基金的支持,配套做好海外高层次专项人才引育的服务支持工作。

(南京航空航天大学单忠德)

三、以产业创新为支撑，加快发展新质生产力

2023年9月，习近平总书记在黑龙江考察时指出："整合科技创新资源，引领发展战略性新兴产业和未来产业，加快形成新质生产力。"[①]研究新质生产力，必须紧密结合当代科学技术的前沿进展，结合产业变革与创新的发展趋势，结合高质量发展的根本要求。

（一）新质生产力的内涵与特征

每个时代都有不同的生产力。在工业经济时代，大机器、石油、电力以及机械化、自动化生产代表了这个时代的生产力。在如今的数字经济时代，各种新科技成果层出不穷，数字技术已经渗透到各个领域并得到广泛应用，产业变革加快演进，生产力呈现出新面貌、新本质，纳米级甚至更小的芯片、新一代人工智能、量子计算机等更加前沿的技术成为当今时代生产力的代表。在新时代，要想继续发展传统生产力，提升发展的质量，还要加快发展新质生产力，紧紧把握新一轮科技革命和产业变革的重大机遇，在发展战略性新兴产业和未来产业中赢得战略先机。

新质生产力是相对传统生产力而言的，有其特定的内涵与特征。传统生产力基于资本、劳动和技术三大生产要素，主要适用于农业经济和工业经济形态，以规模经济为主要效率提升手段，其特征是规模

[①]《习近平在黑龙江考察时强调：牢牢把握在国家发展大局中的战略定位　奋力开创黑龙江高质量发展新局面》，《人民日报》2023年9月9日。

化生产、产品标准化,生产的边际成本随规模的扩大而不断降低,工业化、自动化就是这种生产力的主要体现。新质生产力是数字经济时代的一种新型生产力,反映了新一代科技革命与产业变革的要求,与数据作为生产要素的新经济形态的发展相适应,更加突出新技术、新动能、新模式和新产业在生产力进步中的作用。

新质生产力主要有以下几点特征。

第一,代表了新科学技术的应用,生产力中的技术含量显著提高。21世纪以来,科学技术革命步伐明显加快,新技术、新发明不断涌现,其中有许多技术是颠覆性的、前沿性的,将塑造未来经济的方向和形态。新质生产力以反映和应用这类最新技术为特征。例如,如今世界上使用的能源绝大部分仍然是石油、煤炭、天然气等传统能源,风能、太阳能等清洁能源的使用还难以从根本上改变世界能源消耗的格局。科学家们正在研究开采储存于地球内部的天然氢,一旦取得重大技术突破,并使天然氢进入商业化阶段并得到广泛应用,将会颠覆现有的能源技术,改变全球能源生产与消费的格局。著名的《科学》杂志把天然氢开采列为2023年度十大科学突破之一;并援引一项新的研究成果,预估地球内部可能蕴藏了1万亿吨的天然氢,可以满足人类未来对能源的长期需求。

第二,标志着发展的新动能,技术进步因素在经济增长中起到的作用越来越大,劳动、资本等要素对经济增长的贡献更多地为技术进步所代替。用经济学的语言概括,就是全要素劳动生产率(TFP)不断提高。新质生产力一定是由新动能来推动的,因此创新驱动在新质生产力的形成和发展中起到更加关键的作用。在新质生产力形成和发展阶段,产品和服务的价值形态已经发生了很大变化,数据不仅成为生产要素,而且正在成为新价值的主体部分。在数字经济时代,许多创新产品的价值构成已经完全不同于工业经济时代的产品,产品的价值越来越多地由数据、软件、网络等新技术或新技术工具所决定。例如,传统的汽车,价值最大的部分是发动机和车身;但将来可能广泛出现的智能网联汽车,价值最大的部分则是智能系统和网络应用软件。

第三,广泛采用新模式,从生产到销售再到消费,经济活动中的传统模式正在为新的模式所代替。新质生产力不仅创造出大量的新产品,而且其生产过程也是创新的过程,柔性生产链和柔性供应链得到广泛采用,"无工厂"模式成为一种普遍的创新生产方式。新质生产力与数字经济深度契合,数字技术得到广泛使用,而且各种新的数字技术正在不断地被创造出来。远距离办公、数字化作业已经成为高科技公司的"标识",不仅不会影响办公效率,而且激活了创新的潜能。一些发达国家的高科技公司已经将居家办公、在线作业方式作为一种管理制度固定下来,借助于这样一种新模式,个性化、定制式的创新活动得以蓬勃开展。

第四,以新产业发展为主要支撑,战略性新兴产业和未来产业是形成新质生产力的主阵地。新质生产力主要落脚在实体经济上,新产业的发展,尤其是战略性新兴产业和未来产业的发展是推动新质生产力发展的主要力量。新质生产力既反映了一批新产业发展的要求,又将催生一批更新的产业。未来产业是新质生产力的潜力所在,代表了生产力发展的新方向。今天作为未来产业出现的新兴产业,也许再过10年左右的时间就会成为有力促进经济发展的支柱性产业。所以,培育和发展新质生产力,必须紧紧把握科学技术创新的前沿方向,高度重视布局一批未来产业。

总体来说,新质生产力体现的是高质量发展,以效率提升和绿色发展为主要路径。新质生产力不仅反映发展生产力的手段更新、新技术的广泛应用、新产业的催生和发展,而且代表了发展的新质量,与高质量发展的根本要求相吻合。形成和发展新质生产力,还是要坚持高质量发展的要求,突出提质增效在发展中的关键作用。

（二）新质生产力重塑国家和地区竞争优势

从国际上看，过去一二十年，科学技术的进步、新产业的发展越来越成为一国提升竞争实力的主要路径。如果说以前各国的经济竞争和产业竞争，很大程度上还是靠规模经济优势和成本比较优势，技术的差异在大规模的标准化生产面前还相对模糊的话，现在的国际经济竞争和产业竞争则更多依靠掌握关键新技术，依靠发展新产业，依靠适应数字经济新时代。

有一个典型对比可以为上述分析提供佐证。过去20多年，世界经济格局发生了重大变化，以中国、印度等国为代表的新兴经济体占世界经济总量的比重大幅上升；其中，中国GDP占世界GDP的比重由2000年的3.6%上升至2022年的18%左右。GDP占比下降较多的是欧洲和日本，美国占比变化不大。虽然2007年美国爆发次贷危机，很快引发全球性的金融危机，但从过去15年的经济变化轨迹看，美国是西方国家中经济恢复最好的国家。根据世界银行的资料，2007年，欧盟的GDP是14.73万亿美元，高于当年美国的14.47万亿美元；到了2022年，美国的GDP已是25.46万亿美元，欧盟则是16.64万亿美元，只有美国的65.36%。这15年，美国经济总量增长了76%，欧盟只增长了6.8%。即使将英国脱欧的因素考虑在内，过去十几年间，欧盟与美国的经济发展差距也是越来越大。

形成这种巨大反差的根本原因在于，美国的科学技术创新走在了欧盟的前面，美国在发展新产业方面明显领先于欧盟，世界上大部分的新产业都发源于美国。尤其是在数字技术和数字经济领域，美国把欧盟抛在了身后，两者在数字经济方面的发展差距大于其他方面的发展差距。美国拥有世界上最多的有国际影响力的数字技术企业和数字平台企业，欧盟几乎没有真正世界级的数字平台企业。新技术和新产业已成为影响当今国家间经济竞争的主要因素。

2022年11月,人工智能领域最为耀眼的创新产品——ChatGPT（通用大模型）在美国问世。不到两个月的时间,用户已经超过1亿,不仅刷新了历史上所有新技术（包括应用软件）的用户普及速度,而且显示出巨大的应用空间,让全球看到新一代人工智能技术和产业在未来数十年的诱人发展前景。人工智能所引起的技术革命和产业革命,如同历史上的电子计算机和互联网,必将催生大量新产业,造就许多新市场。事实上,世界上许多国家已经围绕新一代人工智能技术和产业展开激烈的竞争。一些有实力和基础的国家正在加强在这一领域的布局,力求在技术和产业发展上领先于世界其他国家,或做到紧跟世界顶尖水平。新一代人工智能技术的关键底座是算力,只有达到一定规模和水平的算力,才有可能推动人工智能技术和产业向超高水平方向发展。目前在算力规模上,美国、中国、欧盟处于世界领先地位,基本在同一方阵,同其他国家和地区拉开很大一段距离。但在决定算力水平的人工智能芯片上,美国遥遥领先,世界上最先进的人工智能芯片基本上都掌握在美国公司手中。而且,美国为了保持自己在人工智能技术领域的领先优势,采取了限制向中国提供人工智能芯片的做法。围绕人工智能等前沿技术和新兴产业,国家之间的竞争将会日趋激烈。

从国内看,我国正加快发展战略性新兴产业,大力培育一批未来产业。2022年,我国战略性新兴产业增加值占GDP比重超过13%,其中规模以上工业战略性新兴产业增加值增速快于规模以上工业增加值增速。战略性新兴产业具有知识技术密集、物质资源消耗少、产业关联性强的特点,是具有重大引领带动作用的产业,包括新一代信息技术、生物技术、新能源、新材料、高端装备、新能源汽车、绿色环保以及空天海洋产业等。未来产业是对未来经济具有重要影响的关键产业,是塑造未来竞争优势的基础。

近几年,国内一些发展领先的地区,正加快发展战略性新兴产业,着力培育一批未来产业,努力形成新的竞争优势。围绕新一代人工智能、元宇宙、量子科技等前沿技术,国内许多城市和地区在加大布局力度,力求在新一轮科技革命和产业变革中占据主动优势。以人工智能大模型为例,自ChatGPT问世后,国内许多著名企业如阿里巴巴、百度、华为、腾讯、京东、字节跳动等纷纷下场,宣布开发自己的大模型,有的很快在线上亮相了自己的产品。截至2023年10月,我国拥有10亿参数规模以上大模型的厂商和高校院所达到254家,推出的大模型达200多个,成为世界上拥有大模型最多的国家。不过,在这股人工智能大模型热潮的背后,有两个问题值得思考。一是国内大模型虽然数量众多,但技术水平仍与世界一流大模型有很大差距;二是国内参与大模型开发的企业主要集中在北京、上海、广东(主要是深圳)三地,反映出人工智能技术和产业在国内发展的不均衡状态。

在工业化、城市化进程中,各地由于所能把握的机遇有差别,加上发展思路和政策举措上的不同,形成了经济发展上的落差。今后一段时间,在形成和发展新质生产力的过程中,国内也会重塑新的地区间竞争优势。工业化、城市化时期相对落后的地区,若能紧紧把握新一轮科技革命和产业变革的方向,努力培育和加快发展新质生产力,就有可能在新的赛道上脱颖而出、后来居上。

(三)加快发展新质生产力的基本方略

我国正处于新型工业化与发展战略性新兴产业和未来产业的叠加期。一方面要加快推进新型工业化,完成工业化初中期阶段向后期阶段的转换;另一方面要把握好新一轮科技革命的重大机遇,顺应产业变革和升级的发展趋势,加快发展战略性新兴产业和未来产业,努力培育和发展新质生产力。

中国虽然是发展中国家,但作为一个国情独特的大国,肩负现代化国家建设的历史使命，面对当今世界百年未有之大变局的特殊环境，既要继续沿着工业化、城市化的发展路径，努力提升经济发展水平，增强物质技术基础，改善民众生活，用十几年的时间进入中等发达国家行列，又要紧盯国际科技和产业发展前沿，集中优势发展尖端科学技术和前沿新兴产业，与世界上最发达的国家同台竞争，力争在发展新质生产力方面形成自己的优势，确保在未来经济的发展格局中能够把握战略先机。

因此，我国要充分发挥大国经济的独特优势，从战略层面激活科技创新资源和产业发展资源的潜能，利用国内超大规模市场优势，集中资源重点发展一批在国家现代化建设和参与全球竞争时具有举足轻重地位的战略性新兴产业和未来产业。尤其是针对引领未来经济发展的一批关键产业，一定要加强战略布局，以新型举国体制突破一批关键核心技术，集中资源重点发展，占住新的赛道，努力形成一定的先发优势。2023年中央经济工作会议指出，要大力推进新型工业化，发展数字经济，加快推动人工智能发展。打造生物制造、商业航天、低空经济等若干战略性新兴产业，开辟量子、生命科学等未来产业新赛道，广泛应用数智技术、绿色技术，加快传统产业转型升级。数字经济是当代经济竞争主战场，代表了新的发展时代。错过数字经济发展机遇，就是错过时代机遇。中国人口多、市场大、产业完整性好，数字技术应用场景丰富，发展数字经济具有独特优势，应当把加快数字经济发展作为提升国家战略优势的重点，全面塑造数字经济的国际竞争力。对于新一代人工智能、量子科技、基因与细胞等未来产业，必须加大投资和提前布局，从产业初步形成时期就形成自己的优势，在新赛道上实现追赶和超越。

江苏科技创新资源密集、产业基础坚实、基础设施建设领先，加快形成和发展新质生产力对于江苏而言是一次重大机遇，应牢牢抓住，并塑造自己的特色和优势。

第一，全面加快科技创新，坚定不移地以创新驱动推进高质量发展。新质生产力说到底是一种创新经济模式，科技创新尤其是新技术的深化和广泛应用是新质生产力的最大特征，必须下最大力气全面加快科技创新，释放创新所带来的最大能量。决定产业竞争力高低的关键在于科技实力和创新水平的高低，在于是否掌握决定产业发展水平的关键核心技术。没有一流的技术就没有一流的产业，而一流的产业是构筑新质生产力的基础。要千方百计推动高水平科技创新活动，打赢关键核心技术攻坚战。

第二，以产业创新为基本定位，紧紧盯住一批有优势、有潜能、具有未来重塑力的战略性新兴产业和未来产业，提出发展先进制造业的更高要求，筑牢江苏发展新质生产力的坚实基础，并在发展新质生产力的过程中突出江苏特色与优势。江苏的最大优势和发展潜能在于产业创新，其中包括产业科技创新和新产业、新业态的发展。在加快发展新质生产力方面，江苏的定位应不同于北京和上海。江苏应充分结合本地的资源要素条件、地缘优势、产业基础，把加快发展新质生产力的重点放在打造一批世界级新型先进产业上，其中包括战略性新兴产业、先进制造业和未来产业。

第三，充分发挥江苏制造强省和先进产业集群的优势，打造一批能够带动全国产业链的战略性新兴产业集群和先进制造业集群，使江苏成为全国最具备国际化产业配套条件的地方，既带动全国实体经济产业增强出口能力，又成为国际先进产业资本进入中国的前沿阵地。在现有的"1650"现代产业体系基础之上，遴选和打造20个左右具备配置国际产业资源要素能力的细分产业，每个产业培育一个"链主"企业。新质生产力代表了国际先进水平，江苏加快发展新质生产力，必须聚焦核心技术和前沿技术的创新。

第四，下大力气培育和加快发展一批关键性未来产业，为新质生产力的发展提供新动能。出于加快发展新质生产力需要，江苏在布局未来产业上已有措施和行动,现在还须从战略层面入手,进一步加大力度、加快推进。从新质生产力的构成要素看,新一代人工智能技术和产业将会发挥更大的作用。新一代人工智能技术具有生成式、通用性、多模式的特点,正在深刻改变千行百业和整个经济形态。江苏应将人工智能产业以及相关的算力、算法、大数据、元宇宙、未来网络等新兴产业作为重中之重,引领和带动代表新质生产力的一批新产业的发展。

第五,打造一批产业科技创新领袖级企业,形成整合全产业链资源的能力,全面提升国际竞争力。发展新质生产力的关键在于拥有一批创新能力强的战略性新兴产业和未来产业,而这些产业又建立在拥有一大批走在产业前沿的企业的基础之上。江苏有大量的产业科技创新企业,但缺乏能够整合全产业链资源的领袖级企业,缺乏有世界影响力的科技创新企业。这是江苏经济发展的一个短板。江苏必须要补上这个短板,否则发展新质生产力会遇到大的瓶颈。因此,江苏要促进社会创新资源向企业集中,大力推广企业家精神,鼓励和支持一批企业办成世界级优秀企业。

第六,扩大对外开放,面向全球汇聚和整合科技创新资源,为加快发展新质生产力注入更多力量。当前,众多新技术、新产业的发展源头依然在许多国际科学家、企业家的脑海里或商业计划书中,我们必须千方百计地打"国际牌""开放牌",在全球范围内汇聚和整合科技创新资源,以多种方式开展合作。江苏是开放型经济大省,地处"一带一路"交汇点,作用独特。江苏加快发展新质生产力,应和推进更高水平的开放型经济、加快"一带一路"高质量建设紧密结合起来。

(东南大学徐康宁)

四、新质生产力与产业高质量发展

目前,中国经济正承担着从传统增长模式向创新驱动模式转型升级的历史性任务。江苏作为中国最发达的省份之一,深入学习贯彻习近平总书记关于新型工业化的重要论述和对江苏工作重要讲话重要指示精神,以科技创新为核心,并将其作为促进经济增长和结构调整的关键驱动力,[①]加快发展新一代信息技术产业和高端装备制造业,加快布局新能源、新材料等战略性新兴产业和未来产业,以创新发展推动发展新质生产力。

经济环境的转变对江苏未来的发展提出了新要求,同时也凸显了形成新质生产力的迫切性和重要性。其迫切性体现在三个方面:一是实现高质量发展离不开发展方式的转变。过去通过投入大量资源、能源要素提高生产力的传统经济增长模式显然已经无法满足当下江苏经济可持续发展的需求,为实现高质量发展,必须加快实现创新驱动,着力培育以科技创新为核心的新质生产力。二是新一代科技革命和产业变革加速演进。以数字化、云计算及人工智能等为代表的现代科技不断颠覆传统的生产、生活方式,[②]以新质生产力赢得竞争优势、掌握发展主动权的需要日益迫切。三是经济增长的周期性回落对江苏生产力发展提出新要求,江苏迫切需要通过发展战略

---

① 参见郭嘉德、白永秀、关海玲《经济增长、城镇化与碳排放:理论分析与实证检验》,《管理现代化》2023年第5期。
② 参见张其仔、贺俊《第四次工业革命的内涵与经济效应》,《人民论坛》2021年第13期。

性新兴产业和未来产业,抢占产业竞争制高点,形成新质生产力。而其重要性亦体现在三个方面:一是新质生产力可以提升经济增长质量和效益。以科技创新为主导的新质生产力可以推动产业结构升级和优化,提高生产率和资源利用率,推动经济由规模扩张驱动转向质量效益导向,实现经济增长质量的提升。二是新质生产力能够改变传统产业竞争格局。江苏可以通过培育战略性新兴产业和未来产业,在全国乃至全球产业中占据更加重要的位置,增强自身的竞争力。三是发展新质生产力有利于促进社会进步与人民福祉提升。深入推动科技创新和产业变革,能够有效解决传统生产方式所带来的环境污染和资源短缺等问题,进而实现高质量发展和可持续发展。[①]

与传统生产力不同,新质生产力以创新为核心,涵盖了更为前沿的新兴领域和高科技产业,具有更高的技术水平和竞争力,象征着生产力水平的跃迁;是一种以科技创新为主导,兼顾高质量和高效能等基本要求,彰显网络化、数字化和智能化等基本特征,契合高质量发展要求的生产力。首先,从理论逻辑层面来看,新质生产力代表了一种依托战略性新兴产业和未来产业的高科技驱动生产力,是习近平总书记对马克思主义生产力理论的进一步完善和丰富,将中国特色社会主义理论推至新高度。其次,从经济学角度来看,新质生产力是在数字经济时代崛起的一种更具融合性和创新内涵的生产力,运用数字技术重塑经济模式,从而形成更高效、更灵活、更可持续的生产方式。最后,从现实实践来看,江苏已把科技创新作为战略支撑,并通过现有的创新驱动力与质量效益,加快形成新质生产力;而新质生产力则通过将新技术转化为新的生产力,进一步促进社会变革。有鉴于此,探索新质生产力通过推动科技创新、产业升级和结构优化,提高生产效率和产品质量,实现产业转型升级,为经济发展注入新动

---

① 参见檀学文《社会主义条件下的人民福祉研究》,《中国农村经济》2023年第2期。

力的具体进程,对江苏绘就高质量发展新图景具有重要意义。

(一) 新质生产力的理论内涵与突破战略

1. 新质生产力的主要内涵

新质生产力起于"创新",关键核心在于"质量",最终反映在生产力的增强上,是科技创新发挥主导作用的一种生产力,同时兼具高效能、高效率、高质量三大优点,摆脱了传统生产力通过三要素(资本、劳动、土地)的投入来提高生产效率和产出的增长路径,避免了大量资源的投入和能源的消耗,[①]更加契合我国对经济高质量发展的需求。新质生产力的主要内涵集中体现在以下三方面:

第一,新质生产力是新时代党领导下先进生产力的具体体现。党的二十大报告提出了"科技是第一生产力""坚持创新驱动高质量发展战略及科教兴国、人才强国战略"等相关理论,深刻体现出党对科技推动生产力发展的规律性认识。[②] 在新发展阶段,随着科技创新的广度和深度不断拓展,生产力发展水平逐步提升,逐渐催生出一种产业交叉属性强、科技创新含量高、符合高质量发展要求的新质生产力,生产力水平实现了质的飞跃。

第二,新质生产力是新时代中国经济社会实现高质量发展的必然结果。要实现经济社会高质量发展,就要解决我国目前发展不均衡不充分的问题,以创新驱动为引领,逐步摆脱传统的人力和资源能源驱动型增长模式,实现低成本优势向创新优势的转变,创造新产业、增强新动能、形成新优势。与传统经济增长模式相比,实现高质量发展需要进行根本性变革,这种变革涵盖了要素条件和组合方式

---

① 参见穆艳杰、董瞩宏《生产力生态化跃迁发展的逻辑理路》,《哈尔滨工业大学学报(社会科学版)》2023年第3期。
② 参见高书国《新时代科教兴国战略的理论与实践创新》,《现代教育管理》2023年第2期。

的改变,以及配置机制和发展模式的突破,需要全国上下共同努力,不断深化改革、扩大开放、加强创新,为形成和发展新质生产力创造良好条件。

第三,新质生产力是推动全球创新性可持续发展的核心动力。当下,全球正经历一场新的科技革命和产业变革,数字经济与传统实体经济结合日益紧密,[①]各国在产业和关键核心技术上的竞争愈加激烈。而科技创新催生的先进生产力对经济全球化的产生和发展起决定性作用,深刻影响着全球经济格局的变化和经济的发展。只有通过创新驱动高质量发展,培育实现生产力质的跃迁的新质生产力,才能提高产业体系的发展效率和效能,集聚产业资本,形成产业集群,最终实现高质量发展。因此,新质生产力与产业高质量发展二者存在相互促进关系,即支持产业高质量发展可以加速新质生产力的形成,而新质生产力的形成又能够推动产业高质量发展。

2. 新质生产力的典型特征

新质生产力是随着社会发展到更高阶段、生产力水平不断提升而呈现出的新的质态,有着更具发展内涵、潜力和优势的特点,代表着新时代演化进程中中国社会生产力的一种能级质变,是从量变积累而成的突破。因此,新质生产力是当今时代先进生产力的具体体现,是科技创新交叉、融合、突破所产生的根本性成果,具有三大显著特性:

第一,新科学技术的开拓性,主要面向新兴领域。新兴领域主要指随着新一轮科技革命和产业变革发展,在新一代高新技术群的不断孕育催化下,拓展、衍生并独立形成的领域。例如,认知域、资本域和产业域等,共同构成了一个综合整体,其形成、发展和演变都依赖

[①] 参见郭丽娟、赵春雨《数字经济与实体经济深度融合:逻辑机理与实现路径》,《经济问题》2023 年第 11 期。

于特定的历史条件和生产力水平。曾经的新兴领域可能逐渐演变为当下的传统领域,而如今的新兴领域则可能会成为未来的传统领域。故而,新兴领域通常源自传统领域,反映了不同时代对先进生产力的发展需求。在当前时代发展阶段和科技创新背景下,新质生产力的发展需求被凸显。

第二,新产业引擎的驱动性,主要面向未来产业。作为当前先进生产力的具体表现形式,新质生产力推动着未来产业的发展和壮大,并在主导产业和支柱产业的升级迭代过程中不断更新、完善、加强。[1]近年来,人工智能、工业互联网和大数据等新技术催生的新产业引擎,已成为江苏经济增长的关键驱动力,新兴产业的迅速崛起进一步推动了新质生产力的蓬勃发展。

第三,新发展模式的持续性,以实现高质量发展为目的。新质生产力可以被视为新型的高质量生产力,故而培育新质生产力是实现高质量发展的必要途径,实现高质量发展是培育新质生产力的最终目的。新质生产力的形成和发展依靠科技创新,创新驱动发展是实现江苏高质量发展的前提和保障;而高质量发展以创新驱动为主要特征,是推进中国式现代化的必要路径。当然,除了创新,高质量发展还包括协调、绿色、开放和共享等方面,[2]但这些都需要通过创新来驱动和实现,同时还需要依靠新质生产力的推动和支持。

3. 新质生产力的突破战略与典型案例

(1) 通过培育战略性新兴产业加快形成新质生产力

一方面,新质生产力以科技创新为核心,以新兴产业和新型业态为载体;另一方面,战略性新兴产业是引领未来发展的支柱产业,具

---

[1] 参见阳镇、贺俊《科技自立自强:逻辑解构、关键议题与实现路径》,《改革》2023年第3期。
[2] 参见黄祖奋《习近平总书记关于企业社会责任重要论述研究——基于"创新、协调、绿色、开放、共享"五大发展理念视角》,《湖北开放职业学院学报》2021年第13期。

有强大的发展潜力和发展优势,与新质生产力的科技内核和产业载体相匹配。因此,新质生产力的形成与战略性新兴产业的培育密不可分。

加快推进战略性新兴产业融合集群发展,是当前江苏产业发展的总体思路。为实现高质量发展,江苏聚焦"51010"战略性新兴产业融合集群发展,锤炼实体经济看家本领,加快制造强省建设。[①] 在发展计划中,战略性新兴产业被视为构建现代化产业体系的关键力量。江苏省发展改革委重点推动战略性新兴产业融合集群发展,聚焦先进制造业集群建设和重点产业链培育等工作,主要举措有三:

一是聚焦"1650"产业体系建设,推动建设先进制造业集群。所谓"1650"产业体系建设方案,就是构建以突破高端、升级智能、扩大规模和提升质量为目标,以"全、大、优、新、融、专"为特征,以先进制造业集群为核心的现代化产业体系,着力提升产业核心竞争力和贡献率。二是着力推进智能化改造和数字化转型,打造全国数实融合"第一省"。为此,江苏制定了13个集群中40条产业链智能化改造和数字化转型的指南,旨在提供具体的操作指引和技术支持,帮助企业进行智能化改造和数字化转型。三是促进生产性服务业的升级和提升。江苏积极贯彻《江苏省生产性服务业十年倍增计划实施方案》,持续推进互联网及数字化转型相关平台建设,加快促进现代服务业与制造业的深度融合,从而提升相关产业的竞争力和适应市场需求的能力。

(2) 通过发展未来产业加快形成新质生产力

未来产业作为引领经济社会发展的变革性力量,具有显著先发优势。习近平总书记提到的战略性新兴产业和未来产业,与高新技

[①] 参见张雯、丁宏、吴福象《中国式现代化进程中"科产城人"融合的江苏实践》,《江苏社会科学》2023年第5期。

术及其产业高度吻合,凸显了新质生产力"技术含量高""技术品位高"的"双高"特性。从行业属性来看,未来产业既包括新能源和新材料等利用新技术提升生产力的应用产业,也包括量子信息、卫星互联网等未来产业,同时还涵盖了基因技术、类脑智能、未来网络等重大前沿科技创新成果的产业化应用领域。

2023年,江苏省发展改革委编制《江苏省培育发展未来产业研究报告》重要文件,提出了一个具有远见的产业发展策略,即构建"10+X"未来产业发展体系。在该体系中,江苏将专注于发展第三代半导体、未来网络、氢能等10个成长型未来产业集群,培育量子科技、类人机器人、先进核能等一批前沿性未来产业。为了实现这一目标,江苏统筹全省优势资源,抢占新领域和新赛道。2023年10月出台的《江苏省元宇宙产业发展行动计划(2024—2026年)》指出,到2026年,江苏元宇宙产业规模将持续增长,力争突破1000亿元大关,年均增速超过20%。此外,无锡还提出构建"465"产业体系的目标,积极布局人工智能、量子科技、氢能和储能、深海装备等前沿领域;常州正在布局第三代半导体、氢能、空天信息产业等领域;苏州依托产业园区、双创基地、众创空间等组织载体,积极打造未来产业核心区,深入推动新一代信息技术、生物医药、新材料等产业的发展,着力提升城市的未来产业竞争力。

(二)江苏培育新质生产力的成果与不足

1. 江苏培育新质生产力的阶段性成果

江苏在培育新质生产力方面取得了显著的阶段性成果,大致涉及以下几个方面:

(1) 大力推进新兴产业建设

一是推动战略性新兴产业融合发展。2020年,江苏为提高产业链和供应链的稳定性与安全性,制定了《江苏省"产业强链"三年行动计划(2021—2023年)》，全面提出战略性新兴产业与前沿科技、数字经济深度融合的发展计划，江苏产业创新引领能力得到显著增强。二是实施新兴产业融合集群发展策略。2023年，江苏围绕集成电路和卫星互联网等关键领域，印发《关于推动战略性新兴产业融合集群发展的实施方案》，鼓励省内企业和科研机构进行核心技术研发，逐步推进"51010"战略性新兴产业融合集群发展。

(2) 注重未来产业前瞻布局

江苏积极谋划未来产业发展，抢先布局前沿领域，统筹全省优势资源，协力抢占新领域、抢抓新赛道。如南京、苏州出台未来产业行动计划；无锡积极抢位布局人工智能、量子科技、氢能和储能、深海装备等前沿领域。此外，江苏深入实施关键核心技术攻关，如紫金山实验室先后突破网络操作系统等一批网络"命门"技术、创造世界太赫兹无线通信最高实时传输纪录。

(3) 持续推动实体经济发展

一是高位谋划，强化政策引导。截至2023年第二季度，江苏规模以上工业增加值同比增加8.3%，其中制造业增长8.6%，位居东部沿海发达省份前列。二是务实推动产业布局优化。统筹推动石化产业沿江战略性转型和沿海战略性布局、沿海钢铁基地建设以及汽车产业落后产能整合，扶持骨干企业和优势地区发展。三是扎实推动重大项目建设。截至2023年第二季度，江苏全年计划新开工的133个省重大项目工程已开工117个，开工率高达87.97%，圆满达成了"上半年开工率75%"的任务目标。

(4) 现代化产业实力雄厚

在现代化产业体系建设方面，截至2023年，江苏已达成31个制造业大类的全覆盖，制造业增加值占GDP比重达到37.3%，位居全国第一。此外，制造业高质量发展指数提升至91.9，连续三年位居全国第一，多个细分领域规模位居全国之首。同时，全省信息化和工业化融合发展水平指数达到66.4,数字经济核心产业的产值占比已达11%。

2.江苏培育新质生产力的不足之处

江苏在新质生产力形成方面仍存在一些不足之处。

第一,产业结构调整不够充分。尽管早在2020年末,江苏就为贯彻落实党中央、国务院和省委、省政府决策部署,印发了《江苏省"产业强链"三年行动计划(2021—2023年)》,但是在如何进一步推动制造业向高端制造、绿色制造、智能制造等领域转型升级,如何提高产业集群的竞争力,如何加大科技创新力度、支持企业加大研发投入,如何加快关键核心技术突破、提升产业链整体技术水平等方面,江苏仍然缺乏行之有效的布局思路。

第二,科研创新能力相对不足。首先,科研投入不足。统计数据显示,2022年江苏的R&D经费投入强度首次突破3%,与江苏经济大省的地位不匹配。其次,科研管理体制不完善。例如,科研评价体系过于注重论文数量和影响因子,却忽视了科研成果的实际价值和应用前景。最后,江苏的科研人才流失问题日益突出。江苏的科研人才引进政策和科研环境不够完善,科研人员的待遇不高、发展空间有限,导致一些优秀的科研人才选择离开江苏,江苏的科研创新能力得不到进一步提升。

第三,绿色发展水平有待提高。首先,产业结构调整相对较慢。江苏经济发展长期以来依赖于传统的制造业和重化工业,这些产业往往伴随着高能耗、高污染、低效益等问题。其次,能源消费结构仍须优化。江苏能源消费结构以煤炭为主,不仅导致了能源资源的浪费,还加剧了环境污染。尽管江苏已经开始大力发展清洁能源,但清洁能源在能源消费结构中的比重仍然较低。最后,生态保护与修复滞后。一方面,江苏生态保护意识不强,部分地区生态保护与经济发展之间的矛盾仍然较为突出;另一方面,生态保护与修复投入不足导致生态保护与修复工作进展缓慢,尚未形成完善的生态补偿体系。

3. 江苏发展新质生产力的三大突破方向

根据现阶段江苏培育新质生产力的成果与不足,可以从三个方向下功夫,加快形成新质生产力:

第一,核心技术创新加速新质生产力形成。核心技术创新是指发展科学技术并将其应用于生产过程,从而提高生产的效率和效能,是形成新质生产力的关键因素。在当今全球经济一体化和科技创新加速演进的背景下,核心技术创新不仅可以提高生产效率、降低生产成本,还能引领产业升级、推动经济增长,现已成为江苏发展的核心战略。习近平总书记在参加十四届全国人大一次会议江苏代表团审议时强调:"在激烈的国际竞争中,我们要开辟发展新领域新赛道、塑造发展新动能新优势,从根本上说,还是要依靠科技创新。"[1]因此,江苏要以国家战略需求为引导,以科技创新为突破重点,坚持科技的原创性和引领性,打赢科技核心技术攻坚战。

第二,科技基础建设引领新质生产力发展。党的二十大报告将教育、科技、人才三大构建社会主义现代化国家的重要基础有机地联系在一起,强调三者之间的紧密合作和协同发展。因此,江苏要紧跟党的二十大要求,将改革创新作为引领新质生产力发展的内在助力,一方面要加强省内高水平科研院所机构建设,优化科技创新环境;另一方面要完善科技基础建设,激发全社会创新活力和创造力,为江苏的科技创新提供源源不断的动力,进一步提升全省创新体系的整体效能。

第三,产业链现代化赋予新质生产力活力。科技创新是新质生产力的核心,而产业链则是承载科技创新的重要载体。经济的发展

---

[1] 《习近平在参加江苏代表团审议时强调:牢牢把握高质量发展这个首要任务》,《人民日报》2023年3月6日。

不能依赖于单一的产业,而是需要多个产业竞相发展、互相促进,在持续的迭代优化中产生主导和支柱产业。这需要一方面紧紧抓住新一轮科技革命和产业变革的机遇,加强产业链的协同创新和集成创新,推动产业链上下游、产业集群内外部的深度融合,形成产业联动效应,给予新质生产力以强力支持;另一方面通过推动产业升级和战略性新兴产业的发展,实现生产力的跨越式提升,从而适应时代需求和经济变革的挑战。

(三) 江苏培育新质生产力的布局思路

首先,科技创新为提高生产效率、优化产业结构、推动经济增长提供了重要支撑,是形成新质生产力的关键要素。[1] 只有持续推动科技创新,不断探索并引入前沿技术和先进理念,才能有效地培育和发展新质生产力。其次,新质生产力的发展需要改革创新的助力,通过改革创新打破垄断、解决市场失灵问题、优化资源配置,为新质生产力的发展提供良好的环境。最后,新质生产力的发展离不开现代化产业体系的支撑。据此,江苏提出培优做强新质生产力的三重布局思路。

1. 思路一:以技促新,引领培育江苏新质生产力

一方面,科技创新在培育新质生产力的过程中发挥着至关重要的作用。首先,科技创新通过不断推动新技术的研发和应用,为生产力增添了科技内涵,为产业发展提供了更高效、更智能、更环保的解决方案,从而大幅提高生产力的质量和效率。其次,科技创新是新质生产力的主导力量。新质生产力以高新技术应用为主要特征,以新产业、新业态为支撑,通过科技创新,不断推动社会生产的变革和升

---

[1] 参见蒲清平、黄媛媛《习近平总书记关于新质生产力重要论述的生成逻辑、理论创新与时代价值》,《西南大学学报(社会科学版)》2023年第6期。

级。最后,科技创新是实现产业强、经济强的必然选择。在当前经济发展面临多重机遇和挑战的大背景下,加快科技创新以培育新产业、提升产业链水平,能够增强经济竞争力、促进产业升级转型,从而为经济发展注入强大动力。

另一方面,科学技术是新质生产力的"增量器",发展新质生产力的关键是"以技促新",通过科学技术的创新来培育新质生产力。为实现高水平科技自立自强、支撑引领高质量发展,江苏须从以下三个层面加快科技创新,引领新质生产力的发展:一是加强基础研究和原始创新。基础研究是科技创新的源头,应加强对基础研究的投入和科研人才的培养,提升江苏在基础研究领域的国际竞争力。二是需要加快前沿领域的"换道超车"。前沿科技是科技创新的风向标,江苏应加大对前沿科技的投入和支持力度,加快科技创新步伐,获得科技竞争中的战略主动权。三是加强国际合作和开放创新。科技创新是全球性的竞争合作,江苏应积极参与国际科技交流与合作,吸引更多国际先进科技资源及人才,打造开放型创新生态系统,借助国际资源解决江苏科技发展所面临的挑战。

2. 思路二:以革促质,推动江苏新质生产力发展

新质生产力的核心是"以革促质",即以改革创新助力高质量发展,进而推动新质生产力发展。这一思路的关键在于以下五点:

第一,以改革创新激发科技创新活力。改革创新是推动新质生产力发展的内在助力。一方面,通过改革创新优化科研机制,完善科研项目评价与资助机制,提高科研人员待遇;另一方面,建立以市场为导向的科研评价机制,推动科研成果的转化应用,加快科技成果的产业化进程,培养一批高水平的科研团队和科技人才,促进科技创新发展,从而推动新质生产力的不断涌现。

第二,以改革创新优化调整产业结构。通过深化供给侧结构性改革,加大对战略性新兴产业和高端制造业的支持力度,实现产业转

型升级,提升产业链水平并形成高质量发展动能,从而加速新质生产力的形成。①

第三,以改革创新提升企业创新能力。一方面,改革市场准入制度,建立公平竞争的市场环境,营造良好的创新创业氛围;另一方面,加强知识产权保护,提高研发投入的可预见性和稳定性,降低企业创新风险,激发企业创新活力,鼓励企业大胆创新、积极探索,推动企业加大研发投入。

第四,以改革创新优化人才培养机制。一方面,实施教育体制改革,培养更多具备创新能力和创业精神的高素质人才;同时促进产学研融合,加强校企之间的合作交流。另一方面,加强对留学生的引进与培养,吸引国内外优秀人才共同参与到科技创新和产业发展中来,为新质生产力的培育和经济高质量发展提供坚实的人才支撑。

第五,以改革创新优化营商环境。一方面,按照中央已明确的统筹扩大内需和深化供给侧结构性改革的方向,加快进行体制机制改革,打通江苏供需匹配堵点,从而实现要素优化配置;另一方面,持续深化改革,推动土地、技术等要素的高效配置,让畅通的经济大循环为发展释放持久动能,有效推动江苏经济的量的合理增长和质的有效提升。

3. 思路三:构建体系,加快江苏新质生产力形成

产业是经济的基础,也是生产力变革的具体表现。现代化产业体系是一个国家和地区生产力发展水平和经济现代化的重要标志。新质生产力的发展应当从现代化产业体系的新时代内涵出发,通过产业体系的整体突破实现产业变革,建立现代化产业体系。下文将分别从"产业基础""产业集群"和"数字经济"三个方向分析该思路的具体措施。

---

① 参见余新创《全方位做大做强高端制造业》,《中国金融》2023 年第 16 期。

第一，加快产业基础再造进程，实施产业链提升计划。一是加强实体产业基础，推动传统产业基础设施再建，推进传统制造业向创新型、服务型、可持续型、智能型和协同型制造业升级转型。二是提升产业链"链主"企业的地位和影响力，以"链主"企业为核心，推动产业链上下游的紧密合作和项目拓展。三是提高产业链的创新能力和开放合作水平，推行强链专项计划，鼓励"链主"企业向关联紧密的领域扩展布局，以促进技术协同创新和新兴产业发展。四是加强产业合作机制，促进产业链对标国际，推动江苏与共建"一带一路"国家的产业链互利互惠。

第二，推动战略性新兴产业融合集群发展。一是通过加强实体产业基础建设和"链主"企业引领，提高产业链的整体质量，在市场化要素配置机制下推动产业链升级；二是推动产业链创新发展，实施强链专项项目，提升产业链的开放合作水平，促进江苏省内产业链的高质量发展，提高其在我国乃至全球市场中的竞争力。三是加强新兴技术的运用，推动智能制造和绿色制造，整合产业链集聚技术以及人才等要素资源，给予全产业链质量提升以技术支持。

第三，以数字经济为支撑，为实体经济注入新动力。一是加强数字经济基础设施建设，包括加快推进5G网络、物联网和光纤网络的建设，通过数字化技术提高实体经济的效率效能，从而满足智能制造时代对数据驱动创新层面的要求。二是推动数字化技术在各个环节的应用融合，实施服务业的数字化赋能行动，落实科技创新和制度创新的"双轮驱动"战略。三是强化数字人才储备，采取多种形式引进人才，改革培养机制，提升复合人才比例。

（四）主要结论

基于加快发展新质生产力的战略突破及相关布局思路，可以得出以下结论：

第一，以科技创新为主导驱动、以改革创新为内在助力，实现关键性以及颠覆性技术突破而形成新质生产力。新质生产力的提出，既带来了发展命题，也迎来了改革命题；同时还反映出我国产业发展已经进入高质量发展阶段。一方面，新质生产力的出现有助于培育新的竞争优势。目前江苏省内新兴产业、新型业态、新领域和新赛道的发展与开拓均取得了一定优势，并建立了良好的人才、技术、资本等基础和健全的产业体系，形成了一定的市场规模。为加快形成新质生产力，江苏必须坚定不移地深化改革开放，不断完善相关政策法规，加强体制机制创新，全面提升经济体系竞争力。另一方面，新质生产力的形成有助于蓄积发展新动能。目前国内外环境复杂多变，推动形成新质生产力已经成为当务之急。因此，形成新质生产力的首要任务就是激活创新主体，建立有利于企业创新和成果转化的机制，将企业打造成创新要素的集成者，使其进一步成为创新成果转化的主要推动力。

第二，科技创新是实现经济转型、产业升级，应对当前重大挑战和机遇并存现状的关键策略。其关键在于：一方面，必须依托于科技创新，通过加快自主创新打通技术壁垒，提高核心竞争力；另一方面，需要完善科技创新的体制机制，搭建以需求为导向的江苏省创新体系，借助强化各类人才培养、构建公正透明的科技评价机制等措施，营造良好的科技创新环境和氛围，优化创新资源配置，推进省级实验室体系和科技创新中心建设。

第三，战略性新兴产业和未来产业是产业高质量发展的产业基础，是当下江苏发展的重要方向，也是培育新质生产力的主要阵地。江苏"十四五"规划纲要明确提出，发展新材料、新能源汽车等一系列战略性新兴产业，进而形成新质生产力，在实现江苏自身的壮大和发展的同时，为整个经济体系和社会发展提供强劲动力。要积极开展前瞻性顶层设计，推动新质生产力的形成。一方面，培育和壮大战略性新兴产业、未来产业,形成创新活跃、技术密集的产业体系,加速形成新质生产力;另一方面,新质生产力作为一种有别于传统生产力的新型生产力,能够通过提升产业技术水平和创新能力、推动产业结构优化和升级、促进产业链延伸和协同发展,为产业高质量发展提供强大的动力和支持,反哺产业发展,从而实现高质量发展目标。

(南京大学吴福象　南京信息工程大学葛和平、王佳昊)

五、新质生产力与数实融合

（一）新质生产力的"新"：基于科技创新与产业创新的分类视角

生产力是推动社会发展的根本力量，新质生产力是在我国进入新发展阶段后萌发壮大的新型质态生产力。新质生产力与我国社会主义市场经济体制一致，受到优势生产关系的能动作用，其蓬勃发展是实现中国式现代化的强大动力和重要保障。

与过去的生产力相比，新质生产力是生产力的一种全新跃迁，在产业门类上以战略性新兴产业和未来产业为核心主体，涵盖先进制造业和现代服务业等实体经济部门。新质生产力呈现出高技术密集的要素类型特征，是真正依靠创新来驱动的生产力类型。新质生产力的"新"可以有多重理解，如新产业、新技术、新业态和新领域等，但在多重理解的背后，"新"的根本是创新。尤其需要强调的是，新质生产力要求的创新包括科技创新和产业创新，这两者构成新质生产力所要求的创新的核心内涵。

创新链理论认为，广义上的创新链涵盖上、中、下游的创新环节，上游环节以基础研究为主，中游环节以应用研究为主，下游环节以成果转化为主。科技创新主要发生在创新链的上游和中游环节，包括基础研究和部分应用研究；产业创新主要发生在创新链的中游和下游环节，包括部分应用研究，以成果转化为主。这两者在创新链上的不同位置决定了各自的目标导向存在差异，要重点解决的问题也不同。科技创新面向长远的未来,面向广阔的未知,重点解决从 0 到 1 的原创突破;产业创新面向可见的当前,面向潜在的市场,重点解决从 1 到 100 的应用推广。另外,作为创新链上不同类型的创新活动,科技创新和产业创新的投入和产出都存在明显区别。前者投入的关键要素是科学家,后者投入的关键要素是工程师;前者产出的成果是论文或专著,后者产出的成果是专利或技术诀窍。

尽管科技创新与产业创新存在上述一系列差异,但两者都是创新链上不可或缺的环节,其重要性没有绝对的高下之分,都是我国实施创新驱动发展战略中无法替代的重要力量。当然,由于科技创新处于创新链的相对上游位置,产业创新处于创新链的相对下游位置,两者存在的诸多差异恰恰意味着彼此之间容易出现分离与割裂,这就是我国长期以来未能解决好的科技与经济"两张皮"问题。如何能更加紧密地衔接好、对接好科技创新与产业创新?这是我国在发展新质生产力时必须要解决的关键问题。为此,2023 年 12 月 11 日至 12 日召开的中央经济工作会议明确指出:"要以科技创新推动产业创新,特别是以颠覆性技术和前沿技术催生新产业、新模式、新动能,发展新质生产力。"[1]

党中央提出以科技创新推动产业创新,这为当前厘清科技创新和产业创新之间的关系指明了方向,对于认识两者之间的定位差异与分工协调有重要的指导意义。这就要求,科技工作者要树立起科技创新服务于产业创新的坚定信念。科技工作者要俯下身去,切实面向产业创新的现实需求,投身到产业创新的广阔空间中去。科技工作者要改变科技成果转化"很容易"、"不能体现自身水平和价值"的刻板印象,要高度重视科技成果转化中的工程和工艺难题。这类重大工程和工艺难题的识别、提出与解决,往往需要从基础研究的源

---

[1] 《中央经济工作会议在北京举行》,《人民日报》2023 年 12 月 13 日。

头来寻找可能的答案。这也给基础研究提出了新问题，进一步开拓了基础研究的新空间和新领域。只有当科技工作者从思想上充分认识到科技创新服务于产业创新的重要性和必然性，真正按照"四个面向"的要求来开展科技创新活动，才能真正改变仅以论文和专利数量等单一方式来评价科技创新成果的局面，彻底扭转科技创新系统内部循环的不良趋势。

（二）江苏建设数实融合强省，加快形成新质生产力的理论逻辑

"新质生产力是由技术革命性突破、生产要素创新性配置、产业深度转型升级而催生的当代先进生产力，它以劳动者、劳动资料、劳动对象及其优化组合的质变为基本内涵，以全要素生产率提升为核心标志。"[①]江苏提出加快建设数实融合强省重大战略决策，在理论内涵和逻辑脉络上与新质生产力保持高度一致，完全符合新质生产力的发展方向。

在历史演进的视角下，农业经济时代的生产力体现在肥沃土地和精耕细作生产方式上；工业经济时代的生产力体现在机器设备与大规模生产方式上；而数字经济时代的生产力体现在数据要素涌现和智能融合生产方式上，这本身是新质生产力的主要构成部分与具体表现形式。所以在新质生产力的范畴里面，数字经济本身就属于新质生产力的一部分，是以"数据＋算力＋算法"为主体形成的新质生产力。2022年，我国数字经济规模达到50.2万亿元，占GDP比重达到41.5%，数字经济增长速度连续11年超过同期GDP增速。同年，江苏数字经济规模超过5万亿元，数字经济核心产业增加值占地

[①]《中央财办有关负责同志详解2023年中央经济工作会议精神》，《人民日报》2023年12月18日。

区生产总值比重达到11%，在推动数字经济发展、提高经济发展质量方面走在全国前列。

要想数字经济真正产生改造世界的效果，成为新质生产力，就必须加快推进数实融合。直观而言，数实融合就是数字经济与实体经济融合发展。一方面，尽快将数字技术充分推广并应用在实体经济各部门中，加速推动数字化向非数字实体经济的应用、渗透，重塑实体经济部门；重点推动传统产业的数字化转型，实现数字经济赋能实体经济高质量发展。另一方面，在实体经济具体场景中挖掘数字技术的适应性、针对性的改造空间，带动包括人工智能、大语言模型等新兴数字技术在不同垂直领域中的应用创新。这两方面中，尽管数实融合更强调前者；但后者也应当成为数实融合不可或缺的重要组成部分，应该得到理论和实践研究的关注。

2023年9月27日，江苏省委书记信长星在江苏省网络安全和信息化工作会议上强调："要聚力打造数字经济全面发展的网络强省，深入推进数字产业化、产业数字化，努力建设世界级数字产业集群，加快形成新质生产力，更好推动建设'数实融合强省'。"[①]建设数实融合强省是在江苏率先开展中国式现代化实践的重大战略决策，是在发展新质生产力中"争当表率、争做示范、走在前列"的关键核心抓手。江苏推动数实融合，建设数实融合强省的过程就是加快数字技术与物质世界相结合的过程，会对物质世界产生巨大的影响，是新质生产力的直观体现。

江苏建设数实融合强省，要以前瞻性的战略眼光，在全国乃至全世界孕育具有革命性突破特征的数字技术，并将其率先运用在江苏经济高质量发展的征程中。在此前提下，江苏要在生产要素层面上，

[①] 《信长星在全省网络安全和信息化工作会议上强调：推动网络强省建设不断取得新成效　为中国式现代化江苏新实践提供坚实支撑》，《新华日报》2023年9月28日。

以数据要素为核心,提升科技、资本、劳动等传统生产要素与数据要素之间的交互融合水平,优化生产要素配置,实现更高程度的价值共创。江苏要进一步做强、做优、做大数字经济核心产业,加快发展战略性新兴产业和未来产业,发挥数字技术的黏合剂功能,实现产业链、创新链、资金链与人才链的深度融合,最终实现全要素生产率的大幅提升。

(三)江苏建设数实融合强省,加快形成新质生产力发展的有利条件

建设数实融合强省这一战略目标的提出,符合江苏经济运行的优势领域特征,有利于江苏在经济高质量发展中进一步锻长板,发挥实体经济强、制造业基础好的优势,是江苏加快形成新质生产力的必经道路。江苏建设数实融合强省的有利条件体现在三方面。

第一,江苏实体经济规模庞大,具备建设数实融合强省的雄厚制造业基础。2022年,江苏地区生产总值迈过12万亿元大关。江苏工业基础好,制造业规模连续多年保持全国第一,制造业高质量发展指数和制造业增加值占地区生产总值比重位居全国第一;物联网、工程机械和生物医药等10个集群获批国家先进制造业集群,数量为全国第一。在此基础上,江苏全力推进制造业智能化改造和数字化转型,2022年江苏两化融合发展水平指数达到66.4,连续8年位居全国第一。

第二,江苏数字基础设施建设走在全国前列,城乡数字基建差距小。截至2023年6月底,江苏5G基站总数达21.6万,全国排名第二。5G在网用户数超过4500万、千兆宽带用户数达1263.9万,用户规模继续保持全国第一。农村数字基础设施的短板正在被加速弥补,数字乡村建设的"数字底座"不断被夯实。2022年,全省农村信息基础设施建设投资达29亿元,累计建成5G基站18.7万座,5G信号行政村覆盖率达74.7%,全省农村宽带接入用户1447.3万户、排名居全国第二,城乡数字基建鸿沟不断缩小。

第三,江苏一批龙头企业已经走在数实融合的前沿,构成建设数实融合强省的企业实践基石。这些龙头企业积极应用人工智能、大数据等技术,对生产、管理、销售等环节进行智能化改造,实现全流程智能制造,极大提高了生产效率和产品质量。截至2023年底,江苏已经拥有12家"灯塔工厂",数量位居全国第一。其中亨通光纤苏州吴江工厂作为苏州第一家入选"灯塔工厂"的民营企业,通过在研发、生产、监测和服务等环节大规模应用先进分析技术、机器视觉技术和人工智能技术,工厂效率提升66%,单位制造成本下降21%,产品不良率降低52%;同时实现生态环境友好,年度减少危废水排放400万吨以上。另外,江苏累计创建国家级数字领航企业3家,智能制造示范工厂12家,培育省级智能制造示范工厂250家和工业互联网标杆工厂335家。

但从基层调研来看,江苏建设数实融合强省还存在一些现实障碍。例如,从数字技术角度来看,人工智能等数字技术在应用过程中还会遇到数据安全和处理稳定性等方面的问题;从数字人才角度来看,传统产业缺乏足够的高素质综合技能人才支撑,同时缺乏既懂数字化转型又懂企业管理运营的综合型人才;从数字投资角度来看,数实融合需要企业持续投入,广大中小企业资金实力不足,难以支撑中长期的持续资金投入。江苏数实融合已经进入了一个新阶段,前期"低垂的果实"都已经被摘尽,有意愿、有条件的企业在容易见到成效的数字化转型项目上都已经开展积极尝试。当前日益凸显的上述问题,都是难啃的"硬骨头",正在制约江苏数实融合水平的进一步提升,应成为江苏下一步建设数实融合强省工作的重中之重。

（四）江苏加快先进制造业集群和重点产业链数实融合的可行举措

要从根本上突破上述问题的制约，加速推进建设数实融合强省，就必须以先进制造业集群和重点产业链为核心关注点，在集群和产业链两个维度上，坚持系统观念，强化全局谋划，整体推进江苏数实融合。在集群和产业链维度上推进建设数实融合强省，就是要突破只强调特定企业内部数字化转型的局限，站在建设江苏先进制造业集群和重点产业链层面上，打破特定企业或单个企业的边界，从更高维度上识别江苏数字经济与实体经济深度融合的堵点和难点，针对性出台集群和产业链层面上的政策措施。

在先进制造业集群和重点产业链层面上重点施策，推进建设数实融合强省，有两方面的现实必然性。一是能服务江苏"十四五"期间"一中心一基地一枢纽"的建设目标，即基本建成具有全球影响力的产业科技创新中心、具有国际竞争力的先进制造业基地、具有世界聚合力的双向开放枢纽。二是能有效发挥江苏"1650"的现有工作基础优势，江苏现有16个先进制造业集群和50条重点产业链，尤其是每个产业链已经有5个左右的"链主"企业或准"链主"企业、20家骨干企业、100家左右重点企业。围绕这些企业来加快推进建设数实融合强省，就找准了工作发力的撬动支点。

江苏以先进制造业集群和重点产业链为核心关注，加速推进建设数实融合强省，重点可采取下面三个方面的政策措施。

第一，先易后难，选择两化融合程度高的制造业集群和产业链，尽快建成示范性的数智化制造业集群和产业链。制造业不同细分行业技术复杂度不一、业务差别明显、经营环节不同，客观而言，这些细分行业在采用数字技术的过程中进展有快有慢，遇到的重点障碍因素也存在差异。同时，江苏16个先进制造业集群和50条重点产业链数量众多，整体同步推进数实融合的难度也很大，平均发力容易导致资源分散，效果不佳。在该背景下，应选择信息化和工业化融合程度较高的先进制造业集群和重点产业链，如工程机械、智能电网和集成电路等，集聚全省之力，积极试点，力争短期内在自动化的基础上，建成一批数字化、智能化的制造业集群和产业链。这些制造业集群和产业链的核心价值环节在江苏，产业自动化水平相对较高，企业内部管理普遍较为规范，同时规模效益明显、企业间联系紧密，具备建设示范性数智化制造业集群和产业链的基础条件。同时，在省内择优建设一批智慧数字产业园区，率先推进产业园区的数字化转型，建设虚拟产业集群，形成不同地区制造业集群的密切联动，在更大范围里放大园区数字化转型对企业"智改数转"的赋能作用。

第二，紧扣重点，发挥"链主"企业数实融合的引领作用，带动集群内和产业链内的上下游企业共同进行数字化转型。江苏先进制造业集群和重点产业链中，"链主"企业已经在引领整个产业链协同创新方面取得诸多成就，形成产业链科技创新的生态网络体系。"链主"企业拥有显著的市场优势地位，在数实融合中也有能力发挥引领作用。一方面，"链主"企业要按照业务需求，加快自身的"智改数转"进程；另一方面，"链主"企业还要站在集群和产业链的高度，主动输出其成功的数字化转型经验与路径。针对企业间数据编码格式不兼容等实际矛盾，"链主"企业当前要率先统一同行业和上下游数据格式标准，建设并开放行业层面数据共享平台；牵头推进组建集群内和产业链内的数据联盟，积极探索行业数据资产入表、估值和数据交易的有效模式与路径；重点解决不同主体间的利益冲突和矛盾，构建集群和产业链层面数实融合的利益分享机制。同时，"链主"企业还需要牵头组织垂直行业领域的大语言模型训练和开发，并承担其在行业内推广应用新兴数字技术的职责。要加大省内和省外跨区域的政策协调，帮助"链主"企业按照产业链关系整体推进上下游企业的数字化转型。

　　第三，长期导向，克服企业数字化转型的短期焦虑，鼓励中小企业持续"小步快走"，充分意识到数实融合的长期性。制造业"智改数转"不可能一蹴而就，中小企业甚至是规模以上企业都普遍遇到数字化转型短期效果不明显，只见投入不见产出的困境。这可能会进一步削弱企业数字化转型的信心和决心。江苏要加大宣传引导，自上而下树立数实融合要"打持久战"的理念，无论是政府投入还是企业投入，都需要不拘泥于短期的直接收益，以中长期见效为目标，坚持跨过数字化转型的投入产出平衡点。同时，充分认识到企业层面的数字化转型是一个系统工程，"智改数转"不可能一步到位，要鼓励企业采用"小步快走"的数字化转型策略，将"智改数转"定位为"一把手工程"，瞄准业务上的真实痛点，从局部应用开始做起，逐步推广到系统层面的根本再造。从当前来看，在生产制造领域利用数字技术提高生产经营效率、提升产品质量、降低生产成本应该成为数实融合的重点。江苏高度重视"智改数转"诊断服务，近年来已安排省级专项资金，为企业生产经营全链条提供指导；未来要重点根据不同行业的重点环节和关键环节，在应用场景层面实施精准的鼓励和扶持政策，要把政策发力点从诊断环节向前移动到局部改造和实施环节。要鼓励各地围绕主导产业、支柱产业探索差别化的"智改数转"支持路径，尤其要重视满足专精特新企业和隐形冠军企业的数字化转型需求，激发其"智改数转"动力。

（南京大学 巫强）

六、发展新质生产力的基础条件研究

（一）理解新质生产力的几个视角

习近平总书记在东北考察期间提出了"新质生产力"这一概念。2023年9月7日，习近平总书记在黑龙江省哈尔滨市主持召开新时代推动东北全面振兴座谈会时指出，振兴东北需要"积极培育新能源、新材料、先进制造、电子信息等战略性新兴产业，积极培育未来产业，加快形成新质生产力，增强发展新动能"[①]。根据习近平总书记考察东北期间的重要讲话，结合习近平总书记对推进新型工业化作出的重要指示，我们可以从以下几个角度来理解新质生产力的内涵：

新质生产力是人类在数字经济时代通过实体经济与数字技术深度融合而获得的利用自然、改造自然的新型能力，来源于产业内涵的知识性——这是传统产业和传统生产方式所不具备的。

形成新质生产力的载体是新能源、新材料、先进制造、电子信息等战略性新兴产业和未来产业，这样的载体结构体现出新质生产力是面向未来的新型能力。传统产业也可以通过科技创新和数字化转型升级为先进制造业，成为新质生产力的载体产业。

发展新质生产力的目的是增强发展新动能，促进制造业高质量发展，为中国式现代化构筑强大物质基础。

---

① 《习近平主持召开新时代推动东北全面振兴座谈会强调：牢牢把握东北的重要使命 奋力谱写东北全面振兴新篇章》，《人民日报》2023年9月10日。

"加快形成新质生产力"是习近平总书记对推动东北全面振兴提出的工作要求，是针对东北地区传统产业比重大、产业结构调整难度大、传统发展模式转换难的实际情况提出的有针对性的工作举措。但是东北地区存在的这些问题，其他地区也普遍存在，只是程度不同而已。如江苏虽然制造业基础好，但是依然存在传统产业比重大、数字化转型任务重难度大的问题，与东北地区有相似之处。因此加快发展新质生产力对江苏也有重大的现实意义，是促进江苏制造业高质量发展、实现制造强省目标的有效途径。

（二）江苏发展新质生产力的基础条件分析

习近平总书记在黑龙江考察时强调："要立足现有产业基础，扎实推进先进制造业高质量发展。"[1]发展江苏的"新质生产力"首先要了解江苏现有产业基础条件。江苏靠制造业起家，也要靠制造业走向未来。

江苏制造业具有以下几个特点。

1. 第二产业规模最大，工业经济占比最高

江苏地区生产总值规模长期居全国第二，仅次于广东。2020年以来江苏第二产业规模超越广东，居全国第一。2022年江苏制造业增加值占地区生产总值比重为37.3%，位居全国第一，比全国平均水平高9.6个百分点，是江苏比较优势最突出的产业。作为制造强国的重要支柱，江苏制造业的长足发展为实现国家"十四五"规划提出的"保持制造业比重基本稳定"的目标发挥了至关重要的作用，同时也为孕育新质生产力提供了有利的产业生态条件。

---

[1]《习近平在黑龙江考察时强调：牢牢把握在国家发展大局中的战略定位 奋力开创黑龙江高质量发展新局面》，《人民日报》2023年9月9日。

2. 优势产业数量最多

2016年,工信部为落实《中国制造2025》提出的建设制造强国任务,梳理了实现制造强国目标需要重点发展的制造业的150个细分领域,并着手编制《优势一类产业表》,为选出各地需要政策支持的优势产业提供了参考依据。各地的制造业细分领域能否入选"优势一类产业"的标准就是该领域在全国的排名能否进入前五。从入围数量最多的7个省(市)来看(具体见图1),江苏有92个细分领域进入全国前五,优势产业数量遥遥领先,优势十分明显。入围超过60个的是上海、北京两市,广东、山东、浙江三省入围超过50个,辽宁入围34个。江苏优势产业数量优势明显,为发展新质生产力提供了强大的产业基础。

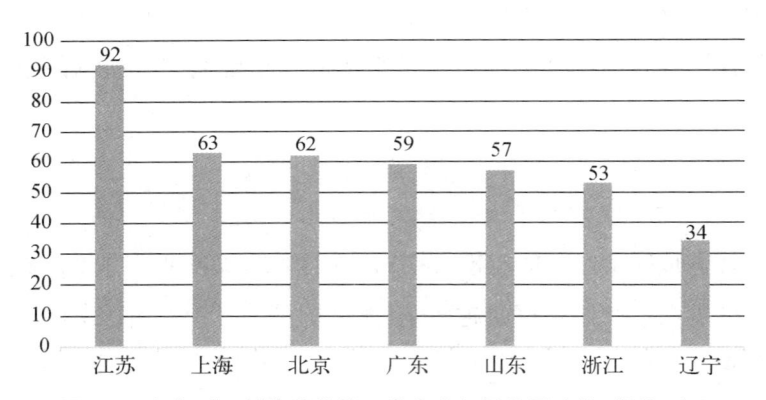

图1 7个省(市)制造业优势一类产业入围数量比较(单位:个)

3. 技术与创新密集型产业集聚度高

国务院发展研究中心原副主任王一鸣对制造业各细分领域的空间布局动态进行了研究,发现运输装备、仪器仪表、专用设备、医药、通用设备、电气机械、电子设备、汽车等技术与创新活动密集的8个产业在空间布局上具有不断向中心城市集聚的中心化趋势。创新活动对人力资本、科研设施、研发机构、资本市场和投资环境要求高,因此在空间上具有较高集中度,由此导致高素质劳动力持续流向中心城市,不断提高了技术与创新密集型产业的空间集中度。从8个产业的地区布局态势来看,江苏、广东、上海等沿海省(市)技术与创新密集型产业的集聚度不断提升,其中江苏有5个产业的规模位居全国第一,2个产业居全国第二,1个产业居全国第三(具体见表1)。技术与创新密集型产业的不断集聚为江苏新质生产力的发展提供了广阔的发展空间和强大的发展后劲。

表 1　技术与创新密集型产业及规模排名

8个技术与创新密集型产业	产业规模排名前三的地区
铁路、船舶、航空航天和其他运输设备	江苏、山东、广东
仪器仪表	江苏、广东、浙江
专用设备	江苏、广东、浙江
医药	江苏、广东、浙江
通用设备	江苏、浙江、广东
电气机械和器材	广东、江苏、浙江
计算机、通信和其他电子设备	广东、江苏、上海
汽车	上海、广东、江苏

4. 国家级先进制造业集群最多

先进制造业集群是产业分工深化和集聚发展的高级形式,是推动产业迈向中高端、提升产业链供应链韧性和安全水平的重要抓手,同时也是孵化、培育新质生产力的重要温床。从2019年开始,工信部实施先进制造业集群发展专项行动,通过集群竞赛的方式,按照统一的评价标准,从不同行业领域内的领先者中,筛选出能承担国家使命、参与全球产业竞争的"国家先进制造业集群"。通过三轮竞赛,全国遴选出45个代表中国制造业最高水平的先进制造业集群。对于入选的45个集群,工信部通过集群发展专项行动予以支持,从中打造一批具有国际竞争力的世界级先进制造业集群。

江苏有10个集群入选,入选集群数量位居全国第一,占全国入选集群总数的22.2%。江苏入选的10个集群为无锡市物联网集群,南京市软件和信息服务集群,南京市新型电力(智能电网)装备集群,苏州市纳米新材料集群,徐州市工程机械集群,常州市新型碳材料集群,苏州市生物医药及高端医疗器械集群,南通市、泰州市、扬州市海工装备和高技术船舶集群,泰州市、连云港市、无锡市生物医药集群,苏州市、无锡市、南通市高端纺织集群。

拥有一批具有国际竞争力的先进制造业集群是制造强国的重要标志;拥有最多国家级先进制造业集群不仅彰显了江苏制造强省的地位,也为江苏培育发展新质生产力提供了良好的产业生态条件。

5. 制造业高质量发展位居全国前列

2021年工信部开展制造业高质量发展研究,按照导向性、代表性、数据可得、总量可控的原则,经过多次论证、测算,形成了《制造业高质量发展指标体系》(具体见表2),据此对全国和各地制造业高质量发展情况进行评价。根据2021年和2022两年的评测结果,江苏制造业高质量发展指数位居全国第一。江苏制造业高质量发展走在全国前列,一方面说明江苏新质生产力发展已经具有一定成效,一方面也为新质生产力的进一步发展奠定了坚实基础。

表2 制造业高质量发展指标体系

一级指标	二级指标	一级指标	二级指标
稳定增长	1. 制造业增加值占地区生产总值比重	数字转型	14. 制造业企业物联网终端增数占比
	2. 人均制造业增加值		15. 工业互联网标识解析二级节点数占比
质效提升	3. 制造业产品质量合格率	绿色低碳	16. 规模以上工业单位增加值能耗降低率
	4. 制造业全员劳动生产率		17. 万元工业增加值用水量
	5. 规模以上制造业企业营业收入利润率		18. 一般工业固体废物综合利用率
创新发展	6. 规模以上制造业企业R&D经费支出占营业收入比重	企业能力	19. 规模以上制造业企业净资产利润率
	7. 规模以上制造业有研发活动企业占比		20. 优质企业数量占比
	8. 规模以上制造业重点领域企业每亿元营业收入高价值发明专利数		21. 中国制造业企业500强营收占比
结构优化	9. 高技术制造业增加值占比	产业生态	22. 制造业企业负担指数
	10. 制造业技改投资占制造业投资比重		23. 制造业中长期贷款占全部中长期贷款的比重
	11. 规模以上制造业企业新产品销售收入占比		24. 人均高技术制造业出口额
数字转型	12. 工业企业关键工序数控化水平	安全发展	25. 重点产业链关键核心技术对外依存度
	13. 关键业务环节全面数字化的企业占比		26. 关键原材料/零部件对外依存度

江苏省委、省政府发布的《加快建设制造强省行动方案》中对江苏制造业的战略定位是,成为制造强国重要支柱、先进制造战略重

地、产业科技创新高地。

（三）江苏发展新质生产力的对策措施

2023年10月召开的江苏省新型工业化推进会议指出，目前新型工业化进程已经步入"形成新质生产力、迈向高质量发展的新阶段"。信长星书记为江苏推进新型工业化作了全面部署，强调要统筹推进传统产业焕新、新兴产业壮大、未来产业培育"三大任务"。"三大任务"既是推进新型工业化的工作任务，也是培育发展新质生产力的工作任务。因为战略性新兴产业、未来产业以及由传统产业焕新而来的先进制造业都是新质生产力的载体，是孕育新质生产力的土壤。战略性新兴产业、未来产业和先进制造业三大产业为新质生产力的发展提供支撑和保障，新质生产力为三大产业的高质量发展提供引领和动力。

完成"三大任务"的途径是实现两个结构优化：一是产业结构优化，二是空间结构优化。前者是把工作任务分解到具体的产业细分领域，后者是把工作任务落实到具体的空间和地点。

1. 产业结构优化：建设"1650"产业体系

"1650"产业体系是江苏省工信厅根据省委、省政府的工作部署，结合江苏产业发展的现有基础、比较优势和未来发展趋势，在《江苏省"十四五"制造业高质量发展规划》确定的16个先进制造业集群和《江苏省"产业强链"三年行动计划（2021—2023年）》确定的50条重点产业链基础上（具体见表3），经过全面梳理、优化整合形成的，将作为今后一个时期江苏发展新质生产力、促进制造业高质量发展的重要抓手。

表3　江苏"1650"产业体系

16个先进制造业集群	50条重点产业链
新型电力装备	智能电网
新能源	晶硅光伏、风电装备、氢能、储能
物联网	工业互联网、车联网、传感器、智能家居
生物医药	生物药、化学药、中药、医疗器械
高端纺织	品牌服装家纺、化学纤维
新材料	先进碳材料、纳米新材料、先进金属材料、化工新材料
半导体	集成电路、新型显示、第三代半导体
高端装备	工程机械、农机装备、工业母机、机器人、轨道交通装备
航空航天	"两机"、大飞机配套、卫星
高技术船舶与海工装备	高技术船舶、海洋工程装备
新能源汽车	电动汽车、动力电池、汽车零部件、氢燃料电池汽车
新一代信息通信	5G、光通信、先进通信
节能环保	节能装备、环保装备
新型食品	预制菜、酿造、功能性食品
软件与信息服务	工业软件、信息技术应用创新
新兴数字产业	大数据与云计算、区块链、元宇宙、人工智能

资料来源：江苏省工业和信息化厅。

"1650"产业体系既注重江苏产业发展的历史继承关系，又与国家和省相关产业规划相衔接、相呼应。集群之间和产业链之间既相互联系，又各有边界，便于统计分析、分类指导。在对各个集群、各条产业链的发展现状进行认真分析的基础上，对每个集群和每条产业链中包括重点企业、标志性产品和技术、重点研发机构、重点产业基地、重要服务机构、重要产业政策和重要品牌活动等内容的产业发展要素进行梳理,作为推进"1650"产业体系建设的工作抓手。通过"1650"产业体系建设,江苏制造业形成了"产业—行业—集群—产业链—'链主'企业—重点企业"的层级框架。有关部门通过对重点集群、重点产业链、重点企业的分析研判,可以大体掌握全省制造业的总体运行情况和新质生产力的发展情况。

省工信部门将建立并完善一系列工作推进机制,通过强链、补链、延链等措施,到2025年努力实现以下阶段性工作目标:

努力打造一批综合实力达到国际先进水平的世界级先进制造业集群。新型电力装备、新能源、物联网、生物医药、高端纺织、新材料、高技术船舶与海工装备等7个集群的综合实力达到国际先进水平。

培育一批竞争力和创新力达到国内一流、国际先进的卓越产业链。智能电网、晶硅光伏、车联网、生物药、品牌服装家纺、纳米新材料、集成电路、工程机械、高技术船舶、动力电池等10条产业链达到国际先进水平。

促进未来产业链成为引领江苏产业发展的新增长极。氢能、储能、第三代半导体、卫星、氢燃料电池汽车、先进通信、大数据与云计算、区块链、元宇宙、人工智能等10条未来产业链成为江苏产业发展的新增长极。

在培育重点产业链发展的过程中,动态培育一批"链主"企业,以弥补江苏产业经济发展中存在的缺乏"链主"企业和高峰企业的短板。

2. 空间结构优化:打造"创新高峰+产业高地"的耦合结构

北京都市圈研究院顾强院长研究发现,全球主要核心城市都出现了创新活动的"再中心化"趋势,即科技创新活动不断向核心城市的核心区域集聚。中国的北京、长三角、珠三角,美国西海岸的硅谷、东海岸的波士华地区(波士顿—纽约—费城—巴尔的摩—华盛顿),日本的东京—横滨—大阪,英国的剑桥,德国的慕尼黑,等等,无一例外。

当创新要素在某个特定区域加快集聚,人才浓度、资本厚度、资源丰度、联系热度、产业高度、服务密度和政策强度在某个特定区域达到一个临界点时,就会催生创新成果扎堆、科创企业涌现的现象,该区域就成为创新高峰。全球绝大部分的科技创新成果就诞生在数十个创新高峰里。

顾强通过研究科创板申报企业来源地发现,科创板申报企业主要集中在上海张江高新区、北京中关村、深圳高新区、苏州工业园区四大核心园区,以及南京、无锡、广州、杭州、合肥等核心城市的核心园区,这些能够不断涌现科创企业的核心园区就是创新高峰。

由创新高峰孵化出的科技成果被周边区域承接落地,形成产业高地,进而使都市圈产业布局的空间演化表现为"创新高峰+产业高地"的耦合模式。在这个模式中,创新高峰是科技创新的策源地,产业高地是先进生产力的集聚地;二者之间的耦合程度越高,新质生产力的发展就越充分,区域产业竞争力就越强。

截至2023年11月6日,江苏的科创板上市公司数量位居全国第一(具体见图2)。由于设立科创板的宗旨就是支持高新技术企业和

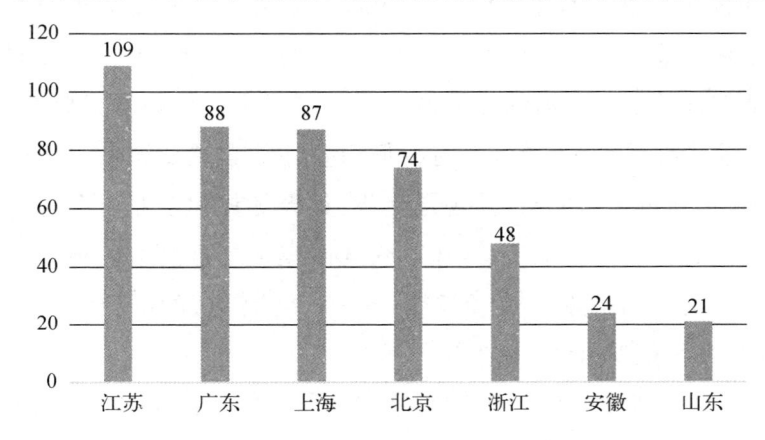

图2 科创板上市公司分布地区统计(单位:个)

新兴产业发展,科创板上市公司就是新质生产力的代表。自科创板开板以来,江苏、广东每年的上市公司数量都保持两位数的稳定增长,领先于其他地区。长三角入选国家级先进制造业集群的数量占全国入选总数的40%,珠三角入选集群占全国入选总数的15.6%,二者合计达到55.6%。这些都是"创新高峰＋产业高地"的耦合模式促进制造业高质量发展的证明。

在产业发展的实践中,一些地区的创新能力和制造能力严重失衡导致科创成果的流失,这些成果流入了更具吸引力的创新高峰。上海第一财经旗下新一线城市研究所的最新研究报告提供了一组数据:2022年,北京中关村、武汉东湖高新区和西安高新区是流失高新技术企业最多的3个产业园区,分别迁出了256家、127家和58家。82.2%的从全国各个园区迁出的高新技术企业都流向了江苏的产业园区。2022年,全国迁入高新技术企业数量最多的TOP 10产业园区中,除了排名第8的山东东营经开区外,其余9个产业园区都在江苏。其中苏州高新区、江宁经开区和太仓港经开区是高新技术企业迁入最多的3个产业园区,分别迁入了230家、109家和85家;徐州经开区和徐州高新区两地共迁入高新技术企业114家。江苏良好的产业生态环境和坚实的产业基础可以成功吸引国内外的创新成果到江苏落地,这是江苏制造业能够保持强劲发展动力的原因之一。但是如果缺乏目标定位、不注重产业选择,仅单纯进行招商引资往往会造成园区主导产业不清、产业链条不完整,使规模优势、集聚优势和产业生态优势无法得到充分发挥。事实上,江苏入选国家级先进制造业集群的十大产业集群都是建立在"创新高峰＋产业高地"的耦合模式基础上的,无一例外。

面对全球性的产业创新活动的"再中心化"趋势,制造业基础条件优越的江苏必须进一步整合稀缺的创新资源,努力打造科技创新策源地,通过提高"创新高峰＋产业高地"的耦合程度实现制造业高质量发展。唯有如此,才能收到事半功倍的效果。这对创新资源相对不足的苏北地区而言尤为重要。

(南京大学 闫浩)

七、数智赋能加快形成数字农业新质生产力

2023年9月,习近平总书记在黑龙江考察调研期间首次提出"新质生产力"。新质生产力有别于传统生产力,涉及领域新、技术含量高,代表生产力跃迁和未来产业方向。当前,数字农业科技赋能正成为汇聚信息化技术、运用新型工业化范式助力农业现代化的"智能高峰"。[1] 数智赋能农业全产业链转型升级不仅意味着以科技创新推动现代农业产业创新,更体现了以数字化、智能化技术推动传统农业升级、构筑现代农业新竞争优势的必然要求。2021年全国农业全行业生产信息化率达25.4%,大田种植、畜禽养殖、水产养殖信息化率分别为21.8%、34.0%和16.6%。2022年全农垦系统共装备北斗导航设备8300台套以上,导航作业面积超过6000万亩,耕种管收全过程信息感知、定量决策、智能作业试验面积扩大至15万亩,电子商务进农村综合示范项目累计支持1489个县,建设县级电商公共物流中心超2600个,农村网络零售额达2.17万亿元。[2] 农业数字化转型不仅提升了我国现代农业生产力,也通过重塑现代农业全产业链体系推动了现代农业生产关系的深刻变革。

江苏作为全国13个粮食主产区之一,农业资源优势得天独厚,以占全国3.2%的耕地生产了全国5.5%的粮食,实现了人口密度最大

---

[1] 参见《"数字化赋能"助力解决发展不平衡不充分问题》,《光明日报》2021年8月17日;李三希、黄卓《数字经济与高质量发展:机制与证据》,《经济学(季刊)》2022年第5期。
[2] 参见农业农村部信息中心《中国数字乡村发展报告(2022年)》,2023年2月。

省份"口粮自给、略有盈余",粮食总产量连续多年保持在700亿斤以上。数字科技赋能则为江苏由"农业大省"向"农业强省"转型奠定了坚实的科创基础。① 2010—2022年,江苏农业单位劳动生产率由2.34万元/人上升至7.92万元/人,增幅近2.39倍,年均增幅18.35%。② 截至2020年12月,江苏规模设施农业物联网技术应用面积占比达22.7%,数字农业农村发展水平达65.4%,技术应用水平与数字农业发展位居全国前列。③ 2022年,江苏农业科技进步贡献率达71.8%。农作物耕种收综合机械化率达到85%,设施农业、林果业、畜牧业、渔业和农产品初加工总体机械化率达到62%,超过全国平均水平20个百分点。④

现代农业全产业链体系是涉及产业链、价值链、供应链、利益链、创新链"五链协同"的有机整体。在现代农业由追求剩余范式向追求价值范式转型的进程中,研究如何加快推进数字科技赋能农业"五链重构",促进现代农业"五链协同"发展,具有重大理论与现实意义。江苏农业数字化转型走在全国前列,以江苏为样本,研究数字化、智能化推进现代农业"五链重构"的现状与趋势,既有助于夯实江苏农业现代化的数智基础,更能为加快形成中国数字农业新质生产力提供"江苏范例"。因此,本文阐明数智赋能现代农业"五链重构"的目标内涵与理论机制,采用实地调研和问卷调查方法,剖析数智赋能江苏现代农业"五链重构"的现状与趋势,揭示问题与挑战并提出对策建议,以期为充分释放我国现代农业"五链重构"的数智赋能效应、加

---

① 参见王惠清《江苏省农机装备工业发展战略研究》,《安徽农业科学》2012年第6期。
② 使用农业增加值与农业从业人员比重表示农业单位劳动生产率,原始数据出自《江苏统计年鉴》,本书数据经作者计算得出。
③ 参见北京大学新农村发展研究院数字乡村项目组《县域数字乡村指数(2020)研究报告》。
④ 参见《高水平建设农业强省! 到2030年,江苏将在全国率先基本实现农业现代化》,《现代快报》2023年7月19日。

快形成数字农业新质生产力提供参考。

(一) 数智赋能现代农业"五链重构"的目标内涵与理论机制

现代农业是以农业全产业链为支撑,追求产业链、价值链、供应链、利益链和创新链"五链协同"发展的"大农业"模式。数智赋能可在提升农业产出效益、吸引高端要素支撑、拓宽农民增收渠道三个方面助力现代农业发展。

1. 农业产业体系的概念内涵与转型困境

(1)"五链协同"是构建现代农业产业体系的必然选择

与工业制造业和现代服务业类似,产业链、价值链、供应链、利益链、创新链也是构成现代农业"五链协同"全新发展范式的核心要素。一是建设农业产业链体系是现代农业的基础和前提。在大食物观的新要求下,粮食安全、多元化食物供给体系、完备的食品安全监管、可持续的食物生态环境均是影响现代农业发展的关键要素。[①] 二是价值链联结农产品价值,集中体现现代农业各生产环节产品和服务的价值增值,发挥着提升农业全产业链价值实现的核心功能。三是供应链是现代农业全产业链条中直接连接"农田"和"餐桌"的供应体系。在现代消费模式中,互联网销售、"外卖点单"、"预制菜"冷链等均是重点环节与创新模式。四是创新链和利益链分别指的是农业全产业链各环节中,农业科技创新与农业市场经营主体的创新模式和利益分配格局。其中,创新链是农业科技创新的核心链条;而利益链则对农业市场主体的收益分配存在显著影响,也是决定农业市场主体自由进入或退出农业市场的主导因素。构建现代农业产业体系则要求"五链协同",即同步推进农业产业链、价值链、供应链、利益链、创新链协调联动,以充分发挥现代农业产业优势、形成现代农业竞

[①] 参见陈国强《深刻把握大食物观的内涵和要求》,《人民日报》2022年10月28日。

争力。

(2) 数字化转型是加快形成农业新质生产力的关键

一是数智赋能推动农业发展范式转型,提高农业经济效益。农业生产成本持续上涨与农产品价格弱势运行并存,农业比较效益持续走低是制约农业高质量发展的首要难题。人力与化肥等农业生产要素成本上升导致传统农业利润空间不断下降,必须通过数智赋能提升农业全要素生产率,提高农业生产与经营质效。二是农业落后的本质在于单位产出效益低下,追根究底还是受农业粗放式生产经营模式影响。农资价格近年居高不下,深受"名特优"区域公共品牌较少、全产业链深加工链条短、农产品附加值较低"三重叠加"的冲击。因此,相对于制造业而言,农业长期处于弱势地位。三是城乡发展差距依然较大,农业生产模式较难吸引资本与人才流入。乡村难以吸引青壮年劳动力回流,"用脚投票"成为农村劳动力尤其是青年劳动力的普遍选择。传统农业生产方式存在工作强度大、收益微薄、产出稳定性不高等诸多现实难题,农村土地制度又制约城市资本"下乡",造成农业长期缺乏高端要素流入,成为制约全体人民共同富裕的主要因素。

2. 数智赋能形成农业新质生产力的理论机理

(1) 提升农业产出效益

一是数字农业倡导农业物联网数字技术与传统产业深度融合,农业数字化转型既能有效促进农业品种改良、农产品品质提升、产品质量标准化,也能推动农业需求结构优化,提升农业供求两侧的匹配效率,促进农业经济循环畅通。依靠稳产促增收的传统农业生产范式可通过数字化赋能转变为依靠产品品质与满足差异化需求的品质型农业发展新范式。二是数智赋能有利于降低农业规模边际成本,促进农业发展精细化、高端化。数字农业则是以科技赋能、创新驱动引领的农业发展模式。精细化、精准化的高效农业不仅能降低单位投入产出比,也能通过数字农业技术装备应用管理,大幅减少资源的浪费,显著改善农业面源污染,带来良好的生态效益,全面降低传统农业发展的单位投入和社会成本。

(2) 吸引高端要素支撑

一是改善农业生产方式,促进城市人才返乡创业。以工厂化、标准化、自动化的非自然生产空间改造传统农业的自然生产环境,大幅提升农业生产作业的舒适度,提升农业从业者的职业获得感、成就感,吸引更多城乡人才驻乡创业就业,提升乡村人力资本存量。二是提高农业投资收益,吸引城市资本"下乡"。农业高质量发展离不开资本投入,农业自身需要大量前期投资,数字农业也同样需要资本注入。数智赋能可通过提升乡村土地利用效率、推动农村产权制度改革,激活村集体闲散土地资源利用效能,直接带动城市资本"下乡"。数字化装备技术应用也需要城市资本的注入,这为提升农业智能化农机装备水平、激发乡村投资增长点带来了新机遇。

(3) 拓宽农民增收渠道

一是强化产供销对接,直接提升农民收入水平。农村居民增速与经济增长不同步始终是制约江苏农业高质量发展的现实因素。数字农业以物联网技术和农业大数据为载体,可实现产地、产品双溯源和原产地保护。国内大量涌现的"淘宝村""淘宝镇"也以前所未有的"数智力"改变着中国传统的"胡焕庸线"经济地理格局,体现出数字化平台改变地理空间距离对解除农产品产供销对接物理限制的积极作用。[①] 二是数智赋能农业"三新"经济,拓展农民增收渠道。乡村产业质效低、产业业态单一造成农民"本地化"就业带动能力不足,影响

[①] 参见北京大学新农村发展研究院数字乡村项目组《县域数字乡村指数(2020)研究报告》。

增收渠道拓展。① 数字赋能是农业全产业链条的技术进步与智能化改造。在当前三产融合和农村"三新"经济发展的趋势下,数智赋能也能通过丰富农业产业业态,拓宽农业价值空间与农民增收渠道。

(二) 数智赋能"五链重构"形成数字农业新质生产力的江苏实践

在深入推进中国式现代化江苏新实践的新征程上,江苏已迈入农产品品质化消费需求与高质量供给"正向循环"的新发展阶段,省内各地推进农业全产业链数字化转型升级步伐加快,数字农业、数字乡村建设持续推进,江苏具备以数智赋能现代农业"五链重构"并率先形成数字农业新质生产力的基础优势。

1. 数智赋能夯实数字农业新质生产力的创新基础

(1) 数字农业赋能农业科技创新

江苏基于农业物联网硬件设备自动采集大田气象数据、土壤墒情数据、病虫害数据、作物生长数据、影像数据等,积累农业生产数据信息,利用现代建模技术,搭建"本土化"生产模型,构建全流程农业数据处理系统。2022年,常州市金坛区国家级数字农业试点项目打造生猪数字化养殖平台,攻克生猪养殖物联网技术难题7项。淮安市金湖县则利用农业物联网技术打通水稻种植与种业研发科研渠道,建成"育种—种植—品牌"种业全链条信息反馈机制,锻造"淮麦""淮稻""淮油""淮豆"等"种业芯片"102个,保存种质资源1.3万多份。截至2022年,淮安市种子种苗生产经营及以种业引领三产融合形成的延伸产业总产值达92.45亿元;

---

① 参见李文睿、周书俊《论新发展格局下我国农业数字化转型》,《改革与战略》2022年第6期。

其中,种植业比重高达31.24%。①

(2) 数字农业装备产业快速发展

一是农业机械化水平快速提升。截至2022年12月,全省谷物联合收割机、机动脱粒机、植保无人驾驶航空器拥有量分别为16.9万台、6.16万台、1.93万架,农业机械总动力达到5264.08万千瓦,相当于2010年3937.34万千瓦的1.34倍。② 二是智能农机装备技术创新取得新突破。江苏围绕智慧牧业、无人植保装备、大田智能耕整、智慧渔业机械等领域陆续设立了10余个省级数字化农机装备与技术创新中心,农机工业系统30多项新成果获国家和省部级科技奖励,40多种新产品获行业组织颁发的科技奖励,累计获得国家和各级政府部门支持技术创新项目资金超过2亿元,建成国家和省、市级技术创新中心及工程技术中心30多家,10余项自主农机研发技术装备被推广运用。③物联网、大数据、云计算、人工智能等与现代农业融合装备技术创新持续推进。

(3) 农业数据综合服务持续优化

一是发挥政府在全省数字农业发展中的服务中枢作用。江苏围绕"六个1+N"建"苏农云"平台,构建了覆盖全省的江苏农业农村"智慧大脑"、涉农数据"共享中枢"、行业管理决策"指挥中心"。④ 二是生产经营主体数字化服务质量不断提升。通过建立信息化服务平台,发展规模化生产、标准化协作的"云服务"模式,提升生产性社会化服务能力,促进农业生产提质增效。三是推动电商新业态数字服务模

---

① 参见左文东《淮安:推进种业振兴 建设农业强市》,《淮安日报》2023年7月26日。
② 数据出自《江苏统计年鉴(2023)》。
③ 参见江苏省农业农村厅《江苏省"十四五"数字农业农村发展规划》,2022年1月18日。
④ 参见耿文博《"苏农云"托起江苏农业数字化建设新高度》,《江苏经济报》2022年6月1日。

式。江苏积极培育生产经营主体、电商企业,发展农产品"生鲜电商+冷链宅配""中央厨房+食材冷链配送"等新业态,持续推广直播带货、社群营销等农产品营销新模式。① 另外,聚焦打造农业电商产业综合载体平台,培育支持一批配套完善、模式新颖、竞争力强的农业电商产业园、电商孵化园。

2. 数智赋能重构数字农业新质生产力的产业链条

(1) 数字农业推动全产业链协同发展

"十四五"时期,江苏致力于打造优质稻麦、绿色蔬菜、特色水产、规模畜禽、现代种业等8个千亿元级产业,重点培育优质粮油、规模畜禽、特色水产、绿色果蔬4条产业链。② 农业数字化、智能化转型无疑能为上述农业全产业链建设提供"数智"支撑。与此同时,江苏数字农业发展与数字乡村建设资金投入力度不断提升。预计到2025年,江苏将建成覆盖省市县的农业农村大数据体系,全省数字农业农村发展水平达70%,农业生产数字化水平超45%。数字乡村建设步伐加快推进。③ 2021年起,江苏各地市级财政每年投入农业农村信息化建设资金超11亿元,撬动社会资本20多亿元。数字乡村建设"五大行动"系统谋划,数字化转型赋能乡村振兴。

(2) "无人化农场"变革农业生产方式

2022年,江苏共有10余种农业机器人入选工业和信息化部装备工业一司、农业机械化管理司公布的农业领域机器人应用优秀场景

---

① 参见唐跃桓等《电子商务发展与农民增收——基于电子商务进农村综合示范政策的考察》,《中国农村经济》2020年第6期。
② 参见赵久龙《江苏打造八大千亿元级产业促乡村产业振兴》,《新华日报》2020年3月11日。
③ 参见江苏省农业农村厅《江苏省"十四五"数字农业农村发展规划》,2022年1月18日。

名单。① 2023年,江苏公布的145家农业生产全程机械化智能化示范基地(园区)中,粮食生产"无人化农场"10家,占比6.9%;畜禽养殖46家、蔬菜生产20家、水产养殖26家、果茶桑生产35家、特粮特经8家,分别占比31.7%、13.8%、17.9%、24.1%和5.5%。② 南通市通州区建成粮食生产"无人化农场"6个,智慧农业走在江苏粮食生产全程机械化示范前列。③ 2023年宿迁市泗阳县夏播累计投入拖拉机、秸秆还田机、播种机、整地机、撒肥机、开沟机等5200台(套),智能农机使用占比超85%。④ 2023年无锡太湖水稻示范园粮食生产"无人化农场"新增无人化装备7台,升级改造设备15台,依托北斗导向等卫星定位技术已实现农机装备远距离实时集群化作业。⑤

(3) 智慧农机服务重塑农业生产关系

2022年,江苏农业社会化服务主体稳定在6.8万个,农业生产托管服务面积达7059万亩次,营业收入130亿元。⑥ 各地服务主体因地制宜,发挥自身优势,形成了单环节、多环节、全程托管等成熟的服务模式,探索"科技＋服务""农资＋服务""农机＋服务""互联网＋服务"等模式。南京市六合区组织大数据企业为种粮农民提供"代清理、代干燥、代储存、代加工、代销售"的"五代"服务,形成"1＋N＋X"组织模式("1个核心成员＋N个经营主体＋X项功能布局"),构建

---

① 参见中华人民共和国工业和信息化部装备工业一司、农业农村部农业机械化管理司《关于农业领域机器人应用优秀场景名单的公示》,2022年6月14日。
② 参见江苏省农业农村厅《第二批省农业生产全程机械化智能化示范基地(园区)名单》,2023年4月11日。
③ 参见黄艳鸣《南通通州数字技术赋能农业科技创新》,江苏省农业农村厅网站,2023年7月17日,https://nynct.jiangsu.gov.cn/art/2023/7/17/art_12435_10953904.html。
④ 参见陈晨《"智能农机"让种地更有底气》,《光明日报》2023年6月24日。
⑤ 参见《无锡:现代农业装上"数字引擎" 高标准农田筑牢乡村振兴"耕"基》,江苏网信网,2023年4月25日,https://www.jswx.gov.cn/difang/wx/202304/t20230425_3204781.shtml。
⑥ 参见《强工也强农,刮目看江苏》,《新华每日电讯》2023年10月12日。

"全程覆盖、区域集成、配套完备、信息共享"的智慧农业社会化服务体系。① 连云港市供销合作总社则依托覆盖全县域的农业信息化平台，创立"智能田管家"云服务系统，在统一规划、统一技术服务的基础上，探索针对农户及新型农业经营主体的个性化农机服务供给，从而加快了市域农产品的生产流程与产品质量的标准化进程。②

（三）江苏新型农业经营主体数字智能农机应用现状与特点

2023 年 5 月至 7 月，课题组赴无锡市锡山区及江阴市开展新型农业经营主体数字农机装备应用情况调查。调查结果显示，数字农机装备应用前景广阔。其中，高附加值农产品生产行业数字化农机装备应用更多、规模化经营主体应用更广泛，各类经营主体对可用性强、低运维成本、高质高效的数字农机软硬件装备的需求十分迫切。

1. 数智农业技术应用的特点

（1）高附加值农业应用较多

种植、养殖业、经济作物等多个农业生产领域均有应用数字农机装备。粮食种植业应用主体最多，占比 50%；果蔬等经济作物应用主体占比 33.3%。依托水稻、水蜜桃、枇杷等各地特色农产品生产开展数字农业装备应用是苏南数字农业技术在新型农业经营主体层面应用的主要模式。在全省范围内同步开展的问卷调查发现，在种植业中，农业物联网技术装备应用占比以蔬菜种植最高，达到 66.7%；其次为花卉苗木种植，占比 36.7%；茶园、食用菌种植也有一定应用比例。在畜牧业中，以养猪最高，占比 52%；其次为养鸡，占比 40%。在

---

① 参见《南京市六合区：农业社会化服务为春耕春种插上"智"翅膀》，中国江苏网，2022 年 4 月 8 日，https://economy.jschina.com.cn/rddt/202204/t20220408_2976403.shtml。
② 参见李慧《连云港市 1+7 模式提升农业社会化服务水平》，《连云港日报》2023 年 4 月 18 日。

水产业中,养鱼、养虾、养蟹的数字农机装备应用水平比例基本持平,分别占比 25%。整体而言,数字农业技术在苏南地区单位面积产量较高的高效农业、设施农业中运用较多,在苏北地区则是大田种植领域应用更为广泛。

(2) 应用涉及产供销各环节

新型农业经营主体对数字农机技术与装备的应用涉及农产品生产、加工与销售各个环节。农产品加工与销售是数字农业技术软件系统应用的主要场景。[①] 农业生产环节则主要依赖农业物联网等硬件装备对农业生产进行科学监管。在农产品生产环节中,土壤环境监测、气象数据监测、养殖水环境监测以及农药使用监测应用分别占比 60%、40%、20% 和 20%,应用两项以上数字农业技术的新型经营主体占比 50% 以上。在农产品加工环节中,原料投入监管、产品质量追溯、全程质量管理、产品品牌管理以及新产品研发环节的数字农业技术应用分别占比 80%、60%、60%、40% 和 40%,应用两项以上数字农业技术的新型经营主体占比 75%。在农产品销售环节中,市场供需信息采集、农产品价格监测预警、农产品资源信息平台共享、仓储运输配送节点管理、营销全程数据信息采集的数字农业技术应用占比则分别为 60%、40%、60%、40% 和 40%,全部受调查经营主体在销售环节均有数字农业技术应用。

2. 数字农业技术需求前景

(1) 农业综合效益提升明显

全部受调查经营主体均回答了关于数字农业技术应用的综合效果的问题。选"简化农业生产过程管理、节约劳动时间、降低劳动强度"的占比 100%,选"农产品质量品种显著提高"的占比 80%,选"农

---

① 参见曾亿武、郭红东、金松青《电子商务有益于农民增收吗?——来自江苏沭阳的证据》,《中国农村经济》2018 年第 2 期。

业机械运行效率提高"的占比60%,选"作物施肥更加精准"的占比40%,选"化肥农药污染程度大大降低"的占比33.3%。数字农业技术在"简化农业生产过程管理、节约劳动时间、降低劳动强度"和提高农产品质量方面的优势获得经营主体的普遍认可。因此,数字农业技术的示范应用获得了明显的经济与社会效益。其经济效益主要表现为提高农业产量,降低成本。通过农业物联网精细化的种植培育方式和科学的监控管理模式,可以提高农产品的产量,降低农业生产各个环节的成本。其社会效益主要表现为整合农业生产信息资源,加强农业数字信息资源基础研究、数据开发和拓展利用。通过数字农业技术装备应用管理,大幅减少资源的浪费,显著改善农业面源污染,带来良好的生态效益。然而,智能化、绿色化装备技术应用成效受到现有技术研发水平和推广水平的限制,因此仍须加强对此类技术的进一步研发和推广。

(2)自愿应用的主体增多

根据生产需要自愿应用是受调查新型农业经营主体应用数字农业技术装备的主要动机,也有50%的经营主体表示是有关部门的试点安排促成了数字农机装备的使用。首先,从应用时间看,自愿应用的新型农业经营主体使用数字农业技术装备的平均时间为10年以上。政府试点安排的应用主体也有7年以上的平均应用时间。其次,在自愿应用物联网的企业中,渔业养殖、名特优水果种植主体较多,分别占比25%。进一步调研发现,上述自愿应用数字农业技术装备的主体长期根植于精准农业和高附加值农业领域。例如,SW①自20世纪90年代末开始就开展优质枇杷种植,采用"订单专供"销售模式,种植面积达100亩,智能大棚装备总投资10万元,在枇杷生长各阶段的农业数据积累已有近20年。LS智慧渔业则拥有670亩水域养殖

---

① 为保证调研的严密性和公正性,课题组调研中涉及的具体企业均采用化名。下同。

面积,智慧渔业设备总投资1500万元,其投入3000万自主研发的明轮式巡航船已获国家专利。最后,在有关部门试点推广企业中,水稻种植业和农机合作社则分别占比50%,占比较高。其中,单户水稻种植面积在100亩左右,农机合作社会化服务面积达1000亩以上。

3. 数字农业技术应用的政策诉求

(1) 补贴应聚焦装备购置与技术应用

"您认为政府应该采取何种形式推广数字农业技术"这一问题的应答率为100%。其中,选择"全面覆盖并直接补贴农业物联网装备购买和技术购买"的经营主体占比100%,选择"重点补贴农业物联网示范工程(示范区或示范基地)建设""重点补贴已经有较大规模、较高效益的农业物联网企业(单位)"的经营主体亦占比较高,说明转变数字农机装备补贴形式、提高数字农机装备购置与应用补贴是促进数字农业技术应用的可行途径。此外,大部分经营主体支持增加对资金实力雄厚和单产效益高的农业企业的数字农机装备补贴。这可能与高附加值农业数字农机装备应用水平更高有关。事实上,应用数字农机装备是提升农业企业生产效率、推动数字化转型的必然路径。其补贴不应也不宜采用"散胡椒面"式的普惠政策。令课题组较为意外的是,选择"重点支持高等院校、科研院所等农业物联网技术研发和推广单位"的经营主体较少。这一结果说明数字农业装备研发与实际需求可能存在脱节,数字农业技术研发尚未满足应用实践需要,数字农业"产学研"协同攻关能力亟待提升。

(2) 降本增效仍是数字农机研发重点

受访经营主体对现阶段数字农业技术设备生产研发的关切度较高。"提高设备的耐久度和稳定性"和"提高设备的可操作性"是数字农业技术应用主体关注的焦点,选择率均为100%。与此同时,有75%的经营主体选择了"降低设备的运行维护成本"和"降低设备的生产成本和价格"。另有50%的经营主体选择了"提高设备的精确度和准确性"和"提高设备的先进性"。上述结果说明,相较于更为高精尖的数字农业技术手段,农业经营主体更为关注的是已有数字农机装备的整体质量、设备耐久性和可操作性的提升。此外,居高不下的数字农机装备价格也会造成单位面积设备投入过大,技术应用效益短期内较难弥补设备投入成本,进而降低各经营主体使用数字农业技术的积极性。

(3) 装备调控技术培训服务需求较强

一方面,受调查经营主体普遍反映需要政府提供数字农机的技术支持。选择"农业智能化设备的使用和调控技术支持""农业互联网感知技术支持"和"信息资源共享、互通支持"的经营主体占比较高,均达到75%;选择"智能化专家决策咨询系统支持"和"海量数据信息管理、数据资源虚拟化和智能信息推送技术支持"的经营主体占比也达到50%。另一方面,应用主体更希望政府以面对面定期培训维护服务的形式开展技术支持。其中,选择"富有针对性的农业物联网技术人员定期服务和设备维护服务"的经营主体占比50%,选择"高校和科研院所农业物联网专家深入企业(单位)的直接服务"的有26家、占33.3%。值得一提的是,选择"建立面向大众的农业物联网综合服务平台"和"富有针对性地提供网上交互服务"的较少,这表明新型农业经营主体对数字农机装备一线实操技术的需求更强。

(四) 数智赋能"五链重构"形成农业新质生产力所面临的挑战

江苏在数字农业发展与数字乡村建设领域取得明显成效,新型农业经营主体对数字化农机装备应用需求旺盛。江苏具备现代农业数字化转型发展的基础优势。调研后发现,以数智赋能现代农业"五链重构",加快形成江苏农业新质生产力仍面临涉农数据利用水平有待提升、全产业链数据贯通能力不足、价值链场景要素拓展度不广、供应链平台集成智能化水平不高、利益链经营主体嵌入度不深、创新链研发供求衔接度不紧等诸多挑战。

1. 涉农数据利用水平有待提升

一是农业数据标准规范匮乏。数字农业生产涉及的品类和品种繁多、工艺需求不一。各硬件设备厂商结合某一区域实际需求进行开发，软件商家再根据不同场景进行二次开发，形成了多个独立的农业信息化应用平台。这些平台收集数据的接入技术标准不统一，信息平台之间无法共享数据。① 二是农业数据利用效率较低。各市场主体间农业信息系统对接和统筹管理有待加强。各行业主管部门各自收集本领域数据资源并建立数据库仍是主流方式，各部门农业数据资源的储存模式、统计标准也不完全统一。② 不同层面与部门的农业数据资源以及多媒体数据资源较难实现有效整合利用。许多数据资源不仅没有成为"大数据"，反而成为孤立冗余的数据。

2. 全产业链数据贯通能力不足

一是生产监测数据分析能力不足。农业生产环境监测中采集的信息包括针对监测平台中各种传感器所采集的图像、文本和音频等多种媒体数据，这些数据属于多源异构数据。为了提高数据的准确性和精准度，需要先对数据信息进行归一化与标准化等处理，然后进一步对信息中存在的重复数据进行筛查和数据误差修正等，只有这样才能为数据挖掘和决策支持等提供数据支撑。然而，上述数据信息处理与应用非常有限。二是全产业链数据贯通能力薄弱。数字化在农业全产业链培育中应用效率较低。物联网、云计算、大数据和移动互联等现代信息技术在农产品生产、加工、运输和销售等诸多环节

---

① 参见李文睿、周书俊《论新发展格局下我国农业数字化转型》，《改革与战略》2022年第6期。
② 参见魏祥帅《江苏农业物联网应用实践及发展探讨》，《江苏农村经济》2018年第11期。

的应用水平不足。[①] 亟待完善数据、算力和算法三大要素相互支撑的运行系统,构建农业大数据采集、分析和应用三个环节的闭环迭代系统。

3. 价值链场景要素拓展度不广

一是独立产业链条"孤岛式应用"制约数智装备的应用推广。大规模推广数智农机装备容易造成农产品附加值低、利益滞后等问题。省内数智农机示范应用仍以小规模的"孤岛式应用"为主,单位技术边际成本高,"感知＋传输＋控制"农业大数据闭环远未形成。二是跨产业链条营销端和服务端场景融合驱动模式有待强化。数字农业技术应用拓展度较低。"数字孪生"等场景驱动数据要素市场化增值应用度不高,特别是缺失个性化和差异性的数字农业衍生产品服务拓展,不利于满足"双高"农业消费需求。

4. 供应链平台集成智能化水平不高

一是数字乡村基础配套设施建设和公共服务能力较为薄弱。农产品仓储保鲜、冷链物流等配套设施不够完善。生鲜冷链物流全链条、全过程的"温度可控、过程可视、源头可溯"智能化水平有待提高。部分乡村县域网点偏少,省内跨区域分布不均,生鲜农产品出村进城的成本依然较高。二是农业生产服务平台载体不多、数字化水平不高。具有区域乃至全国品牌影响力、创新引领力、市场带动力的平台农业互联网企业较少。在果蔬水产领域,具备开展脱水干制、速冻预制、检验检测、质量管控等全配套功能的物流企业和市场主体较少。"农头、工中、餐尾"全程信息溯源能力有待提升。

5. 利益链经营主体嵌入度不深

一是农业全产业链条中"链主"企业实力不足。省内农业龙头企

[①] 参见阮俊虎等《数字农业运营管理:关键问题、理论方法与示范工程》,《管理世界》2020年第8期。

业"大而不强",能引领带动全产业链发展的"链长"企业相对较少。二是全产业链条中各主体权责定位不清晰。农业龙头企业的"链主"定位与互联网时代的"电商零售"模式存在矛盾,既导致龙头企业无法聚焦生产,产业链延伸投入不足,又导致农产品就地转化能力不强,高附加值很难体现。三是数字化赋能产业链、利益链"双链"整合度不够。以大数据平台服务商为"链主"仍不多见,要利用农业互联网技术整合各细分产业链条"链长"的集聚化示范效应,以数字化驱动"企业＋合作社＋家庭农场＋农户"利益链增值。

6. 创新链研发供求衔接度不紧

一是自主创新研发能力较弱。完全自主知识产权的农业专用传感器缺乏,农业机器人和智能农机装备等适应性较差,动植物生长模型匮乏,部分设备稳定性、精准度和可靠性有待提升。[1] 不少农业数字化领域的企业仍将主要精力集中于技术的模仿与复制。[2] 二是科技研发体系有待健全。各地在推动农业数字化时主要着力于一个或几个方面,未能涵盖从田间到餐桌的完整农业产业链,缺乏综合性的数字农业集成技术开发与应用的典型示范场景。[3] 科技服务供需矛盾突出,以政府为主导的科技服务供给模式无法满足农民的真正需求。[4] 现有技术发展方向高度集中于种养基地、机械设备等种采收一条线上的数字化改造,智慧选种育种、水资源利用与水土保持等辅助环节的数字化应用仍未得到重视。

---

[1] 参见徐元明等《农业物联网：实施"互联网＋现代农业"的技术支撑——基于江苏省农业物联网示范应用的调查》，《现代经济探讨》2016年第5期。
[2] 参见冯朝睿、徐宏宇《当前数字乡村建设的实践困境与突破路径》，《云南师范大学学报（哲学社会科学版）》2021年第5期。
[3] 参见曾亿武等《中国数字乡村建设若干问题刍议》，《中国农村经济》2021年第4期。
[4] 参见秦秋霞、郭红东、曾亿武《乡村振兴中的数字赋能及实现途径》，《江苏大学学报（社会科学版）》2021年第5期。

（五）关于数智赋能"五链重构"加快形成数字农业新质生产力的建议

《中共中央、国务院关于做好2023年全面推进乡村振兴重点工作的意见》强调，要深入实施数字乡村发展行动，推动数字化应用场景研发推广。加快农业农村大数据应用，推进智慧农业发展。数字农业与数字乡村建设已成为推动农业现代化的国家战略。未来各地应坚持数据应用"强产业"、场景驱动"拓业态"、智能改造"保供应"、利益互联"激活力"、机制协同"促创新"，夯实科技支撑，释放现代农业"五链重构"的数智赋能效应，加快塑造以数智赋能现代农业的新质生产力。

1. 强化农业数据应用，铸造产业链数智引擎

（1）建立健全农业大数据采集制度

大数据采集制度旨在通过智能化手段，探索平台大数据收集、汇总和分析信息系统，建设农业大数据库，解决常规统计难以全面覆盖统计对象、上报数据的真实性无法保证、获取相关交易数据困难等难题。应以改革传统数据采集方式为突破口，创新数据采集技术，尝试采用网络机器人数据抓取等信息化技术和手段，对原始信息进行动态采集，获取最原始的农业数据信息。[①] 一是采用大数据收集技术，广泛收集数字农业前沿互联网数据。二是强化企业自身的数据收集积累能力。积极招引全球数字农业领域专业平台企业，开发适应中国本地农业资源禀赋、匹配农业产业特征、符合现实需求的数字农业采集系统。

---

① 参见阮俊虎等《数字农业运营管理：关键问题、理论方法与示范工程》，《管理世界》2020年第8期。

（2）提升智慧农机装备科技水准

一是制定数字农业领域数据接入与设备技术标准体系,全面统筹数据采集、传输、加工、应用和共享,为数字农业技术以及项目推进建立统一标准,同时打通数字农业数据和设备的通用性。二是传感器数据精度是数字农业进行分析和决策的基础,目前国产传感器还存在体积大、功耗高、数据精度低、稳定性差、使用寿命短等问题,在传感器的数据采集过程中还会出现明显的偏误。[1] 从农业生产的实际需求出发,下一步应着力提升传感器的数据采集与存储能力,逐步提高传感器在应用场景中的分布密度,从各方面共同发力减少传感器的偏误,为数字农业收集尽可能准确的数据。

2. 创新场景驱动模式,拓宽价值链增值渠道

（1）丰富现代农业产业链

以数字乡村专项建设行动为契机,在国家数字乡村建设试点和示范基地深入开展数字农业"拓链""补链""延链"行动,加快建设技术同构、数据集中、业务协同、资源共享的区域农业全产业链数字化服务平台。[2] 同时,整合国内各省份已有的数字农业、农业大数据和农业物联网等各类农业信息化服务系统,使数字农业数据、技术、装备均实现功效最大化。积极拓展数字农业集成应用、区域性公共品牌农产品高标准生产、优质农产品和农机服务品牌开发,创新农产品电商销售的新途径、新模式,提升数字农业新产业、新业态、新模式的发展质效。

（2）拓展数字农业多元场景应用

一是鼓励经营主体结合自身优势,以渐进式单点突破,实现从提

---

[1] 参见易加斌等《创新生态系统理论视角下的农业数字化转型：驱动因素、战略框架与实施路径》,《农业经济问题》2021年第7期。
[2] 参见罗建强、王焯文《农机装备制造业服务化与数字化协同路径研究——基于三产双向融合的视角》,《新疆农垦经济》2022年第12期。

供标准产品向网络化定制、按需定制、私人定制等多元化农产品销售模式转型。二是支持营销端场景要素驱动数字化融合发展。依托数字技术进行场景化描绘，搭建农产品网络虚拟空间、虚拟养殖等场景，提升品牌复购率与线上私域流量，形成经营"数字资产"。三是探索服务端消费数字化需求创新，促进互联网思维与农业经营主体资源优势有效融合。基于互联网平台、社会网络交互等媒介，实现快速定位和精准推送，激发"大食物""大农业"功能体验价值。

3. 完善信息服务配套，保障供应链安全高效

（1）构建国家级农业专业数据信息库

一是持续丰富农业大数据平台功能，深挖农业数据应用价值。细化农业数据开发利用，因地制宜建立适应本地资源禀赋、匹配农业产业特征、符合现实需求的农业数据采集系统，推进全产业链产前产中产后大数据分析。二是以改革传统数据采集方式为突破口，创新数据采集技术，鼓励数字农业经营主体采用网络机器人数据抓取等信息化技术和手段，对原始信息进行动态采集、梳理，建设国家级农业数据信息库。三是强化农业企业数据与电商数据对接。对农业市场空间进行细分，瞄准细分市场与目标客户，培育打造针对中高端群体的农业优势品牌。

（2）实施农业供应链数字化改造工程

一是鼓励电商交易中心、直销配送中心与各地农产品加工集中区、农产品产地市场、骨干冷链物流基地、区域物流中心合作，打造数字化农产品物流，保供区域生产性服务业品牌。二是加强部门间农业信息互联互通。提升农畜水产品监管部门与农业生产、农业投入、农产品标准等部门之间的信息畅通度，提高精准化、智慧化、便捷化监管水平，搭建生产、运输、销售、消费全链条线上监管网络。三是建设省级农业全产业链数字化服务信息平台。以技术同构、数据集中、业务协同、

资源共享的互联网模式,提升农业跨区域供应链的韧性和弹性。

4. 统筹数字链条布局,激发利益链主体活力

(1) 优化数智农业转型的政策支撑

一是建立现代农业"智转数改"专项基金。虽然智能农机是未来农机装备的发展趋势,但是应鼓励经营主体对具备智能化改造升级条件的存量传统农机进行智能化改造升级;同时设立省级专项智能化改造奖补资金,以降低农业经营主体实行改造的成本,提升农业经营主体智能化改造升级的意愿。二是提供关键装备设施补贴。数字农业涉及的技术以及用到的各类设备较多,但是国内对农机之外的其他数字农业关键设备并无补贴,导致数字农业的投入成本很高,严重限制了数字农业的推广应用。应着力完善针对数字农业关键设备如传感器、摄像头等的补贴制度,全面加大对数字农业的支持力度,从而有效激发广大中小农业经营主体投身农业生产数字化改造的意愿。

(2) 构建农业数字化利益链格局

聚焦县域农业数字化转型,搭建"链主"统筹、"链长"参与、"链条"延伸的县域农业全产业链网络化利益格局。一是鼓励招引国内外农业大数据互联网商依据地区优势农产品资源,"上线"成为县域内或跨区域品牌"链主",负责特色品牌的数字化营销推广。二是培育县级农业头部企业结合各自优势成为"链长",主攻各自产业链条生产端数字化转型、体系化物流服务与多业态融合拓展。三是通过就业带动、订单收购、保底分红等形式,保障"链条"延伸终端——农户的产业链增值收益,支持经营主体通过电商平台及时掌握农业生产的相关信息,获取零售环节消费大数据,提升其在"新零售"模式中的议价等合作博弈能力。

5. 加快数字农业创新,完善创新链体制机制

(1) 加大数字农业创新资金投入

强化对数字农业相关软硬件设备的政策支撑。积极制定数字农

业发展规划。设立数字农业发展国家专项基金,用于大数据农业发展应用研究和标准制定、产业链构建、重大应用示范工程建设、创业孵化等;省级人民政府可以根据需要,相应设立省级数字农业发展应用专项资金。依法设立数字农业发展应用基金,引导社会资本投资大数据发展应用。专项资金重点扶持农业大数据设备生产及相关服务业发展,包括数字农业互联网工具和应用程序编程接口、数字农业处理等高端软件研发,重点补贴数字农业示范工程与新型农业经营主体应用等。

(2) 创新数字农业技术研发推进机制

构建风险共担、利益共享的协同创新长效机制。一是理顺农业科研大数据所属数据部门权益,在技术上设置统一的数据存储标准和访问接口,确定数字农业技术攻关参与方知识产权使用权和所有权归属。二是建立创新资源分享平台,设立数字农业国家级专项创新基金,撬动开放式多元社会资本参与数字农业科技创新投资。三是培育壮大数字农业创新载体,明确数字农业阶段性创新目标,探索研发应用分离的"研发企业+异地基地"载体平台,示范推广优良品种、先进适用技术与新型种养模式,提升数字农业科技创新成效。

(江苏省社会科学院赵锦春)

八、创新驱动推进江苏新质生产力

新质生产力,是符合高质量发展要求的生产力,是现有生产力的跃升;它的起点是"新",关键在"质",落脚于"生产力"。[①] 其核心在于突破传统的经济增长方式,以高效能、高质量为基本要求,在发展道路上追求"三质",带动新经济增长点不断涌现,走出一条生产要素投入少、资源配置效率高、资源环境成本低、经济社会效益好的高质量发展新路径。

江苏应贯彻落实党的二十大精神,扛起习近平总书记赋予的"在改革创新、推动高质量发展上争当表率,在服务全国构建新发展格局上争做示范,在率先实现社会主义现代化上走在前列"的光荣使命,围绕江苏省第十四届委员会第四次全体会议的有关精神,以高质量发展过硬成果当好全国发展"压舱石",充分展现"走在前、挑大梁、多作贡献"的责任担当。江苏要加快实施创新驱动发展战略,在科技创新上取得新突破,始终把坚守实体经济、构建现代化产业体系作为强省之要,在强链、补链、延链上展现新作为。

(一)新质生产力在江苏的实践

发展新质生产力,要聚焦创新驱动。要积极培育新能源、新材料、先进制造、电子信息等战略性新兴产业和未来产业,加快形成新

[①] 参见杨禹《"新质生产力"!新词汇传递鲜明信号》,《中国经济导报》2023年9月19日。

质生产力，增强发展新动能；发展新质生产力，还要聚焦实体经济。① 要坚定推进产业转型升级，加强自主创新，发展高端制造、智能制造，不仅要加快建设以实体经济为支撑的现代化产业体系，还要防范部分领域过度金融化、数字经济泡沫化等违背生产力发展规律的"捷径"。发展新质生产力，不是一蹴而就的事，要善于久久为功，"放手"发展当下，"放眼"蓄势未来，推动经济以量变的积累实现质变，再造高质量发展新优势。

2023年，江苏制造业支撑作用明显，工业利润水平位于全国前列。新兴产业表现活跃，不仅成为江苏经济增长的新动能，还为经济结构的优化升级提供了重要支撑。

高新技术产业和战略性新兴产业表现活跃。2023年上半年，全省高新技术产业、工业战略性新兴产业产值占规上工业产值比重分别达49.6%、41.1%，比去年同期分别提升0.7个、1.3个百分点。在"双碳"目标引领下，新能源产业增势迅猛，充电桩、光伏电池、新能源汽车、汽车用锂离子动力电池等相关产品产量分别同比增长140%、44.5%、72.2%、18.6%。尤其是新能源汽车整车制造、光伏设备及元器件、锂离子电池制造三个领域增加值分别增长86.5%、36.9%、28.8%，增速远高于全省规上工业平均水平，合计对规上工业增加值增长贡献率达21.5%，拉动规上工业增加值增长1.8个百分点。②

先进制造业集群拉动产业向中高端迈进。2023年上半年，14个制造业集群营收占规上制造业营收比重已达七成。江苏已有10个国家先进制造业集群，占全国先进制造业集群总数的1/5以上，另外还

---

① 参见《打造六大体系，江苏加快建设制造强省》，《南京日报》2023年9月21日。
② 参见《2023年上半年江苏经济社会发展主要统计数据解读》，江苏省人民政府官网，2023年7月21日，https://www.js.gov.cn/art/2023/7/21/art_88350_10959190.html。

有 16 个省级先进制造业集群。在先进制造业集群的引领下,江苏制造业增加值占地区生产总值比重达 37.3%,居全国第一;制造业高质量发展指数提升至 91.9,连续三年居全国第一;产业规模持续扩大,特别是集成电路、船舶海工、工程机械等多个细分领域产业链条完整,规模全国第一。

民营工业增加值稳步增长。2023 年上半年,规上民营工业增加值增长 12.4%,较一季度加快 1.7 个百分点,拉动规上工业增长 6.4 个百分点;其中,百强工业企业产值增长 12.8%,对规上工业总产值增长的贡献率达 52.3%。① 2023 年上半年,江苏新增 A 股上市公司 37 家、首发募集资金总额突破 400 亿元,新增上市企业和首发募集资金数量均居全国第一。② 这反映出江苏龙头企业和专精特新企业正以规模化集群的形式迅速崛起。37 家新增上市公司中,超七成为专精特新"小巨人"企业,涉及领域涵盖集成电路、动力电池、工业机器人等多个制造业重点产业链,反映出江苏先进制造业的加速发展和细分行业龙头企业的快速成长。③

制造业智能化改造和数字化转型成效显著。江苏通过传统产业焕新工程积极化解过剩产能、淘汰落后产能,推动了工业结构绿色转型;通过高新技术赋能产业链向高端化发展,超 3 万家规上工业企业启动"智改数转"工作,各项关键指标均居全国第一,全省两化融合水平连续多年位居全国第一。

---

① 参见《2023 年上半年江苏经济社会发展主要统计数据解读》,江苏省人民政府官网,2023 年 7 月 21 日,https://www.js.gov.cn/art/2023/7/21/art_88350_10959190.html。
② 参见《江苏交出高质量发展走在前列新答卷》,《新华日报》2023 年 7 月 27 日。
③ 参见《产业结构向新向绿,实体根基越扎越深》,新华网,2023 年 7 月 24 日,http://www.js.xinhuanet.com/20230724/1ca2c83a94f8417c96a076408b84cc21/c.html。

（二）江苏发展新质生产力的外在环境和不足之处

1. 全球经济的脆弱性依旧存在

国际环境日趋复杂，公共卫生危机、地缘冲突、能源和食品危机、极端气候等此起彼伏，全球通胀"高烧不退"、经济增长放缓、债务危机、欧美央行引领全球激进收紧政策等导致全球经济依旧脆弱，主要经济体的经济增长动能普遍不足。世界银行预测，2024年全球经济增长率为2.4%；国际货币基金组织报告预测，2024年全球经济增速将下降至3.0%。政治和金融的不稳定预期使得全球经济下行风险加大。跨国投资乏力、产业链重构、国际货币汇率变动对全球工业生产经营产生重大影响。全球产业链发生大重组，大国及跨国巨头更多注重产业安全，考虑效率和安全的平衡。美欧日等发达国家和地区大力推动产业回流或回到周边"放心"地区。国际制造业增长乏力，但制造业绿色化、数字化发展势头迅猛。

2. 我国经济内生增长动力有待加强

2023年前三季度，我国实现国内生产总值913 027亿元，按不变价格计算，同比增长5.2%，高于全球其他主要经济体的经济增速；工业生产运行整体平稳，全国规模以上工业增加值同比增长4%，比上半年加快0.2个百分点；高新技术产业，如太阳能电池、新能源汽车、工业控制计算机及系统工业增加值增速加快。基建投资和制造业投资仍将继续担起稳投资、促增长的重任，数字化和智能化、碳中和与绿色发展是我国制造业转型升级的重点方向，高端制造业的转型升级将会带来大量更新和改造设备的需求。从趋势看，物流、产业链供应链恢复正常，国内此前出台的一系列纾困助企、保供稳价、促进增长政策的效果在逐步释放，加上外贸韧性足，我国经济延续稳健复苏态势。但是劳动力数量增速下滑明显，民营企业的复苏不够强劲，制约民营经济发展活力的因素逐渐增多。西方国家通过强化出口管制和构建联盟体系对中国科技企业实行打压,我国经济发展面临的外部环境也日益严峻复杂。[①]

3. 江苏发展新质生产力亟须完善的问题

目前,江苏产业体系现代化水平有待提升,掌握控制产业链关键环节的"链主"企业还不够多,突破产业链关键环节"卡脖子"问题进展缓慢,产业链稳定性和抗冲击能力有待提高。除了受贸易保护主义的影响,江苏自身发展也存在部分领域核心基础零部件自主研发相对薄弱、关键技术和设备过度依赖进口、供应链渠道缺少替代来源等问题,影响了产业链供应链的韧性和安全。江苏中小企业数字化转型整体意愿不强,缺乏复合型的工业互联网管理人才和团队,制约了工业互联网的推广应用。虽然政府陆续出台了支持中小企业发展的相关政策,但不少中小企业经营仍较为困难,甚至关停。江苏专精特新中小企业不足1万家,创新型中小企业不足5万家,资金和人才是中小企业生存发展中面临的比较集中的问题。错综复杂的国内外经济形势导致对未来经济的预期存在一定的不确定性,抵押融资存在瓶颈,基于财务数据的信用融资困难,导致民间投资意愿不强烈。

(三)推动江苏发展新质生产力的政策建议

1. 优化营商环境,保障新质生产力发展

好的营商环境是经济高质量发展的沃土。江苏需要一如既往地处理好政府与市场的关系,厘清政府与市场的边界,使其成为优势互补的"黄金搭档"。这是优化营商环境的核心工作。

政府"强而有道",提供好公共服务。不干预、不代替市场进行资源配置,做好保障支持工作。继续深化"放管服"改革,规范各项政务

[①] 参见清华大学中国经济思想与实践研究院(ACCEPT)宏观预测课题组《"防过冷":宏观经济治理的基础性任务》,《改革》2023年第6期。

服务,提升政策执行统一性,明确服务边界和层级分工,保障政策实施的系统性和协同性。落实"负面清单",不插手、不干预企业的发展与经营,确保政府"定好位""不越位"。在做好服务的同时,激励善待民营企业,以"容错机制"稳定民营企业的心理预期,积极打造江苏品牌,营造向上的营商氛围。

优化决策,完善政策的科学性、包容性和可操作性。提高政府决策的稳定性和针对性,多领域论证,努力征求多方意见并最小化可能出现的负面影响。从高质量角度出发,防止出现政策碎片化,克制使用产业政策,尽可能维护公平的市场竞争环境。加强知识产权执法维权,完善法律制度,创新监管方式,通过法治化的手段稳固优化营商环境的成果,加大对市场垄断、制假售假以及不正当竞争行为的惩治力度。[①]

消除信息孤岛,实现信息共建共享。建立多部门联动机制,提高信息流通效率,实现信息互联互通。结合江苏制造业大省的实际,推进工业互联网建设,规避互联网隐患,探索"5G+工业互联网"的实践。同时,健全人才政策,积极落实国家政策,完善人才激励机制,引进创业人才,结合江苏高校众多的优势做好先行先试,赋予科创人员更多的经费支配权,激发人才创新动能。

2. 引领开放型经济高质量发展,推进新质生产力发展

江苏应该更多地发挥经济韧性强、结构合理、产业齐全的优势,减轻企业负担,减轻税费,优化营商环境,帮扶外贸企业应对短期冲击,稳定供应链,增强外资企业的发展信心。

加强对接,留住供应链。加快打造市场化、法治化、国际化营商环境,全力做好招商引资工作,以世界一流的营商环境吸引更多外资企业在江苏进行全球价值链战略布局,坚定外商在江苏长期投资经

[①] 参见李晓林《创优江苏营商环境的调查与建议》,《唯实》2018年第9期。

营的信心。出台配套政策促进外贸企业向数字化、智能化转型升级，推动跨境电商创新发展，增强企业抗风险能力。加快促进知识密集型服务贸易进出口活动，加大对其业务及相关企业的奖励支持。

有序有效开展对外经济合作。培育竞争新优势，完善营销网络，提高高新技术产品比重，加快电子商务、网络贸易以及新商业结算模式的普及。鼓励各类贸易业态的创新，加快发展跨境电商零售，鼓励海外仓的设立，推动内贸升级及内外贸一体化发展。灵活调整信贷服务与政策，加大信贷供给，通过转贷、降低利率等方式予以支持。加大融资支持力度，支持国家开发银行、农业发展银行、进出口银行与江苏省内各市分支机构加大服务对接力度，支持政策性银行与江苏省各市辖区内的城市商业银行、农村商业银行和股份制商业银行开展政策性信贷资金转贷款业务。

3. 以科技创新赋能延链、补链、强链，带动新质生产力发展

焕新传统产业，加快形成新质生产力。以高端化、智能化、绿色化为方向，坚持精准施策，推动制造业加速转型升级。力争通过3到5年的努力，实现落后生产工艺装备基本出清、重点行业老旧装备全面更新。全面提升绿色发展水平，引导企业加快低碳、零碳、负碳技术创新，并持续加强绿色制造体系建设。加强产业创新体系建设，争取更多"国字号"创新平台落户。[1] 以"1650"产业发展体系为指导，加快培育先进制造业集群，加快建设世界级先进制造业集群，推动行业"智能化改造、数字化转型"。

积极发挥"链主"企业作为"出题者"和"头马"的作用。探索建立产业链上下游共同实施重大技术装备攻关和试验验证的创新协同机制。从股权投资和技术协同两个层面推动制造业"强链"。纵向上，产业链上下游企业可以通过股权参股、股权战略投资、风险投资、投

---

[1] 参见王梦然《厚植新质生产力增强制造新动能》，《新华日报》2023年9月21日。

资优先订货等方式实现对产业链上下游的控制；横向上，可以通过技术标准协同、关键技术共同研发、共享技术研发平台、参股合作等多种途径打造自主可控的产业链安全体系，提升产业链韧性和安全水平，培育壮大先进制造业集群。同时，做好大中小企业、上中下游企业、"链主"企业与专精特新企业之间的融通、协同发展。

全力打造重大创新平台，提高创新的驱动效能。全力服务保障苏州实验室建设成为具有突出国际影响力的全球材料创新高地，支持紫金山实验室、太湖实验室、钟山实验室承担更多国家战略任务，积极争创国家技术创新中心和全国重点实验室，充分发挥苏南国家自主创新示范区引领作用，将扬子江城市群打造成为具有全球影响力的重要创新高地，加快突破一批"卡脖子"难题，夯实企业科技创新主体地位。积极推进前沿科技布局，瞄准第三代半导体、通用人工智能、氢能和储能、深海深地空天、未来网络、元宇宙等前沿方向，编制前沿技术路线图和重大平台、战略人才、重大项目"一图三清单"等。

完善创新驱动顶层设计，激发各方主体的创新积极性。积极推动科技创新立法，强化基础研究和应用基础研究财政投入比重的硬约束。科学构建有利于激发创新主体积极性、主动性、创造性和加速科技创新成果市场化的创新平台运行机制，实施以科研人员为核心的市场化用人机制和人才"共享模式"，建立平台间人才流动机制。强化创新平台孵化科研成果和解决未来生产中技术难点的功能，完善依托创新平台实现创新资源有效整合与合作共赢的机制。鼓励多方主体协同创新，提升创新的凝聚力。加强与大院大所、高等学府、龙头企业的交流合作、同频互动，积极参与长三角协同创新体系的建设，继续布局海外协同创新中心，加强与深圳等国内外城市的科研合作攻关，通过机制性互动推动江苏创新能力实现"质"的飞跃。

4. 加大财政金融投入力度，支持新质生产力发展

合理优化财政支出结构。加大基础研究，加快关键核心技术攻

关，加大数字经济基础设施的投入，支持良好产业生态的形成。完善直接的税收激励机制，降低实体经济的税收负担，激发企业生产创新的积极性，激励企业加速改造、更新和创新。完善间接的政府采购激励机制，以订单为采购内容，锁定优秀、市场前景好的政府合作商。同时要积极防范地方债风险，促进财政健康运行。坚决遏制隐性债务增量，拓宽政府融资渠道。积极尝试创新金融工具，拓宽项目建设融资渠道，依托多层次资本市场关系，加强地方政府、金融机构、企业之间的投融资合作，鼓励信贷、证券、保险和基金等机构资金通过认购基金份额的方式参与项目建设。

加大金融支持江苏新质生产力发展的力度。一是积极推动绿色金融高质量发展，鼓励南京、苏州等地率先探索绿色金融地方立法，尽快在省级层面制定绿色金融地方标准。鼓励苏南现代化建设示范区协同推进绿色金融改革创新，打造绿色金融江苏样板。引导金融机构创新推出符合绿色发展需求的金融产品和服务，促进绿色金融和普惠金融、科创金融的融合发展。二是增强对科技创新平台的金融支持，引导企业精准对接多层次资本市场。支持苏中崛起、苏北赶超，鼓励金融机构积极探索与江苏南北结对帮扶合作、富民强村重点帮促行动等相适应的金融服务模式，针对苏北地区开展"一县一策"金融精准帮扶。三是加快金融业数字化转型，为数字经济建立包容性的金融获得机制和风险管理工具，强化数字经济与普惠金融、供应链金融、科技金融等的有机结合。增强金融风险防控能力，守牢金融安全底线。建立适应数字金融混业经营趋势的监管模式，统筹数字金融的发展与监管，建立严格的数字金融行业市场准入和退出机制。

（江苏省社会科学院 范玮）

新科技

一、基于复杂网络的中国企业互联式创新

(一) 文献综述

伴随三次产业革命形成了三种生产组织模式,即手工生产、大规模生产和柔性化协同生产。[①] 在手工生产时期,主要由个体工匠通过隐性知识的积累与传播,实现技艺或技术的改进,创新行为更强调作为个体的能工巧匠而非组织的重要性。[②] 随着大规模生产替代手工生产,企业技术创新的标准化、规模化与战略化成为显著特征,此阶段强调的是"单向线性创新模式",即企业创新被抽象成一个具有先后次序与线性联系的过程,企业创新行为源于内部组织的基础和应用研究。[③] 20 世纪 80 年代后期,随着柔性化协同生产组织方式的普及,"精益生产"与更快的创新—老化周期使得创新活动不再遵循固定的时序或层级结构,"交互式创新"成为主流。

可以看到,创新是科学、技术和市场之间的耦合。[④] 参与者之间

[①] 参见 Michael J. Piore, "The Revival of Prosperity in Industrial Economics: Technological Trajectories, Organizational Structure, Competivity", *Technology and the Wealth of Nations: The Dynamics of Constructed Advantage*, New York: Printer Publishers, 1993。

[②] 参见 M. Berg, "The Genesis of Useful Knowledge", *History of Science*, 45 (2), 2007, pp. 123–133。

[③] 参见 B. Godin, "The Linear Model of Innovation: The Historical Construction of an Analytical Framework", *Science, Technology & Human Values*, 31 (6), 2006, pp. 639–667。

[④] 参见 S. J. Kline, N. Rosenberg, "An Overview of Innovation", *The Positive Sum Strategy*, Washington DC: National Academy Press, 1986, pp. 275–305。

互动、互相学习,协同促进知识链、价值链和产业链的融合,①表现为一个复杂互动作用的非线性过程。创新动机源于市场需求、独占性和技术机会,②创新过程具有不确定性、突发随机性与多种知识融合性等特征,创新模式正在从企业内部的封闭式创新走向与外部伙伴合作的开放式创新。③

以互联网、大数据、区块链、人工智能、基因工程等数字与生物技术深度融合为核心的新一代信息技术革命迅猛崛起,人类正在迈入"人机物"融合共生、万物互联的数字时代。传统创新理论已经无法清晰刻画数字时代企业创新行为的内在特征以及创新速度迭代加快的内在动因。④ 创新经济学研究的前沿,正在聚焦以新一代信息通用技术为核心的第四次产业革命引致企业创新行为的革命性变化。

通用技术(General Purpose Technologies)的革新,会带来创新行为的变革以及重大经济转型。从历史范畴来看,人类经历了三种通用技术:蒸汽机、电动机及计算机。⑤ 正在兴起的新一代信息通用技术——数字技术从根本上改变了创新行为、创新组织甚至创新理论

---

① 参见 R. Rothwell, "Industrial Innovation: Success, Strategy, Trends", *The Handbook of Industrial Innovation*, Cheltenham: Edward Elgar, 1994;[美]亨利·埃茨科维兹《三螺旋创新模式:亨利·埃茨科维兹文选》,陈劲译,清华大学出版社 2016 年版; C. Freeman, *Technology, Policy, and Economic Performance: Lessons from Japan*, London and New York: Pinter Publishers, 1987; B. A. Lundvall, *National Systems of Innovation: Towards a Theory of Innovation and Interactive Learning*, London: Pinter Publishers, 1992。
② 参见 W. M. Cohen, "Fifty Years of Empirical Studies of Innovative Activity and Performance", *Handbook of the Economics of Innovation*, Amsterdam: Elsevier, 2010。
③ 参见 C. Baldwin, E. V. Hippel, "Modeling a Paradigm Shift: From Producer Innovation to User and Open Collaborative Innovation", *Organization Science*, 22 (6), 2009。
④ 参见 M. J. Benner, M. L. Tushman, "Reflections on the 2013 Decade Award——'Exploitation, Exploration, and Process Management: The Productivity Dilemma Revisited' Ten Years Later", *Academy of Management Review*, 40 (4), 2015, pp. 497 – 514。
⑤ 参见 T. Bresnahan, "General Purpose Technologies", *Handbook of the Economics of Innovation*, Amsterdam: Elsevier, 2010。

的假设,此类创新是一种典型的颠覆性创新。[1] 在数字时代,企业可以充分利用数字技术,实现创新机会的快速识别、创新资源的高效配置、创新主体的交互参与,[2]从而提升企业运营效率和组织绩效,并改变竞争格局。[3] 很多学者用"数字创新"来概括数字时代的企业创新行为,并将其定义为在创新过程中使用信息、计算、沟通和连接技术的组合,创造新的产品,改进生产过程,变革组织模式以及商业模式等。[4]

梳理相关文献后发现既有研究存在以下不足:第一,或聚焦于某一具体数字技术及其产出,或过于宽泛,难以清晰刻画新一代信息通用技术引致企业创新行为的本质特征。第二,虽然说明了数字时代创新主体边界消失、更低的搜索与分享成本使得创新主体能够更为有效地获取知识与合作,实现开放式网络化创新,[5]但在分析方法上仍显不足,并未契合数字经济时代的新研究范式。

---

[1] 参见 A. Kumaraswamy, R. Garud, S. Ansari, "Perspectives on Disruptive Innovations", *Journal of Management Studies*, 55 (7), 2017, pp. 1025 - 1042; S. Nambisan, M. Wright, M. Feldman, "The Digital Transformation of Innovation and Entrepreneurship: Progress, Challenges and Key Themes", *Research Policy*, 48 (8), 2019, pp. 67 - 72。

[2] 参见 S. Nambisan, K. Lyytinen, A. Majchrzak, et al., "Digital Innovation Management: Reinventing Innovation Management Research in a Digital World", *MIS Quarterly*, 41 (1), 2017, pp. 223 - 238。

[3] 参见 G. Vial, "Understanding Digital Transformation: A Review and A Research Agenda", *The Journal of Strategic Information Systems*, 28 (2), 2019, pp. 118 - 144。

[4] 参见 S. Huesig, H. Endres, "Exploring the Digital Innovation Process: The Role of Functionality for the Adoption of Innovation Management Software by Innovation Managers", *European Journal of Innovation Management*, 22 (2), 2019, pp. 302 - 314; 刘洋、董久钰、魏江《数字创新管理:理论框架与未来研究》,《管理世界》2020 年第 7 期。

[5] 参见 S. Nambisan, M. Wright, M. Feldman, "The Digital Transformation of Innovation and Entrepreneurship: Progress, Challenges and Key Themes", *Research Policy*, 48 (8), 2019, pp. 67 - 72; K. R. Lakhani, J. A. Panetta, "The Principles of Distributed Innovation", *Innovations: Technology, Governance, Globalization*, 2 (3), 2007, pp. 97 - 112; 张昕蔚《数字经济条件下的创新模式演化研究》,《经济学家》2019 年第 7 期;蔡剑、朱岩《数字经济的开放式创新模式》,《清华管理评论》2021 第 6 期。

数字时代的核心是万物互联的信息化与智能化,"连接"成为万物互联的基本机制。① 这一新时代最根本的变革在于价值链的逆转:处于传统优势地位的供给让位给需求,消费者成为创新需求与生产的主导者,导致由供给者主导的传统价值链发生了根本性的重构。② 伴随新一代数字通用技术的普及与价值链的颠覆性变革,制造业生产方式与企业组织形态发生根本性改变,即柔性化协同生产日益被智能网络化的生产过程与组织形态替代。这种生产形态最大的特点是,具有技术复杂性、组织复杂性、行为复杂性、适应和驾驭复杂性等"多维复杂性"。对于万物互联数字时代的"多维复杂性"特征,大多数学者仍应用新古典经济学的框架,他们为了逻辑自洽从未考虑经济系统复杂性与持续演化特征。③ 复杂经济学与新古典经济学在思维逻辑、理论范式与研究方法层面均有本质区别。④ 与人类进入万物互联数字时代引致更复杂的智能网络化生产相契合,以复杂经济学新范式的主要分析工具——复杂网络来剖析数字时代企业创新模式正当其时。⑤

复杂网络是网络科学家为理解现实世界中的复杂系统演化过程,将大量个体以及个体间复杂的相互关系以网络的形式来映射复杂系统的模型。一般来说,复杂网络展现出简单的网格网络或简单随机网络所不具备的拓扑结构,通常具有如下基本特征:(1) 网络中

---

① 参见[美]戴维·温伯格《混沌:技术、复杂性和互联网的未来》,刘丽艳译,中信出版社 2022 年版。
② 参见[荷]简·梵·迪克《网络社会》,蔡静译,清华大学出版社 2020 年版。
③ 参见 D. Helbing, S. Balietti, "Fundamental and Real-world Challenges in Economics", *Science and Culture*, 76 (9–10), 2010。
④ 参见 W. B. Arthur, "Foundations of Complexity Economics", *Nature Reviews Physics*, no.3, 2021, pp. 136–145。
⑤ 参见[美]布莱恩·阿瑟《技术的本质:技术是什么,它是如何进化的》,曹东溟、王健译,浙江人民出版社 2014 年版;安同良、姜妍《中国特色创新经济学的基本理论问题研究》,《经济学动态》2021 年第 4 期。

连接数量稀少;(2) 具有"小世界网络"特征,即网络间任意两点的距离最小;(3) 聚集系数高;(4) 网络度分布呈现无标度网络特征。[1]

在创新经济学的通常范式中,研究较多的是两两微观主体之间以合作连接与创新投入形成的 R&D 网络,[2]但 R&D 网络与复杂网络方法有本质区别,此类研究重点在于非数字通用技术背景下企业间协作研发网络下的竞合关系,研究对象仅限于从事 R&D 活动的企业,关心的是代表性微观个体的收益成本以及不同竞合关系的均衡结果,并对其进行比较分析形成最优选择。数字时代由全社会所有分布式多主体驱动、依靠互联网加速知识传递形成的创新,即企业创新行为在互联式创新网络中的演化逻辑,需要基于知识网络的偏好连接规律、度分布等复杂网络的工具来刻画。

本文基于复杂网络,运用拓展的 Watts-Strogatz "小世界网络"及 Kleinberg 贪婪寻路(Greedy Routing)算法构建互联式创新模型,揭示互联式创新特征,进而以企业作为节点解析其在互联式创新网络演化过程中的行为特征,并使用中国上市公司的数据对其进行实证检验。本文余下部分内容安排如下:第一部分基于复杂网络构建互联式创新模型,第二部分运用复杂网络解析互联式创新行为机理,第三部分对互联式创新行为机理进行实证检验,最后一部分为结论和启示。

(二) 基于复杂网络的互联式创新模型构建及其特征

万物互联时代企业创新发生颠覆性变化,使得传统创新理论中

---

[1] 参见 F. Chung, L. Lu, *Complex Graphs and Networks*, Providence: American Mathematical Society, 2006; S. Dorogovtsev, *Lectures on Complex Networks*, Oxford: Oxford University Press, 2010。
[2] 参见 S. Goyal, J. Moraga-Gonzalez, "R&D Networks", *The Rand Journal of Economics*, 32(4), 2001, pp. 686 – 707; S. Goyal, S. Joshi, "Networks of Collaboration in Oligopoly", *Games and Economic Behavior*, 43(1), 2003, pp. 57 – 85。

"创新仅在物理空间特定个体层面展开"的假设正在被修改。[1] 首先，新一代信息通用技术集群作为互联式创新的技术基础会创生出诸多新技术机会，依托数字技术形成的万物互联可以应对技术与知识占有性变化所带来的不确定性。更为重要的是在多变、复杂的互联网技术环境中，各类显性与隐性知识的迁移变得更为容易与直接。[2] 其次，随着底层通用技术的革命性变化和知识迁移形式的改进，创新更是在企业间和生态层面展开。以融合和生成为特征的数字技术正在模糊行业和部门之间的界限，所以企业创新行为将颠覆之前的涌现模式，呈现出一种由企业本身、异质性知识体和消费者分布式多主体驱动的万众创新新模式。最后，通过不同主体在互联网中发生连接以及与技术协同演化开启一条新的技术轨迹，使得物理空间和信息网络空间实现融合。在多主体驱动创新和多维空间耦合化的过程中，新主体、新技术、新业态、新产品、新算法不断涌现。

据此可知，数字时代作为分子的企业在互联网的连接下形成新式组织——技术聚合联盟。这一组织内部是一个包括各种级别与业务功能的巨大的知识、信息关系网络；外部与其他组织依靠互联网形成彼此之间的连接关系，进而形成人人参与其中、总体表现优于个体加总的互联式效应。所以创新不再是工业时代冗长而费力的"少数派"工作，而是在互联网连接下的万众创新。在 Tapscott 的思想启发下，[3]本文提出互联式创新。互联式创新是指，由嵌入互联网的分布式多主体——企业本身、异质性知识体和消费者，在多边网络下通过目标知识搜寻发生广

---

[1] A. Kumaraswamy, R. Garud, S. Ansari, "Perspectives on Disruptive Innovations", *Journal of Management Studies*, 55（7）, 2018, pp.1025 - 1042.
[2] C. Forman, N. V. Zeebroeck, "Digital Technology Adoption and Knowledge Flows within Firms: Can the Internet Overcome Geographic and Technological Distance?", *Research Policy*, 48（8）, 2019.
[3] D. Tapscott, *The Digital Economy: Rethinking Promise and Peril in the Age of Networked Intelligence*, New York: McGraw-Hill（Anniversary Edition）, 2015.

泛的连接,从而在新一代信息通用技术支撑下形成知识变革,进而创生出新产品、新工艺、新服务、新算法以及新组织与新制度等。

互联式创新超越了传统创新理论中仅将企业作为创新主体的限制,将具有知识创造的多主体纳入知识网络中,分布式多主体成为数字时代各类创新的"起点"。其中,异质性知识体是指不包含消费者的产生新知识的企业、个人及其他组织。互联式创新呈现四大整体特征:新一代信息通用技术的支撑性、各类知识的可迁移性、分布式多主体的驱动性以及多层空间的融合性。

万物互联数字时代,任何企业依托互联网这一底层技术,通过与异质性知识体、消费者发生联系以及合作,从外部获取异质性创新资源从而开展创新活动。在此过程中会极大地扩展个体所能触及的知识网络的外延,同时随着时间推移作为"种子思想"的块状知识会不断增长,①基于块状知识的"积木式创新"会不断涌现。② 知识可以通过连接在网络中传递、迁移、整合,从而体现出一般复杂网络中的常见特质。③ 为此,可基于复杂网络构建互联式创新行为模型:将市场中每一个创新的参与者,包括企业本身、异质性知识体和消费者,当作网络中的知识节点,节点间通过信息传递、市场交易、创新合作以及社会关系等建立连接。

1. 基于复杂网络的互联式创新模型

考虑一个有 n 个节点的连通网络,其中 $N=\{1,2,3,\cdots,n\}$ 代表网络中的节点集合。假设企业可以通过三种情形进行创新活动:(1) 在内部研发部门中搜寻;(2) 通过创新合作,与行业中的其他企

---

① 参见 M. L. Weitzman, "Recombinant Growth", *The Quarterly Journal of Economics*, 113(2), 1998, pp.331-360。
② 参见[美]埃里克·布莱恩约弗森、[美]安德鲁·麦卡菲《第二次机器革命:数字化技术将如何改变我们的经济与社会》,蒋永军译,中信出版社2016年版。
③ 参见[荷]简·梵·迪克《网络社会》,蔡静译,清华大学出版社2020年版。

业形成创新资源互补;(3)通过非契约关系的异质性知识体与消费者获得创新的前端要素——知识。本文提出的企业互联式创新,并非传统的开放式创新。[①] 传统的开放式创新核心在于为企业创新引入外部创新能力,是超越企业个体边界的思路。本文建模的假设是对分布式多主体的刻画,不再局限于传统开放式创新企业角度的最优逻辑,而是上升到复杂网络主体互动与社会角度的最优化,任何主体均融入、依托互联网而生存。

在此,本文重点分析以下情形:[②]企业根据获取创新资源的需要,将选择不同的三种途径在互联式创新网络中寻找目标节点。在此我们假设该网络为有向网络,$g_{ij}=1$ 代表点 i 指向点 j,即企业 i 向分布式多主体 j 形成创新需求。在万物互联条件下,根据企业 i 的创新实践,我们可以将点与点之间的连接关系[③]分成以下几种情况:其一,企业 i 与企业 y 之间建立并形成合作创新关系时,$g_{iy}=g_{yi}=1$;其二,当企业 i 与异质性知识体 z 形成有关知识等方面的创新联系时,$g_{iz}=1$;其三,当消费者 w 对企业 i 提出产品反馈和创新建议时,消费者与企业形成创新连接,$g_{wi}=1$。

图 1 刻画了一个互联式创新网络:我们用圆形 A、B、C 代表不同企业,用矩形 a—e 代表异质性知识体,不同颜色的三角形代表不同企业的消费者。同时,我们使用有双箭头的实线表示上述情形之一——企业间的合作创新关系,用单箭头的虚线表示情形之二——企业与异质性知识体形成创新连接,用单箭头的点状线表示情形之三——消费者对企业提出产品、工艺的创新建议。

[①] 参见 [美] 亨利·切萨布鲁夫、[比利时] 维姆·范哈弗贝克、[美] 乔·韦斯特《开放式创新:创新方法论之新语境》,扈喜林译,复旦大学出版社 2016 年版。
[②] 在智能网络化生产时代,企业"单打独斗式"的创新几乎绝迹,即使存在,其内部也是一个复杂网络,和后续分析的内在逻辑是一致的。
[③] 在考虑点的连接度时,本文只考虑其出度,即指向其他点的连接数量。

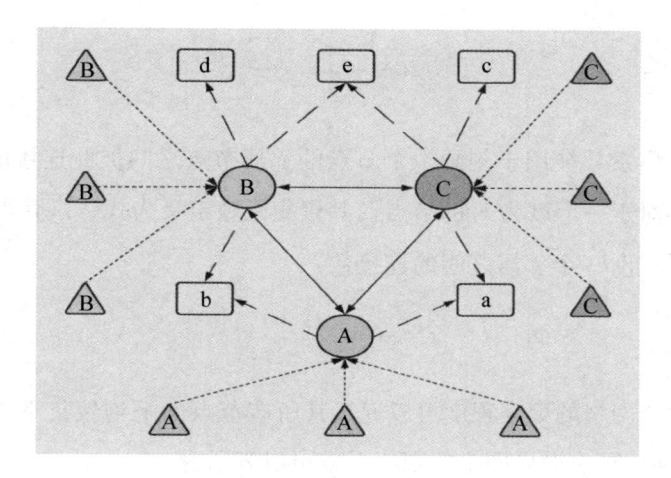

图 1　互联式创新网络示例图

2. 互联式创新网络的特征

已有研究表明创新网络、知识网络具有与复杂网络相似的拓扑结构特征,既存在小世界特性(又称 WS 网络)[1],又呈现无标度特性(又称 BA 网络)[2]。互联式创新网络,作为互联网底层技术所支撑的创新网络,呈现多维的网络特性,即在不同的视角下表现出不同的网络特征,同时两种网络特征可以相容。

首先,互联式创新网络呈现小世界网络[3]的特征,网络中分布式多主体之间有较高的聚集系数与较短的平均路径长度。我们将小世界网络的平均路径长度设为 d,指网络中所有节点对之间的平均距离。对于包括 N 个节点的有向网络,则有:

---

[1] 参见陈子凤、官建成《合作网络的小世界性对创新绩效的影响》,《中国管理科学》2009 年第 3 期。

[2] 参见 J. Choi, A. Sang-Hyun, Min-Seok. Cha, "The Effects of Network Characteristics on Performance of Innovation Clusters", *Expert Systems with Applications*, 40 (11), 2013, pp. 4511 – 4518。

[3] 参见 D. J. Watt, S. H. Strogatz, "Collective Dynamics of 'Small World' Networks", *Nature*, no. 393, 1998, pp. 440 – 442。

$$d = \frac{1}{N(N-1)} \sum_{\substack{i,j=1,\cdots N \\ i \neq j}} d_{ij} \tag{1}$$

聚集系数被用于刻画一个节点的邻居节点之间彼此连接的稠密程度。对于一个度为 k_i 的节点 i，其聚集系数定义为式(2)，其中 L_i 表示节点 i 的 k_i 个邻居之间的连接数：

$$C_i = \frac{2L_i}{k_i(k_i-1)} \tag{2}$$

整个网络的聚集程度可以通过其所有节点的平均聚集系数 C 来刻画，则计算小世界网络的聚集系数可以表示为：

$$C = \frac{1}{N} \sum_{i=1}^{N} C_i \tag{3}$$

由此，在互联网支撑下，作为节点的分布式多主体之间合作更为便捷、紧密，节点之间信任的提升会形成较高的聚集系数。另外互联网底层技术下，企业从物理距离较远的节点获取知识信息会更方便，网络的平均路径长度也明显下降。

其次，互联式创新网络呈现出无标度网络的性质，具体表现为生长特征和偏好连接特征。生长特征，即网络存在 m_0 个节点，每一期增加一个点，该点与已有的旧点连接产生 m 条新边；偏好连接特征，即新加入的点以更高概率去连接网络中度较高（链接数较多）的枢纽节点。经过时间 t 期可以得到一个有 $t+m_0$ 个节点和链接数为 $m_0 + m_t$ 的网络。无标度网络的度分布和聚集系数[1]具有幂律分布的特征，根据偏好连接算法，网络的度分布可以写成：

---

[1] 无标度网络具有幂律分布的特征，在此利用平均场方法可以研究网络节点的度随着时间 t 变化的动态特征，进而得出了度的分布表达：其中 γ 称为度指数。据 Bollobas and Riordan（2004）发现，其无标度网络的平均聚集系数同样遵循幂律分布，且有 $C \propto \frac{(\ln N)^2}{N}$。

$$P_{(k_i=k)} = p_k = \frac{2m(m+1)}{k(k+1)(k+2)} \qquad (4)$$

进一步可以得出,网络期望连接度是:

$$\begin{aligned}\sum_{k=m}^{\infty} k p_k &= \sum_{k=m}^{\infty} \frac{2m(m+1)}{(k+1)(k+2)} \\ &= \sum_{k=m}^{\infty} \left(\frac{2m(m+1)}{k+1} - \frac{2m(m+1)}{k+2} \right) \\ &= \frac{2m(m+1)}{(m+1)} = 2m \end{aligned} \qquad (5)$$

在互联网底层技术支撑下,各类知识快速便捷流动,无标度网络的特征使得少数具有大量连接边的枢纽节点在偏好连接下不断生长,网络真正的中心位置属于那些在网络中具有重要地位的枢纽节点。于是,我们需要进一步分析互联式创新网络的演化特征,即以企业为节点的创新行为的机理。

(三) 以企业为节点的互联式创新行为机理

1. 数字时代以企业为节点的互联式创新行为机理

基于互联式创新网络模型及其所揭示的多维网络特征,本部分进一步聚焦以企业作为节点在互联式创新网络演化过程中的行为特征。对此,本文立足于互联式创新网络呈现出的小世界网络特征以及无标度网络特征,进一步引申出该网络下企业创新行为的两个主要机理:

(1) 互联式创新网络的小世界网络特性会形成节约连接成本、提升创新效率的企业创新新特征

在一个去中心化的互联式创新网络中,每个企业作为节点要通过自己与邻居位置的信息以及利用现有网络结构,找到能够形成创新的目标知识节点。于是在互联式创新网络中微观个体要实现所需的知识整合,需要个体采取与网络结构相匹配的搜寻策略和算法。

为此,将互联式创新网络所在的空间定义为一个正则网格网络,每个企业是正则网格网络中的一个节点。由此,可以通过网络节点间的距离定义互联式创新网络中任意两个个体之间的距离。我们对 Kleinberg[1] 提出的分散式搜索下的贪婪寻路算法进行适度修正,并将其应用于数字时代企业运用互联网技术进行目标知识搜寻的场景。

假设互联式创新网络中企业连接具有 Watts-Strogatz 模型中的"小世界网络"的特征——近距离节点间充分连接,同时存在少数远距离节点间的连接。一方面对于近距离连接,假设对于任一节点 i,都有 p,使得 i 与所有距离小于 p 的点相连,即每个点与局部邻近点完全连接;另一方面对于远距离连接,假设对于任一节点 i,都存在一个参数 α,使得 i 与任意远距离点 j 之间相连的概率和该两点之间的距离($d > p$)的 α 次幂成反比,即从点 i 与点 j 连接的概率与 $d(i,j)^{-\alpha}$ 成正比。其中参数 α 作为关键参数决定了网络节点间是如何互相连接的。

不同于 Kleinberg 模型的假设,本文放松了对每个分布式多主体的远距离连接数量的限制。这一限制的放松使得本文的模型更能清楚地刻画出互联式创新网络的特征,原因在于在互联网底层技术的支持下,主体之间的联系能够突破地理、行业限制,更容易实现远距离的连接。假设在互联式创新网络中,节点 S 代表能够产生创新的新知识需求方,节点 T 代表网络中能解决此需求的目标知识节点(节点 S 的目标方)。两个节点的位置随机分布于网络中,在去中心化的条件下,需要寻找到一个信息传送路径,即以尽可能少的步数将创新需求知识信息由节点 S 送达节点 T。在此节点 S 和搜寻路径中的每

---

[1] J. Kleinberg, "The Small-world Phenomenon: An Algorithmic Perspective", *Proceedings of the Thirty-second Annual ACM Symposium on Theory of Computing*, 2000, pp. 163 - 170; J. Kleinberg, "Navigation in a Small World", *Nature*, 406(8), 2000, p.845.

个传递者,都仅仅了解两类信息:一是与自己连接的点的位置,二是节点 T 在平面中的位置。对此,根据贪婪寻路算法的基本思想,传递路径上的每个节点都尽可能地将知识需求信息传递给其距离节点 T 最近的邻居。① 由于本文放松了节点远距离连接数量限制的假设,对于距离节点 S 的距离为 x 的另一个节点 K,它们相连形成远距离连接的概率为:

$$g(x) = \lambda \mid x \mid^{\alpha} \tag{6}$$

令 V 代表不包含节点 S、与 S 距离小于 x 的节点集,则在 V 中节点 S 的邻居数量可以表达为 $\int_V g(x)dx$。对于任意 $a > 0$,总有以下的变换:

$$\int_{aV} g(x)dx = a^{2-\alpha} \int_V g(x)dx \tag{7}$$

当 $\alpha = 2$ 时,可得:

$$\int_{aV} g(x)dx = \int_V g(x)dx \tag{8}$$

不同范围内节点 S 的邻居数量的分布不随范围大小改变。由此,在 $\alpha = 2$ 时,远距离连接均匀分布于不同的距离范围,通过贪婪寻路算法可以在每一步传递过程中将当前信息持有者与目标节点 T 的距离减半;那么在 $\alpha < 2$ 的情况下会赋予远距离连接更高的概率。根据本文的设定,由于互联网底层技术条件下任意一点的远距离邻居数量没有限制,于是就会有更多的远距离连接。因此,在更多的远距离连接的条件下,网络中任意两点间最快的搜索路径长度自然会下

---

① Kleinberg 模型认为分散式搜索下的贪婪寻路算法,传递路径上的每个节点都尽可能地将信息传递给其距离节点 T 最近的邻居。 当网络中的每个节点都采取这一策略时,Kleinberg 模型证明了,当且仅当 α = 2 时,这一分散式的搜索方法可以以最少的步数完成信息的传递。

降。所以在互联网底层技术支撑下的企业互联式创新行为中,远距离连接更加便捷,搜索效率会得到进一步提高。

通过上述模型分析可以看出,互联式创新造成了连接成本的显著下降,原因在于互联网底层技术的发展有效地解决了信息发现与共享难题,使得知识与信息的传播速度大幅增加,交流和搜寻成本大幅降低;同时在网络空间下,经济主体对系统内各类信息的搜集、整合、分类、加工和处理的能力得到了很大拓展。另外随着人工智能、机器学习与数据挖掘技术的发展,经济主体不仅能够明晰正在发生的典型事实,而且在一定程度上还能对将要发生的事件进行预测。于是企业能更好地借助人工智能、大数据等数字技术有效整合外部知识,将内外部信息连接起来,提高对外部知识的吸收能力。除此之外,互联式创新由于实现了任意两个知识节点间更快的搜寻,显著提升了信息和各类知识传递的效率,不仅能够提高企业间、企业与其他分布式多主体之间合作共享过程中对知识的吸收、反馈和利用,而且企业能够更有效地洞察竞争对手的创新策略,且针对消费者进行定制化的创新活动,保证了微观个体能够有效地利用互联式创新网络结构实现知识整合、加速创新过程以及提高创新效率。由此可见在万物互联时代,任何主体所拥有的目标知识都可以是企业创新的起始点,分布式多元主体驱动的创新模式正在形成。

(2) 互联式创新网络的无标度网络特征会表现出节点的知识偏好连接,形成枢纽企业主导创新的新格局

在前互联网时代,企业在传统的创新网络中,除了通过内部研发创新,当企业需要从外部获得异质性知识时,就需要与直接的合作伙伴联系提高企业从知识网络中获取信息的涵盖面,表现为与合作者交换创新信息与知识,尤其是与知识网络中的重要合作者相联系。从网络角度来分析,企业在这一过程中,只有通过直接连接获得外部信息,因而需要不断地提高自身在网络中基于连接度的中心度。

事实上,随着互联网与数字技术的发展,不仅显性知识的传递变得更简单,而且不同企业之间可以利用技术手段实现类似于面对面的交流,隐性知识的传递也变得更高效,从而知识皆可迁移。[1] 企业创新实质上基于知识流,因为它贯穿于知识的创造、传播和运用的全过程。所以进入互联网时代,企业作为知识网络中的节点可以更加便捷地通过间接的网络连接获取知识。企业已经不再单纯依赖自然形成的网络关系寻求合作与帮助,合作的过程不再是直接的联系,而是通过与枢纽节点结合融入特定平台。在互联网底层技术支撑下,一方面互联网的便利性直接地使得网络连接密度增加;另一方面由于间接连接也可以获得外部信息,因而企业在这种技术背景下不再单纯关注自身连接度的重要性,而是扩展性地去追求提高基于全局最短路径的中心度。

　　由于互联式创新网络呈现出无标度网络特征,分布式多主体的连接具有生长和偏好连接的形成机制。在此我们将企业进行两种类型的区分:一类是在互联式创新网络中度中心度较高的枢纽企业,另一类是在互联式创新网络中接近中心度较高的知识聚合枢纽。我们使用 Python 编程来比较这两类知识偏好连接模型,即度中心度和接近中心度。本文假设了初始点及新增点的初始连接数量为 3(即 $m=3$)的情形,经过 100 期的演变(即 $n=100$)后我们发现:基于度中心度的知识偏好连接模型与基于接近中心度的知识偏好连接模型体现出不同的度分布(如图 2 所示)。

---

[1] C. Forman, N. V. Zeebroeck, "Digital Technology Adoption and Knowledge Flows within Firms: Can the Internet Overcome Geographic and Technological Distance?", *Research Policy*, 48(8), 2019.

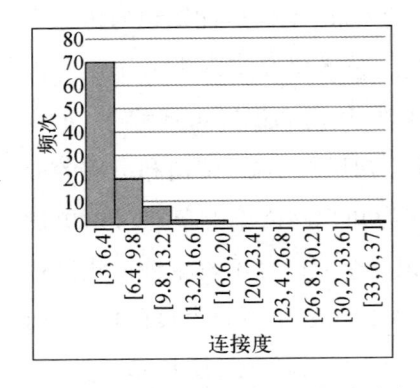

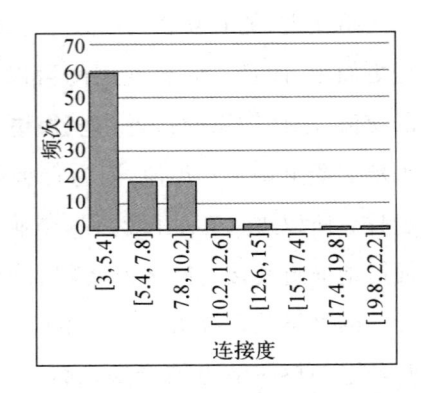

(a) 基于度中心度的偏好连接模型度分布　　(b) 基于接近中心度的偏好连接模型度分布

图 2　不同中心度的偏好连接模型比较($n=100$ 和 $m=3$)[①]

在互联式创新网络度中心度较高的头部企业,其知识偏好连接演化后,网络连接更加集中,体现出更明显的长尾现象(见图 2[a])。在互联式创新网络中,头部企业为了在创新中获得更多的知识,更在意自身位于整体知识网络的位置,通过成为网络中的枢纽节点,既保持了与其他企业间的直接合作,又通过技术规范、信息共享平台等形式成为影响力更广泛的枢纽节点。所以在万物互联的数字时代背景下,头部企业会形成独特的"产业经济体",即一个产业或多个产业几乎被 1—2 个经济体控制,形成以其为网络枢纽节点的创新生态系统。这些头部企业作为枢纽节点的偏好生长,慢慢会形成有序的相变:一方面,枢纽节点与其连接节点易结成创新共同体,为中小企业创新遮风挡雨,形成"大树底下好乘凉"的创新良性生态。另一方面,枢纽节点富者愈富的特征易扼杀非枢纽节点的各种形式创新,产生"大树底下不长草"的局面,并催生出枢纽节点在创新方面"一家独占"的特征。另外在无标度网络中,枢纽节点的先发先至以及偏好连接的特

[①] 对于不同中心度偏好连接模拟的 Python 编程代码可与笔者联系获取。

性,使枢纽节点天然拥有先发优势,并且通过富有的连接使得自身沿着动态、可延展的方向不断演化,产生"积木式"的衍生迭代创新。

在互联式创新网络接近中心度较高的知识聚合枢纽,基于接近中心度的知识偏好连接模拟可以发现连接度的分布更为平均,且最大连接点的度较小(见图 2[b])。这类知识聚合枢纽企业是其他企业更注重选择的合作对象。知识聚合枢纽企业在与其他企业创新合作过程中协同博弈,会强化自身作为创新平台的作用。一方面吸引更多的新兴企业与自身参与的平台形成合作关系,另一方面,将自己的技术规范、行业标准通过协同合作拓展出去,提高自身在行业中的影响力,并以此获益。在数字经济形态下面对层出不穷的技术机会,一些创新能力和管理水平较高的新兴企业会成为网络中的高适应度的节点,通过适应性学习能力的提升,成为不同节点间沟通不可或缺的"中间人"角色。由此可见,知识聚合枢纽通过自身较高的整合和辐射能力会形成引领创新的新模式。

2. 数字时代中国企业互联式创新行为的典型事实

万物互联数字时代,中国直面第四次技术革命的机遇与挑战。2022 年我国数字经济规模达 50.2 万亿元,总量稳居世界第二,[①]在规模总量方面与美国双峰并峙,而且电子商务、移动支付规模全球领先;中国企业通过全面数字化转型并运用数字技术进行新场景、新模式、新业态创新,业已形成自己独特的数字创新生态。在互联式创新行为机理模型的模拟下,我们总结出中国企业诸多互联式创新行为和模式的典型事实。

(1)互联网助力企业知识搜寻更为便捷,互联式创新行为使得创新空间网络化

作为数字技术最为关键的底层技术——互联网,其核心特征在

---

① 参见国家互联网信息办公室《数字中国发展报告(2022 年)》。

于打破时空限制,将物理空间与信息空间深度融合,以数据生产要素为载体,拓展信息与知识的传播渠道及传播速度。万物互联,使得显性与隐性知识皆可被观测、被轻易地搜寻,企业创新效率得到大幅提高。更为重要的是,数字时代企业创新活动不再囿于在纵向一体化的企业内部展开。互联网作为极为强大的平台,其促使多元化创新主体在网络空间彼此连接、交互创新,创新方式的网络化、协同化成为企业创新的基本特征。中国企业在创新中数字技术应用水平显著提升,截至 2022 年 6 月底,工业企业数字化研发设计工具普及率达75.1%。此外 110 家智能制造示范工厂通过智能化改造,其产品研发周期平均缩短 28%。[1]

(2)数字创新平台作为底层支撑者赋能和孵化多维创新,互联式创新行为使得创新主体的边界模糊化

数字时代自我生长形成的数字创新平台,与各类创新主体在创新禀赋和信息知识之间起到优势互补、赋能孵化的作用。一方面,创新型平台或是技术型平台[2]本身就是创新引擎,其为生产者提供核心技术架构,确保企业在此架构上提供更具价值的新产品。以小米 IoT 开发者平台为例,其通过赋能平台上与其组成生态链的公司快速、低成本的产品创新,形成了创新型平台支撑和孵化企业创新新模式。另一方面,服务型或交易型平台强大的"大数据池"和"云上功能",通过数据挖掘生成服务于企业的数据产品,赋能企业实现端到端的新产品开发和新价值创造。阿里云 supET 和腾讯的未来网络实验室作为这类平台的典型代表,正在助力企业全面转型以及创新生态根本

---

[1] 参见《关于数字经济发展情况的报告》,中国政府网,2022 年 11 月 28 日,https://www. gov. cn/xinwen/2022 - 11/28/content _ 5729249. htm? eqid = b34cc16b000456ec00000006645f7ff7。

[2] 如苹果 IOS 平台、谷歌的 Android 平台以及健身爱好者熟悉的 Nike + 平台,均属于该类技术型数字平台。

性变革。

（3）注意力经济引致消费者作为起点驱动创新，互联式创新行为促使创新链逆转

数字技术的普及和网络反馈机制的建立，使得消费者可以直接通过消费体验结合各自异质化的知识，为新产品提供创意支撑；同时专业化的消费者可以通过早期试用和反馈，帮助企业明晰产品特点以及创新改进方向，从而降低创新成本和提高创新速度。在互联的网络空间，实现了真正意义上的"用户即创新者"。[①] 随着注意力经济蓬勃发展，人人都可以成为注意力的生产者与消费者，微观创新主体会呈现分布式节点成长。更为重要的是任何企业、个人皆受注意力的钳制，企业创新链的第一源泉变为消费者，如字节跳动的抖音 App 通过短视频成功抢占了用户稀缺的注意力。

需要强调的是互联式创新网络由于枢纽节点主导的机理和模式，存在高韧性与脆弱性并存的特征。一方面，相互高度依存的复杂网络可以保障系统的高度容错性，即一些外生冲击导致大部分节点的移除与消失对网络完整性影响有限。面对新兴的技术机会或是无法预知的有限冲击，互联式创新网络有一定的容错性，创新网络可以通过时时改变自身的运行模式来适应内外部的冲击，系统有着高韧性的动力学特征。另一方面，若是对该网络的枢纽节点进行点对点的精准攻击，丢失枢纽节点会使网络变成碎片，网络表现出脆弱性的固有属性。这表明，若是对互联式创新网络中的一系列枢纽节点企业进行一定的制裁与限制，可能会伤害整个创新网络甚至使系统崩溃。鉴于此，要有防范互联式创新网络的阿喀琉斯之踵的理念、思路与措施。

---

① "用户即创新者"于20世纪70年代由美国麻省理工学院 Hipple 教授提出，参见 E. V. Hippel, "The Dominant Role of the User in Semiconductor and Electronic Subassembly Process Innovation", *IEEE Transactions on Engineering Management*, EM-24（2），1977，pp. 60 – 71。

（四）中国企业互联式创新行为机理的实证检验

1. 样本选取

企业互联式创新行为这一动态演化过程难以被精准度量，特别是以企业为节点通过网络技术形成的互联与连接并伴随着知识在其中的流动，难以被一个或者几个指标清晰地刻画。在此我们只能识别数字时代创新绩效异质性的企业特征，即融入互联式创新网络的程度对企业创新产出的具体影响。为了观察融入互联式创新网络程度不同的企业的特征，本文选取 2015—2020 年从事企业级 ICT 业务的中国上市公司 500 强作为研究对象。选取研究对象时主要依据以下几点：一是在万物互联数字化时代，从事 ICT 的公司是在数字技术下创新活动最频繁，也是最能反映数字经济形态下创新新逻辑的主要对象。同时考虑数据可得性，在此选择从事企业级 ICT 业务的 2020 年中国上市公司 500 强作为研究样本，该 500 强榜单根据上市公司 2019 年全年营业额排序。[1] 二是在研究时段方面，虽然 2013 年以前，以互联网为代表的数字经济已取得迅猛发展，但互联网和实体经济深度融合主要发生在 2013 年以后。[2] 从 2013 年开始，互联网模式逐步走向成熟，越来越多的传统企业开始进行互联网模式的战略转型。但是 2013 年并不是一个研究互联式创新的起点，这仅是企业互联网模式倒逼下的企业数字化转型与改造的开始。在此我们认为，2015 年是研究企业互联式创新的开端。因为一方面，2015 年十二届全国人大第三次会议上的工作报告提出"互联网＋"，倡导"互联网＋"战略提高科技创新能力；另一方面，2015 年"互联网思维"几乎贯穿了所有企业，企业创新模

---

[1] 具体所涉上市公司榜单可见《2020 中国 ICT 上市公司 500 强榜单》，搜狐网，2021 年 1 月 15 日，https://www.sohu.com/a/444591855_120143730。

[2] 参见马化腾等《"互联网＋"：国家战略行动路线图》，中信出版社 2015 年版。

式开始有了互联式创新的特征与趋势。

2. 变量定义

被解释变量:企业专利申请和授权情况。专利是企业的创新产出,同时专利数据可获得性与及时性较高,这也符合本文需识别企业创新实际产出的要求。在此用"企业当年申请专利数量"和"企业当年授权专利数量"来度量,并对两个指标进行加1后取对数处理。另外借鉴张栋等[1]的做法,本文没有对专利数量进行滞后处理,因为既有当年的专利申请数量又有授权数量的选取,已经考虑到了一般创新产出需要一定的时间可能存在的滞后性问题。

解释变量:由于企业依托互联式创新网络无法用单一的指标来度量,因此我们认为首先企业在互联式网络中位势会影响其创新产出而企业在互联式网络中网络化程度的不同也会对创新产生影响。

(1) 互联式网络构建及网络位势度量

理论分析表明,网络有助于企业获得对创新活动至关重要的异质性知识,特别是互联式创新网络无标度网络的特征强调网络中心位置属于具有重要地位的枢纽节点,所以企业在网络中的位势会对其创新活动产生重要影响。[2] 基于此,我们在国家知识产权局手动检索 2015—2020 年上述从事企业级 ICT 业务的中国上市公司 500 强合作专利中的合作机构,从而搭建了 2015—2020 年各年的样本企业互联合作网络(如图 3 所示),然后测度该网络结构的中心度,从而验证企业在互联合作网络中的位势对创新的影响机制,进一步根据上

---

[1] 参见张栋、胡文龙、毛新述《研发背景高管权力与公司创新》,《中国工业经济》2021 年第 4 期。
[2] 参见 B. Gomes-Casseres, J. Hagedoorn, A. Jaffe, et al., "Do Alliances Promote Knowledge Flows", *Journal of Financial Economics*, 80 (1), 2006, pp.5–33。

文的行为特征分析,即将企业区分为在互联式创新网络中度中心度较高的枢纽企业和接近中心度较高的知识聚合枢纽。据此,借用Freeman[①]的方法,我们也在此测算企业度中心度、接近中心度作为

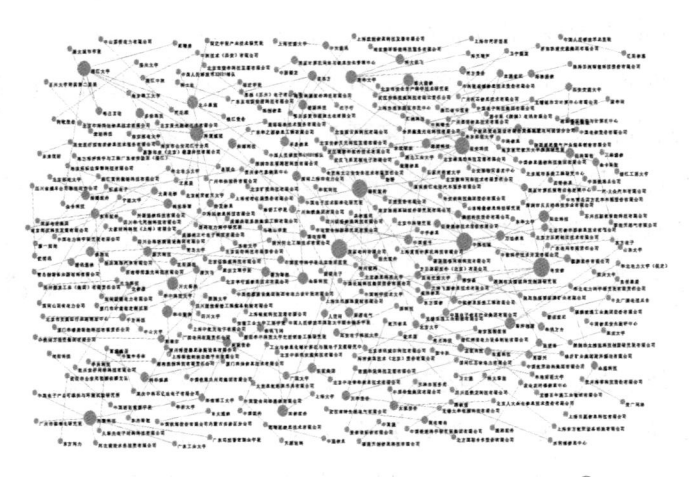

图3 2020年样本企业的互联合作网络示意图[③]

企业在网络中的位势衡量,后续测算中介中心度(Betweenness Centrality)、结构洞(Structural Holes)作为稳健性检验的衡量。

度中心度(Degree Centrality),核心在于测量与某一节点直接连接节点的数目。度中心度高的企业意味着其与网络中大量的其他组织建立了连接,一方面,该类企业享有丰富的信息资源且能整合不同来源的知识,是网络中知识传播的重要载体;另一方面,该类企业易与网络中其他连接者建立研发资金、互补技术等方面的联系。对于由 n 个节点构成的网络图 $G=(V,E)$,节点 i 的度中心度 $Dc(i)$ 为:

$$Dc(i) = \sum_{j=1}^{n} x_{ij} (i \neq j) \tag{9}$$

---

① 参见 L. Freeman, "Centrality in Social Networks Conceptual Clarification", *Social Networks*, 1(3), 1979, pp.215-239.
② 由于篇幅有限,只附上了2020年示意图,若需要可以与笔者联系获取2015—2020年各年互联合作网络图。

其中 V 是网络图 G 所有的点，E 是网络图 G 所有的边，x_{ij} 表示节点 i 与节点 j 之间是否有直接联系，有即为 1，没有即为 0。

接近中心度（Closeness Centrality），反映网络中某一节点与其他节点之间的接近程度。一般以某个节点到所有其他节点的最短路径距离之和的倒数来表示接近中心度。接近中心度较高的企业很容易与网络中其他参与者进行互动，在获取外部知识的过程中较少依赖其他企业，获取外部信息的效率更高，在空间上处于中心位置。节点 i 的接近中心度 $Cc(i)$ 为：

$$Cc(i) = \frac{1}{\sum_{j=1}^{n} d_{ij}(i \neq j)} \tag{10}$$

其中 d_{ij} 表示节点 i 到节点 j 的最短路径长度。

（2）对企业互联网融入程度的度量

我们需观察在互联合作网络中企业互联网融入程度，以此明晰企业运用互联网进行知识搜寻和偏好连接的创新产出。企业互联网融入，是企业运用互联网底层技术优化生产流程、完善组织管理以及重构战略定位，从而明显改善业务绩效的战略行为。从《OECD 互联网经济展望 2012》的发表开始，诸多研究均是从企业微观调查来获取互联网融入程度。[1] 由此产生两种度量互联网融入方法：一是考察目标公司是否有互联网涉入，若有则赋值为 1，没有则赋值为 0；二是运用相关指标度量企业互联网融入程度。[2] 在后一种度量方法中，主要有两个方

---

[1] 参见 G. Kannabiran, P. Dharmalingam, "Enablers and Inhibitors of Advanced Information Technologies Adoption by SMEs", *Journal of Enterprise Information Management*, 25（2），2012，pp. 186-209; A. Usai, F. Fiano, A. M. Petruzzelli, et al., "Unveiling the Impact of the Adoption of Digital Technologies on Firms' Innovation Performance", *Journal of Business Research*, 133（4），2021，pp. 327-336.

[2] 参见马骏、李书娴、李江雁《被动模仿还是主动变革？——上市公司互联网涉入的同群效应研究》，《经济评论》2021 年第 5 期。

向：一是对上市公司年报进行关键词识别，统计出涉及"互联网"的词频来刻画企业互联网融入程度；[①]二是利用上市公司相关固定资产、无形资产、主营业务等明细来构建企业互联网融入程度的指标，其中用相关财务指标度量企业互联网融入程度更为客观。由于企业互联网融入是一个复杂的过程，单一指标虽然也是企业融入互联网程度的重要体现，但存在不够全面、略显单薄的问题。据此，我们借鉴世界银行构造的数字技术采用指数（DAI）[②]，通过结合企业互联网融入的内涵以及中国基本现实，构建企业互联网融入指数（见表1）来反映企业互联网融入程度。[③]

表 1　企业互联网融入指数构建

	所含维度	具体指标	指标计算
企业互联网融入指数	微观本体	IT 硬件投资	互联网相关固定资产占总固定资产比重
		IT 软件投资	互联网相关软件购买占无形资产比重
		主营业务涉互联网收入	互联网相关主营业务收入总额（按产品分类的互联网业务）
	宏观支撑	所在城市互联网接入端口密度	城市互联网接入端口/年末常住人口

企业互联网融入指数应该包含两个维度：微观本体和宏观支撑。在微观本体维度，企业自身所涉互联网相关软件与硬件设施的购入，是从投入角度对企业融入互联网程度的客观衡量。如企

[①] 参见杨德明、刘泳文《"互联网+"为什么加出了业绩》，《中国工业经济》2018年第5期。

[②] 该指数由世界银行在《2016年世界银行报告：数字红利》中提出，作为一个全球性的指数，被用于衡量各国采用数字技术的情况。

[③] 参见 M. Skare, D. R. Soriano, "How Globalization is Changing Digital Technology Adoption: An International Perspective", *Journal of Innovation & Knowledge*, 6 (4), 2021, pp.222-233。

业在无形资产明细中披露的包括 ERP 等在内的软件以及在固定资产明细中披露的"服务器"等电子设备,均被表征为互联网的采用。①从产出角度,企业主营业务所涉互联网业务的收入多少,是对其融入互联网程度的直接衡量。此外,《OECD 互联网经济展望 2012》强调地区互联网接入及使用程度对于企业至关重要,所以本文以企业所在城市互联网接入端口密度来表征对企业融入互联网的宏观层面支撑。

首先,确定表 1 所列企业互联网融入指数维度之一——微观本体的三大指标计算:第一步,综合已有文献确定的有关互联网识别的关键词②,第二步,利用 RESSET 数据库上市公司财务报表附注信息③,当资产明细科目的名称包含任何一个有关互联网融入的关键词时,即认为该项为互联网融入相关投入,据此识别出企业固定资产、无形资产和主营业务中的互联网融入的投入和产出部分。其中主营业务按产品分类的明细数据来源于 Python 对上述 500 上市公司年报"营业收入构成"的提取,相关固定资产和无形资产缺失部分数据均通过查阅相关公司年报进行填补。其次,企业互联网融入指数宏观支撑维度中的"城市互联网接入端口"等数据来源于中国研究数据服务平台(CNRDS)数字经济数据库和《中国城

---

① 参见 H. Blichfeldt, R. Faullant, "Performance Effects of Digital Technology Adoption and Product & Service Innovation—A Process-industry Perspective", *Technovation*, vol. 105, 2021; 刘飞、田高良《信息技术是否替代了就业——基于中国上市公司的证据》,《财经科学》2019 年第 7 期。
② 在此确定的有关互联网融入涉及的关键词包含 32 个: 互联网、互联网+、物联网、移动互联网、工业互联网、产业互联网、互联网技术、互联网业务、互联网移动、互联网营销、互联网平台、互联网模式、线上线下、数字网络、网络化、电子商务、电子支付、移动、网络、搜索、平台、网页、数据、信息、系统集成、通信、Internet、O2O、B2B、C2C、B2C、C2B。
③ 笔者比较了 RESSET、CNRDS 和 CSMAR 三大数据库有关上市公司财务报表的附注信息,相对而言,RESSET 数据库公布的有关固定资产和无形资产明细更全更细,故在此选择 RESSET 数据库上市公司财务报表附注信息。

市统计年鉴》。最后,企业互联网融入指数计算运用熵值法进行合成。在此我们将从事企业级 ICT 业务的中国上市公司 500 强的互联网融入指数按年求平均值(见图 4),可以看出这些公司互联网融入程度逐年在改善,说明企业均在探索能够更好地借助互联网推动企业发展的路径。

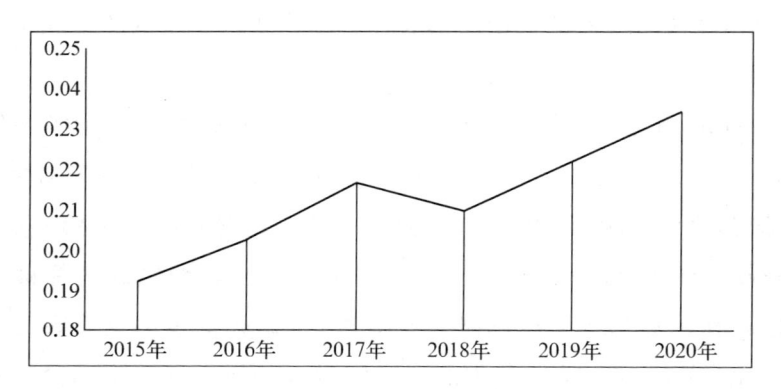

图 4　2015—2020 年企业互联网融入指数均值

控制变量:对控制变量的选取主要借鉴已有文献[1]的做法,考虑公司规模、公司成立年限、财务杠杆、盈利能力、企业成长性、股权集中度、股权性质,并对行业、地区、年份效应进行了控制。控制变量数据来源于国泰安数据库,具体计算见表 2 所示。

---

[1] 参见 X. Chang, K. Fu, A. Low, W. Zhang, "Non-executive Employee Stock Options and Corporate Innovation", *Journal of Financial Economics*, 115(1), 2015, pp. 168-188;黎文婧、郑曼妮《实质性创新还是策略性创新？——宏观产业政策对微观企业创新的影响》,《经济研究》2016 年第 4 期;顾夏铭、陈勇民、潘士远《经济政策不确定性与创新——基于我国上市公司的实证分析》,《经济研究》2018 年第 2 期。

表 2　主要变量介绍

类型	变量简称	变量名	定义
被解释变量	$Patent\_a$	已申请专利总数	—
	$Patent\_g$	已授权专利总数	—
解释变量	$Internet$	企业互联网融入指数	—
	Dc	度中心度	—
	Cc	接近中心度	—
企业个体控制变量	$R\&D$	研发投入强度	研发投入占营业收入的比重
	$Size$	企业规模	企业总资产取对数
	Age	企业年龄	被调查年－企业成立年份
	Lev	负债比率	总负债/总资产 * 100
	Roa	资产收益率	净利润/总资产 * 100
	$Grow$	成长性	营业收入增长率
	$Share$	股权集中度	用第一大股东的持股比例
	Soe	股权性质	如果控股股东是国有企业赋值为 1，非国企为 0
	$Industry$	行业变量	基于证监会发布的《2012 年行业分类指引》对制造业行业代码进行三位数划分构造行业虚拟变量
	$Province$	地区变量	公司所在省份虚拟变量
	$Year$	年份变量	年度虚拟变量

本研究所涉企业有香港股票市场公司、沪深主板和三板的企业，由于信息缺失严重，删除在香港股票市场上市和交易的企业、沪深三板的企业。沪深主板公司研发及创新数据来源于中国研究数据服务平台创新专利研究（CIRD），其他有关上市公司的相关指标分别来自国泰安 CSMAR 数据库的"中国上市公司财务报告数据库""中国上市公司财务指标分析数据库""中国上市公司首次公开发行研究数据库""中国上市公司财务报表附注数据库"等数据库。在此以上市公

司的"证券代码"作为匹配标示,另外有关个别公司成立日期、所有制形式等数据缺失,通过"同花顺"软件进行手动搜索并填充。在此删除数据严重缺失的企业,最终获得392家企业的研究样本。研究样本企业每年的年报文本,沪深主板企业来源于"巨潮资讯网"。在此为了消除极端值的影响,对连续变量的1%和99%百分位进行Winsorize处理。模型的各个变量描述统计如表3所示。

表3 变量描述性统计

	个数	均值	标准差	最小值	最大值
$Patent\_a$	1425	60.69	348.7	0	7245
$Patent\_g$	1425	37.65	170.1	0	3334
$Internet$	1159	0.220	0.130	0.030	0.610
Dc	2254	0.450	1.040	0	10
Cc	2254	0.002	0.004	0	0.029
$R\&D$	1773	10.56	8.950	0	167.4
$Size$	1819	21.85	1.110	18.49	26.77
Age	1819	17.65	5.350	4	38
Lev	1819	36.26	19.92	2.260	247.0
Roa	1819	2.150	11.86	−146.1	62.43
$Grow$	1686	0.490	4.660	−1	107.3
$Share$	1819	27.47	12.59	3.55	79.73
Soe	2328	0.170	0.370	0	1

3. 检验模型及方法

对于面板数据的估计,首先我们设估计方程如下:

$$Y_{it} = \beta_0 + \beta_1 C_{it} + \sum_{j=1}^{n} \gamma_j Control_{it-1} + FE + \mu_{it} \tag{11}$$

$$Y_{it} = \beta_0 + \beta_1 C_{it} + \beta_2 Internet_{it} + \beta_3 Internet_{it} * C_{it} + \sum_{j=1}^{n} \gamma_j Control_{it-1} + FE + \mu_{it} \tag{12}$$

其中：$FE=IndustryFE+LocationFE+YearFE$。

Y_{it}为创新产出$Patent_{it}$的度量，C_{it}为企业在互联式网络位势的度量，$Internet_{it}$为企业互联网融入程度的度量；$Control_{it}$为一系列控制变量，下标i和t分别表示第i个企业和第t年，在此所有控制变量滞后一期以降低内生性。根据面板数据的特点，本文采用固定效应模型，FE为模型取固定效应时不随时间变化的效应，其中FE由行业、所在地、时间固定效应组成，$IndustryFE$、$LocationFE$、$YearFE$分别代表行业固定效应、所在地固定效应和时间固定效应。另外μ_{it}为残差项，β_i、γ_j为待估参数。

在此，一方面，考虑到企业在互联式创新网络中的位势会影响自身创新，所以运用式（11）验证上述强调的"创新产出越好的企业，是否是网络中越具有重要地位的枢纽节点企业"的猜想；另一方面，互联式创新实质是企业依托互联网的广泛运用与其他主体发生广泛的连接，从而产生创新的新形态、新路径，并显著地提升创新产出。为此，我们将企业互联网融入指数与其所在创新网络中位势交乘项作为企业运用互联式网络进行创新的程度度量，采取式（12）进一步来验证"创新产出越好的企业，是否是融入互联式网络越深，进行互联式创新活动越多的企业"的猜想。

4. 基准估计结果

为了印证前述的逻辑假设，本文采取多维固定效应模型进行初步检验。为了尽量缩小可能存在但又无法识别的异方差，本文所有回归模型的标准误为聚类到企业的稳健标准误（Robust Standard Error）。据表4所示，从具体回归结果来看，不论被解释变量是"已申请专利总数"还是"已授权专利总数"，整体来看企业在网络中的中心度与创新产出显著正向相关。因为不论是用"度中心度"还是"接近中心度"度量企业在网络中的位势，其系数均显著为正。由此印证了上述猜想，在互联式网络中不论是度中心度高的龙头企业，还是接近中心度高的知识聚合枢纽,均实现了较好的创新产出。原因在于这类企业依托互联网进行知识搜寻,网络形成的创新成本节约和知识偏好连接会使得企业能够在更宽的范围内利用与整合资源,进而基于自身的禀赋沿着动态且可延展的方向进行创新。

表4 企业在网络中位置对创新影响的估计

	(1) Patent_a	(2) Patent_g	(3) Patent_a	(4) Patent_g
Dc	0.145***	0.150***	—	—
	(3.302)	(3.259)	—	—
Cc	—	—	40.331***	41.811***
	—	—	(4.378)	(3.956)
Constant	−12.233***	−11.731***	−12.411***	−11.916***
	(−8.029)	(−8.713)	(−8.365)	(−9.058)
控制变量	控制	控制	控制	控制
行业固定效应	YES	YES	YES	YES
地区固定效应	YES	YES	YES	YES
时间固定效应	YES	YES	YES	YES
N	1306	1306	1306	1306
R^2	0.443	0.444	0.444	0.445

注:***、**、*分别表示在1%、5%、10%水平下显著,括号内为稳健t统计量;此表省略了控制变量的回归结果,可联系笔者获取。以下各表同。

笔者进一步对式(12)进行检验,即考虑企业互联网融入指数与网络中位势的交互项,结果如表5所示:不论是企业互联网融入指数与度中心度交互项,还是企业互联网融入指数与接近中心度交互项均通过了显著性检验。据此可知,数字时代创新绩效越好的企业,同样是自身融入互联网式创新网络越深、进行互联式创新活动越多的企业。因为在数字经济形态下,企业运用互联网与其他组织发生广泛的连接,并在其中主导知识、信息流动,能更好整合内外部资源,改善对外部知识的吸收能力,从而有利于企业提升创新产出。

表 5 企业运用互联式网络程度对于创新影响估计

	(1) Patent_a	(2) Patent_g	(3) Patent_a	(4) Patent_g
Internet	0.245	0.167	0.282	0.237*
	(0.804)	(0.235)	(0.052)	(1.789)
Dc	0.244*	0.186***	—	—
	(1.781)	(4.724)	—	—
Internet * Dc	1.027**	1.339***	—	—
	(2.044)	(4.913)	—	—
Cc	—	—	8.122***	7.214***
			(3.448)	(3.079)
Internet * Cc	—	—	300.221***	363.31**
			(3.419)	(2.412)
Constant	−11.175***	−11.306***	−11.543***	−11.908***
	(−4.040)	(−4.700)	(−4.366)	(−5.123)
控制变量	控制	控制	控制	控制
行业固定效应	YES	YES	YES	YES
地区固定效应	YES	YES	YES	YES
时间固定效应	YES	YES	YES	YES
N	997	997	997	997
R^2	0.458	0.486	0.457	0.485

为了更直观地展现企业互联网融入程度与在创新网络位势的交互作用,本文进一步绘制了以已授权专利总数[①]为被解释变量的交互作用效果图(见图 5)。

[①] 表 5 显示以"已授权专利总数"为被解释变量的方程(2)和(4)的拟合优度均大于以"已申请专利总数"为被解释变量的方程(1)和(3),故在此以已授权专利总量为被解释变量绘制交互作用的效果图。

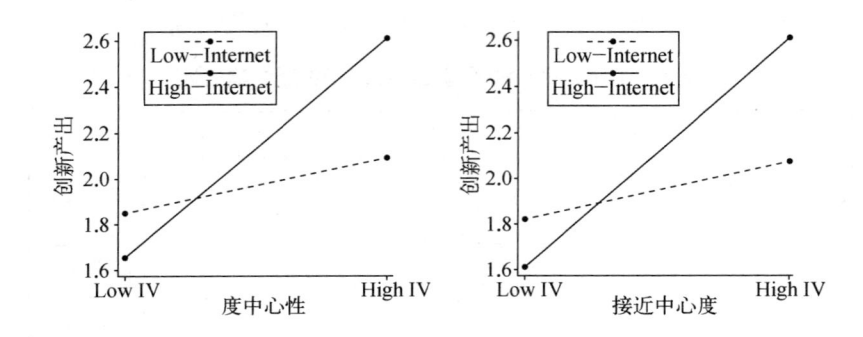

图 5　企业互联网融入程度与创新网络中心度的交互作用

当企业互联网融入指数较高时,不论是度中心度还是接近中心度,企业在网络枢纽位置与企业创新产出的关系曲线更陡峭,说明创新产出更好的企业,是互联网融入程度更深,即会更广泛运用互联网进行知识搜寻,位势更好的枢纽节点。需要指出的是,企业在网络中的位置相对越非中心,互联网融入程度越低的企业反而拥有更高的创新产出。随着企业在网络中的位势提升,企业互联网融入程度高低对创新产出发生了逆转影响。这再次说明,互联式创新网络中呈现富者愈富的网络不平等状态。对于非中心企业,在互联网相对不发达状态下仍有诸多创新空间,但是融入互联式创新网络后,网络在其中的作用与演化会深刻影响企业的创新行为,从而呈现出"多维分化"与"赢者通吃"的状态。

5. 稳健性检验

稳健性检验之一:改变因变量度量方式。第一,由于专利具有滞后性,在此考虑该影响,借鉴已有文献的方法,我们在此用三期专利的平均来作为被解释变量的替代,即用 $t-1$、t 和 $t+1$ 期已申请专利总量或是已授权专利总量的平均,作为 t 年已申请专利总量或是已授权专利总量的替代。第二,一般来说,刻画企业创新程度与水平的专利主要分为两大类——发明专利和非发明专利(实用新型和外观设计)。已有文献均认为发明专利属于实质性创新或是突破式创新,所以我们采取"发明专利申请总量"和"发明专利授权总量"作为被解释变量的替代,分别对发明专利申请总量与发明专利获得总量进行Winsorize处理后,再加1取自然对数。改变因变量的度量,重新进行回归,发现本文研究结论依旧稳健。

稳健性检验之二:改变自变量度量方式。第一,重新度量企业在创新网络中的地位。在此计算中介中心度和结构洞两个指标进行自变量替换。中介中心度是以经过某个节点的最短路径数目来刻画节点重要性的指标。一般来说,中介中心度较高的企业会频繁地占据其他网络成员联系的必经之路,是网络中枢纽位置的基本度量。因为该指标高的企业对网络内的信息、知识流动具有较强的控制权,在网络中有较高的地位。节点 i 的中介中心性 $Bc(i)$ 为:

$$Bc(i) = \sum_{s \neq t \neq i \in V} \frac{\delta_{st}(i)}{\delta_{st}} \tag{13}$$

其中 $\delta_{st}(i)$ 表示从 s 到 t 的最短路径中经过节点 i 的数量, δ_{st} 是 s 到 t 的最短路径数。

结构洞指节点之间的非冗余联系,占据结构洞位置的企业能够获得更多异质性知识。结构洞可以用网络约束系数值来衡量,网络约束系数数值越大,约束性越强,则能力越小,跨越结构洞的可能性就小。据此可知结构洞越小,网络约束系数即 SH 越大,对创新的负面作用就越强。节点 i 的网络约束系数 SH 为:

$$SH = \sum_{j} \left(p_{ij} + \sum_{q, q \neq i, q \neq j} p_{iq} p_{qj} \right)^2 \tag{14}$$

其中 $p_{ij} = \dfrac{a_{ij} + a_{ji}}{\sum_{k}(a_{ik} + a_{ki})}$ 表示节点 i 与 j 联系的强度,即节点 i

的所有邻接点中节点 j 所占的权重比例，k 表示节点 i 的所有邻接点，q 是节点 i 和节点 j 的共同邻接点，a_{ij} 表示节点 i 和 j 两点间的边的属性值（即权重）。

第二，对企业互联网融入程度的度量，将上述企业互联网融入指数简化为只考虑企业互联网资产，即用上述通过与互联网融入相关的关键词甄别出的企业无形资产和固定资产中的涉及互联网资产部分进行加总，然后以其与"无形资产和固定资产总和"之比来作为对企业互联网融入程度的衡量。在此重新以新的因变量进行回归计算，并构成新的交互项进行检验，结果证明上述结论的稳健性。

稳健性检验之三：改变计量模型处理内生性。考虑到内生性问题，本文在式(11)和式(12)基础上建立动态面板数据模型来修正内生性问题，即采用系统 GMM 重新进行估计。其中 Sargan 统计量和 AR(1)均显示系统 GMM 模型的有效性，相关回归证明企业在创新网络中跃居于中心位置，其创新产出越好，同时企业互联网融入程度的提升会强化这一机制。

（五）结论与启示

以万物互联、人工智能为代表的新一代信息通用技术革命正在重塑全球的企业生产方式、组织结构与创新范式，而中国诸多微观主体已涌现出引领世界的数字时代的创新行为与模式。本文提出了企业创新的新模式——互联式创新。针对呈现多维复杂性的数字经济生产方式与创新生态系统，我们应用与之相契合的复杂网络方法，通过具体运用拓展的"小世界网络"与 Kleinberg 贪婪寻路算法，构建了多主体的互联式创新行为模型。该行为模型从底层逻辑层面，揭示了企业互联式创新的行为机理：分布式多元创新主体依托互联网形成连接，演化形成的互联式创新网络呈现了复杂网络常见特性。一是互联式创新网络的小世界网络特性，使得互联式创新行为表现出节约连接成本、提升创新效率的新特征;二是互联式创新网络的无标度网络特性决定了互联式创新呈现出知识偏好连接而引致枢纽节点主导创新且"富者愈富"的新格局。本文进一步运用2015—2020年中国上市公司数据,对互联式创新行为机理进行计量实证,结果表明:数字经济时代创新绩效更好的企业,是融入互联式创新网络更深、采用互联式创新行为更广泛的企业。依据理论分析与实证结论,本文提出数字时代中国未来践行创新驱动的对策思路:

第一,互联式创新形成的多主体协同的全球创新网络,更有利于企业整合资源、搜寻各类知识、攻关"卡脖子"技术,从而实现对关键核心技术的突破。为此,中国企业需要全方位地实施数字化转型并深度融入万物互联新时代,以互联式创新为抓手,抓住新一代信息通用技术进化引致的"技术创造的机会窗口",努力成为全球知识网络中的枢纽节点,进而主导数字时代的创新格局。

第二,构筑自立自强的数字技术创新体系,实现数字技术创新重大突破,关键在于需要多措并举,降低企业的知识连接成本。而打通数字基础设施"大动脉",加大数字基础设施投资,提速数字基础设施建设是形成各类主体有效连接的可行路径。以《数字中国建设整体布局规划》等顶层设计为引领,打通网络基础设施、算力基础设施和数字化平台的全场景,构筑高效联通的数字社会基础设施底座,是互联式创新政策启示的题中之义。

第三,数字时代创新治理的重心在于促进以知识聚集为核心特征的创新枢纽节点的成长。枢纽节点决定着互联式创新网络的演化。一方面,要强化以知识聚集为底层支撑的创新枢纽节点在创新中的引领作用,打造枢纽企业主导的资源共享、协同研发的开放创新体系。另一方面,更为重要的是对枢纽节点组织市场力量的甄别与规制。要明辨龙头企业优势地位到底是由于知识偏好连接内生演化,还是受其他非市场因素影响而外生形成的。以企业对市场主体造成福利损失而非企业规模作为反垄断的标准,鼓励创新反垄断工具。此外更需注意的是,数字经济条件下形成的互联式创新网络存在着脆弱性,需要有防患于未然的对策思路与具体措施。

本文基于中国企业在数字时代的创新事实,凝练出企业创新的新视角、新模式——互联式创新,但该创新模式的内在逻辑、实证检验性依然有待进一步揭示。

(南京大学安同良、魏婕、姜舸)

二、以人工智能为代表的新质生产力对社会的影响分析

当前代表新质生产力的毫无疑问是集人类已创造知识和智慧于一身的人工智能。基于马克思唯物史观中"生产力决定生产关系"的论断来看当前代表最高水平的生产力,人工智能正在对整个人类社会产生全方位的、深刻的影响,最终也必然会影响当前的社会结构、社会关系。无论是直接的影响还是间接的影响,当前的影响还是未来的影响,在对人工智能对未来经济产生的影响进行思考的同时,我们也需要去思考未来的社会关系建构,以更好地适应新质生产力发展的需要。

(一)唯物史观:生产力决定生产关系,并推动着社会关系的不断变革

生产力决定生产关系是马克思主义最基本的原理之一。蒸汽机的发明直接带来的是工业革命,互联网、信息化、大数据、区块链以及人工智能,在近一二十年里不断更新换代,令人眼花缭乱,应接不暇。这些被认为是新技术革命的表现,也是新质生产力的一部分。这些代表最新生产力的技术在快速更新提升的同时,也必然会深刻地改变当前的社会关系。

1. 生产力是社会发展的基础和动力

对生产力和生产关系的论述是马克思思想的重要组成部分。马克思认为,生产力是人类通过劳动和技术手段来创造物质财富的能力,包括生产资料和人力资源;生产关系则是指人们在生产过程中建

立起的社会关系,包括所有权关系、劳动分工、分配方式等。马克思认为,生产力是社会发展的基础和动力,生产力的提高是社会进步和发展的必然结果,它推动着社会生产方式和生活方式的变革。马克思指出,生产力的发展是通过人们对自然界的改造和对生产资料的运用来实现的。随着生产力的提高,社会可以生产出更多的物质财富,提高人们的生活水平。

2. 生产力水平提高必将影响生产关系

马克思同时也指出,生产力的发展受到生产关系的制约。生产关系是社会形态的核心,决定了人们在生产中的地位和权利。马克思认为,私有制是当前生产关系的主要形式,它导致了生产资料的私有化和剥削的存在。私有制导致了社会的阶级分化和社会不公平等现象的产生,限制了生产力的发展。马克思主张消除私有制,建立共产主义的生产关系,以促进生产力的充分发展。也就是说,马克思认为生产力和生产关系是相互作用、相互制约的关系。生产力的发展推动着生产关系的变革,而生产关系的制约也会对生产力的发展产生影响。马克思的思想为我们理解社会发展的规律和推动社会进步提供了重要的思考。

(二)人工智能:作为新质生产力前沿,正几何级提高生产力水平

新质生产力是指通过技术创新和运用新技术手段,提高生产效率、优化生产方式和提升产品质量的能力。新质生产力是当前生产力的最新形态。人工智能与新质生产力之间存在着紧密的关系。而人工智能作为一种前沿的技术手段,具有强大的数据处理和智能决策能力,对于提升生产力具有重要意义。

1. 智能化和自动化

通过引入人工智能技术,可以实现生产设备的自动控制和智能

优化,提高生产效率和减少人力成本。例如,在制造业中,智能机器人的应用可以代替人工完成重复性、危险性高的工作,提高生产线的效率和质量。人工智能技术可以帮助企业实现产品的智能化和个性化定制。通过人工智能技术的支持,企业可以深入了解消费者的需求,分析大数据,为消费者提供个性化的产品和服务。例如,通过采用人工智能技术的推荐系统,电商平台可以根据消费者的购买记录和偏好,为其推荐符合其需求的产品,提升消费者的购物体验。通过分析消费者的偏好和需求,人工智能系统可以根据个体的需求进行生产和服务,从而提高客户满意度。此外,人工智能技术还可以帮助企业实现生产过程的优化和效率提升。通过对大数据的分析和挖掘,人工智能可以帮助企业实现生产计划的优化、供应链的管理和库存的控制,提高生产效率和资源利用效率。人工智能能够进行数据分析和预测,帮助企业从海量的数据中发现模式和趋势,企业可以做出更准确的预测和决策,从而提高生产效率和竞争力。

2. 个性化和定制化

在个性化方面,比如推荐产品,人工智能可以根据用户的历史行为、偏好和兴趣,提供个性化的推荐内容,如音乐、视频、新闻、商品等,从而满足用户的个性化需求。在定制化方面,比如人工智能可以根据用户的个人喜好和需求,提供定制化的服务,比如智能家居设备可以根据用户的习惯自动调节温度、光线等,另外还有个性化交互、个性化医疗和教育等。个性化交互主要是指人工智能可以根据用户的语音、文字等交互方式,提供个性化的回应和服务,让用户感受到更符合自身需要的交互体验。人工智能还可以根据个体的基因信息、生理指标等数据,提供个性化的医疗健康管理方案,如个性化治疗方案、用药建议等;根据学生的学习兴趣、学习习惯等因素,提供定制化的教学内容和方式,满足学生个性化的学习需求。总体来说,人工智能的个性化与定制化特征使得技术可以更好地适应用户的个体差异性,为用户提供更贴心的服务和体验。

3. 整合、优化、协同

人工智能在整合、优化、协同方面扮演着重要的角色。一是体现在数据整合与分析方面,人工智能可以帮助企业、组织等将分散的数据进行整合,从而实现对数据的全面分析和利用。通过对大量数据的分析,人工智能可以发现数据之间的关联性,为决策提供更准确的数据支持。二是在业务流程优化方面,人工智能可以分析和识别业务流程中的瓶颈和问题,提出优化建议,通过自动化和智能化的方式,提高业务流程的效率和质量。三是在资源配置优化方面,人工智能可以根据需求和资源情况,对资源进行智能调配,实现资源的最大化利用。四是在协同协作方面,人工智能技术可以帮助企业实现更高效的协作和协同工作。例如,通过智能助手或协作机器人的使用,团队成员可以更好地协调工作,提高工作效率;通过智能调度、路径规划等技术,实现物流配送的协同优化,提高物流效率和降低成本。总之,人工智能在整合、优化、协同方面的作用是非常重要的,它可以帮助组织、企业等更好地整合资源、优化业务流程,并提高决策的科学性和效率,从而推动整体效益的提升。

(三) 生产关系: 以新质生产力为基础,必然受到人工智能深刻影响

作为新一代技术的集中体现,人工智能正在以超乎想象的速度更新换代。人工智能从无到有,每一次的升级带来的都是近乎"炸裂"的影响,可能直接导致一大批企业的淘汰消亡,更是对教育、医疗等带来颠覆性的影响,相关专业人员甚至有"恐惧"的感觉。初步分析,人工智能在宏观层面的影响主要有以下几个方面。

1. 对经济模式的影响

人工智能会对就业产生直接而显著的影响。随着人工智能的发展和应用,一些传统的工作岗位会被自动化和机器取代,这将对劳动力市场产生影响。不同行业和职业的就业结构可能会发生变化,这需要人们不断提升自己的技能和适应新的就业需求。同时,人工智能也将创造新的就业机会,例如在人工智能研究、开发和应用方面的工作。某些行业和职业将面临就业机会减少的风险,而新兴行业和职业则会出现新的就业机会。

人工智能的广泛应用将改变传统产业的生产方式和商业模式。自动化和智能化将提高生产效率和质量,降低成本,推动经济发展。这些影响最终将影响经济结构和商业模式,从而影响产业的竞争格局和市场份额。

2. 对社会层面的影响

人工智能技术的应用改变了人们的社交方式和人际关系。例如,社交媒体平台和智能通信工具的出现,改变了人们的社交行为,使得人们可以更方便地沟通和交流。但同时,人工智能的应用也可能导致人们更多地依赖虚拟社交,削弱了面对面交流的重要性,对人际交往产生一定影响。对社会关系的影响不仅仅是人际关系,人工智能的广泛应用还将对社会结构和组织方式产生影响。例如,智能交通系统的实施将改变交通运输的方式,提高交通效率和安全性;智能医疗系统的发展将改变医疗服务的方式,提高医疗质量和可及性;智能城市的建设将改变城市管理和生活方式;等等。人工智能的发展将推动社会的智能化、信息化和数字化进程,为社会提供更便利、更高效和更智能的服务,对目前政府、企业乃至一切组织管理模式都会产生巨大的影响,很多企业已经开始在转变自身的管理模式,比如很多企业采取了越来越扁平化的管理方式。

3. 对道德伦理的影响

人工智能的应用也引发了一系列的道德和伦理问题。归纳起来主要包括这几个方面:一是隐私与数据保护。人工智能的应用需要大量的数据支持,而这些数据往往涉及个人隐私。二是人类价值和尊严。人工智能技术的发展引发了一些关于人类价值和尊严的思考。例如,人工智能是否会取代人类工作?人工智能是否能够拥有意识和情感?这些问题涉及人类的存在与价值。三是安全与军事应用。人工智能在军事领域的应用也引发了一些道德和伦理争议。例如,自主武器系统是否符合人道主义原则?人工智能在军事决策中是否会导致无人机的滥用?因此,确保人工智能在军事领域的合理和负责任的应用成为一个重要的伦理问题。

(四)对策建议:应用人工智能技术可能带来的社会影响

人工智能的快速发展给社会带来了广泛的影响,这些影响既包括积极的机遇,也包括潜在的挑战。在应对挑战方面,我们需要积极作为,同时也需要做出适度的调整,以适应可能面对的挑战。

1. 进一步强化教育与终身学习

强化科学、技术、工程和数学(STEM)教育,提高未来劳动力使用人工智能及其相关技术的技能。提供终身学习和再培训机会,帮助现有劳动力适应技术变革。开展公共教育活动,提高全民对人工智能技术的认识和理解,包括它的能力和局限。加强数据知识的普及,让个人更好地理解数据安全和隐私保护的重要性。要努力为提高全民数字化素质提供更好的支持,比如投资基础设施,确保所有社区都能访问高速互联网服务,不会被人工智能技术发展所排除。发展普惠技术,使人工智能和相关技术对更多人可用。

2. 加强相对应伦理法规的制定

政府领导制定有远见的研发政策,指导人工智能技术研发向有益于社会的方向进展。鼓励开发对环境、健康和教育等社会重大问题有积极贡献的人工智能应用。完善数据保护法规,确保个人数据的安全。推行使用安全防护和加密技术,防止数据泄露和滥用。制定人工智能伦理原则,确保人工智能应用符合安全、公正和道德标准。创立监管机构,对人工智能技术审查和监管,防止滥用。同时也要考虑不同群体对人工智能发展的需求,避免加剧社会不平等。加大对弱势群体和地区的投资,缩小数字鸿沟。

3. 增强研究的透明度与责任感

一方面要鼓励开发和研究可解释人工智能模型,以便用户和监管者能够理解人工智能的决策过程。另一方面要努力提高人工智能系统的透明度,让用户了解人工智能如何做出决策。确立责任框架,以便在人工智能系统出现错误时,能够追踪责任并采取相应行动。鼓励跨学科对话,将技术专家、社会学家、政策制定者和公众纳入讨论。创造公共参与机制,让人工智能的发展受到更广泛的社会审查。

4. 加强就业的前瞻性预测研究

一方面要提供政策和资金支持,鼓励小型企业和初创企业在人工智能领域创新。但另一方面要防止市场垄断,促进健康的竞争环境。就业方面要支持劳动市场的灵活性,促进工人从萎缩行业向增长行业的转移。发展社会保障体系,缓解人工智能可能带来的就业波动。相应机构要加强监管,确保不会出现利用人工智能进行反竞争行为,如市场操纵和不正当竞争。营造一个持续创新的环境,让更多人可以参与到人工智能产业的进步中来。

5. 不断强化国家间的合作交流

推动国际合作,在全球范围内应对人工智能带来的共同挑战。制定国际标准和协议,处理跨国界的人工智能应用问题。激励不同领域的学者共同研究人工智能的社会影响,促进技术与人文社科的结合。促进跨学科团队进行人工智能研究,确保技术发展考虑到社会、经济和文化背景。

总之,人工智能作为新一代技术手段,对于提升新质生产力具有重要的推动作用。它可以帮助企业实现生产过程的智能化和自动化,实现产品的智能化和个性化定制,以及优化生产过程和提高效率。因此,人工智能与新质生产力紧密相连,必然会对社会产生深刻的影响,我们一方面需要根据不断变化的全球技术和社会环境进行调整,以有效地应对人工智能带来的挑战。另一方面也要前瞻性考虑通过调整社会关系、生产关系以适应生产力发展的需要,共同推动经济的发展和社会的进步。

(江苏省社会科学院张春龙)

三、区域现代化与国家科技创新体系的探索

以新中国成立特别是改革开放以来的探索实践为基础,党的十八大之后,我们党在理论和实践上创新突破,成功推进和拓展了中国式现代化道路。中国式现代化,说到底就是中国共产党领导的社会主义现代化。它既有各国现代化的共同特征,更有基于自身国情的中国特色。中国式现代化是人口规模巨大、全体人民共同富裕、物质文明和精神文明相协调、人与自然和谐共生、追求和平发展的现代化。

进一步推进中国式现代化道路,需要站在新起点、分析新形势、发现新问题,处理和纾解下一阶段的新矛盾、新问题。着眼现实,有两个维度问题值得探讨,一是如何认识中国式现代化道路中的区域现代化差异;二是如何构建立体的、充满活力的国家科技创新体系,特别是如何构建与国家战略相契合的发达地区科技创新体系?

中国式现代化道路,需要新型国家科技创新体系的支撑。在社会主义市场经济体制下,作为发展中的东方大国,如何构建新型的、多层次的国家科技创新体系以不断形成新质生产力?如何发挥发达地区科技创新积极性,使其成为不断涌现新质生产力的活跃地区?这是现今中国式现代化新征程上的重大现实问题。

(一) 中国式现代化实践的区域差异化

回顾中国式现代化道路的已有实践,在中央政府的总体安排下,首先在东南沿海地区实施改革开放政策,区域梯次展开战略实践,最终形成了"区域锦标赛"的地方政府竞争局面。经过四十多年的努

力,东南沿海地区立足资源禀赋、历史文化优势,在中国式现代化道路探索方面走在了前列。

中国式现代化过往实践的一个显著特点是,在不同地区和领域持续推进改革开放,并通过修订和建立规制来协调发展,其动态表现充满着非平衡发展的特征。中国式现代化的区域实践表明,它既是地方政府在各区域推进自身现代化的过程,也是中央政府推动区域协调发展并建立新规制的过程。

历史经验和理论逻辑告诉我们,基于大国的经济社会背景,一方面,区域分工和产业协同是推进现代化建设的必然选择;另一方面,区域分工与合作的结构状态也需要不断调整变化。具体地说,在现代化进程中,随着资源需求的变化、产业布局的转移、区域发展利益的平衡,中央政府需要根据不同发展阶段,对区域分工与合作的结构状态做出适时调整。中国式现代化的经验表明,我们需要坚持因地制宜、分工协作、分类推进的策略,形成不同梯度、彼此联动,既有竞争又有协作的区域发展局面。

党的十八大以来,我国持续实施区域发展总体战略,党的十九大报告正式提出区域协调发展战略。在中央政府的推动下,京津冀协同发展、长江经济带建设、粤港澳大湾区建设、长三角一体化等一系列区域重大战略相继出台,与各级地方政府的发展规划形成相互衔接的配套关系,为经济高质量发展和缩小区域差距,为构建高层次协调机制,为区域的现代化奠定了坚实基础。

总之,在推进中国式现代化的过程中,区域差异化的存在是自然合理的,同时,区域差异化的现实表现又是动态变化的。

(二) 科技创新体系的区域性特征

改革开放四十多年来,中国沿着社会主义市场经济方向,坚持以经济建设为中心,坚持科学技术是"第一生产力"。时至今日,中国已经成为产业门类最齐全的世界第二大经济体,并初步构建起了相应的国家科技创新体系。

伴随着经济社会的体制变迁,中国的科学技术体系一直处于变化之中。从改革开放之初的政府计划、集中决策的行政组织体系,转向"政府与企业、中央与地方"多方构成、分散决策的"行政＋市场"的组织体系。面对世界百年未有之大变局,抓住民族复兴的历史机遇,加快建设适应时代需求的"科学技术创新体系",是中国式现代化建设的关键推动力。

构建怎样的科技创新体系,才能够更有力地推动中国式现代化建设?

根据社会主义市场经济的基本制度要求和中国式现代化道路已有实践,顺应发展需求的科技创新体系应该是,以市场配置资源为基础,中央政府总体规划引领方向,多方主体参与(中央政府、地方政府、广大企业群体)并形成一系列体制机制规范的组织体系。它应该是具有内生动力、自洽运转,覆盖基础研究、应用研究和产业技术研发的综合立体的组织体系。这一体系,不仅能解决短期的"卡脖子"问题,而且能够成为经济社会发展的长期推动力。

区域性科技创新体系,是国家科技创新体系的重要组成部分。国家科技创新体系大体分为三个层面:一是国家整体层面,中央政府的科技发展规划与投入,重心在于国家整体发展需要的基础研究以及国民经济中"卡脖子"的应用研究;二是区域发展层面,地方政府科技发展规划与投入,重点考虑与区域经济发展密切相关的应用研究,同时密切关注(并适时投入)高技术领域的产业创新活动;三是区域产业层面,产业层面的技术创新主要依赖于企业的技术创新投入以及与技术关联的重组活动。

大国科技创新体系的三个决策层面,其行为主体为中央政府、地方政府和广大的企业群体,分别对应了基础研究、应用研究、产业技术研发的科研重心层级。由于技术创新活动的超前性、未知性以及技术线路的不确定性,各类决策主体的亢奋与迷茫、冲动与意冷的情绪周期变化,科技创新活动表现出显见的波动性、间歇性特征。

区域产业层面的技术创新,具体表现在两个方面。一是,对于传统成熟行业,技术创新能够解决企业的生存和发展问题;二是,在高科技"风口"领域,风险投资与相应的技术团队结合,形成落地于本地区的技术创新企业。我们需要认识到,在市场经济体系中,上述两类企业层面的科技创新活动,以及由此延伸出的纵横交错的技术集群,构成了国家科技创新体系的区域性基石。

高技术领域风险投资的效果、原产业发展状况及技术需求、地方政府科技发展与技术进步的规划及实施,三个方面的配合,共同构建了区域科技创新体系的现实版本。已有的实践表明,地方政府围绕科技创新政策手段的合理运用,是构建富有生命力的区域科技创新体系的关键力量和制度保障。

(三) 构建发达地区的科技创新体系

构建发达地区更具创新能力的科技体系,既是中国式现代化建设的客观要求,也是发达地区在区域现代化建设中的必然选择和应有贡献。为此,沿海发达地区(特别是珠三角、长三角地区)有能力、有基础走在前列。

1. 发达地区科技创新体系能够满足区域发展与国家战略的需要

一方面,由于经济发展水平相对较高,发达地区地方政府有能力、有动力调度更多资源支持科技创新活动;另一方面,发达地区的民间投资能力丰裕,社会对科技创新有着较高的认可度和宽容度,市场化的资源配置构成了区域内科技创新体系的基础性力量。

在推进区域科技创新的现代化道路上,地方政府的决策逻辑可以理解为,基于产业基础、财政能力、资源比较、经济发展压力以及引入区域外资金和资源等方面的综合考量,立足于本地区经济社会发展的转型与升级,设计出具体的技术创新规划和政策实施体系,从而形成更高级别的区域科技创新体系。

进入21世纪的第三个十年,作为中国式现代化建设走在前列的沿海发达地区,面临着中国式现代化道路探索的"困难期""无人区",特别是建立适应新时代的科技创新体系,不仅是可供"学习、借鉴"的国际经验越来越少,而且要面对国际地缘政治导致的"脱钩、断链"。这就迫切需要广东、江苏等发达省份,以改革开放和锐意进取的姿态,积极探索符合时代要求、契合于国家战略的区域科技创新体系。

2. 发达地区的地方政府,已成为科技创新的积极参与者

近十多年来,在全国性的科技创新浪潮中,广东、江苏等发达省份,组织创新能力获得了很大的提高,沉淀了一批科技创新成果,为下一阶段的区域竞争赢得了先机。

由政府推动的能够形成一定沉淀和持续影响力浪潮的科技创新活动有:围绕半导体制造、生物基因技术、平台软件应用等高技术新兴领域,推动全社会的创新创业活动;围绕人工智能、数字技术,推动传统行业"智改数转"的活动;动员"大学、大院、大所"转变机制,鼓励科研人员走出高墙,提高科研成果转换率的活动。

近年来,广东、江苏等省份站在更高的层面,针对"未来前沿科学",积极推动"城市实验室"等的建设。虽然其努力还处于探索阶段,但广东、江苏等地锐意改革、积极创新的尝试,不仅为地方经济发展作出了新的贡献,而且也为国家科技创新体系贡献了地方力量。

发达地区在构建本地区科学技术发展高地的另一努力是,主导建设面向全球的世界级高水平大学,例如广东的南方科技大学、浙江的西湖大学、江苏的南京大学(苏州)校区等。这些努力的效果将是长期性的释放显现,一方面,它取决于战略性的定位是否准确;另一方面,也取决于实际推进中的操作把握。

（四）已有实践的"误区"与"盲点"

在中国式现代化的科技创新道路上，发达地区的实践走在了前列。特别是广东、江苏等沿海发达地区，在构建和培育区域科技创新体系方面做了大量的探索，经验和效果是显见的。但在现实工作中，还存在着一些"误区"和"盲点"，需要及时梳理。

1. 已有实践的"误区"

（1）将构建科技创新体系等同于"高级别的研发团队、豪华气派的建筑、超大型的装置设备"，忽略了区域经济社会发展对科技创新的实际需求。

（2）科技创新体系的方向设计，严重依附于"社会热度、科研高度、专家认知度"，忽略了区域发展和产业转型升级的需求。

（3）特别关注"成功大企业的经验"，希望"高举高打"，以"大资金、大手笔"，追求"速战速决""毕其功于一役"的战略效果，忽略了大量中小型创新创造企业，忽略了科技创新中"技术集群"的区域群体依赖性。

（4）理想化的宏观战略设计，忽略了实现路径、实施手段的讨论，忽略了现实社会的复杂利益关系，以及由此引起的推进难度和运行成本。

2. 已有实践的"盲点"

（1）构建区域科技创新体系的过程中，可供引导使用的资源广泛地存在于"从中央到地方、从政府到市场"的多领域、多部门，发达地区需要以更宽广的视野、更灵活的机制，搭建区域科技创新体系。

（2）世界经济重心的向东转移，可能带来的知识创新体系的向东（向中国）转移。未来十年，中国需要面向全球吸引大批科技人才的群体性转移。对于那些期待在中国实现个人目标的高科技人才，长三角、珠三角地区无疑是首选之地，我们应该站在足够的高度，去理解和构建适合于这类人才群体的工作平台和生活环境。

总之,在已有实践的基础上,发达地区需要及时梳理总结,在构建新时代科技创新体系方面继续走在前列,为中国式现代化道路贡献区域发展的力量。

(五) 已有实践的总结与反思

虽然,发达地区的地方政府积极参与科技创新活动,形成了值得骄傲的成果与经验,但以往实践暴露出的"误区"与"盲点",亟待总结与反思。

1. 正确认识"大楼、大师、大装置"的作用

大国科技创新体系中的具体科研机构,可以分为"声誉型组织"和"功用型组织"。"声誉型组织"处于体系金字塔的顶端,组织不设具体的功利性目标,云集了国家(甚至全球)的顶级科研群体,它是国家科研体系中的顶级存在。国家级的"声誉型组织"需要"大楼、大师、大装置",这既是"组织形象"需要,也是汇聚顶级科研群体的物质基础。

近年来,作为发达地区的广东和江苏,都在推进"城市实验室"建设。由此展开的区域竞争,起步都是围绕着"大楼、大师、大装置"。从实际效果看,人们普遍担心,是否会出现"大楼空置、大师空挂、装备空转"?主要的问题可以归结为,发达地区的科技创新组织,参与国家科技创新体系的顶部建设,本区域有哪些优势?对未来的区域发展有何帮助?如何选择参与方向与参与程度?

区域科技创新体系的主要目标定位应该是满足本地区发展需要,主要发力于应用研究和产业研发层面。因此,地方参与国家科技创新体系的顶部建设,应该是有限的。地区科技创新体系中,应该更多的是"功用型组织",而非"声誉型组织"。面向市场的"功用型"科研组织,更多的是"草根"的中小企业,其对"大楼、大师、大装置"的需

求极其有限。

2. 正确认识产业组织经验

改革开放以来的区域竞争,使得地方政府在产业组织方面积累了大量经验。问题是,产业发展的组织经验,适用于科技创新体系的发展吗?

从实践层面看,产业发展的组织经验不完全适用于科技创新体系的发展。因为,推动产业发展的经验在于,组织调度以"产业资本"为核心的要素流动与分配,达到"做大做强"的目的。而推动科技创新体系发展的要求是,组织引导以"高水平科技精英"为核心的专业技术人才群体的流动与配置,形成技术人才的区域集聚和产业(企业)的技术集群。两种组织行为模式的流动与配置的核心不同,一个是特定行业的"资本",一个是特殊群体的"人"。

从"引得进、留得住"的角度,产业发展中"大资金、大手笔"的运动式手段,适用于处理"大机构、大企业"的问题,不太适用于应对"分散、独立的人"的问题。在区域科技创新的资金投放方面,政府需要更多地使用"分散化、杠杆式"手段,具体项目的管理与推进,更多地交给企业类组织去完成。政府关注的重心是,面对大量高科技中小企业和高技术人才群体,打造更好的创新创业营商环境和优美便利的生活环境。

3. 正确选择区域科技创新的"主力军"和"基础盘"

改革开放以来的区域竞争中,地方政府积累的另一经验是,区域经济发展必须依靠"成熟技术的大企业"。延伸到科技创新领域,是依靠少数"成熟大企业",还是大量"创新型中小企业"?这是一个令人困扰的问题。

当下科技创新的主要领域,无论是信息传递与数字技术、半导体与人工智能、生命科学与基因技术、新能源、新材料、量子技术,还是深空、深海、深地科学,从技术的产业实现角度,需要突破的技术节点

"面广量大",不仅要有"点"的突破,更需要有"面"的突破,即"技术集群式"的全面突破。面对这样的时代特征,绝大多数的成熟大企业无法站立于科技创新的历史潮头,进行全面的技术集群式突破,只能依赖于成千上万的高技术创新创造型企业,哪怕是一批又一批地"倒在冲锋的沙滩上"。

面对技术变迁的大时代,发达地区的科技创新体系,应该将重心放在培养和扶持广大的高技术创新创造型中小企业群体,引导他们在市场的摔打中茁壮成长,成为区域科技创新的主力军和基础盘。

4. 推动区域科技创新,合理运用财政与金融手段

地方政府以不同的出资方式推动区域科技创新活动,具体表现为:预算拨款、项目补贴、税收补贴、利息补贴、组建投资公司直接投资、组建控股类的直投基金、参与高技术风险投资基金,以及通过资产划拨、转让等重组方式,支持区域内科技创新活动。

现实中,上述财政手段和金融手段的运用,各有长短、目的不同、效果不同。从发达地区科技创新体系的实践以及发展趋势看,政府的预算划拨和直接投资,应该受到严格控制;地方政府投资发力的主要手段应该是基金方式,特别是分散参与市场化的高技术风险投资基金,并积极探索为推动技术升级、技术集群的产业重组基金。

由于技术创新的不确定性以及技术发展线路的多变性,政府的资金使用和资产运用,应该坚持如下原则:在总体预算约束下,尽可能利用各类市场主体的判断能力;梳理构建财政金融"工具箱",注意针对场景的工具匹配使用;积极推进高技术资产增值重组的创造性尝试。

发达地区的区域现代化既是中国式现代化道路的探索先导,又是全面实现国家现代化的现实经济基础。中国式现代化道路,离不开科技自立自强,离不开国家整体的科技创新体系。在社会主义市场经济的制度体系下,不断地探索立体的国家科技创新体系,发挥地方政府的积极性,特别是鼓励发达地区构建"区域发展"和"国家战略"相结合的地方区域科技创新体系,也是中国式现代化道路探索的重要内容。

总之,要想建立符合时代要求的区域科技创新体系,发达地区的地方政府还需要探索大量的体制机制改革调整工作。从具体内容看,需要理解和处理好以下几个方面问题:第一,充分发挥市场机制的资源配置能力,激发企业的技术创新积极性;第二,发挥政府的规划引领作用,有所为、有所不为,跨越"市场失效",为地区经济社会发展设计科学合理的蓝图路径;第三,探索合理有效的政府资金(资产)使用体制机制,特别是完善分散式参与的市场化杠杆推动模式;第四,发达地区的科技创新体系,既要保持与国家科技创新体系的有机联系,也要注意区域科技创新活动的独立性和先进性。

(南京大学姜宁)

四、中国数字经济发展指数测算

数字经济是指以数据资源为关键生产要素、以现代信息网络为重要载体、以信息通信技术的有效使用为效率提升和经济结构优化的重要推动力的一系列经济活动。其发展速度之快、辐射范围之广、影响程度之深前所未有,正在成为重组全球要素资源、重塑全球经济结构、改变全球竞争格局的关键力量。党的十八大以来,党中央高度重视发展数字经济,将其上升为国家战略。我国数字经济规模已经从2012年的11万亿增长到2022年的50.2万亿元(位居世界第二),增长了3.56倍,年均增长率达到了14.8%;而同时期中国GDP增长1.25倍,GDP年均增速为7.6%,数字经济规模年均增速比GDP年均增速高出7.2个百分点。2022年,全国数字经济规模同比增长10.3%,高于同期GDP增长率5个百分点,占GDP比重达41.5%。面对数字经济如此快速的增长,相对科学准确地测算数字经济发展的状况就显得尤为重要,目前国内外学者对数字经济的测度进行了诸多有益的尝试。本文在此基础上,从数字基础设施、数字产业、数字消费、数字创新和数字社会五个维度构建数字经济发展指数的指标体系,测算2012—2022年中国省域数字经济指数,通过基尼系数及核密度估计方法考察我国省域数字经济发展的区域差异和动态演进特征,对江苏省数字经济发展进行比较分析,进一步提出政策建议。

(一) 文献评述

纵观国内外理论,近年来关于数字经济方面的研究十分丰富,不同学者对数字经济展开了多方面的研究。本文的关注点之一是对中国数字经济的评价与测算。在国家层面,夏炎等(2018)以信息和通信技术(ICT)产业作为数字经济内核,构建了非竞争型就业投入占用产出模型,并采用支出法 GDP 核算了中国数字经济的规模;①许宪春(2020)通过对 2007—2017 年的中国数字经济增加值与总产出等指标进行测算,比较了中国与美国和澳大利亚的数字经济增加值与总产出的规模。② 在省域层面,刘军等(2020)从信息化发展、互联网发展和数字交易发展三个维度分省份构建了数字经济评价的指标体系,并采用 NBI 指数权重确定方法进行赋权;③王军等(2021)采用数字经济发展载体、数字产业化、产业数字化以及数字经济发展环境四个一级指标构建了省级数字经济发展水平评价指标体系,并使用熵值法赋予权重。④ 在城市层面,赵涛等(2020)采用互联网普及率、相关从业人员情况、相关产出情况、移动电话普及率以及数字普惠金融发展指数五个方面的指标,通过主成分分析的方法进行了城市层面的数字经济综合发展指数的测度;⑤徐维祥等(2022)从数字基础设施、数字产业发展、数字创新能力以及数字普惠金融四个维度构建了城市层面的数字经济发展水平评价体系,并且使用熵权 TOPSIS 二元综合评价方法进行赋权。⑥

---

① 参见夏炎、王会娟、张凤、郭剑锋《数字经济对中国经济增长和非农就业影响研究——基于投入占用产出模型》,《中国科学院院刊》2018 年第 7 期。
② 参见许宪春、张美慧《中国数字经济规模测算研究——基于国际比较的视角》,《中国工业经济》2020 年第 5 期。
③ 参见刘军、杨渊鋆、张三峰《中国数字经济测度与驱动因素研究》,《上海经济研究》2020 年第 6 期。
④ 参见王军、朱杰、罗茜《中国数字经济发展水平及演变测度》,《数量经济技术经济研究》2021 年第 7 期。
⑤ 参见赵涛、张智、梁上坤《数字经济、创业活跃度与高质量发展——来自中国城市的经验证据》,《管理世界》2020 年第 10 期。
⑥ 参见徐维祥、周建平、刘程军《数字经济发展对城市碳排放影响的空间效应》,《地理研究》2022 年第 1 期。

相比已有研究,本文创新之处在于,吸收现有文献衡量数字经济发展的合理维度,综合数字经济的现有评价体系,加入可以体现当前数字经济发展状况的指标,从中国现实出发,考虑数字经济发展带来的社会变化,构建一个相对完整和科学的测算体系。由于数字经济所包含的内容非常丰富,因此本文所构建的指标体系不可能涵盖我国数字经济发展的所有方面,只能反映数字经济发展的部分程度,对数字经济发展的状态进行一个基本的判断。

(二) 数字经济发展指数评价指标体系的建立

1. 数字经济发展指数的指标体系构建

(1) 评价维度

由于数字经济发展迅速以及测度标准不统一等诸多因素,不少机构及学者都提出了很多侧重点不同的测算方法。本文对国内外已有的数字经济测度方式进行梳理,以期把握现有研究成果,为后续的测算打好基础。

在国际数字经济相关指数的指标体系研究方面,欧盟从2014年起发布了《欧盟数字经济与社会报告》和数字经济与社会指数(DESI),DESI刻画欧盟各国数字经济的发展程度,该指数的指标体系包括各国宽带接入、人力资本、互联网应用、数字技术应用和数字化公共服务程度等五个主要方面。美国商务部数字经济咨询委员会提出衡量数字经济的四部分框架是:各经济领域的数字化程度、经济活动和产出中数字化的影响、实际GDP和生产率等经济指标的复合影响和新出现的数字化领域。经济合作与发展组织从投资智能化基础设施、创新能力、赋权社会和ICT促进经济增长、增加就业岗位四个维度提出了一个具有国际可比性的数字经济指标体系。在国内数字经济相关指数的指标体系研究方面,中国信息通信研究院构建的数字经济指数考虑了数字经济发展必备的基础条件、数字产业化、产业数字化以及数字经济对宏观经济社会带来的影响，并且选取了许多具有中国特色的指标，是一个相对而言大而全的指标体系。赛迪顾问中国数字经济指数将数字经济划分为基础型、资源型、技术型、融合型和服务型，对全国各个省级行政区（不含港澳台）进行测算。腾讯联合京东、滴滴、携程等企业，结合其行业数据构建了"互联网＋"数字经济指数，该指数采用对比法，下设技术、产业、创新创业、智慧民生4个分指数，共涵盖14个一级指标、135个二级指标，指标内容所涉行业广泛，数据资源丰富。财新智库所构建的中国数字经济指数采用对比法，主要关注数字经济提升整个社会效率的能力，包括生产能力、融合程度、数溢出能力、全社会利用能力四个部分。

以上测算数字经济指数体系的不足之处分别在于：欧盟和美国商务部所提供的框架对我们构建中国的评价体系有借鉴意义，但不可照搬。经济合作与发展组织并未选取固定的样本国家进行全面的数据采集，也没有汇集成总的指标，对世界各国的数字经济发展情况作出对比和评价。在中国信息通信研究院构建的指标体系中，有些指标是当下的热点，但是不一定有长期观测的可持续性和代表性。赛迪顾问中国数字经济指数的亮点在于反映了数字经济在服务领域的渗透情况，但存在数据来源不稳定、无法与国际接轨比较的缺陷。腾讯"互联网＋"数字经济指数的不足之处在于对于宏观层面如信息基础设施以及传统制造业的数字化转型等内容几乎没有涉及。财新智库则没有充分考虑数字经济在消费、社会和创新三个方面的影响。2023年，中央提出"2522"的数字中国建设方案（如图1所示），涵盖了数字经济、数字技术创新、数字生态、数字治理等丰富内容。借鉴数字中国建设方案，笔者在现有研究的基础上，强调更全面的衡量数字经济的构成方面，从数字基础设施指数、产业指数、消费指数、社会指数、创新指数五个方面维度对数字发展情况进行测度，从而得出中国2012—2022年的数字经济指数。

新科技

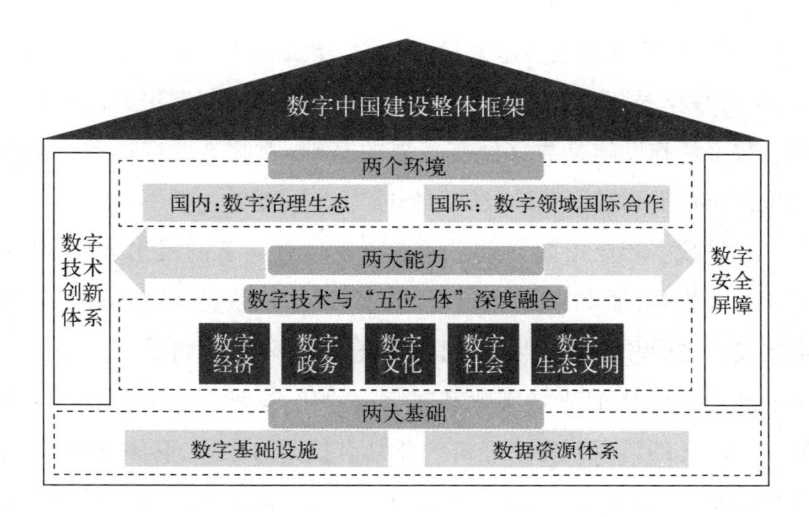

图1　数字中国建设整体框架图
资料来源：《数字中国发展报告（2022年）》。

一是数字基础设施指数。数字基础设施建设是支撑中国数字经济时代新动能的基础网络，会为中国经济发展带来重大发展机会。数字基础设施与传统基础设施、新型基础设施有显著区别，但也有千丝万缕的联系。传统基础设施主要是三大组成部分，即以铁路、公路、水利等公共基础设施建设为重点的基础设施建设。[①] 数字基础设施则是有关信息科技等的基础设施建设，新型基础设施涵盖范围更广，包括交通运输、教育、物联网、信息技术等方面。[②] 简而言之，数字基础设施建设是新型基础设施建设的重要组成部分，主要包括通信网络基础设施、数据与计算设施以及融合基础设施。基础设施所发挥的关键生产要素作用就是提供可供其他生产要素便捷流动的路径，传统基础设施代表有形的"路"，而数字基础设施则代表无形的

[①] 参见盛磊、杨白冰《新型基础设施建设的投融资模式与路径探索》，《改革》2020年第5期。
[②] 参见徐宪平《新基建、构筑数字时代的新结构性力量》，《宏观经济管理》2021年第2期。

"路",通过快速准确地传输大量的数据,增加知识传输密度与互动程度,拓宽数字技术应用广度,减少资源错配程度,创造更大的经济价值。数字基础设施是数字经济发展的基础,因此笔者选择数字基础设施普及水平和数字基础设施服务能力进行测度。

二是数字产业指数。数字经济产业具有显著的溢出效应,代表了5G、大数据、集成电路、云计算、人工智能、区块链等新一代数字技术的发展方向和最新成果。[1] 中国信息通信研究院将数字产业分为两个部分,分别是产业数字化和数字产业化,这种划分方法获得了学界较为广泛的认可。数字经济产业具有技术密集型、高渗透性、先导性和战略性、不确定性四个主要特征。[2] 笔者认为正是这些特征造成了数字经济所特有的溢出效应,具体表现在产业数字化和数字产业化。数字产业化是指为产业数字化发展提供数字技术、产品、服务、基础设施和解决方案,而产业数字化指应用数字技术和数据资源使得传统产业的产出增加和效率提升,是数字技术与实体经济的融合,信息技术本身可以作为融合实体经济与虚拟经济的媒介,让虚拟经济更好地服务于数字经济。基于以上,本文将通过数字产业化和产业数字化两个方面衡量数字经济产业发展水平。

三是数字消费指数。数字经济消费是我国拉动经济增长的"三驾马车"之一的"消费"的重要组成部分。2022年,我国最终消费支出对经济增长贡献率为32.8%,拉动GDP增长1.0%。数字经济相比于传统消费,具有释放消费潜力和驱动消费升级的作用。[3] 数字经济背景下,释放新时代消费者的消费潜力、推动线上线下消费有机融

---

[1] 参见张于喆《数字经济驱动产业结构向中高端迈进的发展思路与主要任务》,《经济纵横》2018年第9期。
[2] 参见王俊豪、周晟佳《中国数字产业发展的现状、特征及其溢出效应》,《数量经济技术经济研究》2021年第3期。
[3] 参见卫思谕《数字经济驱动消费升级》,《中国社会科学报》2022年第1期。

合、注重绿色健康消费和大力发展服务消费显得非常重要。[①] 数字经济驱动消费升级主要表现在可以缩短供应链,大大降低商品的生产运输成本与价格,在相同的条件下可以获得质量更优或者数量更多的产品。同时,这一消费形态使得供需更加匹配,长尾理论在数字经济时代得到更充分的验证,大量较小的市场需求也可以创造巨大的市场规模。基于此,笔者将数字经济消费的分为数字金融和数字支付两个子维度。

四是数字创新指数。数字经济创新是我国顺利完成产业转型升级与成为创新型强国的关键。《中国制造 2025》中将创新摆在制造业发展全局的核心位置,强调要推动跨领域、跨行业协同创新,突破一批重点领域关键共性技术,促进制造业数字化、网络化、智能化,走创新驱动发展道路。数字创新会给后发国家创造技术机会窗口、市场机会窗口和制度机会窗口三个发展窗口期。[②] 技术机会窗口是指,数字创新将带来新的技术突破,每一次重大技术变迁的时代都会带来难得一遇的发展机会,比如三次工业革命带来几个国家的飞速发展。市场机会窗口是指,由于技术的变化,数字创新会大大提高用户的参与度,赋予每一个市场参与个体创新机会。制度机会窗口指的是,后发国家在面对技术创新带来的商业模式与经济形态转变时,由于改革成本与既得利益规模较低,制度变革的动力更强。因此,我们用创新投入和创新产出测度数字经济创新水平。

五是数字社会指数。数字经济社会是经济发展惠及我国大多数人民的具体体现和推动现代化发展的必然要求。数字经济带来人民生活方式的变化往往体现在社会的各个方面。随着我国社会主要矛

[①] 参见任保平、杜宇翔、裴昂《数字经济背景下中国消费新变化:态势、特征及路径》,《消费经济》2022 年第 1 期。
[②] 参见柳卸林、董彩婷、丁雪辰《数字创新时代:中国的机遇与挑战》,《科学学与科学技术管理》2020 年第 6 期。

盾转变为人民日益增长的美好生活需要和不平衡不充分的发展之间的矛盾,数字技术的应用既显示出数字化生活的广阔前景,也成为人民创造美好生活的重要手段。[1] 人民对于美好生活的向往更加强烈,对于高质量的社会服务更加迫切,需要社会服务更智能、政府服务更便民、医疗服务更可靠、交通服务更快捷、信息服务更安全。因此对于数字经济社会水平,笔者用政府服务、网民规模、信息响应速度三个方面维度来进行衡量。

(2) 数字经济指标体系的构建

本部分主要是数字经济评价指标体系的建立,现有研究指标体系的构建是根据对于数字经济的不同侧重点和发展方向进行建立的。而本文依据前一部分5个方面的评价维度,建立了涵盖11个分项维度、32个基础指标的指标体系(如表1所示)。[2] 从数字基础设施建设指数来看,数字基建可以分为网络基础设施普及水平和数字基础设施服务能力两个方面。网络基础设施普及水平由每百人移动电话数、长途光缆线路密度、人均拥有域名数、人均拥有网站数、人均互联网用户宽带接入端口五个基础指标构成。网络基础设施服务能力则主要由人均IPV4地址数、固定宽带下载速率、互联网宽带接入用户三个基础指标衡量。

从数字经济产业指数指标的选择来看,产业指数由数字产业化和产业数字化两个分项维度构成。数字产业化的构成指标包括人均软件业务收入、人均软件产品收入、信息化企业数三个基础指标;产业数字化则包括每百人使用计算机数、每百家企业拥有网站数、农村接入宽带用户、两化发展水平四个基础指标。

---

[1] 参见《加快数字社会建设步伐》,《人民日报》2021年10月22日。
[2] 参见钞小静、任保平《中国经济增长质量的时序变化与地区差异分析》,《经济研究》2011年第4期。

数字消费是指消费市场针对商品的数字内涵而做出的消费,因此数字经济消费指数的测度主要包括数字金融普惠指数和数字经济消费两个指标,其中数字经济消费指标由电子商务销售额、电子商务采购额和有电子商务活动的企业数占比三个基础指标构成。

数字经济创新指数的测度由创新投入和创新产出两个分项维度构成。创新投入部分包括每十万人口高等学校平均在校人数,人均高技术产业研究与试验发展经费支出,高技术产业研究与试验发展经费投入强度,信息传输、软件和信息技术服务业人数四个基础指标;创新产出部分则包括了人均软件业务出口、人均信息技术服务收入和有效发明专利数量三个基础指标。

数字经济社会指数是从政府服务、网民规模、信息响应速度三个基础指标进行度量。政府服务关系着国家治理现代化,是惠民工程的重要组成部分,包括了人均分省(.CN)域名数和人均分省(.中国)域名数两个基础指标。网民规模则包括了移动互联网用户和移动互联网接入流量两个基础指标。信息响应速度则由忙闲时加权平均首屏呈现时间、忙闲时加权平均视频下载速率两个基础指标构成。

表1 中国数字经济指数指标体系构成表

方面维度	分项维度	基础指标	单位	指标属性
数字基础设施指数	网络基础设施普及水平	每百人移动电话数	个	+
		长途光缆线路密度	千米/平方千米	+
		人均域名数	个	+
		人均网站数	个	+
		人均互联网用户宽带接入端口	个	+
	基础设施服务能力	人均IPV4地址数	个	+
		固定宽带下载速率	Mbit/s	+
		互联网宽带接入用户	万户	+

续表

方面维度	分项维度	基础指标	单位	指标属性
数字经济产业指数	数字产业化	人均软件业务收入	万元	+
		人均软件产品收入	万元	+
		信息化企业数	个	+
	产业数字化	每百人使用计算机数	台	+
		每百家企业拥有网站数	个	+
		农村接入宽带用户	户	+
		两化发展水平	/	+
数字经济消费指数	数字金融	数字金融普惠指数	个	+
	数字经济消费	电子商务销售额	亿元	+
		电子商务采购额	亿元	+
		有电子商务活动的企业数占比	%	+
数字经济创新指数	创新投入	每十万人口高等学校平均在校人数	人	+
		人均高技术产业研究与试验发展经费支出	元	+
		高技术产业研究与试验发展经费投入强度	%	+
		信息传输、软件和信息技术服务业人数	人	+
	创新产出	人均软件业务出口	美元	+
		人均信息技术服务收入	元	+
		有效发明专利数量	个	+
数字经济社会指数	政府服务	人均分省(.CN)域名数	个	+
		人均分省(.中国)域名数	个	+
	网民规模	移动互联网用户	人	+
		移动互联网接入流量	万(GB)	+
	信息响应速度	忙闲时加权平均首屏呈现时间	s	−
		忙闲时加权平均视频下载速率	Mbit/s	+

2. 指标处理与数据说明

考虑到数据的可获得性和可靠性，我们收集的数据时间起点为 2012 年。各省、自治区、直辖市数字经济发展指数涉及 32 个基础指标，由于是面板数据，有些年份的数据存在缺失，我们用插补法处理了部分缺失值。对于一些可能因为绝对数量影响测度的指标，我们进行了处理，如用该指标当年的数据比该地区当年的常住人口数等。其中，移动互联网用户、每百人移动电话数、域名数、网站数、人均 IPV4 地址数、互联网用户宽带接入端口、长途光缆线路密度、互联网宽带接入用户、软件业务收入、软件产品收入、每百人使用计算机数、每百家企业拥有网站数、电子商务销售额、电子商务采购额、有电子商务活动的企业数占比、每十万人口高等学校平均在校人数、信息传输和软件以及信息技术服务业从业人数、信息技术服务收入、信息安全收入、移动互联网接入流量来源于中国统计年鉴。固定宽带下载速率和移动通信网络平均下载速率来源于中国宽带发展联盟。数字金融普惠指数来源于北京大学数字金融普惠中心。高技术产业研究与试验发展经费支出、高技术产业研究与试验发展经费投入强度和有效发明专利数量来源于中国国家统计局。政府网站数量、分省(.CN)和(.中国)域名数来源于中国互联网信息中心。忙闲时加权平均首屏呈现时间和忙闲时加权平均视频下载速率来源于中国宽带联盟。整体来说该数据集质量较高，根据此数据集得出的数字经济指数可信度相对来说也比较高。

在进行指数计算之前，我们对数据进行了处理，原因是：第一，由于基础指标数据呈现出严重偏态，为了减轻极端值对评价结果的不利影响，本文对所有基础指标 5% 至 95% 分位数以外的观测值进行缩尾处理；第二，为了消除各指标量纲的影响，本文采用如下所示的极差标准化方法对所有基础指标数据进行无量纲化处理：

$$\text{正指标 } x_j:x_{ij} \mid \text{无量纲} = \frac{x_{ij} - \min(x_j)}{\max(x_j) - \min(x_j)} \times 100$$

$$\text{逆指标 } x_j:x_{ij} \mid \text{无量纲} = \frac{\max(x_j) - x_{ij}}{\max(x_j) - \min(x_j)} \times 100$$

3. 基础指标和方面权重的确定

在方法的选择上面,我们选择主观赋权和客观赋权相结合的办法,以对我国数字经济发展进行更加准确和系统的判断和评价。一方面,在测度基础指标的权重时,使用熵权法进行客观赋权,熵权法是根据指标变异性的大小来确定客观权重的一种方法。若某个指标的信息熵越小,表明指标值的变异程度越大,提供的信息量越多,在综合评价中所能起到的作用也越大,其权重也就越大,反之权重就越小。另一方面,由于各分项维度均较为重要,对方面维度和分项维度采取等权处理,选择主客观结合的算法获取更为准确的结果以便体现出较强的适应性和科学性。

表 2 中国数字经济指数各指标权重值

方面维度	权重	分项维度	权重	基础指标	权重
数字基础设施指数	0.2	网络基础设施普及水平	0.625	每百人移动电话数	0.057
				长途光缆线路密度	0.253
				人均域名数	0.023
				人均网站数	0.598
				人均互联网用户宽带接入端口	0.069
		基础设施服务能力	0.375	人均 IPV4 地址数	0.557
				固定宽带下载速率	0.262
				互联网宽带接入用户	0.182

续表

方面维度	权重	分项维度	权重	基础指标	权重
数字经济产业指数	0.2	数字产业化	0.429	人均软件业务收入	0.399
				人均软件产品收入	0.463
				信息化企业数	0.139
		产业数字化	0.571	每百人使用计算机数	0.149
				每百家企业拥有网站数	0.366
				农村接入宽带用户	0.400
				两化发展水平	0.085
数字经济消费指数	0.2	数字金融	0.25	数字金融普惠指数	0.066
		数字支付	0.75	电子商务销售额	0.418
				电子商务采购额	0.438
				有电子商务活动的企业数占比	0.078
数字经济创新指数	0.2	创新投入	0.571	每十万人口高等学校平均在校人数	0.080
				人均高技术产业研究与试验发展经费支出	0.400
				高技术产业研究与试验发展经费投入强度	0.157
				信息传输、软件和信息技术服务业人数	0.364
		创新产出	0.429	人均软件业务出口	0.387
				人均信息技术服务收入	0.370
				有效发明专利数量	0.243

续表

方面维度	权重	分项维度	权重	基础指标	权重
数字经济社会指数	0.2	政府服务	0.333	人均分省(.CN)域名数	0.211
				人均分省(.中国)域名数	0.789
		网民规模	0.334	移动互联网用户	0.235
				移动互联网接入流量	0.765
		信息响应速度	0.333	忙闲时加权平均首屏呈现时间	0.158
				忙闲时加权平均视频下载速率	0.842

（三）2012—2022 年我国数字经济发展指数的测度

1. 中国各地区数字经济发展指数测度结果

（1）2012—2022 年中国数字经济指数测算结果分析

我们首先根据计算得到各个基础指标的相应权重，进一步根据方面维度的综合权重，计算出中国各省份和地区的数字经济指数。各地区 2012—2022 年的数字经济指数如表 3 所示，2012—2022 年全国平均数字经济指数及增长率如图 2 所示，2012—2022 年各地区平均数字经济指数及增长率如图 3 所示。

图 2 2012—2022 年全国平均数字经济指数及增长率

由图 2 可见,整体而言,2012—2022 年中国平均数字经济指数由 5.488 攀升至 24.279,增长 4.42 倍,年均增长率为 16.10%,可见中国数字经济发展整体速度较快,增速呈现逐渐放缓的趋势。并且,按照中国信通院《中国数字经济发展研究报告(2023)》核算可知,2022 年中国数字经济规模是 2016 年的 222.12%,而本文所测度的 2022 年数字经济发展指数是 2016 年的 222.21%,两者测算结果十分接近,能够相互印证。

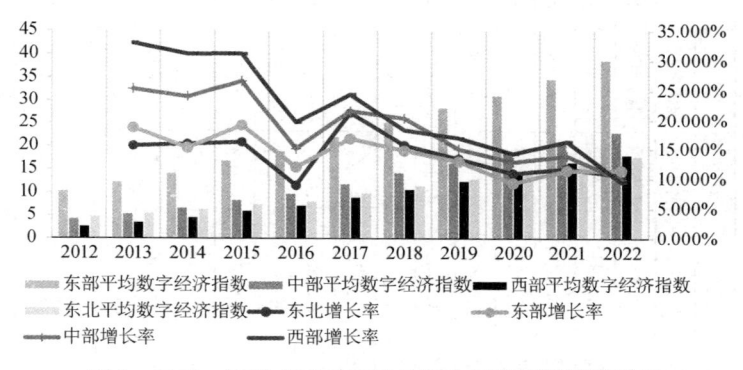

图 3 2012—2022 年各地区平均数字经济指数及增长率

结合表 3 和图 3 可见,从区域发展来看,东部地区的平均数字经济指数从 2012 年的 10.304 上升到 2022 年的 38.589,增长了 3.75 倍,年均增长率为 14.16%;中部地区的平均数字经济指数则从 2012 年的 4.263 增长到 2022 年的 22.970,增长了 5.39 倍,年均增长率为 18.47%;西部地区的平均数字经济指数从 2012 年的 2.621 增长到了 2022 年的 17.943,增长了 6.85 倍,年均增长率为 21.45%;东北地区的平均数字经济指数从 2012 年的 4.765 增长到 2022 年的 17.614,增长了 3.70 倍,年均增长率为 14.02%。2012—2022 年,东部地区的数字经济发展的绝对值遥遥领先于中西部和东北地区,但是东部地区和东北地区年均增长率均低于全国年平均值,数字经济指数越低的地区增长率越高,这说明中西部等地区数字经济发展具有后发优势,增长潜力较大。值得注意的是,分地区数字经济发展态势与格局同国民经济发展的区域分布特征相似。

表 3 2012—2022 年中国各地区数字经济指数

	2012	2013	2014	2015	2016	2017	2018	2019	2020	2021	2022
北京	17.321	20.729	24.911	33.843	31.858	36.730	44.166	49.824	54.715	60.988	67.205
天津	6.329	7.543	8.684	9.764	10.385	12.182	14.057	16.463	18.604	20.658	23.114
河北	4.653	6.277	7.477	8.700	10.565	13.391	15.233	17.435	19.535	22.016	23.787
上海	11.497	14.217	18.627	21.130	27.923	26.438	29.261	33.505	37.096	42.799	48.932
江苏	15.087	17.273	18.167	20.677	22.260	25.255	28.639	32.277	36.010	38.701	43.489
浙江	12.005	13.449	14.388	16.867	18.661	21.304	24.373	28.094	30.308	33.619	37.785
福建	7.331	7.774	8.686	10.478	12.075	20.203	22.212	24.767	25.650	27.766	29.975
山东	9.527	11.707	13.104	15.323	18.716	22.213	25.338	25.693	28.056	32.164	36.483
广东	16.615	19.794	22.175	24.821	28.266	33.033	38.524	44.769	48.081	53.166	58.885
海南	2.674	3.488	4.649	6.134	7.166	8.668	9.990	11.536	12.843	14.514	16.232
东部平均	10.304	12.225	14.087	16.774	18.787	21.942	25.179	28.436	31.090	34.639	38.589
山西	3.186	3.926	4.796	5.956	6.959	8.592	10.453	11.898	13.158	15.101	16.817
安徽	4.192	5.642	7.397	9.714	11.066	13.134	15.881	18.156	20.512	23.364	25.515
江西	3.783	4.395	5.311	7.262	8.047	10.234	12.298	14.414	16.480	18.757	20.399
河南	4.706	6.260	7.844	10.018	11.634	13.912	16.551	18.543	20.918	23.885	26.276
湖北	5.280	6.453	7.744	9.377	10.713	12.856	15.100	17.826	19.741	22.299	24.804
湖南	4.432	5.389	6.684	8.057	9.569	11.781	14.548	16.735	19.295	21.937	24.006
中部平均	4.263	5.344	6.629	8.397	9.665	11.751	14.138	16.262	18.351	20.890	22.970

续表

	2012	2013	2014	2015	2016	2017	2018	2019	2020	2021	2022
内蒙古	2.482	3.356	4.288	5.663	6.677	8.675	9.553	11.169	12.785	14.787	16.178
广西	2.821	3.589	4.763	5.882	7.113	8.806	11.361	14.008	16.380	18.635	20.958
重庆	3.908	4.889	6.257	7.867	9.411	11.422	13.333	15.133	17.133	19.637	23.210
四川	4.704	6.507	8.218	10.712	12.509	15.469	17.683	20.734	23.784	26.870	29.950
贵州	2.072	2.839	3.981	5.465	6.913	8.331	10.020	11.726	13.575	15.649	17.737
云南	2.791	3.633	4.518	5.924	7.012	8.692	10.710	12.644	14.606	16.445	17.739
西藏	0.884	1.688	2.614	3.561	4.548	5.943	6.497	7.235	8.030	9.055	9.843
陕西	4.126	5.331	6.649	8.016	9.709	11.735	13.710	15.640	17.529	19.854	21.680
甘肃	1.948	2.697	3.697	5.016	5.895	7.630	9.186	10.939	12.452	14.184	15.764
青海	1.943	1.999	2.397	4.044	5.073	6.305	7.765	9.213	10.601	16.211	13.679
宁夏	1.604	2.383	3.541	4.660	5.591	7.118	8.546	9.703	11.050	12.398	13.790
新疆	2.167	2.899	3.903	5.105	5.572	6.926	8.225	9.848	11.155	12.929	14.793
西部平均	2.621	3.484	4.569	5.993	7.169	8.921	10.549	12.333	14.090	16.388	17.943
辽宁	7.490	8.352	9.291	10.405	10.682	12.333	14.250	15.869	17.383	19.407	21.494
吉林	3.133	3.892	4.937	5.957	6.796	8.451	9.749	11.121	12.602	14.164	15.687
黑龙江	3.673	4.278	4.921	5.890	6.773	8.623	10.010	11.570	12.796	14.226	15.659
东北平均	4.765	5.508	6.383	7.417	8.083	9.803	11.336	12.853	14.260	15.932	17.614
全国平均	5.488	6.640	7.917	9.645	10.926	13.104	15.301	17.471	19.448	21.962	24.279

中国信通院《中国数字经济发展报告(2022)》核算结果显示，2021年中国数字经济规模前六的省市为广东、江苏、山东、浙江、上海、北京。中国信通院核算的数字经济规模具有总量属性特征，而本文所构建的数字经济发展指数更偏向于人均发展水平，因此在本文的测算结果中，北京和上海的数字经济发展水平更高，若排除这两大直辖市，排序基本一致。此外，2021年南京大学数字经济发展指数与中国信通院数字经济规模排名，同样非常相近（见表4）。

表4 南京大学数字经济发展指数(2021)与中国信通院数字经济规模(2021)排名对比

排名	南京大学数字经济发展指数(2021)	中国信通院数字经济规模(2021)
1	北京	广东
2	广东	江苏
3	上海	山东
4	江苏	浙江
5	浙江	上海
6	山东	北京
7	福建	福建
8	四川	湖北
9	河南	四川
10	安徽	河南

资料来源：《中国数字经济发展报告(2022)》。

(2) 中国数字经济发展区域差异分析

利用基尼系数法，我们测度了2012—2022年全国及四大区域数字经济指数的总体基尼系数、区域内基尼系数、区域间基尼系数及贡献率，测度结果如表5所示。图4刻画了样本期间全国层面及四大区域数字经济指数的基尼系数变动趋势。如图4所示，2012至2022年全国数字经济指数的基尼系数从0.394减少至0.259，年均降幅为4.07%。这一结果表明中国数字经济发展的空间分异总体呈现下降态势。从四大地区内部的空间分异程度来看,东部地区的地区内分异程度最大(样本期间东部地区基尼系数均值为0.242),其次是东北地区(样本期间东北地区基尼系数均值为0.156),西部和中部地区的地区内分异程度较小(样本期间西部和中部地区基尼系数均值分别为0.110和0.105)。从变动趋势来看,东部、中部和东北地区基尼系数均呈现下降的趋势,其中东北地区基尼系数的下降幅度最大,其次是中部地区,东部地区基尼系数减少幅度最小,而西部地区基尼系数则呈现出先上升后下降再上升的趋势,总体变化幅度不大。以上结果表明,中国数字经济发展存在明显的空间分异特征,西部地区数字经济发展的地区内分异呈现上升趋势,而全国层面、东部、中部和东北地区的分异程度则表现出逐步缩小的态势。

图5刻画了2012—2022年中国数字经济指数区域间基尼系数的变动趋势。根据图5所示,整个样本期间内东部与东北地区间的基尼系数均值为0.457,分异程度最大,空间分异程度依次缩小的分别是东部与西部地区、东部与中部地区、中部与东北地区、西部与东北地区,中部与西部地区间的分异程度最小。从变动趋势来看,六个区域间的空间分异程度均呈现缩小态势,其中东部与东北地区间的基尼系数下降幅度最大,样本期间内基尼系数减小幅度为0.221,中部与东北地区间的基尼系数降速最快,年均降幅达到7.43%,东部与西部地区间、中部与西部地区间的基尼系数下降幅度较小,年均降幅分别为1.41%和0.97%。

图6刻画了样本期间基尼系数各分解项对总体基尼系数的贡献率变动趋势。如图6所示,2012—2022年,区域间分异程度对总体空间分异程度的贡献率最大,呈现轻微下降的变化趋势;其次是区域内分异程度的贡献率,样本期间区域内分异程度对总体分异程度的贡献率变动幅度较小;超变密度对总体分异程度的贡献率最小。以上结果表明,区域间的分异程度是数字经济发展空间分异的主要来源,

其次是区域内分异程度,超变密度即数字经济发展在不同地区之间的交叉重叠程度,对数字经济发展空间分异的贡献率最小。

(3)中国省域数字经济发展的动态演进

本文使用核密度估计方法刻画中国省域数字经济发展的动态演进特征,图 7 至图 11 分别刻画了全国层面、东部地区、中部地区、西部地区和东北地区数字经济发展的动态演进趋势。我们重点关注相应密度曲线的分布位置、主峰分布形态、分布延展性和波峰数目等关键属性,以此来分析数字经济发展的演进特征。

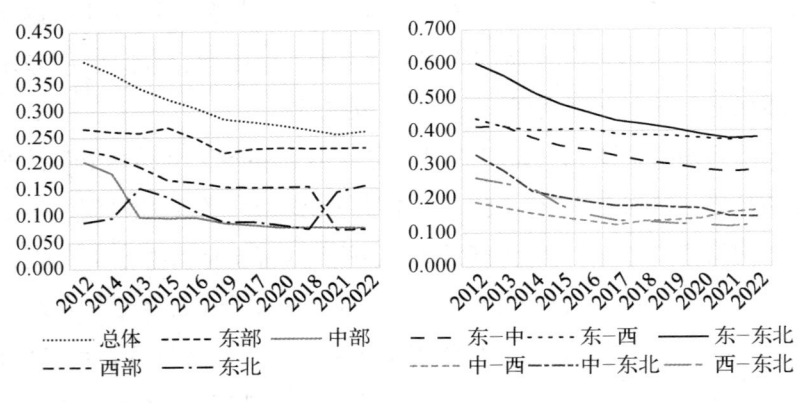

图 4 总体及区域基尼系数

图 5 区域间基尼系数

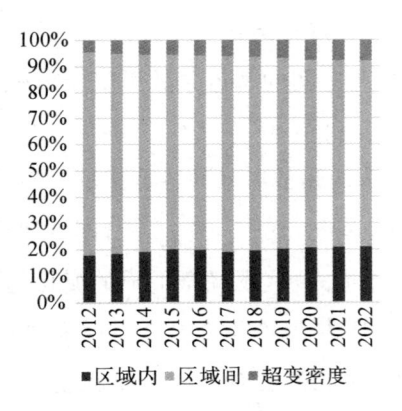

图 6 空间分异来源的贡献率

表5　2012—2022年全国及四大区域数字经济指数基尼系数及贡献率

年份	G	G_w 东部	G_w 中部	G_w 西部	G_w 东北	G_{nb} 东-中	G_{nb} 东-西	G_{nb} 东-东北	G_{nb} 中-西	G_{nb} 中-东北	G_{nb} 西-东北	G_z (%) 区域内	G_z (%) 区域间	G_z (%) 超变密度
2012	0.394	0.267	0.203	0.088	0.226	0.414	0.438	0.601	0.189	0.328	0.260	17.959	77.640	4.400
2013	0.372	0.261	0.180	0.096	0.215	0.415	0.413	0.564	0.173	0.280	0.245	18.539	76.345	5.115
2014	0.343	0.259	0.097	0.152	0.193	0.380	0.403	0.517	0.158	0.222	0.230	19.333	75.289	5.378
2015	0.322	0.269	0.096	0.135	0.167	0.355	0.405	0.482	0.147	0.204	0.181	20.289	74.310	5.401
2016	0.305	0.247	0.097	0.107	0.162	0.343	0.408	0.457	0.136	0.191	0.154	19.983	74.285	5.732
2017	0.284	0.219	0.086	0.088	0.153	0.325	0.390	0.432	0.124	0.179	0.137	19.204	74.803	5.993
2018	0.279	0.226	0.082	0.088	0.152	0.309	0.387	0.420	0.135	0.180	0.134	19.834	73.858	6.308
2019	0.272	0.228	0.078	0.082	0.152	0.299	0.384	0.407	0.138	0.175	0.128	20.333	72.938	6.729
2020	0.263	0.227	0.078	0.075	0.154	0.286	0.378	0.389	0.143	0.172	0.124	20.860	71.593	7.547
2021	0.254	0.226	0.077	0.143	0.073	0.278	0.372	0.376	0.161	0.150	0.119	21.134	71.125	7.740
2022	0.259	0.227	0.077	0.155	0.074	0.283	0.379	0.379	0.166	0.148	0.125	21.242	70.906	7.852
均值	0.304	0.242	0.105	0.110	0.156	0.335	0.396	0.457	0.152	0.203	0.167	19.883	73.918	6.200

注：G、G_w、G_{nb}、G_z分别表示总体基尼系数、地区内基尼系数、地区间基尼系数、贡献率。

表6　全国及四大区域数字经济发展的动态演进特征

区域名称	分布位置	主峰分布形态	分布延展性	波峰数目
全国	右移	高度下降,宽度变大	右拖尾,延展收敛	单峰或双峰
东部	右移	高度下降,宽度变大	右拖尾,延展收敛	单峰
中部	右移	高度下降,宽度变大	左拖尾,延展收敛	单峰或双峰
西部	右移	高度下降,宽度变大	右拖尾,延展收敛	单峰或双峰
东北	右移	高度上升,宽度变小	左拖尾,延展收敛	单峰

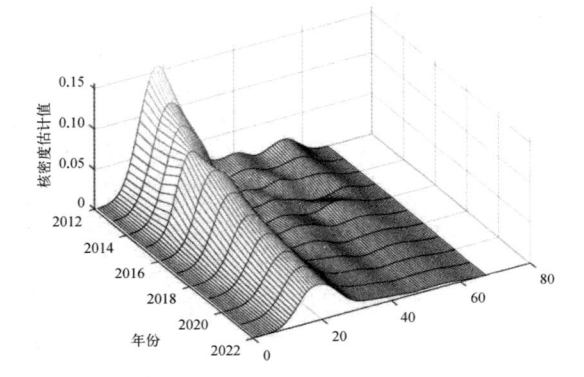

图7　全国数字经济发展动态演进

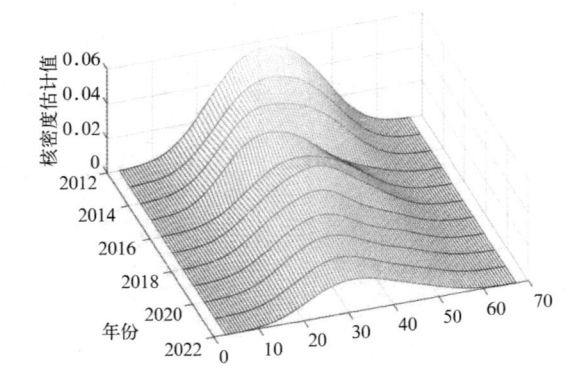

图8　东部地区数字经济发展动态演进

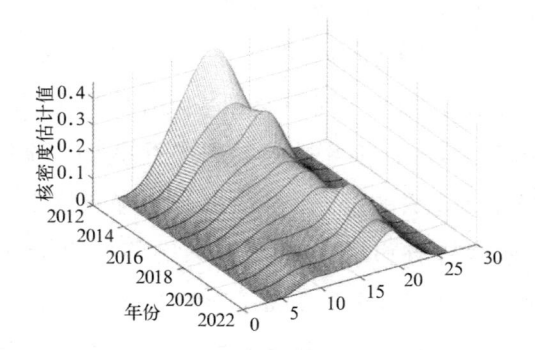

图 9　中部地区数字经济发展动态演进

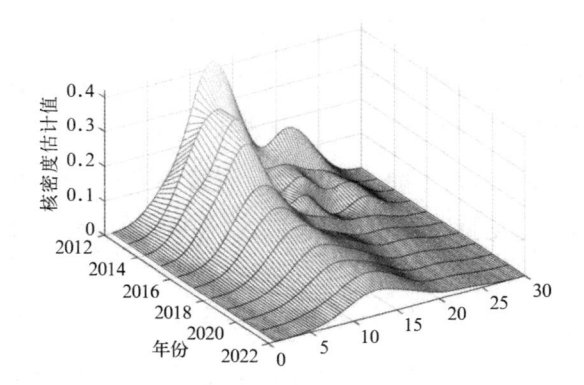

图 10　西部地区数字经济发展动态演进

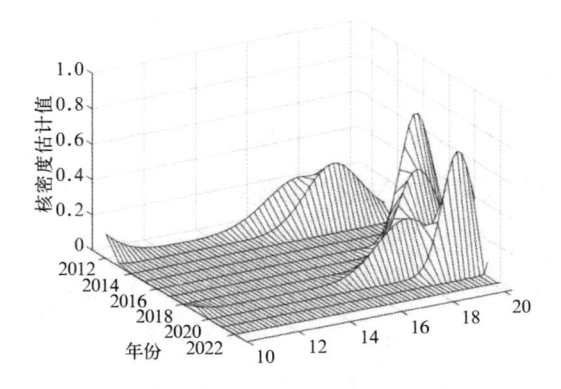

图 11　东北地区数字经济发展动态演进

从分布位置来看,全国及四大区域的分布曲线均呈现出不同幅度的右移趋势,说明全国各地区的数字经济发展均处于上行轨道。从主峰分布形态来看,除东北地区以外,全国及其他三大区域主峰高度下降且宽度变大,意味着样本范围内省市的数字经济发展指数的绝对差异呈现上升趋势,而东北地区主峰高度上升且宽度变小,说明东北地区各省市数字经济指数的绝对差异正在逐渐缩小。从分布延展性来看,全国和东部、西部地区均存在右拖尾现象,即区域内存在部分省市的数字经济指数显著高于同一区域内其他省市;中部和东北地区则呈现左拖尾现象,即区域内存在部分省市的数字经济指数显著低于同一区域内其他省市;全国及四大区域均存在分布延展收敛性,说明数字经济指数出现极端值的可能性越来越低。从波峰数目来看,全国和中部、西部地区在考察初期均呈现出多峰形态,到考察末期均逐渐演变为单峰形态,说明这些区域内部的两极分化特征在整体上趋于弱化,区域内差异化程度逐渐降低。

2. 中国各地区数字经济发展的分项维度指数测度结果

2012—2022年中国各地区数字经济发展分项维度指数测算结果如表7所示,图12和图13分别展示了2012—2022年全国平均数字经济分项维度指标的变化趋势及其增长率。在全国层面上,从图12可以看出,五个分项维度指标均呈现逐年增长的趋势,从增长率的变化趋势来看,2012—2022年五个分项维度指标的增长率均有不同程度的下降,说明增速逐渐变缓。具体而言,由表7可知,2012—2022年,全国数字社会指数的增长幅度最大,从4.411增长至40.710,增长近10倍,并且可以看到该指数在2016年后的增长势头愈发强劲,年均增长率高达25.54%;其次增幅较大的是数字消费指数,从3.448增长至22.774,年均增长率为21.93%;接下来是数字基础设施指数,从4.169增长至22.265,年均增长率为18.55%;数字产业指数和数字创新指数在五个分项维度中涨幅较小,数字产业指数从8.336增长至21.031,年均增长率为9.73%,数字创新指数从7.078增长至14.614,年均增长率为7.59%。结合数值大小和年均增长率的变化来看,我国数字经济发展呈现出应用层强于基础层的特点,也就是说,作为数字经济发展基础动力来源的数字产业和数字创新,其发展滞后于数字基础设施的建设,而作为数字经济应用成果的数字消费与数字社会,发展得更加迅速。这一现象是多种因素导致的结果,一方面,在数字产业和数字创新方面,无论是芯片、存储器,还是先进数字制造技术在制造业中的使用,如协同机器人、工业互联网等,仍与发达国家存在明显差距;除了自身差距,近年来西方国家对中国技术进步的遏制和打压同样使得我国在数字产业和数字创新领域的发展速度趋缓。另一方面,在数字消费和数字社会方面,随着我国互联网技术以及移动互联网的普及,再加上中国庞大的市场,消费和社会领域的数字化及便民化得到快速发展。

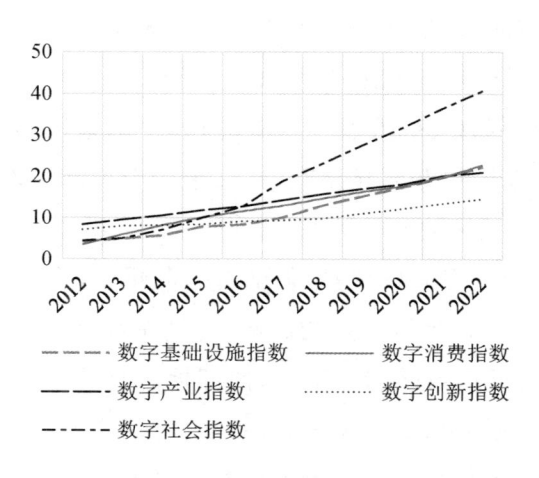

图12 2012—2022全国数字经济分项维度指数

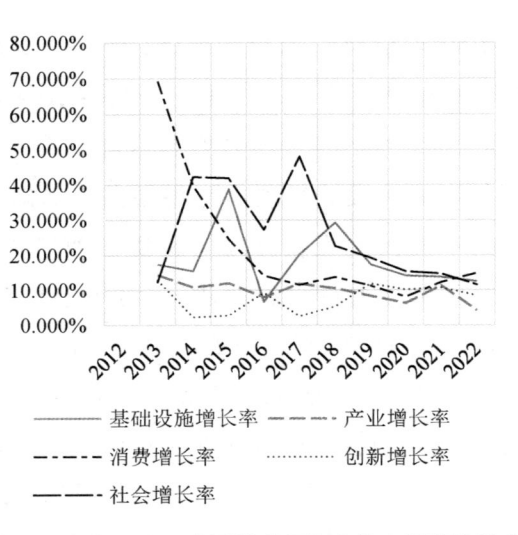

图 13　2012—2022 全国数字经济分维度指数增长率

图 14 至图 18 展示了 2012—2022 年五个分项维度指数分地区的变化趋势，从中可以看出以下几点：

首先，我们关注各地区间的数字经济分项维度表现的异质性。对于东部地区而言，在数字基础设施、数字产业、数字消费和数字创新四个维度方面，其得分均明显领先于其他地区，在数字社会指数方面，东部地区与其余各地区的发展差距较小。中部地区的各维度表现仅次于东部地区，在数字产业方面，中部地区的得分能够与西部和东北地区拉开明显差距，在其余四个维度方面，中部地区与西部和东北地区的差异不大。2012—2017 年，东北地区在各个分项维度上的表现具备优势，但随着时间推移，东北地区逐渐呈现出被西部和中部地区超越的趋势，特别是数字产业维度。对于西部地区而言，在数字创新维度，西部地区与其余地区仍有较明显的差距，在数字基础设施方面，西部地区的表现与其余地区的差异较小，在数字产业、数字消费和数字产业方面，西部地区有追赶并超越的趋势。

表7 2012—2022年各地区分项维度数字经济发展指数

地区	分项维度	2012	2013	2014	2015	2016	2017	2018	2019	2020	2021	2022
东部平均	数字基础设施指数	8.544	9.561	10.834	15.704	14.827	17.185	22.541	25.171	27.372	30.008	32.826
	数字产业指数	16.304	18.189	19.147	20.903	22.262	24.165	25.922	28.566	30.150	32.705	34.410
	数字消费指数	8.510	12.224	16.526	19.039	22.106	25.381	28.376	31.941	34.543	38.788	46.864
	数字创新指数	12.551	14.646	15.345	16.337	19.515	18.991	20.863	23.270	25.567	28.471	30.991
	数字社会指数	5.612	6.506	8.581	11.886	15.227	23.986	28.195	33.234	37.817	43.225	47.853
中部平均	数字基础设施指数	2.889	3.475	3.897	5.526	6.614	8.199	10.552	12.819	15.114	17.592	20.111
	数字产业指数	7.543	8.589	9.825	11.453	12.549	14.361	16.632	18.009	19.671	21.452	22.700
	数字消费指数	2.271	4.794	6.882	8.910	9.999	11.137	13.036	14.343	15.426	17.676	18.714
	数字创新指数	4.529	5.289	5.643	5.926	6.221	6.795	7.301	8.308	9.286	10.327	11.349
	数字社会指数	4.084	4.574	6.900	10.172	12.941	18.265	23.172	27.831	32.257	37.405	41.975
西部平均	数字基础设施指数	2.074	2.616	3.120	4.315	5.271	6.787	8.788	10.888	12.907	15.265	17.469
	数字产业指数	3.729	4.555	5.368	6.397	7.395	8.654	9.946	11.127	12.095	15.139	14.986
	数字消费指数	1.028	2.972	4.757	6.901	8.208	8.457	9.268	10.295	11.294	12.670	14.125
	数字创新指数	2.914	3.454	3.576	3.806	4.002	4.646	4.582	4.987	5.595	6.084	6.386
	数字社会指数	3.359	3.823	6.024	8.545	10.968	16.060	20.161	24.366	28.559	32.782	36.751

续表

地区	分项维度	2012	2013	2014	2015	2016	2017	2018	2019	2020	2021	2022
东北平均	数字基础设施指数	3.169	3.927	4.753	5.829	6.745	8.063	10.132	12.155	14.248	16.349	18.655
	数字产业指数	5.769	6.791	7.911	8.557	8.859	9.901	10.577	10.606	10.655	11.442	12.030
	数字消费指数	1.982	3.348	4.448	5.784	6.077	6.739	8.131	8.849	9.412	10.189	11.394
	数字创新指数	8.317	8.549	8.103	7.495	6.927	7.180	6.851	7.722	8.303	9.060	9.730
	数字社会指数	4.590	4.922	6.700	9.420	11.809	17.131	20.990	24.936	28.683	32.622	36.259
全国平均	数字基础设施指数	4.169	4.895	5.651	7.844	8.364	10.058	13.003	15.259	17.410	19.803	22.265
	数字产业指数	8.336	9.531	10.563	11.827	12.766	14.270	15.769	17.077	18.143	20.184	21.031
	数字消费指数	3.448	5.834	8.153	10.159	11.597	12.929	14.703	16.357	17.669	19.831	22.774
	数字创新指数	7.078	7.985	8.167	8.391	9.166	9.403	9.899	11.072	12.187	13.486	14.614
	数字社会指数	4.411	4.956	7.051	10.006	12.736	18.861	23.129	27.592	31.829	36.509	40.710

其次，我们关注各个分项维度在不同地区表现的异质性。2012—2022年，各个地区的五个分项维度指标均呈现波动中攀升的态势。在数字产业指数和数字创新指数方面，各个地区的增速较为缓慢且地区之间的增速差异较小，两个指数在各个地区的平均年增速的标准差分别是0.036和0.037。在数字基础设施指数方面，中部和西部地区的增速大于东部和东北地区，整体增长速度较快且各地区之间的增速差异较小，标准差为0.038。各地区在数字社会指数方面的差异最小，平均年增速的标准差为0.020。在数字消费指数方面，各地区间的增速差异较大，平均年增速的标准差为0.082，值得注意的是，2022年东部地区数字消费指数增长率升至20.82％，同年中部、西部和东北地区的数字消费指数增长率分别为5.87％、11.48％和11.83％，东部地区增速明显大于其余地区。消费作为拉动经济增长的"三驾马车"之一，其需求的增加对经济发展起着至关重要的作用，东部地区数字消费增速加快说明东部地区具备良好的经济活力。

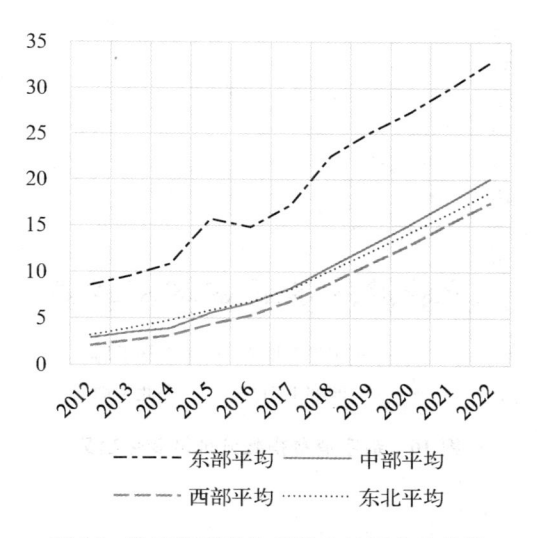

图14 数字基础设施指数分地区变化趋势

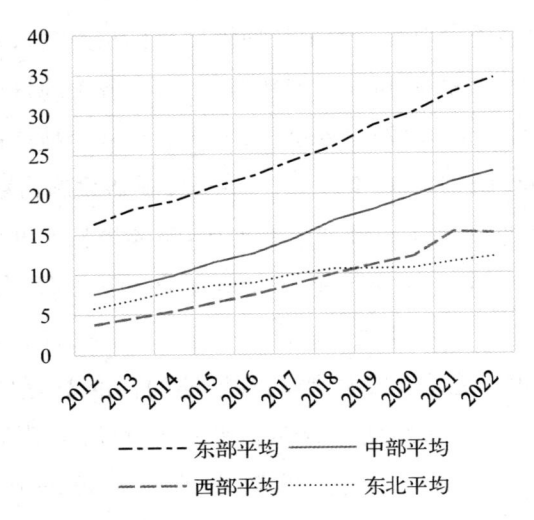

图 15 数字产业指数分地区变化趋势

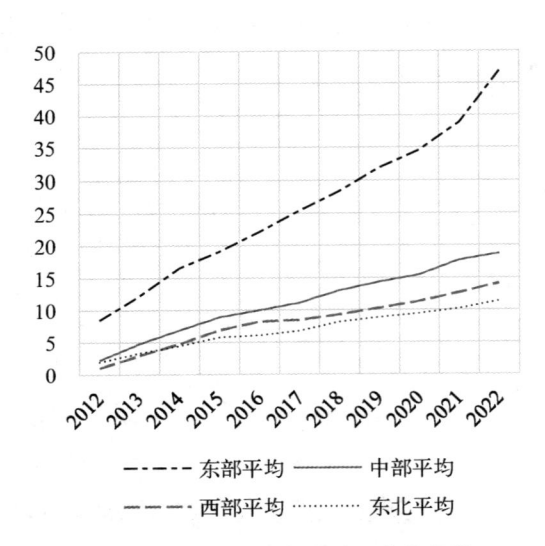

图 16 数字消费指数分地区变化趋势

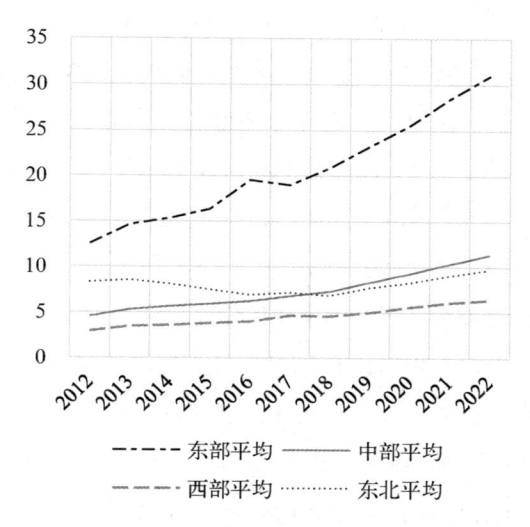

图 17　数字创新指数分地区变化趋势

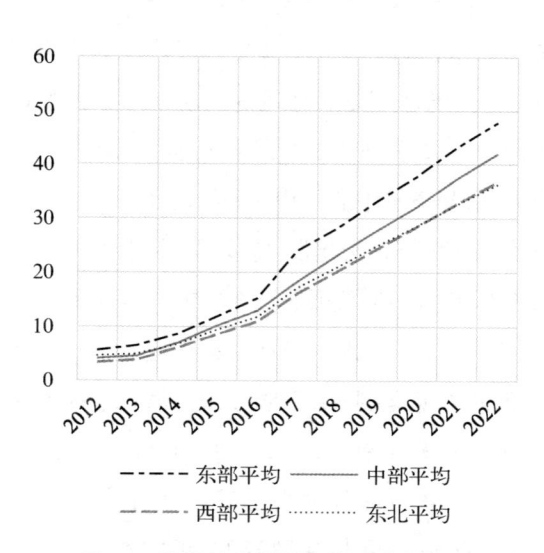

图 18　数字社会指数分地区变化趋势

3. 江苏数字经济发展比较分析与建设重点

2012—2022年，江苏数字经济发展指数由15.087升至43.489，年均增速达11.21%，2014—2022年全国排名均稳定保持在第四。值得注意的是，党的十九大以来，江苏数字经济发展水平与上海数字经济发展差距有所加大，发展指数绝对值由1.183增至5.443。在此期间，江苏数字经济发展水平相较于浙江的优势由3.951加大至5.704。"十四五"期间，进一步巩固和放大江苏在国家现代化建设全局中的先行优势，加快推进数字技术攻坚突破和应用探索，助力经济发展质量变革、效率变革、动力变革，破局的重点在于缩小与北京、广东和上海的数字经济发展差距。

数字经济发展分项维度指数显示（见表8），排名前四的省市中，江苏数字经济发展的比较优势主要在于数字经济产业指数与数字经济社会指数，仅低于广东省。江苏产业数字化、数字产业化以及数字化的政府服务、网民规模与信息响应速度均领先于北京和上海。为了深化数字经济赋能高质量效应，江苏应以"上云用数赋智"行动为牵引，强化"智改数转"，以制造业为主战场，打造数据驱动的创新应用场景，加快制造业、服务业、农业数字化转型升级，推进专精特新企业数字化转型，不断提升江苏在全球产业链、供应链、价值链中的位势和能级，巩固和扩大数字经济发展的优势。同时，强化数字经济社会建设，持续提升社会服务智能化，促进政府服务更便民、医疗服务更可靠、交通服务更快捷、信息服务更安全。

值得关注的是，江苏的数字经济基础设施指数、数字经济消费指数与数字经济创新指数均滞后于北京和上海，其中数字经济基础设施指数甚至低于浙江省。在"十四五"期间，江苏应着力做好如下几点：第一，集中力量，着力提升网络基础设施普及水平与基础设施服务能力，增加知识传输密度与互动程度，拓宽数字技术应用广度，减少资源错配程度，创造更大的经济价值。第二，在完善高品质商品和服务供给的同时，促进金融科技与电子商务的高质量发展，打破国内大循环的堵点和痛点，推动数字消费稳健增长。第三，完善创新激励制度尤其是知识产权司法保护制度,激发人工智能、芯片、工业互联网等关键性领域的突破性创新,促进数字经济与实体经济深度融合,为走创新驱动发展道路创造技术条件。

表8 江苏数字经济发展分项维度指数与其他省市的对比

地区	数字基础设施指数	数字经济产业指数	数字经济消费指数	数字经济创新指数	数字经济社会指数	总指数	总指数排名
北京	80.845	45.759	84.847	82.292	42.284	67.205	1
广东	27.920	54.267	92.623	54.356	65.262	58.885	2
上海	44.831	27.511	89.010	43.686	39.625	48.932	3
江苏	29.201 (51.64)	52.505 (1.762)	47.653 (44.97)	37.618 (44.674)	50.468 (18.691)	43.489 (51.644)	4
浙江	31.918	44.482	36.092	28.900	47.535	37.785	5

注:括号内数字为江苏分项维度指数与该维度最高值之间的绝对差距。

(四)结论与政策建议

根据2012—2022年中国数字经济发展指数的测算结果,可以得到以下几点结论。第一,中国数字经济发展整体速度是较快的,并且增速呈现逐渐放缓的趋势。东部地区的数字经济发展的绝对值遥遥领先于中部、西部和东北地区,但是东部地区和东北地区年均增长率均低于全国年平均值,数字经济指数越低的地区增长率越高,这说明中部、西部等地区数字经济发展具有后发优势,增长潜力较大。第二,中国数字经济发展存在明显的空间分异特征,但区域内分异程度整体上呈现逐步缩小的态势。在区域间分异程度方面,东部与东北地区间的分异程度最大,中部与西部地区间的分异程度最小,六个区域间的空间分异程度均呈现缩小态势。地区间的分异程度是数字经济发展空间分异的主要来源。第三,核密度估计结果显示,在全国层面上,我国数字经济指数出现极端值的可能性越来越低,并且区域内部的两极分化特征在整体上趋于弱化,区域内差异化程度逐渐降低。第四,五个分项维度指数均呈现波动中攀升的态势,但作为数字经济发展基础动力来源的数字产业和数字创新的发展滞后于数字基础设施的建设,而作为数字经济应用成果的数字消费与数字社会,发展得明显更加迅速。

依据以上结论,我们提出以下几点建议。

首先,对于我国数字经济发展应用层强于基础层的表现,应该努力做到数字基础技术创新与数字经济应用协调发展。如果数字基础技术的发展长期处于滞后状态,那么数字技术的应用不仅走不远,而且走不稳。二者的协调发展需要政府、企业与研究机构等各方面的共同努力,政府、企业与科研机构应该建立更加科学的技术转化体系,加强产学研用一体化融合,加快数字经济创新成果转化周期,提供更高质量的社会服务,让人民充分享受到发展红利。

其次,由于区域间差异是我国数字经济发展空间分异的主要来源,因此应致力于缩小区域间的分异程度。第一,对于各个区域内部,应立足各地区优势,打造特色发展路径。东部地区应当凭借自身的区位和基础优势等不断提升自身的经济发展水平和对外开放水平来继续保持数字经济发展的良好趋势;中部、西部地区应充分发挥资源丰富、要素成本低和市场潜力大的优势,继续巩固和完善数字经济基础设施建设;东北地区具有建设现代产业体系的良好工业基础和产业链条,应当以科技创新推动产业创新,以产业升级来构筑新的竞争优势,同时数字经济的发展离不开人才的支撑,东北地区应加大人才振兴的政策支持力度,为自身引进人才、留住人才。第二,对于各区域之间,应优化空间布局,增强区域协同联动。东部、西部地区应当以"东数西算"等重大工程为抓手,促进二者之间的数字经济联系,中部地区应该更积极地保持与东部地区的发展联动性、更好为东部和西部的发展提供桥梁作用。此外加快培育统一的数据市场,促进数据要素跨区域自由流动,立足国内大循环,加强区域间的协同合作。

(南京大学师博)

五、 江苏数字化指数评价研究

（一）问题的提出

2023年2月，中共中央、国务院印发的《数字中国建设整体布局规划》[1]指出，建设数字中国是数字时代推进中国式现代化的重要引擎，是构筑国家竞争新优势的有力支撑。2023年7月，习近平总书记在江苏考察时强调，要"加快打造具有国际竞争力的战略性新兴产业集群，推动数字经济与先进制造业、现代服务业深度融合，全面提升产业基础高级化和产业链现代化水平，加快构建以先进制造业为骨干的现代化产业体系"[2]。近年来，江苏坚持锚定数字经济新赛道，把数字经济作为转型发展的关键增量扎实推进。[3] 根据《2023数字江苏发展报告》，江苏2022年数字经济核心产业增加值占地区生产总值比重达11%，两化融合发展水平连续8年保持全国第一，新建5G基站5.6万座，实现全省乡镇镇区以上区域全覆盖。从宏观统计数据看，江苏的数字经济发展速度快、产业增值大、基础设施强。

要真正发展数字经济，不能只关注表面的宏观数据，其主要着力点在于企业数字化这一微观层面。数字经济时代背景下，企业通过

---

[1] 《中共中央、国务院印发〈数字中国建设整体布局规划〉》，中国政府网，2023年2月27日，http://www.gov.cn/zhengce/2023-02/27/content_5743484.htm。
[2] 《江苏省深入开展主题教育——以学促干，在推进中国式现代化中走在前做示范》，中国政府网，2023年9月3日，https://www.gov.cn/govweb/lianbo/difang/202309/content_6901846.htm。
[3] 参见丁荣余、卜安洵《优化江苏数字经济发展的策略》，《群众》2023年第15期。

数字技术实现数字化从而构建数字产业网络，从而推动数字经济的发展。根据本文构建的企业数字化指数，江苏的数字化水平排名全国（各省市）第8，低于两化融合发展水平排名。那么如何深化江苏企业数字化转型，提高其数字化基础？首先可以从准确定位企业数字化现状入手。

企业数字化是一个从初始状态开始到最终状态完成，不断优化资源以实现企业转型升级的过程，这将从根本上改变传统工业化资源独占、壁垒高筑的发展思路。企业虽然逐渐意识到实现数字化具有战略意义，但对如何实现数字化、数字化的目标以及现阶段数字化的水平缺乏清晰的认识，并且由于各行业发展基础、企业组成结构等差异，数字化转型发展现状、模式、路径及发展趋势不尽相同。因此，构建合理、可靠的数字化评价工具，清晰地评价、定位和分析企业的数字化水平，对于推动江苏省内企业层面的数字化转型具有重要意义[1]；此外，在企业数字化评价基础上构建地区数字化指数，有利于江苏对现阶段省内的数字化发展情况有更为直观的认知。

（二）企业数字化指数构建

数字化更多表现为数字技术发展应用的一种过程状态，而企业层面的数字化转型是应用数字技术提升竞争能力的过程。[2] 数字化转型要从思想上、管理上、基础设施上多头并进，一家企业的数字化水平高低既取决于其是否意识到企业数字化转型的战略意义，包括是否数字化、如何实现数字化以及数字化转型的目标，同时也取决于

---

[1] 参见全国信息技术标准化技术委员会大数据标准工作组、中国电子技术标准化研究院《企业数字化转型白皮书（2021版）》。
[2] 参见王核成、王思惟、刘人怀《企业数字化成熟度模型研究》，《管理评论》2021年第12期。

企业是否有持续的硬件投入，以及必不可少的相关人力资源支撑。因而，对于企业数字化水平的评价可以从"数字化思维""数字化投入""数字化人才"三方面进行，综合的企业数字化指数也将基于这三个维度进行构建。①

企业层面的数字化综合指数的构建如下：(1)数字化思维指标。数字化企业思维有助于形成适应变化更快、协同合作水平更高、风险接受意愿更强的数字化企业文化。强调自上而下，重视顶层设计，从企业战略逐层解码，找到行动的目标、路径，指导具体的执行。作为企业决策层的高管对于数字化必要性的认知将会直接影响企业数字化的结果。② 企业的数字化转型对企业管理者的认知能力、对发展的预判水平、对资源的利用能力以及对待新兴技术的接纳程度都有着严格的要求。③ 因此，本文以上市公司年报中"管理层讨论与分析"中数字化相关信息的提及水平来度量"数字化思维"指标。(2)数字化投入指标。企业数字化基础较差，往往是缺乏基础数据、信息化部门和数字化应用经验，因此，企业需要借助一些数字化转型工具，帮助企业将数字技术与企业研发、设计、生产、营销、管理、服务等场景相结合，推动数字化的进程。为了推动数字化，企业需要加大对数字化转型产品、服务方面的投入。本文以企业固定资产与无形资产中的数字资产来度量"数字化投入"指标。④ (3)数字化人才指标。"数字化人才"队伍需要同时具备业务与技术融合能力，或者成立业务团队与技术团队高度融合的综合型团队。企业管理层团队作为企业决策的制定者，在熟悉企业业务管理的同时，也需要具有相应的数字技术

---

① 参见林树、马健、葛逸云《中国企业数字化评价研究》，东南大学出版社2023年版。
② 参见林树、马健、葛逸云《中国企业数字化评价研究》，东南大学出版社2023年版。
③ 参见张昆贤、陈晓蓉《谁在推动数字化？——一项基于高阶理论和烙印理论视角的经验研究》，《经济与管理研究》2021年第10期。
④ 参见林树、马健、葛逸云《中国企业数字化评价研究》，东南大学出版社2023年版。

背景,这一点对企业的数字化至关重要。① 本文以公司董监高中具有数字背景的人数来度量"数字化人才"指标。在三个维度指标基础上,考虑到数字工具存在促进对内、对外服务两种可能,将企业按是否对外提供数字化服务进行分类,并以 2011 年为起始年份进行标准化处理,构建了上市公司数字化综合指数。

不同地区因为经济环境、产业结构以及数字基建等因素的影响,数字经济的发展情况也参差不齐。对此,将企业按区域进行划分,并构建区域的数字化指数,以便观察历年来各区域之间的数字化发展趋势和差异。其中我们主要观测的是江苏数字化水平在全国的位置,以及内部各城市、区域的发展趋势与现状。具体的区域数字化指数构建如下:(1) 按照区域划分对区域内上市公司标准分取均值;(2) 基于中国企业数字化分指数构建区域数字化分指数;(3) 以等权方式对区域三个维度分指数进行加权平均,得到企业数字化区域指数。

(三) 江苏企业数字化评价

1. 江苏数字化综合指数

本文以企业数字化综合指数为基础,观察各省级行政区域的数字化水平。表 1 展示的是 2011—2021 年间中国各省级行政区域的数字化综合指数,可以看出各省市的数字化水平呈现逐年上升趋势,其中 2020—2021 年全国的数字化水平有了较高幅度的提升,这与政策引导发展数字经济具有一定的关联。各个行政区域中,北京的数字化综合指数历年均值最高,广东、河北、上海、山西、湖北、湖南、江苏等地区的数字化水平名列前茅。区域的数字化水平主要是由地理位置、经济发展模式、产业结构、数字化基础设施等因素共同决定的。例如,北京作为政治和经济中心,第一,其对于数字经济的发展这一宏观层面战

---

① 参见林树、马健、葛逸云《中国企业数字化评价研究》,东南大学出版社 2023 年版。

表1 2011—2021年各省级行政区域数字化综合指数——基于上市公司

	2011	2012	2013	2014	2015	2016	2017	2018	2019	2020	2021	均值
北京	251	314	368	411	447	473	499	578	609	647	791	490
广东	130	175	207	253	274	289	299	364	390	408	702	317
河北	93	156	140	153	191	229	284	296	563	599	737	313
上海	137	181	185	236	259	303	329	347	380	400	575	303
山西	105	165	199	230	271	291	294	389	403	407	555	301
湖北	98	131	128	150	213	211	228	234	285	296	634	237
湖南	90	122	121	149	187	207	219	265	285	326	492	224
江苏	78	117	127	172	194	209	216	261	276	292	473	219
江西	87	144	176	204	193	219	211	249	246	255	423	219
福建	69	113	136	130	155	182	226	277	294	319	490	217
浙江	75	117	131	165	185	207	213	237	262	274	430	209
陕西	82	116	112	128	151	163	191	238	287	315	445	203
辽宁	76	119	130	138	170	202	235	252	262	279	347	201
内蒙古	60	97	105	163	176	223	255	246	227	247	344	195
云南	84	118	119	153	145	151	182	223	256	298	346	189

续表

	2011	2012	2013	2014	2015	2016	2017	2018	2019	2020	2021	均值
四川	71	92	111	115	136	146	163	186	208	265	545	185
贵州	51	76	93	154	137	163	164	175	238	304	464	184
甘肃	66	92	154	160	145	150	181	209	232	255	356	182
河南	57	91	93	111	125	173	180	228	225	275	428	181
广西	42	85	106	140	159	194	237	226	221	221	353	180
山东	58	91	95	119	129	157	176	211	242	259	389	175
天津	43	83	110	114	141	152	159	190	197	219	423	167
安徽	48	83	99	117	135	153	163	185	203	219	412	165
黑龙江	32	58	73	70	136	188	204	179	202	237	423	164
海南	72	93	90	104	128	119	159	165	204	226	414	161
重庆	62	102	115	114	137	154	159	170	192	214	355	161
宁夏	79	108	149	113	97	105	158	181	205	239	329	160
新疆	37	80	70	111	98	146	142	161	156	177	265	131
吉林	33	75	66	68	74	101	125	125	152	160	387	124
西藏	74	80	47	50	107	112	122	165	165	171	245	122
青海	28	42	85	75	76	127	141	114	123	117	148	98

略的响应较为积极;第二,其产业结构中可以实现较高程度数字化的行业占比较高,例如众多金融机构的总部均设立在该地,而金融行业的数字化水平在本文的评价体系中占有绝对优势(位列第一[①]);第三,北京在经济和科技(高校、研究机构等)方面也有着较好的基础。

江苏作为经济强省,历年的数字化平均水平位列全国第8。虽然排名靠前,但与其经济、科技强省的地位仍有所差异。江苏在"数字化思维""数字化投入""数字化人才"方面历年的平均水平分别位列全国省级行政区域的第3、20、15位。其中数字化投入水平相对较弱,一定程度上可能是受到区域内产业结构的影响:一方面,江苏提供数字化转型工具的企业占比更多,但并未被加入本文的评价对象;另一方面,江苏是制造业强省,该行业的数字化水平的上限低于金融业和服务业。

2. 江苏各市数字化指数

(1) 江苏省各市数字化综合指数

本文以江苏为研究对象,观察江苏下辖各市的数字化水平。表2展示的是2011—2021年间江苏下辖各市的数字化指数,可以看出辖内各市在这一时间区间内整体呈现上升趋势。其中南京数字化的历年均值最高,徐州、苏州、淮安、南通等城市的数字化水平也相对较高。南京能够成为省内数字化综合水平最高的城市,其关键在于:第一,南京作为省会城市对于宏观层面的数字经济发展战略有着更为清晰的认知;第二,南京的金融业和服务业较为发达,这些行业的数字化程度上限较高;第三,南京的经济基础和科研机构(高校、研究机构)也为当地企业的数字化转型提供了基础。

[①] 按照本文的数字化评价体系,金融行业的数字化指数在行业排名中位居第一,该行业的数字化指数平均水平为1279.44,远高于排名第二的通信服务行业的378.73。

表2 2011—2021年江苏辖内各市数字化综合指数——基于上市公司

	2011	2012	2013	2014	2015	2016	2017	2018	2019	2020	2021	均值
南京	154	207	230	248	277	265	276	354	326	349	560	295
徐州	104	98	112	111	250	308	413	451	464	343	549	291
苏州	100	141	134	204	231	238	239	306	332	363	580	261
淮安	—①	—	—	64	69	180	227	249	260	306	347	213
南通	48	114	138	183	197	173	163	212	279	272	469	204
泰州	25	151	59	107	242	262	252	246	222	254	355	198
盐城	8	44	55	249	260	269	122	153	217	173	531	189
无锡	67	95	109	151	149	171	176	212	245	278	417	188
连云港	18	53	55	137	164	213	214	247	232	235	369	176
宿迁	9	74	119	113	151	164	212	151	144	213	270	147
镇江	37	61	105	95	113	189	208	229	231	156	189	147
常州	19	44	44	72	71	116	124	141	184	226	378	129
扬州	19	42	78	145	107	125	149	144	149	112	178	113

① 淮安2011—2013年度并未有符合条件的上市公司评价对象。

接下来,我们从三个维度的分指数来进一步详细分析江苏省下辖各市的数字化现状和短板。从表3、表4、表5中,我们发现南京和苏州的上市公司从思维到投入再到人才无论哪个维度的指数均名列前茅,可以说几乎没有明显的短板;而徐州虽然综合排名相对靠前,但其更多的是依靠数字化思维这一分指数,尽管其积极响应宏观政策并能及时意识到数字化的重要性,然而徐州市内上市公司的数字化投入和人才均有所不足,属于行动尚未跟上思维的情况;关于其他的城市,以扬州为例,可以发现其三个维度的分指数均排名靠后,尤其是数字化投入和数字化人才表现不佳,为进一步改善该城市企业的数字化现状,可以考虑鼓励当地企业加大对数字化转型工具的引入和增加企业管理层中兼具数字背景的复合型人才。此外,我们发现不同维度分指数的变动趋势存在着差异,这也一定程度上避免了三个维度分指数之间共线性的可能。其中数字化投入和人才分指标并不总是处于上升趋势,可能是在实际的数字化转型中,企业在转型工具上的投入和对数字人才的引入是阶段性的;而数字化思维则整体呈现上升趋势,意味着数字化的重要性正被越来越多的企业所意识到。

(2)江苏各区域各维度数字化分指数——基于苏南、苏中、苏北

本文按苏南、苏中、苏北三个区域划分江苏的城市,观察三个区域的数字化水平。表6展示的是2011—2021年间苏南、苏中、苏北的数字化指数,可以看出三个区域在这一时间区间内整体呈现上升趋势,并且在2011—2015、2015—2020、2020—2021三个阶段里三个区域的排名发生了变化。整体看来苏南地区的数字化水平更高(见表6),这可能是由不同区域的经济基础、数字基建水平、产业结构等因素共同影响的结果。

本文从三个维度的分指数进一步分析了苏南、苏中、苏北三个区域的数字化水平。从表7、表8、表9中,我们发现苏南区域除了数字

表3 2011—2021年江苏省各市数字化思维指数

	2011	2012	2013	2014	2015	2016	2017	2018	2019	2020	2021	均值
徐州	122	211	252	264	682	844	1028	1177	1195	869	1406	732
南京	216	377	403	410	469	430	505	646	586	603	1176	529
苏州	147	249	236	370	364	358	349	512	571	652	1325	467
南通	97	256	292	397	386	309	365	477	591	559	1130	442
宿迁	25	219	354	339	444	479	618	404	389	513	701	408
连云港	30	140	140	303	382	411	404	591	479	562	905	395
盐城	18	120	147	383	416	770	304	209	199	307	1304	380
无锡	136	177	198	308	345	309	361	447	493	491	884	377
扬州	56	122	231	426	317	361	430	407	411	303	495	323
常州	51	124	116	143	135	229	238	311	386	478	923	285
镇江	82	156	201	250	229	236	312	384	455	268	500	279
泰州	65	127	141	170	312	348	314	295	251	346	666	276
淮安	—	—	—	135	97	120	239	284	254	160	456	218

表 4　2011—2021 年江苏各市数字化投入指数

	2011	2012	2013	2014	2016	2017	2018	2019	2020	2021	均值
南京	100	119	114	145	219	201	211	213	241	238	182
淮安	—	—	—	56	137	158	178	242	188	157	154
南通	14	18	28	32	61	70	81	152	158	167	76
无锡	12	15	20	23	44	42	50	56	140	163	54
苏州	13	19	19	20	60	68	66	91	80	74	50
盐城	6	12	17	22	36	63	59	72	71	99	44
连云港	24	20	26	26	39	49	56	55	62	60	41
镇江	28	28	33	35	46	59	75	32	25	26	38
泰州	11	42	37	38	32	35	36	35	37	49	35
常州	6	8	16	16	25	27	36	44	73	62	31
宿迁	2	3	4	0	12	18	49	42	30	27	18
扬州	3	3	5	8	13	17	24	35	35	38	17
徐州	1	2	3	6	17	20	21	27	32	34	16

表5 2011—2021年江苏各市数字化人才指数

	2011	2012	2013	2014	2015	2016	2017	2018	2019	2020	2021	均值
泰州	0	284	0	114	379	406	406	406	379	379	350	282
淮安	—	—	—	0	0	284	284	284	284	569	427	267
苏州	139	154	148	223	284	296	300	340	333	358	341	265
南京	147	124	172	190	165	145	121	206	179	202	265	174
盐城	0	0	0	341	341	0	0	190	379	142	190	144
无锡	53	92	108	123	71	161	126	140	187	202	204	133
徐州	190	81	81	63	57	63	190	155	171	126	207	126
镇江	0	0	81	0	81	284	253	228	207	175	41	123
南通	33	67	95	120	150	148	54	78	95	98	110	95
连云港	0	0	0	81	81	190	190	95	163	81	142	93
常州	0	0	0	57	54	95	108	77	123	128	148	72
宿迁	0	0	0	0	0	0	0	0	0	95	81	16
扬州	0	0	0	0	0	0	0	0	0	0	0	0

表6 2011—2021年苏南、苏中、苏北区域数字化综合指数——基于上市公司

	2011	2012	2013	2014	2015	2016	2017	2018	2019	2020	2021	均值
苏南	92	129	137	179	196	211	213	268	285	311	495	229
苏北	42	69	83	144	205	249	296	314	315	262	429	219
苏中	38	101	111	163	188	179	177	200	237	228	380	182

表7 2011—2021年苏南、苏中、苏北区域数字化思维指数

	2011	2012	2013	2014	2015	2016	2017	2018	2019	2020	2021	均值
苏北	56	170	209	303	485	617	693	756	703	570	1035	509
苏南	147	240	249	329	349	342	373	497	526	560	1101	428
苏中	83	204	252	365	358	327	369	426	478	456	886	382

表8 2011—2021年苏南、苏中、苏北区域数字化投入指数

	2011	2012	2013	2014	2015	2016	2017	2018	2019	2020	2021	均值
苏南	33	40	41	51	73	88	88	97	107	132	132	80
苏中	11	17	24	28	42	46	51	58	100	105	112	54
苏北	8	10	13	16	26	35	42	50	59	60	63	35

表9 2011—2021年苏南、苏中、苏北区域数字化人才指数

	2011	2012	2013	2014	2015	2016	2017	2018	2019	2020	2021	均值
苏南	97	106	122	158	167	202	179	209	222	241	253	178
苏北	63	27	27	114	105	95	153	137	182	157	190	114
苏中	21	81	57	95	165	165	111	117	132	123	142	110

化思维指数平均值低于苏北（2021年苏南区域的数字化思维指数已经超过了苏北区域），数字化投入和数字化人才指数长期以来一直位于三个区域中的第一；苏中区域的数字化思维和数字化人才自2017年开始一直处于相对落后的位置，想要提高苏中区域的数字化水平，需要进一步增强数字化思维和引入数字化背景的复合型人才；苏北区域的数字化思维整体排名第一，但其数字化投入长期以来都处于相对较低的水平，这既是目前苏北区域数字化的薄弱点，也是未来可以寻求突破的方向。

（四）结语

本文着重对借助数字化工具实现数字化转型企业的数字化水平进行了综合评价，并在此基础上构建了省级区域、江苏下辖市，以及苏南、苏中、苏北等江苏省内不同区域的数字化综合指数，评价结果与宏观数字经济发展情况较为吻合，这对我们深入了解数字化具有启示意义：

第一，通过以上统计结果可知，江苏与其他省市之间存在一定的差距，以及不同区域之间企业数字化水平存在差异，需根据企业的实际情况出台更为合理的政策，例如构建数字技术共享机制。企业数字化转型是技术性工作，存在一定的技术壁垒，政府层面可以通过专项计划激励企业、科研单位等进行数字技术研发，并建立技术共享机制，尤其是省级政府顶层统筹，依据各城市的数字优势推动内部产业联动，帮助企业突破数字化转型中的技术壁垒，推动企业数字化转型落实到位。

第二，江苏数字经济发达，但以制造业为主的行业数字化水平未能与其地位相匹配，由于数字化转型工作专业性较强，需要结合具体业务应用数字技术，因此需要进一步培育第三方机构，提供专项服务支持。而江苏目前优质的第三方机构有所缺失，政府应着力培养或鼓励成立一批数字化转型的服务商，通过市场力量为企业数字化转型提供可靠的方案和路径。

第三，进一步完善企业数字化变革过程中的鼓励和监管机制，尤其是政府层面可以通过促进跨部门合作或是设立专门的数字技术部门加快确立数字资产的确权、估值、交易、分配等制度，推动数据资产交易市场化变革，将数据资产明确为企业资产的重要组成部分。并在此基础上通过外部激励促进企业自发披露数字化的相关信息，完善数字化评价体系，提升对企业数字化水平评价的精确性，并将评价对象拓展至非上市公司。

（南京大学林树、马健）

六、大数据"管运"机制推动数字新质生产力发展

在迅速发展的数字经济时代背景下,数据已成为一种基本生产要素和国家基础性战略资源,是推动经济转型发展的新动力,也是重塑国家竞争优势的新机遇,更是激发新质生产力的核心力量。[①] 新质生产力的提出,标志着生产力的焦点从传统的资本、劳动力、土地等要素,向数据和计算能力这类驱动技术创新的新兴生产要素转移。培育新质生产力离不开对数据资源的管理与利用,从政府职能角度看,可以分为大数据管理机构和大数据运营机构两个关键角色。推进新质生产力发展需要加速构建省级大数据管理与运营的二元机制,明晰省级大数据管理机构职能定位,发挥省级大数据运营机构创新潜力,将"管""运"两个关键角色作为抓手,共同助力新质生产力焕发生机。

本文将以江苏为例,分别阐述江苏省级大数据管理机构与省级大数据运营机构的现状,分析其面临的挑战,并提出应对挑战的发展路径。

(一) 江苏大数据管理中心现状分析与发展路径

大数据管理机构在推进新质生产力方面扮演着关键角色:通过整合分散数据,统一数据资源,提升数据的一致性和准确性,实现数

[①] 参见曹海军《数字中国视域下国家数据管理机构改革的若干思考》,《理论学刊》2023年第3期;张臻等《贵州省大数据管理机构改革的回顾、理念及思考》,《北京电子科技学院学报》2020年第1期。

据资源的优化;通过集中管理数据资源并推动数据共享,推动生产工具和资源配置的现代化。大数据管理机构的设立,相当于建立了一个全面的公共数据资源库,在全球竞争中开辟新赛道,塑造新优势,加速数字新质生产力的形成,助力战略性新兴产业和未来产业的发展。

党的十八大以来,党中央高度重视发展数字经济,将其上升为国家战略,各个省份抓住大数据发展机遇,陆续因地制宜地设立了职责、性质、层级、形态各异的省级数据管理机构,[1]为统筹推进数字新质生产力发展提供了一体化数据管理的地方探索和基层经验。

2017年,江苏省信息中心的隶属关系由委托省发展改革委代管调整为省政府办公厅主管、省发展改革委协管。经省委编委会研究并报中央编办批复同意,2019年5月,江苏省信息中心(省大数据管理中心)更名为江苏省大数据管理中心,负责统筹整合贯通省内各级政府和相关部门数据的采集、管理、应用和安全工作。

截至2023年12月,已有30个省级行政区设立了专门的数据管理机构。这些机构的名称各异,包括但不限于大数据管理局、大数据发展局、大数据中心等。同时,部分省份如广东、贵州和浙江等已经建立了省级的大数据管理机构,隶属于省政务服务管理办公室管理的事业单位仅有江苏省大数据管理中心一家。这种性质的数据管理机构相较于同级行政单位级别较低,在一定程度上影响到其在全省的数据管理和资源调度能力,虽然完成了省大数据中心一期工程优化提升项目和省大数据"两地三中心"过渡期项目建设,但在获取更

---

[1] 参见耿亚东《地方政府大数据管理机构变革:定位、挑战与行动路径》,《天津行政学院学报》2021年第4期;陈毓钊《省大数据发展管理局党组书记、省信息中心党委书记胡建华:学习借鉴浙沪苏经验 强力推进数字经济发展创新区建设》,《当代贵州》2023年第24期;孟庆国等《中国地方政府大数据管理机构建设与演变——基于第八次机构改革的对比分析》,《电子政务》2020年第10期。

多资源和资金方面,由于级别而面临着一定的挑战。机构级别低和资源分配的问题导致江苏省大数据管理中心无法统筹规划管理行政数据以外的数据,难以出台鼓励企业共享数据和开发数据的激励措施。

为更好发挥大数据管理机构的职能,使数据管理与政务服务并肩同行,从而促进江苏数字新质生产力的发展,首先要进行必要的机构性质调整与地位升级。先前研究发现,不同组建方式的数据管理机构对数据治理和政务服务绩效影响有差异,下设事业单位和原有部门挂牌的数据管理机构对政府治理绩效的提升效果远小于重组新部门。[1] 改变机构性质,并提升数据管理的战略地位需要省委、省政府层面的推动与落实。若是当下无法及时变动机构性质,在省委、省政府高层中确定高级别的分管领导或是建立领导小组如大数据治理委员会可作为补充措施。在这个过程中,江苏可充分借鉴他省的成功经验优势,利用国内优秀的技术和资源,参考国内知名企业在大数据领域的成功经验,借鉴其技术架构和管理模式。同时,组建专业人才队伍,时刻关注国家相关政策和规划变化,深度理解政策含义,以确保工作开展与国家的战略发展方向保持一致。

其次,扩充大数据管理中心职能是推进江苏新质生产力发展的必要措施。省级大数据管理中心作为承接中央与各省的职能部门,主要承担着整合与共享数据、挖掘数据价值、保障数据安全,并利用数据优化政务、提高效率的职责。当前,江苏省大数据管理中心依据国家政策设立主要职能,包括公共数据归口管理和省公共数据平台的建设与管理。这些基本职能在推进新质生产力方面起着关键作用。一方面,中心通过建立物理分离、逻辑集中、一体管理的运行机

---

[1] 参见张会平、叶晴琳《组建数据管理机构何以提升政府治理绩效?——基于结构赋权与资源赋能的视角》,《公共管理评论》2022 年第 3 期。

制和政务云资源统一调度规则,对现有云节点实行纳管,这有助于提升公共数据的质量和管理效率,从而推动新质生产力的发展。另一方面,该中心还积极推进"两地三中心"的建设,包括南京麒麟中心、同城双活中心和异地灾备中心,这为省级大数据主中心的云服务能力提供了重要支撑。然而,要进一步推动新质生产力的提升,还需要根据江苏发展实情和特点扩充中心职能。在大数据管理中心的职能中,可以增加两个方面的规定:一是针对江苏重点行业、重点环节和具体数据对象制定标准规范。这意味着大数据管理中心需要对江苏的重点行业、关键环节以及具体的数据对象进行深入研究,制定有助于提高数据的质量和管理水平的标准,促进各行业之间的数据共享和协同发展。二是增加对全省各行业主管部门推动行业数据共享的任务部署和考核职能。也就是说,大数据管理中心需要加强对全省各行业主管部门的指导和支持,推动各行业之间的数据共享。同时,还需要对这些部门在数据共享方面的工作进行考核,以确保数据共享工作顺利进行。大数据管理中心在推动江苏各行业数据共享方面扮演着关键角色,增加相应职能、明晰职责将有助于提高江苏各行业的数据管理水平,促进数字新质生产力的发展。

最后,实现国家、省、市县多级贯通以提升数据管理中心的协同性。大数据治理不是单个政府部门或单位可以完成的工作,而是自上而下、自下而上的全面联动任务。江苏省大数据管理中心应该加强与包括国家数据局在内的各级数据管理机构的协同联动,实现两级监管体系对接并构建上下联动机制。同时,优化省对市县大数据工作的领导管理体制,全面落实业务指导、绩效管理、督促检查等工作。通过接受上级指导、同级学习、向下监督的方式,提升大数据管理效率,形成协同共治的新格局,为新质生产力的发展创造良好环境。

（二）省大数据集团和数据交易市场的深度建设

数据生产要素的价值需要全周期治理才能充分发挥，也就是说，数据不仅是发展的基础原料和创新要素，还有着巨大的市场交易价值和需求。[1] 数据交易市场的建立能够促进数据要素流通和发挥市场作用，[2]促进数据资源优化配置和有效利用，完善数据生态系统，促进经济增长方式的转型，是推动新质生产力发展的关键举措。

截至2022年12月，全国已成立48家数据交易机构，其中由省级以上政府提出推进建设的数据交易场所有近30家。2020年6月17日，南京大数据集团有限公司正式注册成立；2022年，江苏提出了"组建省大数据集团公司"的计划，并在同年的5月31日前完成了对现有云节点实行纳管的准备工作；2022年9月16日，苏州市大数据集团正式揭牌，这些都说明江苏基于有效利用政府数据的职责定位，用市场化方式积极推进大数据基础设施建设、信息化项目开发运营，更好实现数据资源治理、共享、开放及融合应用。

为加快推动江苏新质生产力的形成，需要加快省大数据集团公司的组建及省大数据交易市场的建设，细化数据产权、交易、分配制度，积极推动数据的流通、交易、开放、授权运营等覆盖数据全生命周期的安全治理等机制与技术的完善。具体可以从政策支持、定价规范、交易平台建设和治理几个方面入手。

首先，江苏可以出台相关政策和法规，为数据市场提供法律保障和政策支持。例如，制定数据交易的准入规则、法律责任规定等，以

---

[1] 参见陈兵《因应数据要素市场化配置全周期治理的挑战》，《法学》2023年第10期。
[2] 参见杨东、高清纯《双边市场理论视角下数据交易平台规制研究》，《法治研究》2023年第2期。

鼓励更多的机构和企业参与数据交易。① 同时,政府还可以加强对数据安全和隐私保护的监管,为数据交易提供安全可信的环境。这些举措有助于构建一个有序、健康的数据交易市场,促进数据的合理流通和有效利用。

其次,政府可以扶持数据交易平台的建设和发展。政府可以提供资金支持、技术支持和市场推广,帮助数据交易平台提高技术能力、市场影响力和服务水平,吸引更多的数据供应方和需求方入驻平台,②为数据交易市场的繁荣发展创造良好的条件。

在数据交易市场中,定价问题的解决是关键。江苏可以采取以下措施来帮助数据交易定价。第一,完善数据交易定价立法体系,制定权威指导和约束力的法律规范。③ 第二,提升数据交易定价参与主体能力,加强行业协会的定价引导能力和咨询服务,提高定价的科学性和可信度。第三,优化数据交易定价策略,及时更新动态类数据交易定价策略,实现自动计价和自动优化。第四,重塑数据交易定价利益分配格局,平衡数据需求方和供应方的权益,提高定价结果的公平性和合理性。第五,优化数据交易定价的风险预警系统,及时发现和应对定价过程中的风险和问题,保障定价的安全稳定。

除了上述措施,在各地市建立功能强大的区域性数据交易平台也是加快建设数据交易市场的重要举措。地市级的区域性数据交易平台同样需要加强数据标准规范建设、建设市场准入和交易规范、建

---

① 参见黄丽华等《数据流通市场中数据产品的特性及其交易模式》,《大数据》2022年第3期。
② 参见黄丽华等《数据流通市场中数据产品的特性及其交易模式》,《大数据》2022年第3期。
③ 参见闫晴、马苗《区块链赋能数据交易定价的理论阐释与制度进路》,《征信》2023年第10期。

立健全的数据要素价值评估机构、建立可信的数据要素定价机制。[1]

加快建设数据交易市场是一个复杂而重要的任务。政府应发挥积极作用,通过出台政策和法规、扶持交易平台建设、帮助定价以及实施治理对策等措施,为数据市场的繁荣发展提供有力支持。只有在各方共同努力下,才能建立一个高效、安全、公平的数据交易市场,进一步释放数据的潜力,推动经济的可持续发展和新质生产力的形成。

(三) 构建大数据"管""运"协同的二元机制

数据治理是一个全面而复杂的过程,涉及数据的收集、存储、处理、分析和使用等环节。只有构建大数据"管""运"协同的二元机制,才能最大化数据价值,加速形成新质生产力。落到实践层面,江苏省大数据管理中心的主要职责在于"管",即统筹规划和激励治理,负责数据的收集、存储、处理和传输,其核心职责之一是存储大量数据,并确保数据的安全性和可用性。而大数据交易市场重在"运",即服务于全省数据流通和交易,推动数据价值的落地,并不直接参与数据的存储和处理,而是提供一个公平、透明、安全的环境,让数据提供者和需求者能够进行交易。

大数据交易市场建设是一个复杂而长期的过程,无法一蹴而就。在建设过程中,需要考虑到各行业的特点和需求,不能简单地让所有行业齐头并进。因此,为了确保大数据交易市场的顺利发展,需要根据江苏产业特色,优先落实重点产业链相关的数据交易。也就是说,微观层面的"运"需要由宏观层面的"管"指导驱动。

数据管理的最终目的是使数据的价值"活"起来,仅通过江苏省

---

[1] 参见徐野《建立可信的数据交易市场的路径与策略研究》,《科技广场》2023 年第 2 期。

大数据管理中心建立一套完善的管理体系管理全省数据,难以推动数据流动,也就无法最大限度地释放数据效益。从数据本身来看,公共数据是公益属性最强的数据要素,政府数据管理中心可能无法满足所有领域对数据的多样化需求。这就需要引入市场机制,通过数据交易市场将政府数据和其他领域的数据进行融合,形成更加全面的数据集,进一步推动数据的流通和应用,从而更好地发挥数据的价值。从技术创新方面来说,数字时代的数据治理需要以新一代数字技术为基础。政府数据管理中心可能在技术研发和应用方面存在局限,而数据交易市场可以通过吸引更多的参与者,包括技术提供商和创新企业,推动数据技术的创新和应用。从人力资源上看,数据流动的实现需要大量的专业技术人员,在现行政府部门属性或是事业单位属性下,大数据管理中心都难以灵活应对人才需求和采取人才激励。因此,需要市场化的运营机构来构建全省数据大市场。综合来看,大数据的"管"也离不开"运"。

总体来说,积极探索大数据"管""运"融合的二元机制是江苏推动数字新质生产力发展的必要举措。提升和扩充江苏省大数据管理中心的层级和职能,加速推动江苏省大数据集团公司和江苏省大数据交易市场的建立,构建大数据"管""运"融合的二元机制,促进数据交易平台之间的合作与共享,打破数据"孤岛",提高数据的流通效率和市场整体效益,推动江苏数字新质生产力发展,这些举措将为江苏经济发展注入新的动能。

(南京大学于笑丰、窦婧萌　亚信安全梁安顺、孙峰)

后　记

"新质生产力"概念是习近平总书记首创。就其内涵来说,是对马克思主义生产力理论的守正和创新;就其现实意义来说,为新时代新征程加快科技创新、推动高质量发展提供了科学指引。

江苏省委书记信长星敏锐认识到习近平总书记这一重要论述的重大理论和实践意义。根据信长星书记的指示,江苏发展高层论坛第39次会议主题确定为"江苏如何发展新质生产力"。本次论坛由南京大学长三角经济社会发展研究中心、南京大学产经研究院和江苏省社科联共同主办,于2023年11月21日在南京大学举行。江苏省委书记信长星,省长许昆林,省政协主席张义珍,省委副书记沈莹,省委宣传部部长张爱军,省委常委、南京市委书记韩立明,省委常委、秘书长储永宏,副省长赵岩等领导同志出席论坛。论坛由洪银兴主持,高培勇、刘志彪、单忠德、周志华、徐康宁、蒋伏心等来自经济界、科技界的专家学者先后发言。信长星书记、许昆林省长在听取专家意见后先后讲话。信长星书记指出:新质生产力既是一个理论问题,对其内涵和外延都需要深化理解和把握;同时它又是一个实践问题,江苏要在高质量发展上继续走在前列,在中国式现代化中走在前,必须要在发展新质生产力上走在前列。他希望学界继续深化对新质生产力的研究,形成更多研究成果;并要求各有关部门认真梳理研究专家学者意见,充分吸纳转化。

专家学者对这次论坛极为重视,为会议提供了60多篇论文。我们从提交的论文中选择了26篇,后再经作者修改、完善,由江苏人民出版社编辑出版。本书由洪银兴、刘志彪、范从来、葛扬主编。作者均在每篇文章文末注明，恕不一一列出。南京大学长三角经济社会发展研究中心的工作人员做了大量的具体工作。江苏人民出版社从领导到编辑高度重视本书的出版，并进行了细致的编辑。在此表示感谢。

洪银兴

2024 年 1 月